조조 리더십 혁명

초판 1쇄 발행 2017년 9월 1일

지은이 신동준
펴낸이 백미옥
펴낸곳 리더북스
출판등록 2004년 10월 15일(제2004-106호)
주소 경기도 고양시 덕양구 지도로 84, 506호(토당동, 영빌딩)
전화 031)971-2691
팩스 031)971-2692
이메일 leaderbooks@hanmail.net

ISBN 978-89-91435-84-1 03320
잘못 만들어진 책은 구입하신 서점에서 교환해 드립니다.

曹操

신동준 지음

리더북스

조조, 난세 리더십에 답하다

중국의 전 역사를 통틀어 지난 20세기 중반까지 가장 부당한 평가를 받은 인물을 꼽으라면 단연 진시황과 조조를 들 수 있다. 조조는 남북조 시대 동진東晋의 손성孫盛에 의해 '난세의 간웅奸雄'으로 낙인찍힌 이후 1,600여 년 동안 궤사詭詐를 능사로 삼은 간적奸賊으로 폄훼되었다. 그러나 지난 1970년대 문화대혁명의 광풍이 대륙을 휩쓸면서 극적인 반전이 일어났다. 진시황을 '천고千古의 명군', 조조를 '반동적인 유가儒家에 맞서 싸운 법가法家의 투사'로 칭송하고 나선 게 그렇다.

비록 정략적인 차원에서 나온 것이기는 했으나 수천 년 동안 왜곡된 두 사람에 대한 부당한 평가를 일거에 뒤집는 혁명적인 평가에 해당했다. 중국에서는 이미 20세기를 끝으로 조조에 대한 재평가 작업이 사실상 마무리되었다. 이는 중국의 전 역사를 통틀어 난세 리더십의 모든 것을 조조만큼 몸으로 보여준 인물은 그리 많지 않다는 객관적인 평가에 따른 것이다. 당연한 결과로 조조의 리더십은 통상적인 리더십과는 많은 차이가 있다. 이는 역사상 그와 유사한 난세 리더십 행보를 보인 인물이 매우 드물다는 사실을 통해 쉽게 확인할 수 있다.

그럼에도 우리나라에서는 아직도 많은 사람들이 삼국시대의 시대 배경 및 조조의 난세 리더십을 정확히 인식하지 못하고 있다. 물론 적잖은 사람이 조조의 리더십에 관한 여러 유형의 저서를 펴내기는 했으나 대부분 조조가 전장에서 궤계詭計를 구사해 승리를 거둔 사례를 풀어 쓰는 수준에 그치고 있다. 조조가 몸으로 보여준 난세 리더십의 기본줄기가 빠져 있는 것이다.

이런 식의 접근은 독자들에게 조조의 난세 리더십을 제대로 알리기는커녕 왜곡된 인식만을 심어주기 십상이다. 필자는 우리가 맞닥뜨리고 있는 현재의 위기를 헤쳐 나갈 수 있는 해답을 삼국시대를 창조적으로 개척해 나간 조조의 난세 리더십에서 찾고자 한다.

객관적으로 볼 때 주변의 4대 강국이 한반도를 둘러싸고 치열한 각축전을 벌이고 있다. 게다가 국내적으로는 남북대립을 비롯해 이념과 세대 및 지역 갈등이 날로 증폭되고 있다. 안팎으로 난제가 첩첩산중으로 쌓여 있는 셈이다. 가히 난세의 전형이라고 부를 만하다. 그럼에도 국가 지도자

와 기업 경영자, 사회 각계의 리더들이 아직까지 춘추전국시대에 이어 가장 어지러웠던 삼국시대를 슬기롭게 창조적으로 이끈 조조의 난세 리더십을 정확하게 파악하지 못하고 있다. 이 땅의 각계각층의 리더들이 난세 리더십을 제대로 발휘하지 못할 경우 나라 전체가 휘청거릴 수도 있다. 지도층의 난세 리더십 발휘가 절실한 이유다.

조조의 난세 리더십에 대한 정확한 이해는 또한 오늘의 중국을 이해하는 열쇠에 해당한다. 나아가 이를 통해 우리가 현재 직면하고 있는 여러 난제를 차근차근 해결할 수 있는 실마리도 찾아낼 수 있다.

작금의 세계경제 위기처럼 느닷없이 불어닥친 위기상황에서는 《손자병법》이 역설하고 있듯이 과감히 버릴 것은 버리고 새로운 상황에 맞춰 임기응변하는 자세가 필요하다. 조조가 생전에 보여준 일련의 난세 리더십이 그 정수에 해당한다. 상황이 긴박하게 돌아갈 때는 전쟁터의 장수처럼 매사를 신속하게 결단해야 한다. 결단이 늦어지면 사안은 위중해지고 결국 패망의 길로 들어설 수밖에 없다.

　삼국시대 당시 유비가 죽기 직전 승상 제갈량이 대필한 유조遺詔에서 아들인 후주 유선에게 반드시《사기》와《한서》등의 역사서와《한비자》와《상군서》및《손자병법》등의 제자백가서를 숙독할 것을 권한 것도 바로 이 때문이었다. 당대의 사가 진수가 정사《삼국지》의 '무제기'의 사평에서 조조를 두고《한비자》의 술치術治와《상군서》의 법치法治,《손자병법》의 무치武治 계책을 통달한 당대 최고의 전략가로 칭송한 것도 이런 맥락에서 이해할 수 있다.

　난세에는 난세 리더십이 필요하다. 독자들은 본서를 통해 조조의 용인술과 용병술을 비롯한 치국평천하의 난세 리더십을 한눈에 파악할 수 있을 것이다. 모쪼록 본서가 난세를 헤쳐 나가는 사람들에게 나름 도움이 되었으면 하는 바람이다.

　　　　　　　　　　　2017년 여름 학오재學吾齋에서 저자 쓰다.

목차

1장 호랑이처럼 보고 크게 꾀하라
-호시원략虎視遠略

2장 인민 구제를 깃발로 내세워라
-제폭구민除暴救民

1장

호랑이처럼 보고
크게 꾀하라

호시원략

虎視遠略

대붕의 뜻을 지녀라

뜻이 커야 그릇도 크다

천하대세를 읽어라

대범하되 세심하게 접근하라

초지를 잃지 마라

대붕의 뜻을 지녀라

조조는 호랑이처럼 천하를 내려다보고 크게 도모하는 호시원략의 웅지를 지녔기 때문에 난세의 영웅 반열에 오를 수 있었다.

후한 말기부터 시작된 삼국시대는 중국 전 역사를 통틀어 볼 때 춘추전국시대와 더불어 가장 어지러웠던 시기였다. 춘추전국시대에 버금가는 제2의 대분열시대로 평가받는 게 그렇다. 약 110년간에 이른다. 많은 학자들은 삼국시대의 특징으로 호족의 등장과 주변 이민족의 각성, 화남지역의 비약적인 발전 등을 꼽는다. 사가들이 흔히 후한 말기의 환제桓帝와 영제靈帝를 하나로 묶어 '환령桓靈'으로 통칭하는 이유다. '환령'은 암군의 표상으로 간주된다.

오랫동안 조조를 '난세의 영웅'이 아닌 '난세의 간웅奸雄'으로 여긴 것은 암군의 표상인 '환령'의 기본 특징을 제대로 파악치 못한 사실과 무관치 않다. 여기에는 나관중이 쓴《삼국연의》의 영향이 크다.《삼국연의》는 남북조시대 남조 동진東晋의 역사가 손성孫盛이《이동잡어異同雜語》에서 조조를 두고 '치세의 능신能臣, 난세의 간웅奸雄'으로 왜곡한 것을 그대로 실었다. 조조 왜곡의 대표적인 사례다.

원래 '치세의 능신'과 '난세의 간웅'은 그 표현 자체가 모순이다. '치세의 능신'이 '난세의 영웅'으로 활약하는 것은 생각할 수 있어도 '난세의 간웅'으로 돌변하는 것은 거의 불가능하다. 치세와 난세의 성격이 상이하기 때문이다.《후한서》에 따르면 당대의 인물평으로 유명한 허소는 조조를 두고 '치세의 간적, 난세의 영웅'으로 표현한 바 있다. 이게 논리적으로 맞다.

원래 치세에는 조선조 세종 때의 황희와 맹사성과 같은 양신良臣은 나올 수 있어도, 조조와 같은 뛰어난 영웅이 출현키 어렵다. 치세 때 난세에나 어울리는 영웅의 자질을 지닌 자가 나타나면 이내 모반을 꾀하는 '간적'으로 몰릴 공산이 크다. 실제로 동서고금의 역사를 볼지라도 치세에 세종대왕과 같은 성군은 몰라도 불세출의 영웅이 나타난 적은 없다.

난세는 치세의 시기와 완전히 다르다. 시대적 요구에 따라 군웅群雄이 우후죽순처럼 등장하는 가운데 군계일학과 같은 존재가 등장할 소지가 매우 크기 때문이다. 제2차 세계대전 당시 미국의 루즈벨트와 영국의 처칠, 프랑스의 드골, 소련의 스탈린, 중국의 마오쩌둥 등이 일시에 등장한 것도 이런 맥락에서 이해할 수 있다.

그런 점에서 난세는 영웅 출현의 기본 전제조건에 해당한다. 천리마도 명실상부한 천리마가 되기 위해서는 종횡무진 내달릴 수 있는 무대가 필요하다. 전쟁터가 그 무대이다. 그런 무대가 없으면 아무리 천리마일지라도 여느 말처럼 마구간에서 덧없이 죽어갈 수밖에 없다. 영웅과 난세는 마치 주인공과 무대장치처럼 서로 긴밀하게 연결되어 있다.

삼국시대의 역사 무대가 선택한 주인공은 당시 사대부들의 손가락질을 받는 환관 집안 출신 조조였다. 주목할 것은 이 모든 것이 전적으로 조조의 끝없는 노력과 강고한 의지에서 비롯되었다는 점이다. 시대가 저절로 영웅을 만들어낸 게 아니라는 얘기다.

이는 기본적으로 조조가 호랑이처럼 천하를 내려다보고 크게 도모하는 이른바 호시원략虎視遠略의 웅지를 지녔기 때문에 가능했다. 실제로 고금동서를 막론하고 웅지雄志를 지닌 자들만이 '난세의 영웅' 반열에 오를 수 있었다.

여기의 '호시'는 호시천하虎視天下의 줄임말로 크게 두 가지 의미를 지니고 있다. 하나는 범이 눈을 부릅뜨고 먹이를 노려본다는 뜻의 호시탐탐虎視耽耽의 경우처럼 남의 것을 빼앗기 위해 형세를 살피며 가만히 기회를 엿보는 것을 말한다. 다른 하나는 위엄 있는 자세로 천하대세의 흐름을 주의 깊게 살피는 경우를 말한다.

조조를 '천하의 간웅'으로 보는 역대 사가들은 조조가 보여준 '호시' 행보를 '주시천하注視天下'가 아닌 '호시탐탐'으로 해석했다. 반면 조조를 '천하의 영웅'으로 본 역대 사가들은 천하대세의 흐름을 주의 깊게 살피는 주시注視 개념으로 파악했다. 어느 쪽이 맞는 것일까?

양쪽 모두 타당하다. '호시'가 중의적重義的으로 해석되듯이 조조의 행보는 정면과 반면反面의 두 측면을 모두 지니고 있다. 핵심적인 측근 참모로 활약했던 순욱이 주군을 평가한 모습이 이를 웅변한다. 원소를 찾아갔다가 그릇이 작은 것을 보고 이내 발길을 돌려 조조에게 몸을 맡긴 것은 조조가 주시천하를 하고 있다는 판단에 따른 것이었다. 그러나 조조가 위왕의 자리에 오르는 순간 순욱은 조조의 속셈을 '호시탐탐'으로 해석했다. 두 사람이 갈라서게 된 결정적인 배경이다.

'원략' 역시 두 가지 의미를 지니고 있다. 하나는 깊이 생각해 짜내는 계책인 심모원략深謀遠略의 뜻이다. 중국에서는 심모원려深謀遠慮와 동일한 의미로 사용되고 있으나, 한국에서는 '모략'이 나쁜 의미로 사용되고 있는 까닭에 '심모원략'이 음흉한 계책으로 오해받을 소지가 크다. 다른 하나는 《춘추좌전》'노희공 9년'조에 나오듯이 먼 곳을 경략經略한다는 의미로 사용되는 경우이다. 조조의 행보를 보면 그의 '원략' 행보는 심모원려의 일환인 동시에 오환족 토벌이 보여주듯이 원방遠方의 경략 의미도 내포하고 있다.

요약해 말하면 조조의 '호시원략' 행보는 보는 각도에 따라 두 가지 의미로 해석될 수 있다는 얘기다.

21세기에 들어와 G2의 일원으로 우뚝 선 중국의 최근 행보가 꼭 이와 같다. 실제로 지난 2014년 '신 중화제국'의 5대 황제로 등극한 시진핑의 행보가 조조의 생전 모습을 방불하고 있다. 대내적으로는 전 인민이 고루 잘 사는 공부共富를 기치로 내걸고, 대외적으로는 '차이나 드림'으로 불리는 중국몽中國夢을 연일 고창高唱하고 있는 모습이 그렇다. 천하를 제패하고자 하는 속셈이 물씬 풍기는 대목이다. 객관적으로 볼 때 그가 말하는 '중국몽'은 G1으로 군림하고 있는 미국을 꺾고 명실상부한 G1의 자리로 등극하는 것을 의미한다. 수천 년 동안 동아시아를 호령했던 옛 왕조의 21세기 버전인 '신 중화질서'의 구축이 궁극적인 목표이다. 심기가 불편할 수밖에 없는 미국 트럼프 대통령의 입장에서 보면 '호시탐탐'의 행보로 비춰질 수밖에 없다.

1장 호랑이처럼 보고 크게 꾀하라

관건은 '팍스 아메리카나'의 유지를 꾀하는 G1 미국을 제압하는데 있다. 그래야만 명실상부한 G1으로 등극해 '팍스 시니카'의 새 시대를 열 수 있다. 지난 2014년 4월 초 척 헤이글 미 국방장관과 창완취안 중국 국방부장이 국방 수뇌회담에서 정면충돌하며 한 치의 양보도 없이 '기싸움'을 벌이고, 2017년에 들어와 한반도의 '사드 배치' 문제를 놓고 치열한 공방을 벌인 것도 이런 맥락에서 이해할 수 있다. 한국만 고래싸움에 새우등이 터지는 격이다. G2시대는 과거로 치면 왕조가 뒤바뀔 때의 극히 혼란스런 왕조교체기에 해당한다. 그 한복판에 바로 한반도가 있다. 코앞으로 다가온 한반도 통일도 G2시대의 이런 격랑 속에서 이뤄질 수밖에 없다.

동양에서는 예로부터 큰 꿈을 품은 자를 잠룡潛龍이나 대붕大鵬 등으로 표현했다. 《사기》 '진섭세가陳涉世家'는 특이하게도 홍혹鴻鵠으로 표현해 놓았다. 여기에는 일화가 있다.

기원전 210년 7월, 진시황이 지금의 하북성 광종현 서북쪽의 사구평대沙丘平臺에서 숨을 거두었다. 마지막 천하순행인 제5차 순행에 나선 지 아홉 달 만이다. 사망 당시 그의 나이는 50세였다. 이해 겨울 10월, 진나라 음력으로 2세 황제 호해 원년인 새해가 시작되었다. 호해胡亥도 21세가 되었다. 새해의 시작을 계기로 황제와 신민 모두 심기일전하자는 취지에서 대사령大赦令을 발포했다. 이어 조고趙高를 궁전 출입을 총괄하는 낭중령郎中令으로 삼아 국사를 돌보도록 했다. 호해가 이내 조고와 천하대사를 논의했다.

"짐이 나이도 어리고 이제 막 즉위한 까닭에 백성들이 아직 가까이 따르지 않고 있소. 선황은 천하순행을 통해 나라의 강대함을 보여줌으로써 해내를 위엄으로 복종시켰소. 이제 짐이 한가로이 지내면서 순행하지 않는다면 약하게 보여 천하의 백성을 신하로 삼아 양육할 도리가 없게 될 것이오."

대사령을 발포한 지 세 달 뒤는 지금의 음력으로 기원전 209년 봄 정월이지만 진나라 음력으로는 2세 황제 원년의 네 번째 달에 해당했다. 날씨가 화창해진 것을 틈타 호해가 첫 천하순행에 나섰다. 좌승상 이사가 호해를 시종했다. 이번에는 진시황의 제5차 순행을 거꾸로 되짚어 나갔다. 먼저 지금의 요녕성 수중현 동남쪽의 갈석碣石에 이르렀다가 해안을 끼고 남쪽으로 내려가 절강성의 회계산에 이르렀다. 각석刻石에 미처 다 새겨 넣지 못한 내용을 완성하고, 당시 대신으로서 시종했던 자의 이름까지 새겨 넣었다. 2세 황제로서 당연히 할 일을 한 셈이다. 호해의 언급이 그 증거다.

"각석에 새겨진 내용은 모두 시황제가 남긴 업적이다. 지금 짐이 '황제'라는 칭호를 이어받아 사용하는 마당에 각석의 글귀에 '시황제'를 칭하지 않는다면 오랜 세월이 흐른 후 짐이 한 일처럼 보여 시황제의 공업과 덕을 밝힐 수 없게 될 것이다."

좌승상 이사와 우승상 풍거질 등이 입을 모아 말했다.

"청컨대 황제의 조서를 각석에 자세히 새겨 그 연유를 밝게 드러내기 바랍니다."

"가하다."

그러고는 이내 요동으로 갔다가 함양으로 돌아왔다. 이해 4월, 2세 황제가 진시황의 급서로 중단된 아방궁 축조 작업을 다시 시작했다. 이 또한 선황의 공업을 널리 드날리기 위한 것이었다. 당초 아방궁의 축조는 진시황 35년(기원전 212)에 시작되었다. 진시황이 자신의 능묘를 미리 조성하는 여산의 수릉壽陵 조영도 함께 전개되었다. 이때 중원 일대의 백성과 죄수가 대거 동원되었다. 화북 일대의 백성과 죄수가 대거 동원된 만리장성 축성 작업으로부터 불과 3년 뒤에 시작된 까닭에 민심이 흉흉했다. 각지에서 유민이 격증하면서 치안이 크게 불안해졌다.

이해 가을 7월, 마침내 일이 터지고 말았다. '진승陳勝과 오광吳廣의 난'이 그것이다. 진시황이 급서한 지 꼭 1년 만에 빚어진 이 사건은 이후 사상 최초의 제국인 진제국이 일거에 무너지는 계기로 작용했다. '진승과 오광의 난'은 항우와 유방이 천하를 다투는 이른바 초한지제楚漢之際의 발단에 해당한다. 이 난은 크게 두 가지 방향으로 전개되었다. 초기에는 말할 것도 없이 진제국과 정면 대결하는 양상으로 진행되었다. 그러나 군웅이 사방에서 봉기한 이후에는 영토를 확장하는 과정에서 이들과 충돌하는 새로운 상황이 빚어졌다. 진승과 오광은 이 과정에서 이내 몰락하고 말았다. 항우와 유방은 바로 이들의 몰락을 계기로 역사의 무대에 새 주인공으로 등장한 경우에 해당한다.

사마천이 《사기》를 저술하면서 '공자세가'와 같은 차원에서 특별히 '진섭세가陳涉世家'를 편제해 진승의 공적을 기린 것은 바로 이런 차원에서 나온 것이다. 진승이 봉기를 들지 않았다면 새로운 세상이 열리지 않았다는 취지이다. 훗날 반고는 《한서》를 저술하면서 사마천의 이런 편제에 크게 불만을 품고 진승의 행적을 '세가'가 아닌 '열전' 차원으로 깎아내렸다. 《한서》에 '진섭세가'가 아닌 '진승항적전'이 편제된 이유다. 반고는 '진섭세가'는 말할 것도 없고 '항우본기'조차 '열전'으로 폄하한 뒤 '진승항적전'으로 함께 묶어 처리했다. 진승과 항우 모두 일종의 반란집단에 지나지 않는다고 본 것이다.

당초 진승과 오광의 봉기는 그 배경이 매우 단순했다. 두 사람은 마을의 이장 같은 역할을 했다. 진나라는 행정조직과 군사조직이 통일되어 있었던 까닭에 이장이 군리軍吏 역할도 겸했다. 두 사람은 수자리를 서기 위해 현위縣尉의 지휘 아래 9백여 명의 백성들을 이끌고 북경시 밀운현 서남쪽 어양漁陽을 향했다. 도중에 잠시 휴식을 취하기 위해 안휘성 숙현 남쪽의 대택향大澤鄉 일대에 머물렀다. 이때 공교롭게도 갑작스레 큰 비가 내렸다. 이내 물이 범람해 길이 모두 끊겼다. 정해진 기일에 도착하기가 어렵게 되었다. 진나라 법은 매우 엄격해 기한을 어긴 자는 모두 참수형에 처해졌다. 진승과 오광이 서로 모의했다.

"지금 도망쳐도 죽고, 모반을 일으켜도 죽는다. 이왕 죽을 거라면 나라를 위해 죽는 것이 가하지 않겠는가?"

오광의 말에 진승이 맞장구를 쳤다.

"지금 천하가 진나라의 통치로 고통을 받은 지 오래되었다. 내가 듣건대 호해는 막내아들로 부당하게 즉위한 것이고, 응당 보위를 계승할 사람은 장남 부소라고 한다. 백성들은 부소가 현명하다는 얘기만 여러 곳에서 들었을 뿐 그가 죽은 사실을 모르고 있다. 전국시대 말기 초나라 명장 항연項燕은 여러 차례 전공을 세우고 사졸을 아껴 초나라 사람 모두 그를 좋아한다. 어떤 사람은 그가 죽었다고 말하고, 어떤 사람은 그가 도주해 숨었다고 한다. 만일 우리 무리가 거짓으로 부소와 항연을 자칭하며 천하를 위해 앞장서면 이에 호응하는 자가 많을 것이다."

진승과 오광이 곧 현위를 죽인 뒤 무리를 모아놓고 선동했다.

"우리 모두 기한을 넘긴 까닭에 참수되고 말 것이다. 설령 정상을 참작해 참수를 면할지라도 수자리를 서다 죽는 자가 10 중 6, 7은 될 것이다. 이왕 죽을 거라면 큰 이름을 내야 할 것이다. 왕후장상이 어찌 씨가 따로 있을 수 있겠는가!"

무리들이 모두 큰소리로 호응했다. 여기서 나온 성어가 바로 '왕후장상王侯將相, 영유종호寧有種乎?'이다.

진승은 젊었을 때 머슴이 되어 남의 농사를 지은 적이 있었다. 하루는 밭두둑에서 일손을 멈추고 휴식을 취하다가 문득 동료 머슴들에게 이같이 말했다.

"만일 부귀하게 되면 우리 서로 잊지 말도록 합시다."

머슴들이 크게 비웃으며 핀잔을 주었다.

"당신은 머슴으로 있는 주제에 어찌 부귀를 이룬다는 것인가?"

진승이 탄식했다.

"아! 연작燕雀이 어찌 홍혹鴻鵠의 뜻을 알겠는가!"

연작은 제비와 참새 등의 작은 새로 소인을 상징한다. 많은 사람들이 홍혹을 기러기인 홍안鴻雁이나 고니인 황혹黃鵠 등의 큰 새를 지칭한 것으로 새기고 있으나 이는 잘못이다. '홍혹'은 봉황처럼 상서로운 새를 뜻한다. '홍혹'을 '홍곡'으로 읽는 것도 잘못이다. '곡鵠'은 '적的' 즉 과녁을 뜻한다. 진승은 남의 머슴살이를 할 때부터 '홍혹'의 마음을 품고 있었으니 확실히 범상치 않은 인물이었음에 틀림없다.

진승과 오광은 공자 부소와 항연을 사칭하며 무리들을 끌어 모으기 시작했다. 이들은 단壇을 세워 맹약한 후 나라 이름을 '대초大楚'라고 했다. 항우와 유방 등 군웅이 일거에 일어나게 된 배경이다. 진나라의 패망은 여기서 시작되었다. 후대의 사가들은 진나라가 엄한 법제로 천하를 통일했지만 동시에 그로 인해 15년 만에 패망했다고 지적하고 있다. 그토록 엄한 법제만 아니었다면 진승과 오광이 반란을 일으킬 가능성이 희박했다고 본 결과다.

사마천이 '공자세가'와 어깨를 나란히 하는 '진섭세가'를 쓴 것도 이런 맥락에서 이해할 수 있다. 진섭을 '홍혹'으로 평가한 결과다.《장자》'소요유'는 '홍혹'을 대붕大鵬으로 표현해 놓았다. 해당 대목이다.

> "북쪽바다에 한 물고기가 있다. 이름은 곤鯤이다. 그 크기가 몇 천리인지 알 수 없다. 이것이 변해 새가 되니 이름이 붕鵬이다. 붕새의 등 넓이도 몇 천리인지 알 수 없다. 온 힘을 다해 날면 그 날개가 하늘에 구름을 드리운 것 같다. 이 새는 바다가 움직이면 남명南冥으로 날아간다. 남명은 천지天池를 말한다."

남명의 명冥은 거대한 바다를 뜻하는 말로 아득하여 끝이 없는 상상의 바다를 지칭한다. 곤鯤은 원래 작은 물고기의 이름이다. 장자는 이를 상상 속의 큰 물고기 이름으로 사용한 것이다. 천지天池 역시 상상 속에 존재하는 '하늘의 못'을 말한다. 붕鵬 또한 상상 속의 새이다. 일각에서는 봉鳳의 고자古字로 보기도 한다.

대부분의 주석가들은 곤이 변한 붕새가 남명으로 날아가는 것을 두고 만물 본연의 '무한한 자유'를 향한 비상으로 해석하고 있다. 그러나 과연 그게 과연 북쪽에서 남쪽으로 날아간다고 가능한 것일까? 치국평천하의 관점에서 보면 이는 제왕의 길을 뜻하는 대업大業을 돌려 표현한 것이다. 환관 집안 출신인 조조가 동탁을 토벌키 위해 군웅들과 함께 군사를 일으킨 것도 이런 맥락에서 이해할 수 있다. 바로 '대붕의 꿈' 즉 대업을 이루고자 한 것이다. 시진핑이 말하는 '중국몽'은 이를 평천하 차원에서 해석한 것이다. 명실상부한 G1의 등극이 그것이다.

　　　　　　　　　　　　1장 호랑이처럼 보고 크게 꾀하라

뜻이 커야 그릇도 크다

안일하게 지내는 사람에게는 크고 높은 뜻이 생길 수 없다. 큰 뜻을 가지고 큰 사업을 일으키기 위해서는 부단한 연마와 수련이 선행되어야 한다. 눈은 먼 곳에 두되 가까이에 있는 인연에 충실하다 보면 장차 드넓은 천지를 만나게 될 것이다.

예나 지금이나 '염량세태炎涼世態'는 좋지 않은 뜻으로 사용되고 있다. '염량세태'를 비판한 대표적인 인물로 사마천을 들 수 있다. 한무제 때 재상을 지낸 급암汲黯과 정당시鄭當時는 평생 청렴하게 살았다. 그럼에도 권세를 좇아 부나방처럼 몰려드는 빈객과 벗들로 인해 집 앞이 늘 문전성시를 이루었다. 사마천은 두 사람의 전기를 하나로 묶은 《사기》'급정열전'에서 염량세태를 이같이 개탄한 바 있다.

"평생을 청렴하게 산 급암과 정당시조차 그러했는데 그렇지 못한 경우는 더 말할 게 있겠는가!"

그러나 남에게 도움을 청하기 전에 스스로 먼저 돕겠다고 나서면 세인들의 가벼운 처신을 두고 '염량세태' 운운할 일이 없다. 《채근담》은 이같이 충고하고 있다.

> "사람은 으레 굶주리면 찰싹 달라붙고, 배부르면 훌쩍 떠나간다. 또한 사람 주변이 따뜻하면 마구 몰려들고, 썰렁해지면 매몰차게 차버린다. 인정의 한결같은 병폐가 이와 같다."

세인들의 '염량세태'에 눈살을 찌푸릴 이유가 없다는 지적이다. '염량세태'는 이익을 향해 무한 질주하는 인간의 본성인 '호리지성好利之性'과 명예를 목숨보다 중시하는 마음인 '호명지심好名之心'에서 기인하는 것이다. 이를 탓해서는 안 된다. '염량세태'를 너그럽게 받아들일 수 있는 자신의 그릇부터 키울 필요가 있다. 국가존망이 걸린 전쟁과 같이 큰 사건이 터졌을 때는 더욱 그렇다.

일장공성만골고一將功成萬骨枯는 한 장수가 공을 세울 때 병사 1만 명의 희생이 뒤따른다는 의미이다. 당나라 때 조송曹松은 '기해세己亥岁'에서 이같이 읊은 바 있다.

장강 일대 강산에 큰 전쟁이 벌어지니	泽国江山入战图
백성은 어떻게 초근목피로 살아갈거나	生民何计乐樵苏
부탁컨대 그대 제후 된다고 자랑 말게	凭君莫话封侯事
한 장수의 공에 1만 병사 해골 넘친다	一將功成萬骨枯

한 장수가 공을 세울 때 병사 1만 명의 희생이 뒤따른다는 내용의 '일

장공성만골고—將功成萬骨枯'는 인구에 회자하는 명구이다. 장수가 병사들의 희생을 디딤돌로 삼아 부귀영화를 누리는 것을 신랄하게 꼬집은 것이다.

뜻이 작으면 그릇이 작고, 그릇이 작으면 담는 것도 작게 된다. 나라가 작은 게 문제가 아니라 뜻과 꿈이 작은 게 문제다.《한비자》'유로'에 이를 경계하는 일화가 나온다.

옛날 진문공 중이重耳가 공자였을 때 부친 진헌공의 위협을 피해 망명길에 나섰다. 정나라를 지날 때 정문공이 예를 갖춰 대접하지 않았다. 정나라 대부 숙첨叔瞻이 간했다.

"이 사람은 현명한 공자입니다. 군주는 그를 후대해 덕을 쌓아 둘 만합니다."

정문공이 듣지 않았다. 숙첨이 다시 간했다.

"후대하지 않으려면 차라리 그를 죽여 후환이 없도록 하느니만 못합니다."

이 또한 듣지 않았다. 중이가 19년 만에 귀국해 보위에 올랐다. 이후 군사를 일으켜 정나라를 치고 8개 성읍을 취했다.

정문공의 입장에서 볼 때 망명 중에 있는 공자 중이 일행을 대접하는 것은 그리 큰 문제도 아니었다. 그럼에도 그는 작은 재물을 아껴 이를 무시했다가 결국 큰 화를 당하고 말았다.

이와 정반대되는 모습을 보인 인물이 있다. 21세기 현재 중국인들이 입을 모아 글로벌기업 CEO의 롤모델로 칭송하는 거상 호설암胡雪巖이 주인공이다. 청조 말기에 활약한 그는 살아있는 동안 재물의 신이라는 뜻의 활재신活財神이라는 말을 들었고, 죽은 후에는 상업의 신이라는 상신商神의 칭송을 받았다. 그는 생전에 이런 말을 했다.

"안일하게 지내는 사람에게는 크고 높은 뜻이 생길 수 없다. 큰 뜻을 가지고 큰 사업을 일으키기 위해서는 부단한 연마와 수련이 선행되어야 한다. 눈은 먼 곳에 두되 가까이에 있는 인연에 충실하다 보면 장차 드넓은 천지를 만나게 될 것이다."

먼 미래를 내다보면서 현재의 작은 인연을 소중히 여기라고 충고한 것이다. 눈앞의 작은 이익에 얽매여서는 안 되는 이유다.

조조가 젊었을 때 상시常侍들의 눈 밖에 나 낙향을 거듭하면서도 뜻을 굽히기는커녕 더욱 스스로를 강하게 단련한 것도 이런 맥락에서 이해할 수 있다. 그릇을 키우고자 한 것이다. 큰 뜻을 포기하지 않는 게 관건이다.

천하대세를 읽어라

아무리 천하를 들이켰다 내뱉는 탄토의 웅지를 품을지라도 이를 실행에 옮기기 위해서는 치밀한 구상과 계획이 필요하다. 관건은 천하대세의 도도한 흐름을 읽을 줄 아는 안목에 있다.

《삼국연의》는 조조를 천하의 간웅으로 만드는데 결정적인 역할을 하고 있다. 무고한 여백사呂伯奢를 죽인 뒤 '내가 천하 사람을 버릴지언정' 운운한 것으로 묘사한 게 대표적이다. 그러나 이는 있을 수 없는 일이다. 만일 조조가 이런 광언狂言을 지껄인 사실이 알려졌다면 이내 원술의 전철을 밟고 말았을 것이다.

그럼에도 지난 20세기 초 속마음이 시꺼먼 심흑心黑과 낯가죽이 두꺼운 면후面厚를 지닌 조조 및 유비와 같은 자만이 천하를 거머쥘 수 있다는 내용의 이른바 《후흑학厚黑學》을 설파한 이종오李宗吾는 조조를 '심흑'의 달인으로 간주했다. 이는 전장에서 현란한 궤사詭詐를 구사한 조조가 득인과 용인의 계책에도 그대로 썼을 것으로 지레짐작한데 따른 것이다. 실제로 《삼국연의》는 그런 식으로 묘사해 놓았다.

조조가 원술과 싸울 당시 17만 대군의 양식을 댈 길이 없자 죄 없는 군량책임관 왕후王垕의 목을 베어 동요하는 군심을 진정시킨 대목이 그렇다. 이에 따르면 조조는 원술의 군사를 여러 차례 공격했으나 별다른 성과를 거두지 못할 때 마침 양식이 부족하게 되자 왕후가 조조에게 이같이 보고했다.

"군사는 많고 양식은 적으니 어찌합니까?"

"작은되로 나눠주어 우선 굶주림이나 면하게 하시오."

"병사들이 불만을 가지면 어떻게 합니까?"

조조가 미소를 지으며 말했다.

"그때는 나에게 생각이 있소."

왕후는 조조의 속셈도 모르고 조조로부터 들은 바대로 시행했다. 조조가 비밀히 사람을 시켜 각 영채에 가서 살피게 했더니 모두들 조조가 자신들을 속인다며 크게 원망했다. 이에 조조가 은밀히 왕후를 불러들였다.

"내가 당신한테 물건 하나를 빌려서 그것으로 군심을 진정시켜 보려고 하는데 당신은 부디 아까워하지 마시오."

"어떤 물건을 쓰려고 하십니까?"

"군사들에게 보여주기 위해 당신의 머리를 빌리고 싶소."

왕후가 소스라치게 놀라며 말했다.

"저는 실로 아무 죄도 없습니다."

"나도 당신한테 죄가 없는 것을 알지만 당신을 죽이지 않으면 필시 변이 일어나고 말 터이니 어쩔 수가 없소. 당신이 죽은 뒤에 처자는 내가 잘

돌봐 줄 것이오."

그러고는 곧바로 도부수刀斧手를 불러 그의 목을 치게 했다. 이어 그의
머리를 장대에 높이 매달아 놓고 이런 내용의 방을 붙였다.

'왕후가 함부로 작은되를 써서 양곡을 도둑질하였기로 군법에 의해 처
단한다.'

이게 사실이라면 조조는 이종오가 말한 대로 통상적인 득인술과 용인
술에서 심흑을 거리낌 없이 구사한 셈이 된다. 그야말로 목표를 달성하기
위해 수단 방법을 가리지 않는 이중인격의 표본이 되는 셈이다. 과연 이
런 일이 있었을까?

후흑의 달인인 사마의는 이런 일을 눈썹도 까딱하지 않고 했을 것이다.
그러나 조조는 기본적으로 이런 일을 하기에는 적합지 않은 인물이다.

원래 이 대목의 출처는 '무제기' 배송지주에 인용된 《조만전》이다. 작
자 미상의 《조만전》은 손성의 《이동잡어》 못지않게 조조를 왜곡한 대표적
인 작품으로, 수록 내용 또한 전혀 신뢰할 수 없는 저급한 3류소설에 가
깝다. 더욱 황당한 것은 《삼국연의》가 여기서 한 발 더 나아가 《조만전》의
내용조차 멋대로 왜곡해 조조를 천하의 악당으로 그려놓은 점이다. 《조
만전》에는 군량미담당관이라고만 되어 있지 왕후라는 이름이 나오지 않
는다. 말할 것도 없이 가공의 인물이다. 《조만전》조차 작은되로 군량미를
나누어 주자고 제안한 사람은 조조가 아니라 군량미담당관으로 되어 있
다. 당시 이런 식의 속이 빤히 들여다보이는 심흑을 구사했다가는 이내
궤멸할 수밖에 없다.

조조는 관직에 나선 이후 시종 매우 근엄하면서도 신중한 행보를 보였

다. 대표적인 예로 20세 때 효렴에 추천되어 낭관郞官이 된 뒤 곧바로 낙양의 북부위北部尉에 제수되었을 때의 일화를 들 수 있다.

위尉는 군사나 형옥의 일을 담당하는 관원을 총칭하는 말이다. 태위太尉가 군사를 담당하고, 정위廷尉가 형옥을 맡고, 위위衛尉가 궁문의 수비 등을 담당한 것이 그 증거다. 이밖에도 중위中尉와 도위都尉, 교위校尉 등이 있었다. 지방의 경우는 군郡 단위의 군위郡尉와 현 단위의 현위縣尉가 따로 있어 각기 해당 지방의 치안을 담당했다. 무관은 고위직에서 하위직에 이르기까지 모두 '위'로 통칭되었다.

전한 때의 장안과 후한 때의 낙양의 경우는 동서남북으로 네 명의 위를 두었다. 조조는 북쪽을 담당하는 북부위가 되었다. 조조를 추천한 사람은 상서우승尙書右丞으로 경조윤京兆尹을 겸직하고 있던 사마방司馬防이었다. 그는 이종오가 당대 최고의 면후와 심흑을 구사한 인물로 지목한 사마의의 부친이다.

당시 낙양 북부위는 소관小官에 불과했으나 조조는 이 직책을 매우 신중히 수행했다. 당초 그는 부임하자마자 4대문부터 정비했다. 다섯 가지 색깔의 몽둥이 10여 개를 만들어 고을의 4대문에 걸어두고 법을 어기는 자가 있으면 아무리 권귀權貴라 할지라도 예외 없이 벌을 주었다.

하루는 영제가 총애하는 소황문 건석의 숙부가 통금을 어기고 밤중에 다니는 것을 잡아 죽였다. 이후 경사京師 내의 모든 사람이 밤길을 자제한 것은 물론 감히 이를 범하려는 자가 없게 되었다. 그러나 조조는 건석 등 환관의 미움을 받아 모두 두 번에 걸쳐 낙향하게 되었다.

중평 3년(186) 조조는 도위都尉에 임명돼 다시 상경하게 되었다. 세 번째로 출사의 길에 오르게 된 것이다. 당시 세인들은 조조가 10여 년 동안 보여준 활약을 통해 그의 식견과 담략 등에 대해 익히 알고 있었다. 조조가 비록 병을 칭하며 귀향하여 은거하고 있었으나 안목이 있는 사람들은 그의 속뜻을 알고 있었다. 조조가 도위에 임명돼 병권을 쥐게 되자 많은 사람들이 그를 찾아왔다.

조조의 나이가 34세가 되는 중평 5년(188)에 기주자사인 왕분王芬과 남양 출신 허유許攸 등이 조조를 찾아와 영제를 폐하고 합비후合肥侯를 세우는 일을 상의했다. 조조는 일언지하에 거절했다. 배송지주에 인용된 《위서》와 사마표의 《구주춘추九州春秋》는 당시의 상황을 이같이 기록해 놓았다.

"전 태부 진번의 아들 진일이 기주자사 왕분을 만나는 자리에서 술사로 활약한 평원 사람 양해와 마주치게 되었다. 양해가 앞날을 예언하여 말하기를, '천문이 환관에게 불리하니 황문과 상시가 틀림없이 멸족할 것이오.'라고 했다. 진일이 기뻐하자 왕분이 나서서 말하기를, '만일 그렇게 된다면 나 또한 그들을 제거하는 일에 나서고 싶소.'라고 했다. 이에 진일과 왕분은 곧 호걸들과 서로 교신을 하여 세력을 규합하기로 의견을 모았다. 마침 영제가 하간의 옛 집에 머물며 북쪽을 순행하려고 하자 왕분 등이 이 틈을 타서 난을 일으키고자 했다. 이에 우선 상주문을 올려 흑산적이 인근 군현을 겁략하니 이를 소탕하기 위해 거병하는 것을 허락해 달라고 요청했다. 이때 마침 북방의 한밤중에 붉은 기운이 있어 동서를 가로질러 하늘을 관통하자 천문을 관측하는 태사가 영제에게 상언하기를, '북방에 불순한 조짐이 있으니 북쪽으로 순행해서는 안 됩니다.'라고 했다. 영제가 이를 받아들였다. 얼마 후 영제는 왕분이 불순한 생각을 가졌다는 것을 알고 조명을 내려 낙양으로 불렀다. 왕분은 자신의 계책이 누설된 것을 알고 크게 두려워한 나머지 인수를 풀고 도주했다가 평원에 이르러 자살하고 말았다."

왕분 등은 나름 담략이 있기는 했으나 대세를 정확히 읽지 못한데다가 거사를 너무 서둘렀다. 조조가 이들이 실패할 것을 예견하고 가담을 거절한 것은 당연한 일이었다. 그는 시국 및 대세의 흐름을 정확히 읽고 있었다. 배송지주에 나오는《위서》의 다음 기록은 조조가 얼마나 자중자애했는지를 잘 보여주고 있다.

"무릇 천자를 폐립하는 것은 천하에 가장 상서롭지 못한 일이오. 황제 폐립의 성패와 경중을 치밀하게 저울질하여 시행한 사람으로는 오직 은나라 건국공신인 이윤伊尹과 전한 초기 창읍왕을 폐하고 한선제漢宣帝를 옹립한 곽광霍光이 있을 뿐이오. 지금 제군들은 옛날 이윤과 곽광의 거사가 쉽게 이뤄진 것만 보고 지금의 어려움을 보지 못하고 있소. 제군들은 사람들을 모아 무리를 이룰 수 있다고 스스로 판단하고 있으나 어떻게 전한제국 초기 오초7국의 난에 가담한 제후국의 지지를 받을 수 있겠소. 합비후가 귀한 신분이라 한들 어찌 오초7국의 난 주동자인 오왕과 초왕보다 더할 수 있겠소. 비상한 거사를 하게 되면 반드시 성공해야 하는데 이번 일은 매우 위험하기 짝이 없소."

황제의 폐립이 성공하기 위해서는 모든 주변 여건이 정확히 맞아떨어져야 한다는 지적이다. 조조는 왕분 등의 능력이 이윤 및 곽광에 미칠 수 없다는 점을 통찰하고 있었다. 천하대세를 읽는 조조의 뛰어난 식견이 여실히 드러나는 대목이다.

당시 조조의 말을 제대로 이해하지 못한 왕분은 이내 평원 사람 화흠 華歆과 도구홍陶丘洪 등을 끌어들여 무리하게 일을 추진하려 했다. 화흠은 도구홍이 왕분에게 부화뇌동하여 거사하려 하자 이같이 만류했다.

1장 호랑이처럼 보고 크게 꾀하라

"폐립의 대사는 이윤과 곽광도 어려웠소. 왕분은 성정이 조악하고 군사를 모르기 때문에 이 일은 반드시 성공할 수 없소."

도구홍은 훗날 왕분이 실패하자 자신의 식견이 화흠에게 미칠 수 없음을 자인하고 그에게 심복케 되었다. 화흠은 하급관원이었지만 공평하게 일을 처리해 칭송이 자자했다. 당시 도구홍도 제법 명망이 있어 늘 자신이 화흠보다 식견이 뛰어났다고 생각했다. 그러나 그는 이때 화흠의 식견에 탄복한 나머지 마침내 심복케 된 것이다.

만일 당시 조조가 자중자애하지 않았다면 수천 년을 두고 논란의 대상이 되는 일도 없었을 것이다. 조조와 화흠은 서로 얼굴 한 번 본 적이 없으나 천하대세를 읽는 식견이 똑같았다. 훗날 조조가 손권 밑에 있던 화흠을 불러 자신의 사람으로 만든 것도 결코 우연으로 볼 수 없다. 중국에서 널리 사용되는 성어 중 '호한식호한好漢識好漢'이 있다. 호걸만이 호걸을 알아본다는 뜻이다. 화흠과 조조의 만남에 비유할 만하다.

국가경영이든 기업경영이든 인간이 하는 사업은 우주만물이 생장소멸의 과정을 거치듯이 구상과 기획, 실행, 결실, 새로운 구상 등 생장소멸의 순환과정을 반복한다. 왕조의 흥망성쇠가 연이어지는 이유다. 기업의 명멸도 이와 다를 게 없다. 아무리 천하를 들이켰다 내뱉는 탄토呑吐의 웅지를 품을지라도 이를 실행에 옮기기 위해서는 치밀한 구상과 계획이 필요하다. 관건은 천하대세의 도도한 흐름을 읽을 줄 아는 안목에 있다.

대범하되 세심하게 접근하라

조조는 얼마 안 되는 군사로 모험을 많이 했다. 실패로 끝난 적도 있지만 대부분 성공을 거뒀다. 모두 기병기모를 구사한 덕분이다. 수공을 가해 천하제일의 용맹을 자랑한 여포를 생포한 것이 대표적인 사례이다.

역대 많은 사가들은 제갈량의 북벌이 실패로 끝난 것을 두고 지나치게 소심한 그의 심성에서 찾은 바 있다. 천하를 통일코자 하면 위험을 무릅쓰고 과감한 책략을 펼쳐야 했음에도 시종 안전한 계책만을 좇았다는 것이다. 대표적인 예가 바로 승상사마로 있던 위연魏延의 건의를 물리친 데 있다. 당시 위연은 이같이 건의했다.

"저에게 정병 5천 명을 주면 5천 명분의 식량을 갖고 곧바로 보중褒中을 출발해 진령秦領을 끼고 동쪽으로 가서 자오도子午道에 이른 후 북쪽으로 올라가면 10일도 채 안 되어 장안에 이를 수 있습니다. 장안에 있는 위나라 군사는 제가 창졸간에 들이닥쳤다는 소식을 들으면 반드시 성을 버리고 도망갈 것이니 장안성에는 오직 어사御史와 경조태수京兆太守만을 두면 됩니다. 그리 되면 창고에 비축해 둔 양곡과 백성들이 버리고 간 양식으로 군사들을 충분히 먹일 수 있습니다."

'자오도'는 지금의 서안 일대인 관중關中에서 지금의 섬서성 서남부 일대인 한중漢中에 이르는 남북통로를 말한다. 제갈량이 이 말을 듣고 웃으며 말했다.

"그 계책은 만전지책萬全之策이 아니오. 공은 중원에 훌륭한 인물이 없는 줄로 알지만 만일 누가 계책을 써서 산간벽지에 군사를 보내 길을 끊고 치면 정병 5천 명이 해를 입을 뿐만 아니라 우리의 예기가 크게 상할 것이오."

'만전지책'은 실패의 위험이 없는 안전하고 완전한 계책을 뜻한다. 그러자 위연이 다시 말했다.

"위나라가 동쪽에서 군사를 모아 장안으로 오기까지는 약 20여 일 정도 걸릴 터이니 그 사이에 승상은 사곡斜谷을 빠져 나와 충분히 장안에 이를 수 있습니다. 그리하면 일거에 가히 함양 이서지역을 평정할 수 있습니다. 그렇지 않으면 공연히 오랜 시일을 헛되이 보낼 것이니 어느 때에 중원을 도모하겠습니까?"

그러나 제갈량은 고개를 내저으며 말했다.

"내가 농우隴右를 취하고 탄탄대로를 따라 병법대로 진행한다면 어찌 이기지 못할 리가 있겠소."

'농우'는 농산隴山 서쪽으로 지금의 감숙성 일대를 지칭한다. 결국 제갈량이 위연의 계책을 쓰지 않자 위연이 마음에 차지 않아 즐거워하지 않는 앙앙불락怏怏不樂의 모습을 보였다. 이를 두고 사마광은 《자치통감》에서 이같이 평해 놓았다.

"제갈량은 위연의 계책이 많은 위험을 안고 있어 안전하게 대로를 따라 위로 올라가 농우지역을 평정하는 것만 못하다고 생각했다. 그는 십전십승을 하면서도 전혀 후환이 없어야 한다는 생각에 위연의 계책을 쓰지 않았던 것이다."

사마광의 사평을 통해 짐작할 수 있듯이 오랜 세월 동안 제갈량이 위연의 계책을 쓰지 않은 것과 관련해 많은 논란이 있어 왔다. 현재 많은 사람들은 위연의 제안은 당시로서는 최상의 전략이었다고 주장하고 있다. 위연은 원래 형주목 유표의 부장이었다. 유비가 익주를 탈취할 때 여러 번 전공을 세웠다. 위연 나름대로 생각한 바가 있어 이런 제안을 한 것으로 보아야 할 것이다.

그러나 제갈량을 옹호하는 사람들은 당시 제갈량이 자오곡의 계책을 쓰지 않은 데에는 나름의 이유가 있었다고 주장하고 있다. 이들은 우선 맹달이 경솔하게 사마의에게 제거된 점을 들고 있다. 맹달의 죽음으로 인해 제갈량은 위나라의 내부에서 소동을 일으켜 이를 틈타 관중으로 진출한다는 당초의 복안이 타격을 입게 되었고 따라서 신중하지 않을 수 없는 입장에 있었다는 것이다.

나아가 위연의 계책은 상대를 업신여기는 것인데다가 위험성이 너무 많았다고 지적하고 있다. 만일 위나라 장수 하후무가 관문을 닫아건 채 싸우려 하지 않고 촉군이 피로해지기를 기다리는 작전으로 나오면 심각한 위기국면을 맞을 수밖에 없다는 것이다. 더구나 촉한은 소국으로 병력도 적었는데 만일 적의 협격이라도 받아 주력을 손상케 되면 이를 보충하기가 쉽지 않았던 점을 들고 있다. 결국 제갈량을 옹호하는 사람들은 당시의 제갈량으로서는 전망도 불투명한데다 병력 손실의 위험이 큰 위연의 계책을 맹달마저 죽은 상황에서는 도저히 받아들일 수가 없었다고 주장하고 있는 것이다.

모종강도《삼국연의》의 관련 대목에 관한 총평에서 제갈량의 결정을 옹호하여 이같이 주장한 바 있다.

"위연이 바쳤던 자오곡의 계책이 옳지 않다고 한 것은 아니었다. 무후가 위험한 계책이라 여겨 사용치 않았던 것은 아마도 하늘의 뜻을 돌이킬 수 없다는 사실을 미리 알고 모험을 하지 않았을 뿐이다. 승산도 없는 계책을 가지고 모험을 하는 것은 현자가 꺼리는 일이기도 하다."

그러나 모종강을 비롯해 제갈량을 옹호하는 사람들이 내세우는 논거에는 적잖은 문제가 있다. 원래 전쟁이란 대치한 쌍방 간의 지혜와 힘을 겨루는 일이기 때문에 한 치의 위험도 없는 일이란 있을 수 없는 것이다. 지나치게 소심한 제갈량이 스스로 자신의 손발을 묶는 결과를 조성하는 바람에 천재일우로 찾아온 승리의 기회를 놓치고 말았다고 할 수 있다. 그 결과 위나라 군사는 시간을 벌게 되어 군사들을 적절히 재배치할 수 있었던데 반해 촉나라 군사는 마침내 가장 바람직하지 못한 상황에 처하고 말았다. 전투가 진지전으로 이어지고 적의 견고한 방어물만 지속적으로 공격하는 소모전으로 진행된 것도 이 때문이라고 할 수 있다.

만일 촉한이 이런 불리한 점에도 불구하고 북벌을 성공시켜 한실을 부흥시키고자 했다면 궤계를 마다하지 않고 '기병기모奇兵奇謀'를 많이 구사했어야만 했다. 당시 촉한은 위나라에 비해 나라도 작고 군사도 적어 국력이 열세였기 때문에 소모전을 벌여서는 절대 승산이 없었다. 게다가 험준한 진령은 지키기는 쉬웠으나 밖으로 진출하기는 어려운 곳이었다. 무엇보다도 도로가 평탄치 않아 양식을 지속적으로 공급하기가 어려웠다. 이런 상황 아래서 기발한 계책을 내어 작전을 펼치지 않으면 전쟁의 주도 권을 잡아 승리를 낚기란 매우 어려운 일이었다. 그러나 제갈량은 위연의 계책을 받아들이지 않고 굳이 농우로부터 평탄한 대로를 취해 원칙대로 정직하게 진군했던 것이다. 패배를 자초했다고 평할 수밖에 없다.

이와 정반대로 조조는 얼마 안 되는 군사로 모험을 많이 했다. 실패로 끝난 적도 있지만 대부분 성공을 거뒀다. 모두 '기병기모'를 구사한 덕분 이다. 수공水攻을 가해 천하제일의 용맹을 자랑한 여포를 생포한 것이 대 표적인 사례이다. 조조 스스로도 이를 대단한 일로 여겼다. 《손자약해》 '모공'에 나오는 주석이 이를 뒷받침한다.

"손무는 아군의 병력이 적의 10배일 때는 포위해 굴복시키는 것도 가하 다고 했으나, 아군 장수가 뛰어나고 병사의 사기나 무기가 적보다 압도적으 로 우세하면 병력 차이가 반드시 10배까지 차이 날 필요가 없다. 나 조조는 단지 2배 병력만으로도 하비성下邳城을 포위해 용맹하기 그지없는 여포를 생포한 바 있다."

'기병기모'는 중과부적衆寡不敵일 때 빛을 발한다. '기병기모' 자체가 모험인 까닭에 대범하게 작전을 전개할 필요가 있다. 그러나 막상 '기병 기모'를 실행할 때는 세심히 접근해야 한다. 기본적으로 '중과부적'의 상 황에 처해 있기 때문이다. 이를 잘만 실행하면 뜻밖의 큰 성과를 얻을 수 있다. 밑그림은 대범하게 짜고, 실행은 세심하게 해야 하는 이유다. 그래 야만 불리한 판세를 역전시켜 대승을 거머쥘 수 있다

초지를 잃지 마라

조조는 대의명분을 살리기 위해 부단히 노력했다. 그가 동탁군과의 제1차 접전의 참패에 굴하지 않고 백절불요의 자세로 제2차 접전을 준비한 것은 반동탁으로 상징되는 반정의 명분을 살리기 위한 것이었다. 실리를 좇아 명분을 아무렇지도 않게 내팽개치는 심흑의 대가로 간주하는 기존의 견해에 일대 수정을 요하는 대목이다.

춘추전국시대에 등장한 이른바 반정反正의 논리는 신하가 군주를 시해하고 보위를 빼앗는 등의 하극상을 제어하기 위한 논리로 등장한 것이다. 조조와 원소 등이 반동탁을 기치로 내건 것은 반정의 논리에 입각한 것이다. 이는 《춘추공양전》의 맨 마지막 조인 '노애공 14년'조에 나오는 '발란세撥亂世, 반저정反諸正' 구절을 축약한 것이다. 부정不正한 난세를 평정해 정正의 치세로 돌려놓는다는 뜻이다. 여기의 저諸는 지어之於의 준말이고, 반反은 되돌려놓는다는 뜻의 동사이다. 이 말이 나오게 된 것은 약육강식과 하극상의 풍조가 만연함에 따라 왕을 시해하고 왕위를 찬탈하는 이른바 찬위시군簒位弑君의 현상이 빈발한 데 있다.

당시 찬탈의 가장 대표적인 사례로 춘추시대 말기에 강태공의 후손인 강씨姜氏의 제나라가 전씨田氏의 제나라로 바뀌는 과정을 들 수 있다. 삼국시대 당시 사마씨가 조씨의 위나라를 찬탈한 과정과 똑같다. 사마의 역할을 한 인물이 춘추시대 말기 전횡을 일삼은 제나라 권신 진항陳恒이다.

그는 후손이 훗날 강씨의 나라를 찬탈한 뒤 성씨를 전씨田氏로 바꾸면서 전항田恒으로 불리게 되었다. 이후 한문제 유항劉恒의 이름을 꺼려 다시 사서에는 전상田常으로 기록되었다. 초한전 당시 한신의 책사인 괴철蒯徹의 이름을 한무제 유철劉徹의 이름을 꺼려 괴통蒯通으로 바꾼 것과 같다.

《사기》'전경중완세가'에 따르면 당시 전항은 제나라의 여인 가운데 키가 7척 이상 되는 자를 1백여 명 선발해 자신의 집 후실에 두었다. 그러고는 자신의 집 일족이면 누구를 막론하고 후실에 드나드는 것을 막지 않았다. 후실에 있는 여인의 몸에서 난 자식만도 70여 명에 달하게 되었다. 그는 강태공의 후신인 강씨의 제나라를 찬탈하기 위해 이런 기상천외한 방법을 동원한 것이다. 《논어》'헌문'에 공자가 전항 즉 진항을 질타한 대목이 나온다.

"진항이 제간공을 시해했다. 소식을 들은 공자가 목욕한 뒤 입조해 노애공에게 간하기를, '진항이 그 군주를 시해했으니 토벌해야 합니다.'라고 했다."

노애공이 이를 듣지 않은 것은 말할 것도 없다. 전항이 죽자 그의 아들 전반田盤이 제나라의 집정대부가 되어 제나라의 실권을 장악했다. 전반은 부친의 후실 소생을 포함한 자신의 일족을 모든 요소에 두루 배치하고 제나라의 땅을 거의 모두 차지했다. 보위찬탈을 위한 모든 준비를 마무리한 뒤 숨을 거두자 아들 전백田白이 뒤를 이어 제나라의 상국이 되었다. 전백의 아들 전화田和가 바로 강씨의 제나라를 빼앗아 전씨의 제나라를 만든 장본인이다.

기원전 386년, 전화가 마침내 찬역의 칼을 뽑아 들었다. 그는 제강공齊康公 대貸를 임치성에서 내쫓은 뒤 동쪽 바다 근처에 있는 조그마한 마을로 가 살게 하면서 작은 성읍 하나를 떼어 주고 강씨 선조들의 제사를 받들게 했다. 이로부터 7년 뒤인 기원전 379년 제강공이 사망하면서 강씨의 제나라는 완전히 사라지고 말았다. 공교롭게도 이때 처음으로 왕을 칭하는 제위왕이 보위에 올랐다. 제강공을 살해했을 가능성을 시사한다. 일부 사가들은 본격적인 전국시대가 이때 개막한 것으로 본다.

이들 전씨 4대가 보여준 행보는 삼국시대 말기 위나라의 사마 3대가 조씨曹氏의 위나라를 찬탈하는 과정과 꼭 닮아 있다. 춘추시대의 전씨는 국명을 그대로 사용한데 반해 사마씨는 국명을 위魏에서 진晉으로 바꾼 것만이 다를 뿐이다. 조조 사후 역사에 밝았던 사마의는 찬탈의 초석을 깔기 위해 전항을 자신의 '롤모델'로 삼았을 공산이 크다.

조조가 반동탁의 기치를 내걸고 거병할 당시만 해도 그는 여러모로 동탁과 비교조차 되지 않았다. 명분 면에서도 크게 우위를 점한 것도 아니었다. 당시 서민과 지식인들 중 상당수가 동탁을 지지했다. 오히려 반동탁의 연합세력이 지리멸렬한 모습을 보였다. 이런 상황에서 오직 조조만이 불요불굴의 자세를 보여준 것이다. 이는 난세를 틈타 적당히 할거하고자 한 여타 군벌과 근본적인 차이를 보인 것이다. 그의 뜻이 그만큼 컸다는 반증이기도 하다. 그러나 이를 제대로 알아보는 사람이 없었다.

반정은 혁명과 동전의 양면 관계를 이루고 있다. 반정을 확대하면 혁명이 되고, 혁명을 소규모로 진행하면 반정이 된다. 새 왕조의 건립 여부가 갈림길이다. 왕조교체기 때마다 새 왕조의 창업을 합리화하기 위한 중요한 이론적 무기로 반정론이 먼저 제기되었다가 이윽고 혁명론이 등장하는 이유다. 혁명론은 천명을 받은 자만이 제왕이 될 수 있다는 주왕조 이래의 천명론天命論을 동태적으로 해석한 이론을 말한다.

조조가 거병할 당시에는 아직 시기가 무르익지 않은 까닭에 혁명론을 동원할 수는 없었다. 조비가 헌제로부터 보위를 선양禪讓받을 때 비로소 혁명론을 거론할 수 있었다. 요가 순에게 선양하고 순은 하나라 우禹에게 선양했다는 선양론은 유가가 혁명론을 미화한 것이다. 그러나 이는 전설에 불과하다. 한헌제가 조조에게 선양한 것은 사실상 유사 이래 처음 이뤄진 것이다.

통상 혁명은 역사상 같은 성씨로서 왕조를 뒤엎은 경우는 전무했기 때문에 곧 역성혁명易姓革命을 의미하는 것으로 해석되었다. 이론적으로는 동성혁명同姓革命도 가능하다. 삼국시대 당시 촉나라의 유비가 천하를 통일한 뒤 한나라가 아닌 새 제국을 건설했다면 역사상 처음으로 동성혁명이 이루어질 수 있었다. 역성혁명은 왕조와 왕실이 모두 바뀌는 경우이고, 동성혁명은 왕실은 바뀌지 않은 채 왕조만이 바뀌는 경우를 말한다.

왕조는 바뀌지 않은 채 왕실만이 바뀔 수도 있다. 태조 이성계가 조선을 개국하기 직전 고려의 공양왕으로부터 선양을 받은 뒤 잠시 고려라는 국호를 그대로 유지한 적이 있었다. 왕조는 바뀌지 않은 채 왕실만 바뀐 대표적인 사례다. 그러나 이는 과도적인 상황에서 나타난 특이한 경우에 불과하다.

반정은 왕조와 왕실은 그대로 둔 채 왕위만 바꾸는 경우에 해당한다. 반정과 구별해야 할 것은 왕실 내부의 각축으로 왕이 교체되는 경우다.

결과적으로는 반정과 동일하나 교체의 주역이 신권臣權세력이 아니라 왕실 내부에 있다는 점에서 반정과 구별된다. 반정은 오직 신권세력에 의한 왕의 교체만을 의미한다.

엄밀한 의미에서 보면 동탁이 황제를 임의로 바꾼 것도 반정에 해당한다. 실제로 동탁은 그렇게 주장했다. 정사《삼국지》에 등장하는 동탁은 나름 뛰어난 재능을 지닌 인물이다. 일설에는 시서詩書에 밝았다는 주장마저 있다.《후한서》'동탁전'에 따르면 그의 군사는 서북방 이민족인 강족羌族으로부터 신군神軍으로 불릴 정도로 무공이 뛰어난 공포의 대상이었다. 이는 그가 자신의 녹봉을 모두 부하들에게 나눠줄 정도의 덕을 베푼 사실과 무관하지 않았다. 청조 말기에 원세개가 바로 동탁의 이런 행보를 흉내 내 사상 최초이자 마지막인 '중화제국'의 황제 자리에 오른 바 있다.

동탁은 실권을 장악해 제1기 장안정권을 세운 후 환관을 제거하며 이른바 당고지화黨錮之禍를 당한 선비들을 방면하고 천하의 인재를 발탁하기 위해 애쓰는 모습을 보여주었다. 당대 최고의 인물인 순상荀爽 및 채옹蔡邕 등과 같은 인물이 모두 동탁에 의해 중용된 사실이 이를 뒷받침한다. 채옹은 훗날 동탁의 죽음을 애도하는 말을 했다가 왕윤에게 죽임을 당했다. 천하의 인재가 초개草芥처럼 스러져간 것이다. 당시 동탁이 포악하기만 했다면 천자를 옆에 끼고 천하를 호령하는 일 자체가 불가능했다. 휘하 장수였던 이각과 곽사 등이 동탁 사후 제2기 장안정권을 성립시킨 것도 동탁의 억울한 죽음을 풀어주겠다는 대의명분에서 나온 것이었다. 그의 리더십이 간단치 않았음을 방증하는 대목이다.

그런 점에서 보면 조조가 원소 등과 함께 반동탁을 기치로 내걸고 거병한 것은 사실 천하를 차지하기 위한 군벌상쟁의 성격이 짙었다. 왕조교체기의 혼란한 상황에서 충역忠逆이 갈리는 것은 결국 무력전에서 누가 승리하느냐에 달려 있다. 조조도 따지고 보면 동탁이 이내 몰락하고, 이후 원소까지 제압하는 바람에 의거로 평가받은 경우에 속한다.

그럼에도 조조는 확실히 원소 등의 여타 인물과는 질적인 차이가 있다. 공의公義에 입각해 수미일관한 행보를 보인 게 그 증거다. 이는 그가 애초부터 폭력을 제거하고 백성들을 구한다는 제폭구민除暴救民을 기치로 내건 사실과 무관하지 않다.

물론 동탁도 이와 유사한 주장을 펼쳤다. 《자치통감》에 따르면 중평 6년(189) 9월 계유일에 동탁이 백관들을 모아놓고는 황제 폐립의 뜻을 내비쳤다.

"황제가 어둡고 약해 종묘를 받들기 어려우니 천하의 주인이 될 수 없다. 지금 이윤과 곽광의 고사를 좇아 진류왕을 세우고자 하니 어떻게 생각하는가."

대신들이 모두 놀라 감히 입을 열지 못했다. 동탁이 또 큰소리로 말했다.

"예전에 곽광이 폐립의 큰 계책을 세웠을 때 전연년田延年이 칼자루를 어루만졌다. 감히 이를 막으려 드는 자는 군법에 따라 처결할 것이다."

전연년은 곽광의 심복으로 황제 폐립을 무력으로 관철시킨 장본인이다. 여기서 곽광과 전연년이 사서에 그 이름을 남기게 된 배경을 간략히 살펴보자.

전한의 한소제가 후사 없이 죽자 권신인 곽광이 창읍왕 유박의 아들 유하를 새 황제로 맞아들였다. 그러나 한무제의 손자인 유하는 방탕했다. 곽광이 고민에 빠지자 휘하 전연년이 곽광에게 결단을 촉구했다. 곽광이 이를 수락하자 전연년은 백관들이 모인 자리에서 칼을 어루만지며 가장 늦게 응답하는 자는 목을 베겠다고 엄포를 놓았다. 이로써 창읍왕은 보위에 오른 지 불과 27일 만에 폐위되고 말았다.

당시 동탁이 곽광의 고사를 들먹이며 전연년을 언급한 것은 동탁 휘하의 재사들이 조언을 한 결과로 보인다. 실제로 유사한 상황이 빚어졌다. 백관들은 두려운 나머지 모두 입을 다물었다. 이때 상서 노식이 홀로 나서 이같이 반대했다

"전에 창읍왕은 죄목이 1천여 가지나 되어 폐위되었던 것이다. 그러나 지금 금상의 춘추가 아직 어리고 덕을 잃을 만한 행위를 한 적이 없으니 옛날 고사에 비유할 수 없다."

동탁이 대노하여 회의를 중지시킨 뒤 노식을 죽이려 하자 채옹이 나서 극구 만류했다.

"노상서는 해내의 대유大儒여서 사람들이 모두 앙망하고 있습니다. 지금 그를 해치면 천하 사람이 크게 놀랄 것입니다."

동탁은 노식을 죽이려는 계획을 버리는 대신 그의 관직을 빼앗았다. 당시 채옹 등이 노식을 극구 변명한 것은 같은 청류 사대부로서 최소한의 의리를 보인 것이다.

여기서 주목할 것은 비록 결과론이기는 하나 채옹 등이 모두 황제 폐립에 동조한 점이다. 내용상 곽광이 창읍왕을 폐위할 때와 별반 다를 바가 없다. 그럼에도 사서는 이구동성으로 곽광은 선했고, 동탁은 악했다는 식으로 기술해 놓았다. 역사는 패자의 처지를 고려하지 않는 법이다. 사실을 왜곡해도 할 말이 없다.

문제는 동탁과 조조 모두 반정의 논리를 내세워 황제를 폐립하고 의병

을 일으킨 점이다. 어느 쪽의 반정 논리가 맞는 것일까? 객관적으로 볼 때 동탁 쪽이었다. 황제를 끼고 있었기 때문이다.

실제로 동탁은 곽광과 동일한 방식으로 채옹을 비롯한 조정 백관들의 동의를 얻어냄으로써 황제 폐립의 정당성을 확보했다. 조조와 원소 등은 비록 반정 논리를 내세웠으나 객관적으로 볼 때 이들은 조정을 거부하는 조적朝敵에 해당했다. 동탁이 이들을 제압했다면 곽광과 같은 칭송을 들었을지 모른다.

그러나 황제가 마구 폐립되는 난세의 상황에서는 결국 무력이 정답이 될 수밖에 없다. 자신의 반정 논리를 합리화하기 위해서는 상대방을 무력으로 제압할 수밖에 없었다. 동탁과 비교할 때 조조와 원소 무리는 오합지졸에 지나지 않았다. 동탁이 낙양에서 장안으로 퇴군하는 절호의 기회를 맞이하고도 원소 등이 동탁군의 반격을 두려워한 나머지 감히 진격치 않으려고 한 게 그 증거다. 이를 답답해한 조조가 목소리를 높였다.

"의병을 일으키는 것은 폭란暴亂을 제압키 위한 것이오. 많은 병사들이 이미 모였는데 제군들은 무엇을 의심하는 것이오? 동탁이 장안에서 황실의 존엄에 기대어 천하에 군림하게 되면 비록 무도한 행동을 할지라도 어찌할 수가 없게 되오. 지금 그가 궁실을 불태우고, 천자를 겁박해 서쪽으로 옮기자 백성들이 돌아갈 곳을 모르고 있소. 이는 하늘이 그를 망하게 하려는 것이오. 한 번의 싸움으로 천하를 안정되게 할 수 있으니 이 기회를 잃어서는 안 되오."

그는 동탁군이 무차별적으로 노략질을 하여 민심이 등을 돌리고 있는 이때야말로 적을 일거에 궤멸시킬 수 있는 절호의 기회라고 판단한 것이다. 이것이 타당한 것임은 말할 것도 없다. 그가 염려한 것은 동탁이 장안을 기반으로 안정을 되찾아 천하에 군림하는 상황이었다. 이 경우 자신을 포함한 반동탁의 제후들은 모두 역적이 되고 만다. 그럼에도 반동탁 연합군의 수장으로 추대된 원소는 그 의미를 제대로 이해하지 못했다. 조조가 자신의 병사들을 이끌고 단독으로 진격한 이유다. 절호의 기회를 놓쳐서는 안 된다는 판단에 따른 것이었다.

조조가 절호의 기회를 놓치지 않기 위해 과감히 출병을 결단할 당시 제북상 포신 등이 그를 지원했다. 원래 포신은 신중한데다가 지략도 있는 인물이다. 그는 일찍이 동탁이 낙양에 입성했을 때 원소에게 동탁을 조기에 제거할 것을 권한 바 있다. 그러나 원소는 감히 거병하려 하지 않았다. 포신은 원소가 결코 대업을 이룰 인물이 아님을 알아챈 후 조조에게 커다란 기대를 걸었다. 이를 뒷받침하는《삼국지》'위서·포훈전'의 해당 대목이다.

> "무릇 불세출의 지략을 지니고 능히 반정을 행할 수 있는 사람은 바로 그대밖에 없소. 그대는 아마도 하늘이 난세를 구하라고 내려보낸 사람인 듯싶소."

포신 역시 허소 등과 마찬가지로 사람을 알아보는 식견인 이른바 지인지감知人之鑑이 있는 인물임을 알 수 있다. 실제로 포신은 원소와 조조가 천하를 놓고 다툴 경우 원소가 필패하리라는 것을 예감하고 있었다. 당시 포신 이외에도 조조에게 지지를 보낸 인물이 있었다. 진류태수 장막이었다. 그는 비록 포신과 같이 전폭적인 지지를 보내지는 않았으나 휘하의 위자를 시켜 일부 병사를 이끌고 가서 조조를 돕게 했다.

조조는 이들을 이끌고 동탁의 뒤를 쫓다가 형양의 변수汴水에 이르렀을 때 동탁의 부장 서영과 맞닥뜨리게 되었다. 병력상의 차이가 심해 곧

불리하게 되었다. 마침내 포신은 부상을 입고, 위자와 포신의 동생 포도가 진중에서 죽는 패배를 당하게 되었다. 병사들도 상당수가 죽거나 다쳤다. 조조 역시 난전亂箭을 맞아 부상을 입고 타고 있던 말도 중상을 입어 위기에 처하게 되었다. 상황이 급해지자 종제인 조홍曹洪이 자신의 말을 조조에게 주었다. 조조가 사양하자 조홍이 이같이 말했다.

"천하는 조홍이 없어도 되지만 당신이 없으면 안 됩니다."

이에 조조는 조홍의 말을 타고, 조홍은 걸어서 야음을 틈타 험지를 벗어났다. 이들은 변수를 도강해 간신히 고향인 초현으로 돌아올 수 있었다. 이는 조조의 첫 패배였다. 당시 얼마 안 되는 군사로 막강한 동탁군을 추격한 것은 무리였다.

그럼에도 조조는 좌절하지 않았다. 이내 조씨와 하후씨 등 일족을 총동원했다. 그러나 겨우 조홍 일가만이 1천여 명의 가족을 동원했을 뿐이다. 얼마 후 조홍과 하후돈 등이 양주揚州로 가서 모병하자 자사 진온과 단양 태수 주흔 등이 병사 4천여 명을 지원했다. 그러나 조조가 이들을 이끌고 출병하던 중 병사들이 조조에게 반기를 들고 도주해 버렸다. '무제기'는 당시의 상황을 이같이 기술해 놓았다.

"병사들이 모반하여 밤에 조조의 장막을 불태웠다. 조조가 손에 검을 들고 수십 명을 죽이자 나머지는 모두 도주했다. 출영할 때 배반하지 않고 조조를 좇은 자는 겨우 5백여 명에 불과했다."

조조는 다시 1천여 명의 병사를 다시 그러모은 뒤 대략 3천여 명 안팎의 병사들을 이끌고 원소가 주둔하고 있는 하내 땅으로 갔다. 조조는 훗날 '양현자명본지령'에서 당시의 상황을 이같이 술회했다.

"당시 나는 병력 손실이 있음에도 불구하고 병사들을 무작정 늘리려 하지 않았다. 너무 큰 병력을 만들어 왕성한 기세로 강적과 다투게 되면 나중에 커다란 화근이 될 것으로 생각했기 때문이었다. 그래서 변수泙水에서 동탁군과 싸울 때도 불과 수천 명에 불과했고, 후에 양주에서 병사들을 모았을 때도 3천 명을 넘지 않았다. 이는 그 정도 숫자가 나의 본래 뜻에 합당하리라고 생각했기 때문이다."

조조는 3천여 명의 병사를 하내에 주둔시킨 뒤 연합군이 몰려 있는 산조酸棗로 갔다. 당시 연합군의 병력은 대략 10여만 명에 달했다. 그러나 원소 등은 매일 주연을 베풀며 진격하려 하지 않았다. 조조가 목소리를 높여 이같이 제안했다.

"제장들은 보루를 높이 쌓고 해자를 깊이 파되 교전하지는 말고 의병疑兵 적의 눈을 속이기 위하여 거짓으로 군사를 꾸밈토록 하시오. 이어 천하의 대세가 이미 드러났음을 과시하면서 적당한 때를 틈타 명분을 내세워 공격하면 능히 적을 평정할 수 있소. 지금 우리가 대의로써 기병하고도 오히려 의심하여 나아가지 않으니 천하 사람이 실망하고 있소. 나 또한 제군들로 인해 부끄러움을 감출 수 없소."

그러나 아무도 조조의 말을 귀담아들으려 하지 않았다. 각자 자신의 병력만 손상시킬 일을 자원할 이유가 없다고 판단해 서로 눈치만 살핀 것이다. 결국 얼마 안 되어 군량이 바닥나게 되자 각기 흩어지고 말았다. 조조도 원소 등이 제각기 딴마음을 품고 있어 도저히 함께 거사를 도모할 수 없다는 것을 알고는 이내 군사를 이끌고 다시 양주로 떠났다.

이로써 반동탁을 기치로 내건 반정은 이내 유야무야되고 말았다. 당시 비록 패하기는 했으나 동탁군과 싸운 사람은 오직 조조밖에 없었다. 조조는 첫 전투에서 크게 패했을 뿐만 아니라 그 자신도 죽을 고비를 넘겼다. 난세를 평정코자 하는 큰 뜻이 없었다면 조조는 이내 의기소침해 주저앉고 말았을 것이다. 그러나 조조는 다시 군사를 그러모아 거듭 도전에 나섰다. 비록 원소 등이 미적거리는 바람에 제2차 접전을 벌이지는 못했으나 그의 기개만큼은 높이 살 필요가 있다.

주목할 것은 당시 조조가 대의명분을 살리기 위해 부단히 노력한 점이다. 그가 동탁군과의 제1차 접전의 참패에 굴하지 않고 백절불요의 자세로 제2차 접전을 준비한 것은 반동탁으로 상징되는 반정의 명분을 살리기 위한 것이었다. 실리를 좇아 명분을 아무렇지도 않게 내팽개치는 심흑의 대가로 간주하는 기존의 견해에 일대 수정을 요하는 대목이다. 초지를 관철코자 하는 그의 강고한 의지가 없었다면 훗날 천하를 제압해 군웅들을 호령하는 일 자체가 불가능했을 것이다.

난세의 위정자는 국익을 위해서라면 얼굴에 웃음이 가득한 만면춘풍滿面春風의 모습으로 내실을 꾀하는 계책을 구사할 줄 알아야 한다. 월왕 구천은 온갖 치욕을 견뎌내고 '만면춘풍'으로 칼을 갈며 내실을 기해 마침내 오왕 부차에게 설욕할 수 있었다. 그가 만일 세상의 불의한 모든 것에 분개하는 분세질속憤世疾俗의 모습을 보이며 명분과 청렴을 다투어 추구했다면 이내 패하고 말았을 것이다.

일본인들이 일상 회화에서 가장 많이 쓰는 말은 크게 세 가지다. 고맙다는 뜻의 '아리가토오有り難う'와 죄송하다는 뜻의 '스미마셍濟みません', 괜찮다는 뜻의 '다이죠부大丈夫'가 그것이다. '아리가토오'는 외국어를 쉽게 받아들이는 일본인들이 고맙다는 뜻의 포르투갈어 '오브리가도'

를 일본식으로 발음한 특이한 경우에 속한다. 한자로는 이 자리에 서 있기가 어려울 정도로 은혜를 입었다는 의미로 해석해 놓았다. '스미마셍'은 전에 입은 은혜로 인한 채무를 아직도 다 갚지 못했다는 의미이다.

주목할 것은 '다이죠부'이다. 이는 대장부처럼 의연하니 크게 심려하지 말라는 뜻을 담고 있다. 남에게 신세지는 것을 극도로 꺼리는 일본인의 정서가 그대로 드러나는 대목이다.

《사기》'고조본기'에 따르면 한고조 유방은 젊었을 때 함양으로 일하러 갔다가 진시황의 나들이 행차를 보고 이같이 탄식한 바 있다.

"아, 대장부라면 응당 저와 같아야 할 것이다!"

이게 사실이라면 그는 천하를 삼키겠다는 뜻을 이때부터 품었다는 게 된다. 유방이 훗날 한제국을 세우고 보위에 오른 뒤에 그를 미화하기 위해 만들어냈을지도 모른다.

유방이 언급한 '대장부'는 원래《맹자》'등문공 하'에 나온다. 이에 따르면 당시 종횡가로 있던 경춘이 맹자에게 이같이 말했다.

"공손연公孫衍과 장의張儀는 어찌 실로 대장부가 아니겠습니까? 이들이 한 번 화를 내자 천하의 제후들이 두려워하고, 안거安居하자 천하가 잠잠해졌습니다."

공손연은 전국시대 말기 다섯 나라의 재상을 역임한 위나라의 종횡가로《전국책》에는 그의 화려한 행보가 자세히 소개되어 있다. 장의 역시 소진蘇秦과 더불어 일세를 풍미한 당대의 종회가다. 그러자 맹자가 이같이 반박했다.

"장부는 천하라는 넓은 집에 거처하고, 바른 자리를 세우고, 큰 도를 행해야 한다. 뜻을 얻었을 때는 백성들과 함께 그 도를 행하고, 그러지 못했을 때에는 홀로 그 도를 행한다. 부귀해져도 마음을 방탕하게 하지 않고, 빈천한 처지에도 의지가 변치 않는 것은 물론 위무威武 위엄과 무력에도 굴하지 않아야 한다. 이런 사람을 대장부라고 이르는 것이다.”

맹자가 말한 대장부는 장부 중의 장부를 뜻하는 말이다. 원래 장부는 통상적인 의미의 장정 내지 지아비를 의미한다. 공자가 《논어》에서 역설한 군자와 거의 같은 뜻으로 쓰인 것이다. 그러나 당시 많은 사람들은 대장부를 군자가 아니라 권세를 지닌 인물로 이해했다. 맹자는 바로 이런 통상적인 개념을 반박하고 나선 것이다.

맹자의 반론 후 대장부는 군자의 뜻으로 굳어졌다. 공자가 학문과 덕행을 닦은 사람을 군자로 규정한 이후 군주의 아들이라는 원래의 뜻이 바뀐 것에 비유할 만하다. 맹자가 말한 대장부의 요체는 어떠한 위엄이나 무력에도 굴하지 않을 정도로 위풍당당한 모습을 보이는 데 있다.

그러나 사실 이게 말이 쉽지 그리 쉬운 일이 아니다. 맹자 자신이 열국의 군주 앞에서 짐짓 주눅 들지 않기 위해 과장된 몸짓을 보인 바 있다. 자연스럽지가 못했던 것이다.

대장부가 《논어》에서 말하는 군자와 뉘앙스의 차이를 보이는 이유가 여기에 있다. 《논어》의 군자는 학문과 덕행을 고루 닦은 까닭에 군주의 위엄이나 무력은 말할 것도 없고 부귀공명이나 위협 등 그 어떤 일에도 전혀 흔들리지 않는다. 의연한 모습이 《도덕경》에서 말하는 도인에 가깝다.

대표적인 인물로 조조를 천하의 기재로 높이 칭송한 바 있는 교현橋玄을 들 수 있다. 그는 조조가 젊었을 때 조조에게 이같이 말한 바 있다.

“천하가 앞으로 어지러울 것이니 천명을 받은 큰 인물인 이른바 명세지재命世之才가 아니면 이를 구할 수 없다. 천하를 능히 평안하게 만들 수 있는 사람은 바로 그대일 것이다!”

조조가 장차 큰 인물이 될 것이라는 것을 가장 먼저 예언한 사람이 바로 교현이었다. 그는 관직에 있을 때 엄정한 법집행으로 유명하다. 교현의 인품과 관련해 '무제기'의 배송지주에 인용된 장번의 《한기漢紀》는 이같이 기록해 놓았다.

> "교현은 중외의 관직을 두루 맡으면서 강고한 결단으로 칭송이 높았다. 그는 아랫사람에게 겸손했고, 왕공대부와 사적으로 친하게 지내지 않았다. 광화 연간에 태위가 되었으나 오랜 지병으로 그만두고자 했다. 그러나 곧 태중대부에 제수되었다가 이내 죽었다. 그는 빈한하면서도 이재에 신경을 쓰지 않아 죽었을 때에는 영구靈柩를 둘 곳조차 없었다. 세인들이 모두 그를 명신으로 칭송했다."

이를 통해 알 수 있듯이 교현은 당대의 명인이었다. 그와 관련해 이런 일화가 전해져 오고 있다.

하루는 교현의 어린 아들이 강도들에게 붙잡혀 갔다. 양구라는 장수가 즉시 관병을 이끌고 구출에 나섰다. 관병들은 교현의 아들이 다칠까봐 강도들을 포위만 하고는 감히 더 이상 손을 쓰지 못했다. 이 사실을 안 교현이 크게 화를 냈다.

"강도는 법을 무시하고 날뛰는 무리들인데, 어찌 내 아들을 위하느라 그들을 놓아준다는 말인가?"

그가 속히 강도들을 잡으라고 관병을 다그치자 결국 강도들은 모두 붙잡혔다. 이 과정에서 교현의 어린 아들은 강도들에게 살해되고 말았다. 사람들은 몸을 던져 악에 대항하는 교현을 크게 칭송했다. 교현이 죽자 나중에 동탁정권에 가담했던 채옹은 그를 위해 비문을 지어 칭송했다.

"백 번 꺾일지언정 흔들리지 않았고, 큰 절개에 임하여서는 빼앗을 수 없는 풍모를 지녔다."

여기서 백절불요百折不撓 성어가 나왔다. 흔들리거나 굽히지 않는다는 뜻이다. 대략 대장부의 위세를 보여주며 굳건하게 버티는 위무불굴威武不屈, 굳은 각오로 온갖 어려움을 참으며 마음을 다잡는 견인불발堅忍不拔과 같은 취지이다.

당시 교현은 사람이 청렴하고 강직해 악을 원수처럼 미워한 까닭에 청류 사대부들로부터 커다란 존경을 받았다. 《삼국지》 '무제기'의 배송지 주에 인용된 왕침의 《위서》에는 교현이 말년에 조조에게 당부한 말이 나온다.

"나는 천하에서 이름난 사람들을 많이 만나보았지만 그대만한 사람은 아직 보지 못했다. 부디 자중자애하도록 하라. 내가 늙어 죽게 되면 나의 처자를 자네에게 부탁하고자 한다."

두 사람이 개인적으로 매우 가까웠음을 방증한다. 조조는 자신을 알아준 은혜를 뜻하는 이른바 지우지은知遇之恩을 갚기 위해 훗날 사람을 보내 제사를 올리게 했다. 이는 조비 때까지도 그대로 이어졌다.

2장

인민 구제를 깃발로 내세워라

제폭구민

除暴救民

의식이 족해야 예절을 안다

난세에는 사람이 답이다

일하며 싸우게 하라

천하에 인재는 많다

인사가 만사이다

의식衣食이 족해야
예절을 안다

법가 및 병가의 중농주의는 상인의 폭리와 공인의 사치품 제조를 억제하려는 취지에서 나온 것으로 결코 중농억상 일변도로 흐른 게 아니다. 군량확보를 위해 농사에 방점을 찍은 중농경상으로 파악하는 게 옳다. 조조도 이런 입장에 서 있었다.

'관포지교'의 주인공 관중은 제자백가 가운데 지금의 경제학파에 해당하는 이른바 상가商家를 창시한 인물이다. 그의 경제경영 사상은 통상 부민부국富民富國으로 요약된다. 요체는 '부민'에 있다.《관자》'치국'편에 이를 뒷받침하는 구절이 나온다.

"무릇 치국의 길은 무엇보다 우선 백성을 잘살게 하는 데 있다."

이는 공자와 취지를 같이 하는 것이다.《논어》'자로'편에 이를 뒷받침하는 일화가 나온다.

공자가 천하유세를 떠나면서 먼저 위나라로 갔다. 이때 염유가 수레를 몰았다. 공자가 말했다.

"백성들이 많기도 하구나."

염유가 물었다.

"이미 백성들이 많으면 또 무엇을 더해야 합니까?"

"부유하게 해주어야 한다."

"이미 부유해졌으면 또 무엇을 더해야 합니까?"

"가르쳐야 한다."

공자사상의 큰 특징 중 하나인 이른바 '선부후교先富後敎' 사상이 극명하게 드러난 대목이다. 공자는 '군자'의 육성을 위한 대전제로 백성을 가르치는 '교민敎民'의 중요성을 역설했다. 이는 '부민'을 전제로 한 것이다. '부민'이 전제되지 않는 한 '교민' 또한 실효를 거둘 수 없다는 게 그의 확고한 생각이었다. 공자의 '선부후교'는 《관자》의 첫 편인 '목민'편의 맨 첫머리에 나오는 다음 구절과 그 취지를 같이하는 것이다.

"무릇 백성을 양육하는 군주인 목민자牧民者는 반드시 4계절의 농경에 힘쓰고 창름倉廩 창고, 국고를 잘 지켜야 한다. 나라에 재물이 많고 풍성하면 먼 곳에 사는 사람도 찾아오고, 땅이 모두 개간되면 백성이 안정된 생업에 종사하며 머물 곳을 찾게 된다. '창름'이 가득 차야 백성들이 예절禮節을 알고, 의식衣食이 족해야 영욕榮辱을 알게 된다."

이는 '치국평천하'의 이치를 '족식足食→지례知禮' 도식으로 요약해 놓은 것이나 다름없다. 공자가 관중의 '부국부민'사상을 그대로 흡입했을 가능성을 암시하는 대목이다. '지례' 즉 '교민'의 궁극적인 목적은 예의염치를 아는 군자의 양성에 있다. 관중이 '목민'편에서 '창름' 운운한 것은 공자가 '자로'편에서 '선부후교'를 역설한 취지와 정확히 맞아떨어진다.

동양에서는 오랫동안 관원들이 '부민'의 주역을 맡아왔다. 그들은 '교민'에 앞서 솔선수범하여 백성들에게 농사를 권하고, 흉년이 들면 관곡을 이용해 굶주린 백성을 구휼하는 '부민'을 최우선 과제로 삼았다. 그들을 '목민관'으로 칭한 이유다.

제왕은 목민관의 수장에 해당한다. 군왕이 손수 모를 심는 이른바 '적전籍田' 의식을 거행하고, 수라에 전국에서 거둬들인 곡물로 만든 음식을 올리도록 한 것 역시 '부민'의 취지를 잊지 않기 위한 배려에서 나온 것이다.

그럼에도 적잖은 사람들이 '목민'편의 '족식→지례' 도식의 취지를 제대로 이해하지 못하고 관중과 공자의 입장이 다른 것으로 오해하고 있다. 이런 오해는《논어》'안연'편에 나오는 '족식'에 대한 오해에서 비롯된 것이다.

하루는 자공이 정치에 대해 묻자 공자가 이같이 대답했다.

"족식足食과 족병足兵, 민신民信이 이뤄져야 한다."

'족식'은 경제, '족병'은 국방, '민신'은 백성들의 대정부 신뢰를 말한다. 자공이 또 물었다.

"만일 부득이하여 반드시 하나를 버리기로 한다면 세 가지 중에서 무엇을 먼저 버려야 합니까?"

"거병去兵해야 할 것이다."

'거병'은 병력 감축을 말한다. 자공이 다시 물었다.

"만일 부득이하여 반드시 하나를 버리기로 한다면 나머지 두 가지 중에서 무엇을 먼저 버려야 합니까?"

"거식去食해야 할 것이다. 자고로 먹지 못하면 죽을 수밖에 없으나 사람은 누구나 죽기 마련이다. 그러나 '민신'이 없으면 나라가 설 수조차 없게 된다."

'거식'은 경제 축소를 뜻한다.

《논어》에서 '안연'편의 이 대목만큼 오랫동안 세인들의 오해를 불러일으킨 경우도 많지 않다. 21세기 현재도 별반 상황이 나아지지 않았다. 성리학자들의 주석을 그대로 용인한 결과다.

공자는 이 대목에서 나라를 지키기 위한 '강병'과 이를 뒷받침할 '부국'을 강조했다. 그럼에도 성리학자들은 이를 무시한 채 마지막에 나오는 구절을 확대해석해 공자가 마치 맹자의 '왕도'와 똑같은 주장을 펼친 것으로 풀이했다. 공자가 마지막 대목에서 '민신'을 국가존립에 필요한 최소한의 조건으로 제시하게 된 배경에 대한 종합적인 고찰을 거부한 것이다. 이로 인해 '부국'을 강조한 공자의 취지가 완전히 파묻히고 말았다.

이 대목에서 공자가 '민신'을 거론한 것은 기본적으로 국가존립을 위한 최소한의 조건인 '민신'을 확보하기 위해 백성을 굶겨도 좋다고 한 것이 아니다. 그가 마지막 구절에서 '민신'을 강조한 것은 난세가 극에 달해 패망의 위기에 직면했을 경우 군주가 솔선수범하는 자세를 보여야만 그런 위기상황을 벗어날 수 있다는 점을 역설하기 위한 것이다. 지배자와 피지배자 모두 생사를 같이하는 국가공동체의 주체라는 점을 부각시키고자 한 것이다. 너무나 간단하면서도 중요한 이치를 군주와 신민 모두에게 주지시킬 의도에서 이런 언급을 한 것으로 풀이해야 한다.

　　　　　　　2장 인민 구제를 깃발로 내세워라

이같이 해석할 경우 이는 관중이 '목민'편에서 언급한 '족식→지례'의 도식과 완전히 일치한다. 역사상《관자》'목민'편의 '족식→지례'와《논어》'안연'편의 '거병→거식→민신'이 사실상 같은 얘기를 다르게 설명한 '동공이곡同工異曲'이라는 사실을 최초로 규명한 사람은 명대 말기의 기인 이탁오李卓吾이다. 그는 명저《분서焚書》의 '잡술·병식론兵食論'편에서 이같이 갈파했다.

"무릇 윗사람이 되어 백성들이 배불리 먹고 안전하게 살 수 있도록 지켜주기만 하면 백성들도 그를 믿고 따르며, 부득이한 상황에 이르러서도 차라리 죽을지언정 윗사람 곁을 떠나지 않을 것이다. 이는 평소 윗사람이 그들의 안전과 식량을 충분히 제공해주었기 때문이다. 공자가 '안연'편에서 '거병'과 '거식'을 거론한 것은 실제로 군사와 식량을 버리게 하려는 의도가 아니다. 이는 어쩔 수 없는 위기상황을 전제로 한 것이다. 어쩔 수 없는 위기상황에서 비롯된 것이라면 백성들도 '거병'과 '거식'의 부득이한 상황을 감내하면서 윗사람을 불신하는 지경까지는 이르지 않게 된다. 그래서 마지막에 '민신'을 언급한 것이다. 그럼에도 어리석은 유자儒者들은 이와 정반대로 '믿음이 무기나 식량보다 더 중요하다'고 지껄이고 있다. 이는 성인이 하신 말씀의 참뜻을 제대로 파악치 못한 소치이다."

이탁오는 관중이 '목민'편에서 언급한 '족식→지례' 도식이 공자가 '안연'편에서 언급한 '족식, 족병→민신' 도식과 완전히 일치하고 있음을 밝혀낸 최초의 인물이다. 성리학자들이 '믿음이 무기나 식량보다 더 중요하다'는 식으로 곡해한 '거병, 거식→민신'의 도식은 국가패망 등의 특수한 위기상황을 전제로 한 반대해석임을 밝혀낸 것은 탁견이다.

이를 통해 '부국부민'을 역설한 관중의 경제사상과 '선부후교'를 강조한 공자의 치국평천하 논리가 완전히 일치하고 있음을 알 수 있다. 공자가 관중의 패업을 높이 평가한 것도 이와 무관치 않다고 보아야 한다. 고금의 역사를 볼지라도 막강한 무력은 반드시 튼튼한 경제적 기반 위에서만 가능하고, 생명과 재산을 보호하는 국가안전이 보장되어야만 국민들이 안심하고 생업에 종사할 수 있고, 그래야 궁극적으로 정부도 국민의 신뢰를 얻게 된다.

이는 둥근 고리처럼 서로 맞물려 있는 사안인 까닭에 어느 한쪽이 무너지면 다른 쪽도 심대한 타격을 받을 수밖에 없다. 아무리 고상하고 거창한 정치구호를 내세울지라도 인민들이 먹고사는 문제가 해결되지 않는 한 공허할 수밖에 없고 인민들 모두 인간으로서 최소한의 예도 갖추기 어려운 법이다. 그리되면 아예 국가가 존립할 수조차 없게 된다.

문화대혁명이 참담한 실패로 끝난 것은 공자의 '선부후교' 가르침과 정반대되는 '선교후부'의 노선을 취한 데 있다. 홍紅 정치이념 교육을 전후戰後 경제발전 전략보다 앞세운 게 그 증거다.

그런 점에서 '흑묘백묘론'으로 요약되는 등소평의 개혁개방은 바로 만고의 철리인 '선부후교'로의 복귀를 선언한 것이나 다름없다. 당시 중국이 '선부후교'로 선회하지 않았다면 이내 내란으로 치달아 극심한 혼란을 거듭하다가 열강에 의해 과분瓜分되었을지도 모른다. 실제로 1980년대 초기만 해도 서방에서는 중국의 앞날을 이같이 전망하는 견해가 주류를 이루었다. 2010년까지도 중국의 경제가 이내 무너져 극심한 혼란을 겪을 것이라는 전망이 나돌았다.

그러나 중국은 초고속성장을 거듭하고 있다. 이는 말할 것도 없이 등소평의 '선부후교' 복귀 선언에 따른 것이다. 관중과 공자사상의 위대함을 반증하는 대목이다. 실제로 두 사람의 사상은 모든 프롤레타리아의 공영을 기치로 내건 공산주의사상과도 부합하는 면이 있다. '부민'뿐만 아니라 모든 백성이 고루 잘 사는 '균부均富'를 역설한 게 그 증거다.

관중은 일찍이 땅과 노동력의 균배를 의미하는 '균지분력均地分力'과 전 인민에게 재화를 고르게 나눠주는 '여민분화與民分貨'를 역설했다.《관자》'치미'편의 해당 대목이다.

> "지나치게 부유하면 부릴 수가 없고 지나치게 가난하면 염치를 모르게 된다."

그는 빈부의 격차가 적어야만 통치가 제대로 이뤄질 수 있다고 지적한 것이다. 공자도《논어》'계씨'편에서 '균부'를 정치의 요체로 내세웠다.

> "유국자有國者 즉 나라를 소유한 제후와 유가자有家者 즉 저택을 보유한 경대부는 재물이 적은 것을 근심하지 않고 고르지 못한 것을 걱정하며, 가난한 것을 근심하지 않고 편안치 못한 것을 근심한다고 했다. 대개 고르면 가난하게 되는 일이 없고, 조화를 이루면 적게 되는 일이 없고, 편안하면 기울어지는 일이 없게 된다."

재화의 균배가 중요한 과제로 남아 있는 오늘날의 관점에서 볼지라도 관중과 공자의 이런 주장은 탁견이다. 관중이 '족식'을 통한 예의염치의 '지례'를 역설한 것은 공자의 '선부후교' 주장과 완전히 일치하고 있다는 점에서 공자는 일면 관중의 사상적 후계자로 볼 수 있다.

사마천도 관중의 사상적 후계자에 해당한다.《사기》'화식열전'에서 관중과 마찬가지로 부민부국富民富國을 역설한 게 그렇다. 《관자》 '경중'에 뿌리를 둔 중상重商 이론을 집대성했다는 평을 받는 이유다. 이런 학문적 흐름을 상가商家라고 한다. 중국에서는 '상가'보다 경중가輕重家 표현을 주로 쓴다. 소진과 장의 등의 유세학파를 종횡가縱橫家로 표현한 점에 주목한 호칭이다. 그러나 관중을 효시로 한 상가는 중농을 역설한 유가와 법가 및 병가 등과 달리 중상의 입장을 견지한 점에서 '상가'로 표현하는 게 간명하고도 정확하다.

상가는 법가와 마찬가지로 이익을 향해 무한 질주하는 인간의 호리지성好利之性에 주목하면서도 궁극적인 해법에서는 법가와 달리 농상병중農商幷重의 입장을 취했다. 방점은 농업보다 상업에 찍혀 있다. 시장의 역할을 신뢰한 것이다. 상가는 시장을 인간의 호리지성이 그대로 드러나는 유일한 장소로 보았다. 아담 스미스처럼 '보이지 않는 손'에 의해 자율적으로 균형을 이루는 것으로 본 결과다. 상가의 입장에서 볼 때 국가는 시장질서를 교란하는 자를 솎아내기만 하면 되었다. 자본주의 정신과 같다. 그러나 법가는 시장의 '보이지 않는 손'에 회의를 표했다. '보이지 않는 손'이 작동키는커녕 간상奸商의 놀이터에 불과한 것으로 보았다. 그럼에도 상가와 법가 및 병가 모두 이익을 향해 무한 질주하는 인간의 본성을 통찰했다. 법가와 병가가 비록 방법론에서 중상 대신 중농을 역설했음에도 상가와 맥을 같이하는 이유다. 상가는 21세기 학술용어로 표현하면 일종의 경세학파에 해당한다. '화식열전'에 이를 뒷받침하는 구절이 나온다.

《관자》 '목민'에서 말하기를, '창고가 가득 차야 예절을 알고, 의식衣食이 넉넉해야 영욕을 안다'고 했다. 무릇 예의염치는 재화에 여유가 있을 때 생기는 것이다. 여유가 없으면 이내 사라지고 만다. 1천 승乘의 군사를 보유한

왕이나 1만 호의 봉읍을 지닌 제후나 1백 실을 소유한 대부 모두 가난해질까 걱정한다. 하물며 겨우 호적에 이름이나 올린 필부의 경우야 더 말할 게 있겠는가!"

상가 이론의 가장 큰 특징은 부민부국의 방략을 중농이 아닌 중상에서 찾은데 있다. 상가가 법가 및 병가와 갈라지는 대목이다. 기본적으로 이들은 인간의 '호리지성'에 주목한 점에서 입장을 같이한다. 하나같이 부국강병을 역설한 이유다. 단지 관중과 사마천 등의 상가는 부국富國보다 부민富民, 상앙과 한비자 등의 법가는 부민보다 부국에 방점을 찍은 게 약간 다를 뿐이다. 이는 본질적인 차이가 있는 것은 아니지만 방법론상의 차이를 불러왔다. 상가가 중상을 역설한데 반해 법가가 이념적으로 대립하는 유가와 마찬가지로 중농을 강조한 게 그렇다. 총론에서 일치하고 각론에서 이견을 드러낸 셈이다.

그러나 이 또한 큰 틀에서 보면 사소한 차이에 지나지 않는다. 관중과 사마천 등의 상가 역시 기본적으로 농상병중農商幷重에 입각해 있었던 까닭에 중농을 포기한 게 결코 아니다. 오히려 농업에 의한 부민부국을 상업에 의한 부민부국보다 높이 평가한 점에서 중농에 가깝다. 다만 경작지의 제한으로 인해 농업에 의한 부민부국이 한계가 있는 만큼 전 인민을 부유하게 만들려면 중상에 입각해야 한다고 주장했을 뿐이다. 이들의 기본입장을 '농상병중'으로 파악하는 이유다.

마찬가지로 법가 및 병가의 중농주의 역시 상인의 폭리와 공인의 사치품 제조를 억제하려는 취지에서 나온 것으로 결코 중농억상重農抑商 일변도로 흐른 게 아니다. 군량확보를 위해 농사에 방점을 찍은 중농경상重農輕商으로 파악하는 게 옳다. 조조도 이런 입장에 서 있었다. 결코 상업을 억압한 게 아니다. 그가 평생토록 검소한 생활을 영위하면서 조정대신과 며느리들의 사치를 엄금한 것도 이런 맥락에서 이해할 수 있다.

2장 인민 구제를 깃발로 내세워라

난세에는 사람이 답이다

한비자가 모든 인간관계를 이해관계로 파악한 것은 탁견이다. 난세의 심도가 깊어질수록 모든 인간관계를 이해관계로 파악한 한비자의 견해에 동조할 수밖에 없다. 대표적인 법가사상가인 조조가 난세 중의 난세로 일컬어지는 삼국시대에 활약하면서 인간관계를 이해관계로 파악한 것은 지극히 당연한 일이다.

21세기에 들어와 웨스트포인트 등의 각국 사관학교는 말할 것도 없고 하버드대 경영대학원을 비롯한 세계 유수의 경영대학원마저 《손자병법》을 기본 텍스트로 삼고 있다. 군사전략은 말할 것도 없고 기업경영에 필요한 탁월한 경영전략이 그 안에 가득 담겨 있기 때문이다.

그럼에도 현존 《손자병법》은 사실상 삼국시대의 조조가 새롭게 편제한 것이라는 사실을 아는 사람은 그리 많지 않다. 객관적으로 볼 때 기존의 180편에 달하는 난삽한 《손자병법》을 조조가 현존 《손자병법》의 13편으로 새롭게 편제하면서 뛰어난 주석을 달지 않았으면 현재와 같은 명성을 얻기 힘들었을 것이다. 실제로 수천 년의 세월이 지난 21세기 현재까지 조조보다 더 뛰어난 주석을 단 사람은 존재하지 않는다. 일각에서 현존 《손자병법》을 사실상 《조조병법》으로 불러도 별 문제가 없다는 얘기가 나오는 이유다.

사상사적으로 볼 때 《손자병법》의 사실상의 저자에 해당하는 조조는 병가兵家에 속할 뿐만 아니라 전국시대 말기 한비자가 집대성한 법가法家의 일원이기도 하다. 문화대혁명 당시 조조를 진시황과 더불어 당대최고의 법가사상가로 평가한 게 그렇다. 강한 법력法力과 무력武力을 사상적 기반으로 삼고 있다는 점에서 법가와 병가는 일란성 쌍둥이와 같다. 고금동서를 막론하고 기존의 질서가 일거에 허물어지는 난세에는 '법력'과 '무력'이 절실히 필요한 때이다. 병가와 법가사상이 하나로 합쳐지는 이유다.

중국의 역사를 개관할 때 조조가 활약한 삼국시대는 춘추전국시대와 더불어 대표적인 난세에 해당한다. 당시 세상은 마치 실타래가 마구 뒤엉킨 것과 같았다. 근원적인 해결은 단칼에 엉킨 실타래를 베어버리는 길밖에 없었다. 엉킨 실타래는 군웅할거를 뜻한다. 백성들에게는 지옥이었다. 조조와 유비 및 손권이 제폭구민除暴救民을 기치로 내걸고 자웅을 겨룬이유다. 이들의 리더십은 각기 뛰어난 장점이 있었다. 오늘날에도 귀감이될 만하다.

그러나 이들 가운데 조조가 가장 뛰어나다. 기존의 가치와 관행에 얽매이지 않는 창조적인 발상, 능력 위주의 인재 등용과 적재적소 활용, 파격적인 포상과 일벌백계의 신상필벌, 때가 왔을 때 우물쭈물하지 않는 과감한 결단 등이 그렇다. 원나라 말기 나관중은 《삼국연의》를 펴내면서 조조를 '난세의 간웅'으로 그려 놓았으나 진수의 정사 《삼국지》와 사마광의

《자치통감》은 오히려 '난세의 영웅'으로 칭송해 놓았다. 불행히도 세상에는 《삼국연의》만이 널리 유포되었다. 조조가 오랫동안 난세의 간웅으로 매도된 배경이다. G2의 일원인 '신 중국제국'이 들어선 뒤에도 별반 다를 게 없었다.

　　원래 조조는 경서와 사서를 두루 꿴 당대 최고의 문인 가운데 한 사람이다. 험한 산과 깊은 물을 건널 때 시흥이 일면 곧바로 시를 지었다. 이른바 건안문학建安文學을 창도한 배경이다. 평생을 전쟁터에서 보낸 조조가 가장 관심을 기울인 것은 병서였다. 그가 펴낸 《손자약해孫子略解》가 현재 우리가 읽고 있는 《손자병법》이다. 21세기에 들어와 시간이 갈수록 조조의 리더십이 더욱 각광을 받는 것도 이와 무관치 않을 것이다.

　　《손자병법》의 원저자는 춘추시대 말기 오자서와 함께 오왕 합려를 섬겨 패업을 이룬 명장 손무孫武로 알려져 왔으나 예로부터 논란이 많다. 객관적으로 볼 때 손무는 가공의 인물에 가깝다. 가장 권위 있는 사서인 《춘추좌전》에 오직 오자서의 이름만 나오고 그의 이름이 전혀 나오지 않기 때문이다. 손빈의 이름에서 손孫을 따오고 병법을 상징하는 무武 자를 덧붙여 창작해낸 이름이라는 주장이 그럴듯하다. 《손자병법》역시 고대로부터 전해져 내려온 병서를 정리한 것으로 보는 게 합리적이다. 실제로 춘추전국시대에 저자를 알 수 없는 무수한 병서가 만들어졌다. 《춘추좌전》에는 고대의 병서 《군지軍志》의 명칭이 나온다. 무명인의 저서이다. 《손자병법》에도 저자의 이름을 알 길이 없는 고대 병서 《군정軍政》의 명칭이 나온다.

　　현재 대다수 중국인들은 불후의 명저인 《손자병법》이 가공의 인물에 의해 편제되었다는 사실을 인정하고 싶지 않은 까닭에 이런 주장을 무시하고 있다. 학계도 별반 다를 게 없다. 그러나 손무를 가공의 인물로 볼지라도 결코 《손자병법》의 위대한 면모가 약화되는 것은 아니다. 조조도 《손자약해》를 펴내면서 《손자병법》이야말로 천고의 병서라고 극찬한 바 있다.

《사기》 '손자오기열전'은 《손자병법》이 원래 13편이라고 했으나 《한서》 '예문지'는 82편으로 기록해 놓았다. 전한 초기에서 후한 초기에 이르는 사이 옥석이 마구 뒤섞인 결과다. 조조는 기왕의 82편 가운데 번잡한 것은 삭제하고 정수만을 추려 13편으로 다시 펴냈다. 이것이 사마천이 본 원래의 《손자병법》인지 여부는 확인할 길이 없다. 《사기》에 13편의 편목이 실려 있지 않기 때문이다. 사실상 조조가 《손자병법》을 새롭게 편찬한 것이나 다름없다.

조조는 생전에 주석서인 《손자약해》 3권을 비롯해 《속손자병법》 2권과 《병법접요》 3권, 《병서약요》 9권 등 총 24권에 달하는 방대한 병서를 저술했다. 역사상 이처럼 많은 병서를 지은 사람은 없다. 오늘날 《손자병법》이 동서고금을 통틀어 최고의 병서로 인정받게 된 데에는 조조의 공이 크다. 그럼에도 기왕에 나와 있는 《손자병법》 관련 주석서와 개발서 대부분이 조조의 주석을 빼놓고 있다. 《한비자》 '외저설 좌상'에서 알맹이 없는 세론을 두고 구슬은 빼 놓은 채 구슬상자만 파는 이른바 매독환주賣櫝還珠로 비유한 것과 닮았다.

조조에 대한 기존의 평가도 이와 닮았다. 그에 대한 평가가 들쭉날쭉했던 게 이를 뒷받침한다. 조조는 중국 역사에 지대한 영향을 미친 까닭에 시대에 따라 그에 대한 평가가 극과 극을 달렸다. 그러나 남송 때에 이르러 의리와 명분을 극도로 중시한 성리학이 등장하면서 조조는 '만고의 역적'으로 낙인찍히고 말았다. 이런 흐름은 지난 세기 대륙을 광풍 속으로 밀어 넣은 문화대혁명이 빚어지기 전까지 수천 년 동안 지속되었다. 이를 일거에 뒤엎은 장본인이 '신 중화제국'의 건립자 모택동이다. 그는 문화대혁명의 와중에 수천 년 동안 '만고의 사표師表'라는 칭송을 받은 공자를 '반동의 괴수'로 매도하면서 조조를 진보의 상징으로 내세웠다. 현실주의에 입각한 법가사상을 통치사상으로 받아들였다는 이유였다.

전국시대 말기 한비자는 법가사상을 집대성함으로써 법가를 명실상부한 제자백가의 일원으로 만드는데 결정적인 공을 세웠다. 《한비자》를 관통하는 여러 키워드 가운데 하나가 성악설性惡說이다. 인간은 태어날 때부터 선하다는 맹자의 성선설性善說과 극명한 대조를 이룬다. 흔히 한비자의 스승인 순자가 최초로 성악설을 주장한 것으로 알려져 있으나 엄밀히 말하면 순자는 무선무악설無善無惡說에 가깝다. 인간이 성인이 만들어 놓은 예제禮制를 얼마나 잘 연마하고 실천하는지 여부에 따라 선인도 되고 악인도 될 수 있다고 주장한 게 그렇다.

그러나 한비자의 생각은 스승의 이런 '뜨뜻미지근한' 진단과 전혀 달랐다. 그는 인간 자체가 이욕利慾의 굴레에서 벗어날 수 없다고 보았다. 강도 높은 수련을 행하기만 하면 악인도 능히 선인이 될 수 있다는 스승의 입장과 달리 그는 인간의 악성惡性은 아무리 강도 높은 수련을 행할지라도 결코 변하지 않는다고 확신했다. 그를 '성악설'의 진정한 주창자로 보는 이유다.

주목할 것은 '성악설'이 모든 인간관계를 이익 내지 이욕과 직결된 이해관계로 바라보는 관점 위에 서 있는 점이다. 인의예지仁義禮智 등의 도덕적 덕목을 인간의 본성으로 간주한 맹자와 달리 한비자는 이익을 향해 무한 질주하는 이른바 호리지성好利之性을 인간의 본성으로 파악했다. 동식물 등 여타 생물과 하등 차이가 없다고 본 것이다. 진화생물학의 실험 결과는 한비자의 이런 생각이 맹자의 성선설보다 타당한 것임을 뒷받침하고 있다.

최근 하버드대의 저명한 진화생물학자인 데이비드 헤이그의 연구가 그 증거다. 그의 주장에 따르면 잠을 잘 자던 아기가 생후 6개월을 즈음해 밤중에 자주 깨어나 보채는 것은 동생의 탄생을 지연시키려는 진화적 적응이라는 것이다. 이 무렵 더 이상 젖을 빨리지 않으면 산모는 다시 임신 가능한 생리 상태로 돌아간다고 한다. 산모가 곧바로 임신하면 동생이 너무 일찍 태어나 부모의 자원을 두고 경쟁해야 하기 때문에 태아는 자꾸 엄마를 깨워 젖을 물리게 하는 방향으로 진화했다는 게 헤이그의 연구결과이다. 헤이그는 동복형제는 말할 것도 없고 한 몸을 이루는 유전자들도 늘 일사불란하게 협력만 하는 게 아니라 각자 자기의 이득을 위해 경쟁한다는 '유전체 갈등' 이론을 제시해 학계의 주목을 받은 바 있다.

헤이그의 '유전체 갈등' 이론은 성선설보다 성악설이 인간의 본성임을 훨씬 잘 설명해주고 있다. 그런 점에서 한비자가 모든 인간관계를 이해관계로 파악한 것은 탁견이다. 난세의 심도가 깊어질수록 모든 인간관계를 이해관계로 파악한 한비자의 견해에 동조할 수밖에 없다. 대표적인 법가사상가인 조조가 난세 중의 난세로 일컬어지는 삼국시대에 활약하면서 인간관계를 이해관계로 파악한 것은 지극히 당연한 일이다.

천지만물이 끊임없이 순환하듯 세상에 영원한 1등이란 없다. 21세기에 들어와 소니가 자사의 하청업체에서 출발한 삼성에게 추월당하고, 세계 최대의 휴대폰 제조업체인 노키아가 애플의 스마트폰 대공세에 초토화된 게 그 증거다.

2장 인민 구제를 깃발로 내세워라

한동안 애플은 유일한 대항마인 삼성의 허리를 부러뜨릴 심산으로 전방위적인 특허소송을 벌인 바 있다. 하드웨어와 소프트웨어의 구분이 사라진 만큼 애플과 삼성의 격돌은 불가피하다. 이 싸움의 승자가 장차 글로벌시장을 독식할 것이다. 생사를 건 싸움에서 2등은 없다. 이는 조조에게 패한 원소의 전철을 밟는 것이다. 누가 조조 내지 원소가 되는 것일까?

일찍이 사마천은《사기》'화식열전'에서 제왕에 필적하는 부상富商을 소봉素封으로 표현했다. 비록 책봉을 받지는 못했지만 사실상의 왕후王侯나 다름없다는 뜻이다. 소후素侯와 소왕素王이 그것이다. 원래 '소왕'은 공자, '소후'는 현사賢士를 지칭한 말이다. 21세기에 들어와 '소후'와 '소왕'을 뛰어넘는 소제素帝가 출현했다. 스티브 잡스가 그 주인공이다. 과학기술의 발전으로 세계가 하나의 거대한 단일시장으로 통합되고, 소프트웨어와 하드웨어가 하나로 융합된 '스마트시대'가 열린 덕분이다.

장차 하드웨어까지 넘보는 애플을 이기지 못할 경우 한국의 IT산업은 애플이나 구글의 하청업체로 전락할 수밖에 없다.

거시사의 관점에서 볼 때 삼성과 애플의 격돌은 세계경제의 중심축을 근 2백 년 만에 서양에서 동양으로 되돌리는 '세기적 대결'에 해당한다. 거국적인 지원을 아끼지 말아야 하는 이유다. 기업과 학계, 정부가 합심해 분발하면 우리도 능히 '한국판 잡스'를 만들어 낼 수 있다.

여기서 주목할 점은 생전의 잡스가 매우 자유분방하며 창의적인 사고를 지닌 동시에 강력한 카리스마를 배경으로 한 동양 전래의 제왕 리더십을 발휘한 점이다. 삼국시대 당시 천하를 호령한 조조의 리더십과 닮았다. 군웅들 가운데 뒤늦게 일어선 조조가 가장 먼저 천하통일의 가능성을 연 것은 '제폭구민除暴救民'을 전면에 내세워 백성들의 지지를 얻은 덕분이다. 스티브 잡스가 '기술기업을 넘어선 예술기업'을 기치로 내걸고 '스마트시대'를 연 것과 유사하다.

안방과 문밖의 구별이 사라진 21세기 상황에서는 작게는 국가사회 발전, 크게는 인류공영의 기치를 내걸어야만 '소제'가 될 수 있다. 크게 보면 조조와 잡스 모두 '개똥밭' 출신에 해당한다. 그러나 두 사람 모두 당대 최고의 영웅이 되었다. 그런 점에서 조조는 잡스 리더십의 원형에 해당한다. 조조가 삼국시대라는 난세 속에서 인간관계에 대해 남다른 통찰력을 지닌 것도 이런 여러 조건이 절묘하게 맞아떨어진 결과로 볼 수 있다.

일하며 싸우게 하라

조조는 결정적인 시기에 과단성을 발휘해 상앙의 농전사상과 진한대 이래의 역사적 경험
을 받아들여 둔전을 성공적으로 실시했다. 이는 군벌들을 토벌하고 자신의 정치적 기반을 더
욱 굳건히 하는 결정적인 배경으로 작용했다. 조조가 마음 놓고 군웅토벌에 나설 수 있었던
것도 바로 후방에서 군량을 제때 공급해주었기 때문에 가능했다.

전국시대 중엽 서쪽 변방의 진秦나라를 문득 최고의 강국으로 만든 상
앙商鞅의 저서《상군서商君書》가 지금도 전해진다. 여기에 '농전農戰'편이
실려 있다. '농전'은 농경과 전쟁을 뜻한다. 상앙은 '농전'에서 부국강병
의 기본방략인 증산과 전력강화 방안을 집중 논의하고 있다. 부국이 전제
돼야 강병을 이룰 수 있고, 부국의 전제조건은 농업생산의 증산에 있다는
판단에서 나온 것이다. 이는 폭리를 취하는 상인과 사치품을 만드는 수공
업자에 대한 강력한 제재와 맞물려 있다. 유생과 세객들에 대한 단속도
같은 맥락에서 이해할 수 있다. '농전'에 해로운 존재로 간주한 결과다.

권력과 명예를 뜻하는 관작官爵이 오직 '농전' 한 가지를 통해서만 가

능토록 해야 한다는 게 '농전' 논리의 핵심이다. 상앙은 명리名利를 추구하는 민성民性을 통찰했다. '약민'과 '신법'에는 경전耕戰으로 되어 있다. 같은 뜻이다. 사마천이 "일찍이 상앙의 '개색'과 '경전'을 읽어본 적이 있다"고 말한 '경전'은 바로 '농전'을 언급한 것이다.

상앙이 볼 때 농전을 성사시키기 위해서는 시서예악詩書禮樂과 수신인애修身仁愛 등 개인적인 덕목에 치중하는 유가와 엄격히 갈라설 필요가 있었다. 그가 '농전'에서 유가의 10가지 덕목을 집중 비판한 이유다. 한비자는 상앙의 이런 취지를 그대로 이어받았다. 이를 뒷받침하는 《한비자》 '현학'의 해당 대목이다.

"1천 리에 달하는 너럭바위를 소유하고 있을지라도 부유하다고 말할 수 없고, 1백만 개에 달하는 인형을 보유하고 있을지라도 강하다고 말할 수 없다. 바위는 곡물을 생산할 수 없고, 인형은 적을 막을 수 없기 때문이다. 지금 돈으로 관직을 산 상인과 기예를 지닌 장인匠人 모두 농사를 짓지도 않는데 편히 먹고 산다. 이래서는 땅이 개간될 리 없다. 또 지금 유생과 협객들 모두 전쟁터에서 공을 세우지도 않았는데 높은 자리에 올라 영화를 누리고 있다. 이래서는 백성을 부릴 수 없다."

이는 맹자가 역설한 왕도로는 결코 약육강식의 모습을 연출하고 있는 전국시대 말기의 난세를 제대로 헤쳐 나갈 수 없다는 것을 지적한 것이다. 치세와 난세는 마치 여름의 부채와 겨울의 털옷처럼 완전히 다른 대응이 필요하다는 게 논지이다. 한비자가 '유생과 협객' 운운한 것은 전공도 세우지도 않은 채 높은 자리에 앉아 있는 자들을 질타한 것이다. 이런 자들은 난세에 도움이 되기는커녕 해가 되는 자들에 불과하다는 취지를 담고 있다.

이것은 맹자의 주장과 정반대된다. 원래 맹자의 왕도는 고대의 전설적인 성왕인 요순을 '롤모델'로 삼은 것이다. 덕이 있는 자에게 보위를 물려주는 게 골자이다. 설령 전설적인 요순시대가 존재했다고 가정할지라도 덕이 많은 사람에게 보위를 넘겨주는 평화로운 선양禪讓이 지속될 수는 없는 일이다. 한비자는 유가의 이런 주장에 극히 비판적이었다. 이를 뒷받침하는 《한비자》 '오두'의 해당 대목이다.

"요임금이 천하를 다스릴 당시 띠 풀을 엮어 만든 지붕은 다듬지도 않았고, 상수리나무로 만든 서까래는 깎지도 않았고, 음식은 벼를 매통에 갈아서 왕겨만 벗기고 속겨는 벗기지 않은 매조미쌀 등으로 만든 떡 모양의 밥에 야채와 콩잎으로 만든 국을 먹었다. 겨울에는 사슴의 가죽옷을 입고, 여름에는 갈포 옷을 입었다. 비록 지금 문지기 생활을 하는 자일지라도 입고 먹는 것이 이보다 덜하지 않았다. 우왕이 천하를 다스릴 때도 크게 다르지 않았다. 우왕 자신이 직접 쟁기와 괭이를 들고 백성에 앞서 일했다. 넓적다리에 비육肥肉이 없고, 정강이에 털이 나지 않았다. 비록 노비들의 노동일지라도 이보다 고달프지는 않았다. 이로써 말하면 옛날 천자의 자리를 양보한 것은 문지기 같은 대우를 버리고, 노비 같은 노동에서 벗어나려고 한 것이다. 천하를 양보하는 것이 결코 대단한 일이 아니었다. 그러나 지금은 상황이 다르다. 요즘의 고을 현령은 어느 날 갑자기 죽어도 그 자손이 대대로 수레를 타고 다닐 만큼 부귀해지는 까닭에 그 자리를 크게 중시한다. 자리 양보의 의미가 달라진 탓이다. 고대에는 심지어 천자의 자리까지도 쉽게 양보했지만 지금은 일개 현령의 자리를 떠나는 것을 매우 어렵게 여긴다. 자리에 따른 혜택의 후하고 박한 실속이 크게 다르기 때문이다. 옛날 사람이 천자의 자리를 쉽게 버린 것은 인격이 고상하기 때문이 아니라 세력과 실속이 박했기 때문이고, 요즘 사람이 권귀에 의탁해 미관말직을 놓고 서로 다투는 것은 인격이 낮기 때문이 아니라 이권에 따른 실속이 많기 때문이다. 성군은 재화의 많고 적음과 이권의 크고 작음을 헤아려 다스렸다. 형벌이 가볍다고 하여 자비로운 것도 아니었고, 엄하고 무겁다고 하여 난폭한 것도 아니었다. 백성의 습속에 맞도록 모든 일을 행했을 뿐이다. 일은 시대의 변화에 따라야 하고, 대비책 역시 일에 맞춰야 한다."

법치사상의 진수가 어떤 것인지를 잘 보여주고 있다. 미관말직조차 이권과 권력 등이 연계되면서 선양하는 풍토가 사라졌다고 단언한 대목에 주의할 필요가 있다. 보위를 아무렇지도 않게 이양하는 것은 부족사회 때까지만 통용되었다. 부족사회의 우두머리인 군장君長의 자리는 각 씨족이 돌아가면서 차지했다.

미국의 고고학자 브라이언 페이건은 지난 2000년에 펴낸《세계 선사 문화의 이해》에서 군장사회를 '국가조직 사회'가 등장하기 전 종교 내지 정치적인 수완을 지닌 인물들이 이끄는 사회로 규정했다. 부족사회를 말한다. 혈연에 의한 씨족사회를 기반으로 삼고 있지만 한층 위계적이고, 권력은 식량자원 등을 여러 씨족집단에 두루 재분배하는 책임을 진 것 등이 특징이다. 그러나 군장의 자리는 위세가 그리 대단치 않았던 까닭에 교체가 빈번했다.

한비자가 '오두'에서 '우왕이 천하를 다스릴 때도 크게 다르지 않았다'고 언급한 것은 바로 부족사회의 이런 특징을 언급한 것이다. 중국 학계의 주류는 우왕을 실존인물로 간주하면서 그가 최초의 왕국인 하夏나라를 세운 것으로 보고 있으나 지금까지 출토된 고고학적 자료를 토대로 보면 한비자의 지적이 옳다. 중국 최초의 왕국은 은殷나라로 보는 게 타당하다.

주목할 것은 한비자가 최초의 왕국인 은나라가 들어서면서 이권으로 인해 '일개 현령의 자리를 떠나는 것을 매우 어렵게 여겼다.'고 지적한 대목이다. 고고학자 페이건은 《세계의 선사문화》에서 중앙집권적인 정치사회 조직을 갖춘 대규모 사회를 '국가조직 사회'로 규정한 바 있다. 여기서는 무력을 배경으로 권위를 행사하는 소수의 엘리트가 지배한다. 정점에 한 사람의 통치자가 있고, 그 아래로 귀족과 신관神官 및 관료 등이 통치집단을 형성하고, 나머지 농민과 상인 및 장인 등이 하층 서민을 구성한다. 전국시대에는 '고을 현령이 어느 날 갑자기 죽어도 그 자손이 대대로 수레를 타고 다닐 만큼 부귀해진다.'는 한비자의 지적처럼 미관말직조차 온갖 종류의 이권과 직결되어 있었다. 사람들이 미관말직의 자리를 놓고도 아귀다툼을 벌일 수밖에 없었다. 21세기의 상황은 더 말할 게 없다.

전국시대 말기의 상황은 21세기 현재의 한반도 상황과 유사하다. 중국과 러시아가 미국의 해상패권을 견제하기 위해 한반도 인근 서해상에서 합동군사훈련을 강행하고, 3대세습의 북한이 '불바다' 운운하며 온갖 도발을 일삼고 있는 게 그렇다. 더구나 국내적으로 망국적인 지역갈등과 이념갈등 위에 이제는 세대갈등과 계층갈등까지 겹쳐 국론이 양분되어 있다. 한마디로 난세다.

난세에는 난세의 논리가 필요하다. 한비자가 맹자의 성선설과 '왕도' 운운에 통렬한 비판을 가한 이유다. 그는 《한비자》 '외저설 좌상'에서 맹자를 이같이 빗대어 비판했다.

"무릇 어린아이들이 소꿉장난을 할 때는 흙으로 밥을 짓고, 진흙으로 국을 만들고, 나무로 고기를 만든다. 그러나 날이 저물면 반드시 집으로 돌아가 밥을 먹는다. 이는 흙으로 만든 밥과 진흙으로 만든 국은 가지고 놀 수는 있어도 먹을 수는 없기 때문이다. 예로부터 전해오는 성군의 덕치에 관한 전설과 송가頌歌는 듣기에는 좋으나 현실성이 떨어진다. 그들이 행한 것처럼 덕치를 실천하는 것으로는 결코 나라를 바르게 할 수 없다. 이 역시 소꿉장난처럼 즐길 수는 있지만 치국에 사용할 수 있는 게 아니다. 무릇 인의를 숭상하는 바람에 나라가 약해지고 어지럽게 된 대표적인 사례로 위魏, 조趙, 한韓 등 이른바 3진三晉을 들 수 있다. 반대로 인의를 숭상하지는 않았지만 잘 다스려지고 강해진 대표적인 사례로 서쪽 진秦을 들 수 있다. 그럼에도 진나라가 아직 천하통일을 이루지 못한 것은 법치와 술치術治, 세치勢治 등의 법술法術이 완전히 갖춰지지 못했기 때문이다."

법치와 술치, 세치는 한비자가 집대성한 법가사상의 3대 이론이다. 이는 원래 《상군서》에 나오는 것이다. 한비자는 《상군서》에 나오는 무치술武治術과 법치술, 술치술, 세치술 등 네 가지 핵심이론 가운데 무치술을 제외한 나머지 이론 위에 《도덕경》의 도치술 이론을 덧씌워 법가이론을 완성했다. 그가 노자의 《도덕경》에 사상 최초로 주석을 가한 이유가 여기에 있다. 그가 기존의 법가 이론 위에 노자가 역설한 무위지치無爲之治의 도치술 이론을 덧씌워 자타가 공인하는 법가이론을 완성한 것은 높이 평가할 만하다.

그러나 상앙이 방점을 찍고 있는 무치술의 기본 취지는 크게 퇴색되고 말았다. 일각에서 상앙을 법가가 아닌 병가로 분류해야 하고, 《상군서》를 《한비자》와 구별해 병서의 일종으로 간주해야 한다는 주장이 나오는 이유다. 실제로 《한서》 '예문지'는 《상군서》 27편을 법서가 아닌 병서 목록에 기록해 놓았다. 《상군서》가 오랫동안 '상앙병법'으로 불린 것도 이와 무관하지 않다.

열국이 하루가 멀다 하고 전쟁을 벌인 전국시대는 오직 강한 무력을 지닌 자만이 살아남을 수 있었다. 맹자의 주장을 좇는 것은 송양지인宋襄之仁에 지나지 않았다. 열국의 제후들이 맹자의 유세를 들을 때마다 외양상 경청하는 모습을 보이면서도 내심 귓등으로 흘려들은 이유다. 난세의 상황에 부합하지 않는 하나의 이상론에 지나지 않는다는 것을 숙지하고 있었기 때문이다.

조조 역시 제2의 춘추전국시대로 불리는 삼국시대를 살면서 부국강병이 천하를 통일하는 요체라는 사실을 통찰하고 있었다. 그가 대대적인 둔전제屯田制를 실시해 병사와 농민에게 일하면서 싸우는 '농전'을 역설한 사실이 이를 뒷받침한다.

조조는 건안 원년(196)에 헌제를 맞아 허도에 정도한 것을 계기로 군신들에게 경제문제에 대한 광범위한 토론을 전개하도록 했다. 이른바 '대의손익大議損益'이다. 당시 군신들의 의견이 하나로 통합되지 못해 곧바로 실시하지 못했다. 얼마 후 사마랑司馬郞이 승상주부가 되어 조조에게 정전제井田制의 실시를 권했다. 이는 고대의 전제田制로 농민들이 토지를 공전公田과 사전私田으로 나눠 동시에 경작하게 하는 제도이다. 맹자 등이 이를 이상적인 전제로 강조한 이래 많은 유학자들이 이를 이상적인 전제로 간주했으나 사실 이 제도는 난세는 말할 것도 없고 치세에서조차도 그 효용이 의문시되어 폐기된 제도다. 조조가 사마랑의 건의를 받아들이지 않은 것도 정전제의 한계를 익히 알고 있었기 때문이다.

《삼국지》'위서, 한호전'의 배송지주에 인용된《위서》는 조조가 자신의 의중에 둔 둔전제를 채택하게 된 배경을 이같이 기록해 놓았다.

"이때 '대의손익'이 있자 한호韓浩는 급전急田이 필요하다고 생각해 이를 조조에게 상주했다. 태조가 이를 옳게 여겨 그를 호군護軍으로 전직시켰다."

한호는 하내 사람으로 후에 중호군中護軍 등을 거친 뒤 열후에 봉해진 인물이다. 이때 조조의 둔전책을 지지한 사람으로는 한호 이외에도 우림감羽林監 조지棗祗를 들 수 있다. 그는 즉각적인 둔전 실시를 건의한 바 있다.《자치통감》'한헌제 건안 원년'조의 기록에는 조지가 둔전의 즉각적인 실시를 건의하자 조조가 이를 좇았다고 되어 있다. 조지는 영천 사람으로 동아東阿 현령을 지낼 때 여포의 난이 일어나자 동아현을 필사적으로 사수하는 공을 세운 바 있었다.

한호와 조지 두 사람이 바로 조조가 건안 원년에 둔전을 실시하는데 결정적인 역할을 수행한 사람들이다. 그러나 조조가 둔전을 처음으로 실시한 시기와 관련해 현재 학자들 간의 견해가 엇갈리고 있는 상황이다. 크게 건안 원년설과 초평, 홍평 연간설이 대립되고 있으나 후자가 유력한 상황이다. 그러나 초평, 홍평 연간에는 부국강병의 방안으로 둔전을 거론한 것이지 실시한 것은 아니었다. 이는 건안 원년에 군신들 사이에 '대의손익'이 전개된 사실을 통해 쉽게 확인할 수 있다. 조조가 둔전을 본격적으로 실시한 시기는 건안 원년이다.

조조가 실시한 둔전은 크게 민둔民屯과 군둔軍屯 두 종류로 나눌 수 있다. 이는 전래의 '농전'과 '둔전'을 하나로 합친 데 따른 것이기도 했다. '민둔'은 상앙이 실시한 '농전'에 가까운 것이었고, '군둔'은 한무제가 실시한 원래의 '둔전'에 가까운 것이었다.

당시 군량의 확보는 전쟁의 승패를 좌우하는 관건이기도 했다.《삼국지》'무제기'의 배송지주에 인용된《위서》의 다음 기록은 군량의 확보가 얼마나 중요한지 극명하게 보여주고 있다.

"사방을 정벌하면서 운량에 따른 수고가 없게 되었다. 이에 마침내 적도
들을 모두 멸하고 천하를 평정하게 되었다."

조조는 결정적인 시기에 과단성을 발휘해 상앙의 농전사상과 진한대
이래의 역사적 경험을 받아들여 둔전을 성공적으로 실시했다. 이는 군벌
들을 토벌하고 자신의 정치적 기반을 더욱 굳건히 하는 결정적인 배경으
로 작용했다. 조조가 마음 놓고 군웅토벌에 나설 수 있었던 것도 바로 후
방에서 군량을 제때 공급해주었기 때문에 가능했다.

조조의 둔전책은 몇 가지 점에서 높이 평가하지 않을 수 없다.

첫째, 조조가 둔전 실시 몇 년 만에 기아문제를 완전히 해결한 점을 들
수 있다.

조조는 허도의 민둔에서 첫 해에 1백만 곡의 곡식을 거둔 데 이어 해마
다 크게 수확할 수 있었다. 전국 단위로 민둔을 실시하게 되자 관부는 물
론 백성들까지 여유 있는 비축 분을 확보하게 되었다. 건안 중기에 이르
러서는 창고마다 곡식이 가득 차고 백성들은 전란 중임에도 불구하고 풍
족한 비축으로 크게 만족해하는 현상이 나타났다. 건안 말기에 위나라가
세워지자 민둔에 이어 군둔까지 크게 발전했다. 건안 연간에 조조가 용병
하면서 군량문제로 곤란을 겪은 적이 있기는 하나 이는 운량運糧 문제로
인한 것이었다. 비록 둔전민의 반발이 있기는 했으나 이 또한 모두 기근
과 식량문제로 인한 것은 아니었다. 건안 연간에 조조가 통치한 지역에서
는 재해에도 불구하고 식량문제로 인한 소요가 전혀 일어나지 않았다는

것은 조조의 둔전을 통한 부국 책략이 대성공을 거둔 결과로 해석할 수밖에 없다.

둘째, 수많은 유민과 황건적 항졸 수십만 명을 비롯해 소비만 했던 병사들을 모두 둔전제에 편입시켜 생산에 가담케 함으로써 민생을 안정시켰다.

만일 둔전을 실시하지 않았다면 근원적인 기아문제를 해결할 길이 없어 수많은 유민과 황건적 항졸들의 이반을 초래할 공산이 컸다. 이런 관점에서 볼 때 둔전은 백성의 안정에 결정적인 공헌을 했던 셈이다.

셋째, 조조 본인의 입장에서 볼 때는 군벌들을 격파하여 자신의 권력기반을 강고하게 만드는 계기로 작용했다.

조조는 이 사실을 분명히 인식하고 있었다. 둔전책의 전국 단위 실시는 그의 권력기반이 전국 단위로 확산되었음을 의미했다. 사방의 군벌에 대한 대대적인 토벌은 그의 둔전책이 전국 단위에 걸쳐 성공리에 실시되고 있었음을 반증한다.

조조의 둔전책은 기본적으로 백성들의 기아문제를 근원적으로 해결하기 위한 노력의 일환으로 실시된 것이다. 성공을 거둔 근본 배경이다. 여타 군벌들이 오직 무력을 통한 세력 확장에 혈안이 되어 있을 때 백성을 살리는 일에 우선순위를 둔 조조의 판단은 탁견이다. 이는 한마디로 백성부터 살리는 이른바 '생민生民'으로 요약할 수 있다. 그가 시행한 '생민둔전生民屯田' 계책이야말로 경제 측면에 나타난 조조 리더십의 핵심에 해당한다.

천하에 인재는 많다

삼국시대 당시 조조처럼 공개적으로 인재를 모은 사람은 없다. 그는 생전에 모두 세 번에 걸쳐 대대적으로 인재를 모았다. 구현령과 취사물폐편단령, 거현물구품행령이 그것이다. 이들 포고령을 관통하는 키워드는 오직 재능만 있으면 과감히 발탁한다는 유재시거 원칙이다. 조조가 난세의 시기에 득인에서 우위를 점한 배경이 바로 여기에 있다.

천하는 군주 홀로 다스릴 수 없다. 많은 인재들이 필요하다. 난세의 상황에서는 더욱 그렇다. 인재의 종류도 다양해야만 한다. 그래야 예측하기 어려운 모든 상황에 적절히 대응할 수 있다.

조조는 인재를 모으는데 심혈을 기울였다. 대표적인 예로 건안 15년 (210)에 발포한 '구현령求賢令'을 들 수 있다. 이는 중국의 역대 왕조에서 제왕이 반드시 본받아야 할 모범적인 사례로 평가받고 있다. '구현령'의 골자는 대략 다음과 같다.

"자고로 천명을 받아 창업을 하거나 나라를 중흥시킨 군주로서 일찍이 현인군자를 얻어 그들과 함께 천하를 통치하지 않으려고 한 자가 어디 있었겠는가? 천하가 아직도 안정되지 않아 더욱더 현자를 구하는 일을 서둘러야 할 시기다. 지금 천하에 피갈회옥被褐懷玉의 자세로 위수 가에서 낚시질이나 하는 현자가 어찌 없겠는가? 또 도수수금盜嫂受金의 재능을 갖추고도 위무지魏無知의 천거를 받지 못한 자가 어찌 없겠는가? 여러분은 나를 도와 누항陋巷에 있는 자일지라도 오직 능력만 있으면 천거하도록 하라. 내가 그들을 얻어 임용할 것이다."

'피갈회옥'은 남루한 옷을 걸치고 웅지를 품은 사람을 말한다. 주왕조 개국공신인 여상呂尙이 그 주인공이다. 형수와 사통하고 뇌물을 받는 '도수수금'은 전한의 개국공신 진평陳平이 당사자이다. 위무지는 진평을 천거한 사람이다.

'구현령'의 핵심은 크게 두 가지로 나눠 볼 수 있다. 하나는 피갈회옥의 현인군자를 구하는 것이고, 다른 하나는 도수수금의 인재를 구하는 것이다. 이른바 강태공으로 불리는 여상은 주문왕을 위수 가에서 만날 때까지 궁핍하게 살며 낚시로 소일했다. 주문왕은 여상을 만나 곧바로 그를 국사國師로 삼음으로써 마침내 주나라 건국의 기틀을 다지게 되었다.

조조가 여상을 예로 든 것은 재덕을 겸비한 현인군자의 지혜를 빌어야만 비로소 새로운 왕조를 개창하거나 피폐한 왕조를 중흥시킬 수 있다는 판단에 따른 것이다. 피갈회옥의 현인군자를 모으고자 한 것은 득천하得天下를 넘어 치천하治天下까지 염두에 두고 있음을 시사하고 있다. 치천하의 방략은 유덕시보惟德是輔 즉 오직 재덕을 갖춘 자만이 보필함에 있다.

당시 조조의 휘하에서 피갈회옥의 현인군자에 가장 가까웠던 인물은 다름 아닌 순욱荀彧과 순유荀攸였다. 두 사람 모두 재덕을 겸비한 뛰어난 인물이었다. 그러나 불행하게도 두 사람 모두 조조가 위공 및 위왕이 되는 것을 반대했다가 조조의 손권 토벌전에 종군하던 중 병사하고 말았다. 이로 인해 이에 대한 여러 얘기가 나오게 되었으나 근본적으로는 두 사람 모두 조조가 득천하를 거쳐 치천하로까지 나아가려 하는 것을 원치 않은 사실과 무관하지 않다. 이들은 조조의 속셈을 읽고는 한실의 앞날에 대한 우려와 조조와의 의리에 대한 번민을 이기지 못하고 병사했던 것이다.

득천하는 치천하와 달리 오직 능력만 있으면 발탁하는 유재시거惟才是舉가 요체이다. 조조는 유재시거의 원칙을 설파하기 위해 제환공의 경우를 들었다. 관중은 청렴한 선비인 이른바 염사廉士가 아니었던 것은 말할 것도 없고 원래는 훗날 자신이 모시게 된 제환공의 적이었다. 그러나 제환공은 관중의 능력을 높이 사서 그를 과감히 발탁함으로써 마침내 춘추시대의 첫 패자가 될 수 있었다. 조조가 득천하 단계에서 절실히 필요로 한 인물은 바로 관중과 같은 인재였다.

당시 조조의 휘하에서 관중과 유사한 역할을 한 인물을 고르라면 단연 곽가를 들 수 있다. 그는 원소의 휘하에 있다가 자진하여 조조에게 몸을 의탁한 후 조조의 웅지와 책략, 인간적 장단점 등을 가장 적확히 이해한 인물이다. 그러나 불행히도 곽가는 요절하고 말았다. 조조의 입장에서 볼 때 치명타가 아닐 수 없다. 조조가 탄식한 바와 같이 곽가가 살아 있었다면 적벽대전에서 패하지 않은 것은 물론 동오의 손권을 제압하고 당대에 천하통일의 위업을 이루었을 가능성이 매우 높았다.

도수수금 일화는《사기》'진승상세가'에 나온다.

일찍이 유방이 항우를 치러 갔다가 패한 후 군사를 이끌고 돌아오던 중 흩어진 군사를 수습해 형양에 이르러 진평을 아장亞將으로 삼아 한왕韓王 한신韓信(토사구팽을 당한 한신과 동명이인) 밑에 예속시킨 바 있다. 그러자 주발周勃과 관영灌嬰이 유방 앞에서 진평을 이같이 헐뜯었다.

"진평이 비록 호남아이기는 하나 겉모습만 뛰어나고 그 속은 아무것도 없을 것입니다. 신들이 듣건대 진평은 집에 있을 때는 형수와 사통했고, 위나라를 섬겼으나 받아들여지지 않자 도망하여 초나라에 귀순했고, 초나라에 귀순하여 뜻대로 되지 않자 다시 도망하여 우리 한나라에 귀순했습니다. 그런데 오늘 대왕이 그를 높여 관직을 주고 호군으로 삼았습니다. 또 신들이 듣건대 진평은 여러 장수들로부터 금품을 받으면서 금품을 많이 준 자는 후대하고, 금품을 적게 준 자는 박대했다고 합니다. 진평은 반복무상한 역신逆臣이니 원컨대 대왕은 그를 깊이 헤아리기 바랍니다."

유방은 이 말을 듣고 진평을 천거한 위무지를 불러 크게 질책했다. 그러자 위무지가 유방에게 이같이 말했다.

"신이 응답한 것은 그의 능력이고, 대왕이 물은 것은 그의 행동입니다. 지금 만일 그에게 약속을 지키기 위해 만남의 장소인 다리 밑에서 한없이 기다리다 물에 빠져 죽은 미생尾生과 효성이 지극했던 은고종의 아들 효기孝己와 같은 행실이 있을지라도 승부를 다투는 데는 아무런 도움이 되지 않습니다. 대왕이 어느 겨를에 그런 사람을 쓸 수 있겠습니까? 지금 바야흐로 초나라와 한나라가 서로 대항하고 있기에 신이 기이한 계책을 내는 뛰어난 책사인 기모지사奇謀之士를 천거한 것이니 그의 계책이 나라에 이로운지만을 살펴야 할 것입니다. 그러니 도수수금이 어찌 문제가 될 수 있겠습니까?"

그러나 유방은 위무지로부터 이런 얘기를 듣고도 못내 안심이 안 되어 진평을 불러 어찌하여 반복무상하게도 여러 사람을 섬기게 되었는지를 따졌다. 그러자 진평이 이같이 응답했다.

"신이 위왕을 섬겼으나 위왕은 신이 하는 말을 채택하지 않았습니다. 그래서 위왕을 떠나 항우를 섬긴 것입니다. 그러나 항왕은 다른 사람을 믿지 못하면서 오직 항씨 일가와 처남들만을 총애했습니다. 설령 뛰어난 책사가 있다 한들 중용될 여지가 없기에 저는 초나라를 떠났던 것입니다. 그런데 도중에 대왕이 사람을 잘 가려 쓴다는 얘기를 듣고 대왕에게 귀의케 된 것입니다. 신은 빈손으로 온 까닭에 여러 장군들이 보내준 황금을 받지 않고서는 쓸 돈이 없었습니다. 만일 신의 계책 중 쓸 만한 것이 있으면 원컨대 대왕이 저를 채용하고, 만일 쓸 만한 것이 없다고 판단되면 황금이 아직 그대로 있으니 청컨대 잘 봉하여 관청으로 보내고 사직케 해주기 바랍니다."

이에 유방이 진평에게 사과하고 후한 상을 내린 뒤 호군중위護軍中尉에 임명해 제장들을 지휘하게 했다. 그러자 제장들이 더 이상 진평을 헐뜯지 못했다. 결국 유방은 진평을 발탁해 마침내 천하통일의 대업을 이루게 되었다. 조조는 바로 유방의 행보를 본받고자 했던 것이다.

조조의 휘하 인물 중 진평과 가장 유사한 인물을 고르라면 단연 가후賈詡를 꼽을 수 있다. 가후는 동탁의 휘하에 있다가 이각 및 곽사를 부추겨 장안정권을 세우게 한 뒤 다시 장수에게 몸을 맡겼다가 마침내 조조에게 귀의한 인물이다. 가후가 장수를 부추겨 함께 조조에게 귀의한 것은 전적으로 자신의 이익을 위한 것이었다. 그의 행보에서는 순욱 및 순유와 같은 절조는 물론 곽가와 같은 충성이 전혀 보이지 않는다. 그는 난세에 자신의 재능을 팔아 보신하는 요령을 깊이 터득한 인물이었다. 그는 전술

면에서 조조를 능가할 정도의 탁월한 재능을 지니고 있었다. 조조는 가후의 이런 재능을 높이 사서 그의 덕성을 전혀 개의치 않았던 것이다.

건안 18년(213) 5월 조조는 그간의 공을 인정받아 위공魏公으로 작위가 올라갔다. 종묘사직을 비롯해 백관을 신설해야만 했다. 인재의 선발 및 충원이 시급한 과제로 대두되었다. 그는 '취사물폐편단령取士勿廢偏短令'을 내렸다. 재능과 덕행을 모두 갖춘 인재를 찾기는 어려우니 한쪽으로 치우친 단점이 있을지라도 인재를 놓쳐서는 안 된다는 게 골자였다.

"무릇 품행이 뛰어난 선비가 반드시 진취적인 것은 아니다. 적극적으로 일을 추진해 공업을 세우는 선비 역시 반드시 품행이 뛰어난 것도 아니다. 진평이 어찌 독실한 인물이고, 소진이 어찌 신뢰를 지키는 인물이라 할 수 있겠는가? 그러나 진평은 천하를 평정하고 한나라 건국의 대업을 이뤘고, 소진은 미약한 연나라를 구했다. 이로써 말하건대, 선비가 설령 한쪽으로 치우친 단점이 있을지라도 어찌 가히 폐할 수 있겠는가? 해당 관원은 이 뜻을 분명히 생각해 선비 중에 발탁되지 못해 초야에 묻혀 있는 자가 없게 하고, 관원 중에 그 업무를 폐하는 자가 없게 하라."

이는 건안 15년(210)에 인재를 널리 천거토록 촉구한 '구현령'보다 훨씬 진전된 것이었다. '취사물폐편단령'이 나오게 된 것은 재덕을 겸비한 인재는 매우 희귀할 수밖에 없다는 사실을 통찰한 결과다.

당시 조조는 인재의 발탁을 관장하는 부서의 관원들이 한쪽으로 치우친 단점이 있다는 이유로 많은 인재들을 방치하고 있다는 우려를 거둘 수가 없었다. 어느 세상이나 재덕을 겸비한 사람은 드문 법이다. 조조는 어느 한쪽이 부족한 것을 이유로 유능하기 그지없는 인재를 놓치는 일이 없도록 하기 위해 이를 선포한 것이다. 조조의 인재에 대한 열의는 그의 위치가 높아질수록 더욱 강화되는 모습을 보였다. 건안 21년(216) 5월에 그는 위공에서 다시 위왕魏王으로 작위가 올라갔다.

이듬해인 건안 22년(217) 4월에 천자의 깃발을 세우고 출입할 때 경필 警蹕을 할 수 있는 특권까지 인정받았다. 경필은 미리 앞서가며 길을 치우는 등 부분적인 계엄을 실시하는 것을 말한다. 이로 인해 보다 많은 인재들이 더욱 필요하게 되었다. 이해 8월, 조조는 '거현물구품행령擧賢勿拘品行令'을 내렸다. 품행에 구애받지 말고 재능만 있으면 무조건 천거하라고 독려한 것이다. '무제기'의 배송지주에 인용된 《위서》에 그 내용이 실려 있다.

"옛날 이윤伊尹과 부열傅說은 천인 출신이었고, 관중은 제환공의 적이었으나 모두 크게 발탁되어 나라를 흥하게 만들었다. 소하와 조참은 현의 아전 출신이었고, 한신과 진평은 더러운 오명에 웃음거리를 당한 부끄러움이 있었으나 마침내 왕업을 이뤄 그 명성이 1천 년 동안 빛나고 있다. 오기吳起는 장수 자리를 탐하여 처를 죽이고, 금전을 뿌려 관직을 얻었다. 모친이 죽었어도 문상을 가지 않은 채 위나라에 머물자 진秦나라가 감히 동쪽으로 나아가지 못했다. 그가 초나라에 머물 때는 위·한·조 등의 3진三晉이 감히 남쪽을 넘보지 못했다. 지극한 덕을 갖춘 인물이 민간 사이에 방치되거나, 과단성과 용기를 지닌 채 자신을 돌보지 않고 적을 만나 죽기로 싸울 수 있는 자를 그대로 놓아두어서는 안 된다. 설령 낮은 직위에 있는 관원일지라도 그 재주가 높고 자질이 특이하여 장수가 될 만한 자가 있을 수 있다. 또 오명을 뒤집어쓰거나, 사람들의 웃음거리가 되는 품행이 있거나, 혹 불인불효 不仁不孝할지라도 치국과 용병에 뛰어난 재주를 지닌 자가 있을 수 있다. 각기 이런 자들을 아는 바대로 천거하여 빠지는 경우가 없도록 하라."

'거현물구품행령'이 나오게 된 근원은 말할 것도 없이 조조의 위나라가 장차 한나라를 대신해 새로운 왕조로 들어설 것임을 예고한 데 있다. 당시 조조가 빠짐없이 천거해야 할 인재로 거론한 유형은 모두 5종류이다.

첫째, 출신이 미천하나 나라를 흥하게 만들 만한 경륜과 재주를 가진 사람이다.

은나라 때의 이윤과 부열이 그들이다. 이윤은 비록 노예 출신이나 탕왕을 도와 하나라를 멸한 개국공신이다. 부열은 은나라 고종 때의 대신으로 본래 성을 쌓는 노비 출신이었다. 무정은 부열을 발탁해 재상으로 삼음으로써 은나라를 중흥시킬 수 있었다.

둘째, 비록 적이기는 하나 나라의 패업을 이룰 수 있는 인물이다.

대표적인 인물이 제환공을 춘추시대의 첫 패자로 만든 관중이다. 제환공은 일찍이 관중을 죽이기 위해 화살을 날려 관중의 허리띠를 맞춘 인물이다. 제환공은 포숙아의 건의를 받아들여 관중을 재상으로 삼음으로써 마침내 춘추시대의 첫 패자가 될 수 있었다.

셋째, 명성은 높지 않으나 그 치국의 재주가 출중한 인물이다.

한나라의 건국 공신인 소하와 조참이 그들이다. 소하는 당초 패현의 아전으로 있다가 유방을 좇아 천하평정에 결정적인 공헌을 했다. 그는 유방이 항우와 다툴 때 군량 등을 제때 공급한 공을 인정받아 논공행상에서 수위를 차지했다. 조참은 소하의 뒤를 이어 승상이 된 인물로 도가의 무위지치無爲之治를 이용해 한나라의 기틀을 확고하게 다진 인물이다. 소하와 조참 모두 오랫동안 명재상의 전형으로 여겨졌다.

넷째, 오명을 뒤집어쓰고 사람들의 냉소를 받았으나 끝내 왕업을 이루는데 결정적인 공헌을 함으로써 천고에 그 이름을 남긴 인물이다.

대표적인 인물이 바로 한신과 진평이다. 한신은 집이 가난하여 늘 남에게 얹혀 먹는 것을 해결하던 중 젊었을 때 남의 가랑이 밑을 기어가는 치욕인 이른바 과하지욕跨下之辱을 당한 바 있다. 저자의 웃음거리가 되었으나 그는 이를 개의치 않고 유방을 도와 천하평정에 결정적인 공헌을 했다.

다섯째, 비록 어질지 못하고 불효하기는 하나 용병술에 뛰어난 인물이다.

대표적인 인물로 전국시대의 오기를 들 수 있다. 오기는 노나라의 장수가 되기 위해 자신의 제나라 출신 처를 살해했다는 비난을 받았다. 또한 관직을 구하기 위해 집안의 재산을 모두 탕진하고 모친이 사망했을 때도 상례에 참석치 않아 불효한 인물로 손가락질을 받았다. 그러나 그는 노나라에서 벼슬할 때는 제나라를 대파하고, 위나라에서 벼슬을 할 때는 진秦나라의 5개성을 공략하는 공을 세웠다. 또 초나라에서 벼슬할 때는 법령을 엄히 하여 남쪽으로 백월百越을 평정하고, 북쪽으로 진陳·채蔡를 합병하고, 3진三晉을 물리치고, 서쪽으로 진나라를 정벌해 제후들을 두려움에 떨게 만들었다.

삼국시대 당시 조조처럼 공개적으로 인재를 모은 사람은 없다. 그는 생전에 모두 세 번에 걸쳐 대대적으로 인재를 모았다. '구현령'과 '취사물폐편단령', '거현물구품행령'이 그것이다. 이들 포고령을 관통하는 키워드는 오직 재능만 있으면 과감히 발탁한다는 '유재시거' 원칙이다. 조조가 난세의 시기에 득인에서 우위를 점한 배경이 바로 여기에 있다.

삼국시대 당시 이를 행한 사람은 오직 조조밖에 없었다. 유비는 군자 흉내를 내며 왕도를 내세운 까닭에 근본적으로 이를 행할 수가 없었다. 자신이 내세운 기치와 모순되기 때문이다. 유비의 무리가 늘 인재 부족으로 어려움을 겪은 이유다. 손권 역시 유비에 비해 상대적으로 많은 인재를 보유하기는 했으나 조조에 비할 바가 못 되었다. 이는 동오의 인재들이 주로 현지에 뿌리를 내린 세족世族이었던 사실과 무관하지 않다. 조조처럼 유재시거를 기치로 내걸고 천하의 인재를 모으고자 할지라도 그 효과가 극히 의심스러웠다. 조조의 득인술得人術이 돋보이는 이유다.

인사가 만사이다

증국번은 단 한 가지라도 재주가 있는 인재를 아꼈다. 이는 조조의 용인술을 흉내 낸 것이다. 증국번은 훗날 주변 사람들에게 자신을 누구와 비교할 수 있겠는지를 물은 적이 있다. 여러 얘기가 나왔으나 그가 생각한 답은 나오지 않았다. 그가 말했다.

"모두 아니다. 나는 평생 조조를 배우고자 했다. 그러나 그러하지 못했다."

동서양이 최초로 정면충돌한 사건은 아편전쟁이다. 영국은 이 전쟁에서 승리를 거둠으로써 세계를 제패하게 되었다. 반면 청나라는 이내 서구 열강의 반半 식민지로 전락하고 말았다. 여기에는 여러 이유가 복합적으로 작용했으나 일명 '태평천국의 난'으로 불리는 청나라 내부의 분란이 결정적인 배경으로 작용한 게 사실이다. 청나라는 '태평천국의 난'을 진압하느라 힘을 거의 소진한 상태였다. 안팎으로 우환을 맞게 된 청나라가 함포로 무장한 영국을 상대하는 것은 매우 버거운 일이었다.

당시 '태평천국의 난'을 진압하는데 결정적인 공헌을 한 인물은 증국번

曾國藩이었다.

함풍 9년(1859) 봄에 증국번은 태평군을 무찌르기 위해 호남성 일대에서 모집한 의용군인 상군湘軍을 이끌고 절강으로 들어갔다. 당시 상군은 잇달아 승리를 거둔 데 고무된 나머지 남경에 식량을 공급하는 태평천국의 병참기지 삼하진三河鎭을 공략하다가 이내 포위당하고 말았다. 상군대장 이속빈이 급히 소수의 지원군을 이끌고 삼하진에 도착했을 때 태평군의 완강한 저항으로 더 이상 전진하지 못했다. 다급해진 그가 무모하게 돌진하자 태평군이 우회전술을 써서 그의 퇴각로를 끊었다. 증국번은 이 얘기를 듣고 실색했다. 과연 이틀 뒤 삼하진에서 상군 지원군이 전멸했다는 소식이 들려왔다. 상군은 증국번의 동생 증국화가 전사하고 정예군 6천 명이 전멸하는 등 막대한 손실을 입었다. 이를 계기로 증국번은 부하들에게 수시로 교만과 조급함을 경계할 것을 훈계했다.

이때 마침 제자인 이홍장李鴻章이 증국번이 머물고 있는 곳으로 와서 막료로 활동하기 시작했다. 당초 이홍장은 뛰어난 전략으로 많은 공을 세웠으나 주변의 참소로 곤경에 처하게 되자 이때에 이르러 스승의 휘하로 들어오게 된 것이다. 그의 친형 이한장은 이미 증국번의 휘하로 들어와 군수물자를 담당하고 있었다.

당시 증국번은 이홍장에게 일반 문서를 담당케 했다. 이는 재주가 뛰어난 제자의 기를 꺾고자 하는 속셈에서 나온 것이었다. 이홍장은 내심 전공을 세우고 싶었으나 겉으로 드러내지는 않았다. 그에게는 늦잠을 자는 버릇이 있었다. 병사들이 날이 새기도 전에 아침식사를 하는 일로 인해 그는 적잖이 고생해야만 했다. 하루는 핑계를 대고 늦잠을 자자 이내 전령이 와서 황급히 전했다.

"막료가 모두 한자리에 모여 식사를 하고 있으니 속히 오라는 명입니다."

이홍장이 서둘러 옷을 입고 달려가자 증국번은 말없이 젓가락을 들었다. 식사 도중 증국번은 한마디도 하지 않았다. 식사 후 증국번이 엄한 표정으로 이홍장을 질책했다.

"내 휘하에 들어온 이상 반드시 알아둘 일이 있다. 우리가 가장 중시하는 것은 성실할 성誠 한 글자뿐이다!"

이듬해인 함풍 10년(1860) 10월 안팎으로 우환을 당한 청조는 서구 열강과 '북경조약'을 체결해 일단 급한 불 하나는 껐다. 이때 증국번 휘하 장수 이도원이 명을 어기고 출격했다가 태평군에게 대패해 휘주를 상실하는 일이 빚어졌다. 증국번이 이홍장에게 이도원과 자신을 탄핵하는 내용의 상주문을 쓰게 하자 이홍장이 반대했다.

"휘주의 함몰은 기본적으로 중과부적에 따른 것입니다. 이는 지나칩니다."

증국번이 이를 받아들이지 않고 직접 상주문을 쓰려고 하자 이홍장은 이에 반발해 막료 직책을 버린 뒤 증국번 곁을 떠났다. 이해 11월, 전투경험을 통해 서양의 무기가 얼마나 우월한지를 절감하고 있던 증국번은 곧 상주문을 올렸다.

"서양 오랑캐의 무력을 도적의 섬멸과 군량 운반에 이용하고, 저들의 지식을 운용해 화포와 선박을 제조함으로써 장구한 이익을 꾀해야 합니다."

이는 증국번이 양무운동의 필요성을 공식적으로 개진한 첫 번째 사례로 평가되고 있다. 그로부터 3년 뒤 안경에 무기제조 공장이 들어서게 되었다. 이는 그때의 건의가 수용된 데 따른 것이었다.

함풍 11년(1861) 1월 20일, 청조는 북경에 총리각국사무아문總理各國事務衙門을 세우고 공친왕 혁흔을 총리로 삼았다. 이때 태평군이 휘주를 함락시킨 여세를 몰아 상군의 본영이 있는 기문祁門에 대한 총공격의 태세에 들어갔다. 이홍장은 앞서 증국번에게 기문에 본영을 세울 경우 태평군의 공격을 받을 소지가 크다고 진언한 바 있다.

"이곳은 적군이 가까운 곳에 위치해 우위를 점하고 있는 절지絶地에 해당합니다. 다른 곳으로 본영을 옮겨야만 합니다."

《손자병법》에서 말하는 '절지'는 퇴로가 끊긴 외딴 곳을 말한다. 사지死地 못지않게 위험한 곳이다. 이홍장은 병법의 대가였다. 당시 증국번은 수비를 튼튼히 할 경우 큰 문제가 없을 것으로 생각해 제자의 충고를 듣지 않았다. 이것이 결국 화를 초래한 것이다. 증국번은 주력부대를 급히 집결시켰다.

이해 7월 7일, 문득 함풍제가 열하의 피서산장에서 병사했다. 함풍제는 재위 6년째인 1856년에 발발한 제2차 아편전쟁이 계속 확산되자 난을 피해 북경 동북쪽에 있는 열하의 이궁으로 몽진했다가 이내 병사하고 만 것이다. 북경을 점령한 영불 연합군은 당시 세계의 정원 중 으뜸을 자랑한 원명원圓明園을 불태우고 무참히 약탈했다.

이해 8월, 증국번은 안경 탈환을 계기로 이홍장의 계책을 듣지 않은 것을 크게 후회하며 본영을 안경安慶으로 옮긴 뒤 남경을 탈환하기 위한 구체적인 작전 수립에 들어갔다. 이때 문득 이홍장으로부터 안경 탈환을 축하하는 서한이 날아들었다. 1년간 은둔생활을 한 이홍장은 다시 스승의 휘하로 들어와 전공을 세우고 싶었던 것이다. 증국번이 곧바로 답신을 썼다.

"처리할 일은 산더미처럼 쌓였다. 지금 나를 도와줄 사람은 하나도 없으니 속히 오도록 하라!"

이홍장이 합류한 지 얼마 안 되어 마침 조정에서 소주蘇州를 수비할 장수의 인선을 문의했다. 이에 증국번이 곧바로 상주문을 올려 이홍장을 천거했다.

"이홍장은 재주가 크면서도 세심하게 작전하고, 굳센 기운을 지니고도 이를 안으로 거둬 중임을 맡길 만합니다. 회남淮南 일대의 기풍이 군세니 장차 별도의 군사를 조직해 북경 일원인 경기京畿를 보위하며 적들을 평정하는 군사로 활용하고자 합니다."

이에 이홍장은 증국번의 지원 하에 고향으로 돌아가 회군淮軍을 모집하게 되었다. 이후 이홍장이 북양대신北洋大臣을 역임하며 조정의 실권을 장악하게 된 배경이 여기에 있다. 인재를 알아볼 줄 아는 증국번의 천거가 있었기에 가능한 일이었다. 증국번이 평생토록 존경한 인물이 바로 조조였다.

북경올림픽을 전후해 〈인민일보〉는 '역사상의 오늘' 코너에서 증국번을 중국의 전 역사를 통틀어 가장 영향력이 있는 인물 중 한 사람으로 선정한 바 있다. 중국의 수뇌부도 증국번을 중국의 전통문화가 낳은 위대한 근대 인물로 집중 부각시키고 있다. 일각에서 그를 현상賢相의 상징으로 숭앙되는 삼국시대의 제갈량보다 훨씬 뛰어난 재상으로 평가하며 그보다 한 단계 위인 '성상聖相'으로 극찬하고 있는 것도 이런 분위기와 무관치 않을 것이다.

사실 증국번은 득인술 및 용인술에서 제갈량보다 한 수 위였다. 제갈량은 북벌을 위해 기산으로 6번 출격하는 이른바 '6출기산'을 행하며 대소사를 모두 직접 해결했다. 이같이 해서는 전체 국면을 돌보기 힘들다. 바로 사람을 기용하는데 지나치게 각박했기 때문이다. 증국번은 막료와 형제들에게 이같이 훈계했다.

"무릇 한 가지라도 재주가 있는 자는 절대로 경시해서는 안 된다. 인재는 구하기 힘드니 작은 결함으로 인해 인재를 잃지 않도록 해야 한다."

'읍참마속'은 단 한 번의 실수조차 포용하지 못하는 제갈량의 협량狹量을 드러낸 것이다. 제갈량은 지혜롭고 계책이 많은 사람이었으나 사람을 대할 때는 유달리 소심했다. 매사에 완벽한 사람을 원한 탓이다. 실례로 제갈량은 위연이 뛰어난 재능을 지니고 있었음에도 불구하고 시종 그를 기용하면서 신뢰하지 않았다. 제갈량이 죽게 되었을 때 촉한에 장수가 적고 인재가 모자란 것도 이와 무관치 않았다. 이는 그의 과실이다.

그러나 증국번은 단 한 가지라도 재주가 있는 인재를 아꼈다. 이는 조조의 용인술을 흉내 낸 것이다. 증국번은 훗날 주변 사람들에게 자신을 누구와 비교할 수 있겠는지를 물은 적이 있다. 여러 얘기가 나왔으나 그가 생각한 답은 나오지 않았다. 그가 말했다.

"모두 아니다. 나는 평생 조조를 배우고자 했다. 그러나 그러하지 못했다."

그가 수많은 인재를 발굴한 뒤 적재적소에 배치해 역량을 최대한 발휘토록 유도할 수 있었던 비결이 여기에 있다. '유재시거唯才是擧'가 바로 그 요체이다. 이이제이以夷制夷의 계책을 구사한 이홍장과 태평천국의 난을 평정하는데 큰 기여를 한 좌종당은 증국번이 발탁한 수많은 인물들 중 군계일학群鷄一鶴과 같은 존재들이었다. 일세를 풍미한 이홍장과 좌종당이 그의 휘하에서 나온 것을 결코 우연으로 치부할 수 없다.

증국번이 안팎의 내우외환에 걸려 숨이 넘어가는 청조를 그나마 수십 년 동안 수명을 연장시킬 수 있었던 가장 큰 이유는 역시 인재의 과감한 발탁에 있었다. 역대 왕조의 흥망사를 보면 인재의 발탁 여부가 해당 왕조의 운명에 결정적인 영향을 미쳤음을 쉽게 알 수 있다.

그러나 지난 세기 말까지만 해도 증국번을 두고 선량한 인민을 도살한 한민족의 반역자인 이른바 '한간漢奸'으로 매도하는 견해가 대종을 이뤘다. 이민족인 만주족 정부에 충성하며 중국 역사상 최고 수준의 농민운동으로 평가받는 태평천국을 탄압했다는 게 그 이유였다. 당시 증국번에 대한 이런 혹평은 태평천국을 세운 홍수전에 대한 극찬과 대조를 이루는 것이었다. 실제로 문화대혁명 때만 해도 이것이 당의 공식 입장이었다. 공자를 봉건반동의 원흉으로 삼은 것에 비유할 만한 일이었다. 역사적 사실에 대한 이데올로기적 해석이 빚어낸 왜곡이다.

수천 년 동안 조조를 '만고의 역적'으로 몰아간 것도 이런 맥락에서 이해할 수 있다. 승상의 자리까지 올라 한나라의 사직을 붙잡아 세우기는커녕 오히려 이를 뒤엎어 자신의 야욕을 달성코자 했다는 식의 비판이 그렇다.

그러나 이는 지나쳤다. 이런 식의 논리를 확장하면 새 왕조를 세운 자들 모두 '만고의 역적'으로 매도되어야만 한다. 물론 일부 창업주는 그런 식의 비난을 받을 만하다. 그러나 대다수 창업주들은 시대의 소명을 좇았을 뿐이다. 이미 숨이 넘어가는 왕조를 계속 붙들고자 하는 것은 오히려 반역사적이다.

조조의 핵심 참모로 있던 순욱의 죽음도 이런 맥락에서 이해할 수 있다. 《삼국연의》는 조조가 순욱을 한껏 부려먹다가 필요가 없어지자 헌신짝 버리듯 죽음으로 몰아넣은 것으로 묘사해 놓았으나 이는 정사《삼국지》의 병사病死 기록과 배치된다. 순욱은 조조의 모신謀臣 가운데 뛰어난 덕과 재능을 겸비한 인물이다.《삼국연의》는 제갈량과 유비를 미화하기 위해 순욱마저 궤계를 일삼은 조조의 여타 모신들과 유사한 인물로 묘사해 놓았으나 이는 순욱의 실제 모습과는 다른 것이다.《삼국지》에는 이를 뒷받침하는 일화가 대거 실려 있다.

한번은 조조가 유비가 유표에게 몸을 의탁했다는 소식을 듣고 이를 틈타 유표를 치려고 했다. 그러자 순욱이 말리며 이같이 말했다.

"원소가 이미 전쟁에서 패해 부중의 인심이 반드시 흩어졌을 것이니 응당 이를 틈타 그를 완전히 평정해야 합니다. 명공은 장강과 한수 일대에 원정을 가려고 하나 만일 원소가 잔여부대를 모아 이 틈을 노려 우리의 뒤를 치게 되면 명공의 사업도 끝나는 것입니다."

조조가 순욱의 얘기를 듣고 유표를 치려는 생각을 거둔 뒤 원소군에 대한 소탕전에 총력을 기울였다. 순욱의 지적은 정확했다. 조조가 패업을 이룰 수 있었던 것도 우선은 근거지를 확고히 한 뒤 주변지역을 차례로 공략했기 때문에 가능한 것이었다. 탁월한 전략가인 순욱의 지략이 극명하게 드러난 대목이다.

순욱의 이런 계책은 가히 탁월한 바가 있었다. 당시 조조는 순욱의 계책을 좇아 대사를 이루게 되었다고 할 수 있다. 순욱의 장기는 제갈량 및 노숙 등과 같이 대세를 총체적으로 읽어내는 데 있었다. 이는 그가 청류 사대부 출신인 점과 결코 무관할 수가 없었다.

그러나 조조와 순욱 사이에 갈등이 불거지기 시작했다. 이는 일면 두 사람의 지향점이 달랐기 때문이라고 할 수 있다. 순욱은 내심 조조가 춘추시대의 제환공과 같은 패자로 머물기를 간절히 바랐다. 이에 대해 조조

　2장 인민 구제를 깃발로 내세워라

는 천하통일의 대업을 이룬 뒤 새 나라를 건국하고자 하는 웅지를 마음속 깊이 간직하고 있었다. 시간이 지나면서 서로간의 지향점이 다르다는 사실을 확인하면서 갈등이 서서히 불거지기 시작했던 것이다.

당시 조조는 중원을 평정한 후 열후와 제장들을 모아놓고 향후 대책을 논의하게 했다. 그러자 이들은 조조의 작위를 응당 국공國公으로 올리고 구석九錫 등을 내려 그의 특수한 공훈을 표창해야 한다고 의견을 모았다. 그러자 순욱이 이같이 반대했다.

"조공이 본래 의병을 일으킨 것은 조정을 구하고 나라를 평안케 만들고자 한 것입니다. 가슴에 충정의 성심을 담고 있고 실제로 퇴양退讓하려는 뜻을 지니고 있습니다. 군자는 덕으로써 백성을 사랑하는 것이지 이같이 하는 것이 아닙니다."

조조가 이 얘기를 듣고 대뜸 안색이 변했다. 당시 순욱의 이런 언급은 사실 적잖은 문제를 안고 있었다. 우선 한조의 천명이 끝났다는 사실을 인정치 않으려고 한 데에 가장 큰 문제가 있었다고 보아야 한다. 조조가 구석을 받아 국공의 자리에 오르는 것과 상관없이 한나라 조정은 이미 오래전에 통일국가의 면모를 완전히 상실하고 있었다. 모든 지역마다 군웅들이 할거해 사실상 전국시대를 방불케 하는 상황을 보여주고 있었다. 그런데도 순욱은 끝까지 조조가 한실에 대해 충성을 다해 줄 것을 기대했던 것이다. 여기서 청류 사대부로서의 순욱의 한계와 고집을 엿볼 수 있다.

바로 이런 갈등이 순욱을 죽음으로 몰아간 배경이 되었다고 할 수 있다. 조조와 순욱이 갈등을 보인 것은 조조가 위공魏公의 자리에 오를 때였다. 당시 조조는 순욱이 자신을 돕지 않는 것으로 여기고 내심 매우 섭섭해 하면서도 언짢은 마음을 품게 되었다. 이에 조조는 훗날 손권을 치러나갈 때 표문을 올려 순욱으로 하여금 초현으로 가서 군사들을 위무하게 했다. 순욱이 도착하자 조조가 순욱에게 시중, 광록대부, 지절, 참승상군사參丞相軍事의 자격으로 초현에 머물도록 했다. 이런 조치는 앞으로 순욱과는 일정한 거리를 두겠다는 뜻을 담고 있는 것이었다.

조조의 군사가 유수수를 향해 진군할 때 순욱은 병을 칭탁하고 수춘에 머물러 있었다. 이때 조조가 순욱에게 먹을 것을 보내주었다. 순욱이 뚜껑을 열어보니 속에 아무것도 없는 빈 그릇이었다. 순욱은 이내 조조의 뜻을 읽고 독약을 먹고 자진했다. 이때 그의 나이 50세였다.

순욱은 행의行義가 단정하고 지략 또한 풍부한데다 늘 현사들을 추천하길 좋아하여 당시 사람들이 모두 그의 죽음을 애석하게 생각했다. 순욱의 장남 순운荀惲이 부고를 보내 조조에게 알리자 조조가 크게 애통해하며 후하게 장사지내 주라고 명하고 시호를 경후敬侯라고 했다. 순운이 순욱의 작위를 이어받았는데 그는 조조의 사위였다. 이를 두고 진수는 이같이 평했다.

"순욱은 인품이 청아하고 수려하며 학식이 통달하고 아정하여 제왕을 보필할 수 있는 풍모를 지니고 있었다. 그는 기민하게 헤아리고 먼저 식별하는 능력은 있었으나 그의 뜻을 충분히 살리지는 못했다."

그러나 배송지裵松之는 주注에서 진수의 이런 평에 대해 다음과 같은 반론을 제시했다.

"세상의 많은 논자들이 순욱이 조조에게 협력했기 때문에 한왕조가 무너지게 되었고 군신 간의 관계도 뒤바뀌게 되었다고 비판한다. 그러나 이 당시는 왕도가 이미 쇠락했고 사악한 풍조가 극도에 달했으며 영웅호걸이 호시탐탐 기회를 노리고 사람들마다 딴마음을 먹고 있던 때였다. 따라서 난세를 바로잡고 시세에 따른 계획을 세울 수 없었다면 한조는 멸망에 빠지고 백성들 또한 모두 진멸珍滅해 버렸을 것이다. 과연 순욱과 같은 인물이 시대의 영웅을 보좌하여 기울어져 가는 나라의 운명을 바꿔놓으려고 할 때 선택할 수 있었던 인물로 조조를 빼놓고 그 누가 있었겠는가."

대략 진수와 배송지의 해석은 서로 유사한 것이라고 할 수 있다. 진수는 총체적으로 평하면서 그의 죽음을 아쉬워한 것이고 배송지는 순욱의 평소 활약에 초점을 맞춘 것이라고 할 수 있다. 그렇다면 순욱의 죽음에 대해서는 어떻게 보아야 할까?

이에 대해 사마광은《자치통감》에서 이같이 평했다.

"제환공의 행동은 개와 돼지를 닮았으나 관중은 이를 수치로 생각지 않고 그를 도왔다. 그는 대략 제환공을 돕지 않으면 백성을 구원할 수 없다고 생각한 것이다. 한나라 말기의 천하대란으로 백성들이 도탄에 빠져 있을 때 난세를 구할 인물이 아니면 이들을 구원할 수 없었다. 그런즉 순욱은 위무제魏武帝를 버리고 과연 누구를 섬기려고 했던 것일까? 제환공의 시대는 주나라 왕실이 비록 쇠약했다 하나 건안建安의 초기보다는 나았다. 건안의 초기는 사해가 온통 뒤집히고 동요하여 한 뼘의 땅과 한 명의 백성도 모두 한 나라의 소유가 아니었다. 순욱은 위무제를 보좌하여 한조를 흥기시켰다. 현능한 인재를 추천, 임용하고 병사들을 엄히 훈련시켰으며 중요한 계기에 결론을 이끌어내어 사방을 정벌하고 처처마다 승리를 얻게 했다. 이로써 능히 약함을 강함으로 바꾸고 난세를 치세로 바꾸기에 충분하니 천하의 10분의 8을 얻은 그의 공훈이 어찌 관중의 밑에 있을 수 있겠는가? 관중은 공자 규

綱를 위해 죽지 않았다. 그러나 순욱은 한실을 위해 죽었다. 그의 인仁이 또한 관중보다 위에 있었던 것이다. 만일 위무제가 황제에 올랐다면 순욱은 대업을 이룬 원훈이 되어 소하蕭何와 마찬가지의 상을 받았을 것이다. 그러나 순욱은 이를 탐하지 않고 한실에 충성했다는 명성을 얻기 위해 목숨을 바쳤으니 이 어찌 사람의 통상적인 생각이라고 할 수 있겠는가?"

얼핏 순욱을 칭송하는데 초점을 맞춘 듯이 보이나 사실은 조조의 공적과 재능을 칭송한 것이다. 사마광은 21세기 현재까지 역사적 사실만을 토대로 한 엄밀한 사필史筆로 유명하다. 순욱의 죽음에 대한 평 또한 가장 객관적인 사평에 해당한다.

그럼에도 순욱의 죽음은 예로부터 많은 사람들의 논란거리가 되어 왔다. 당시 순욱이 죽게 된 구체적인 정황에 대해서는 자세히 고찰할 길은 없으나 대략 천하평정에 관한 조조와의 이견으로 인해 죽은 것만은 확실하다. 사서의 기록에 비추어 순욱이 한실의 정신貞臣으로서 삶을 마감하고자 했다면 이는 사마광이 지적한 바와 같이 청류 사대부의 한계를 벗어나지 못했다고 할 수 있다. 삼국시대는 난세 중의 난세였다. 그렇다면 지조 높은 순욱으로서는 한고조를 도와 최고의 훈신이 된 소하와 같은 길을 걷는 것이 도리에 옳았다고 할 수 있다. 이미 천조天祚가 끝난 후한제국을 붙들고 최후의 정신이 되고자 했다면 대의를 잃어버린 처신이라는 비판을 면하기 어렵다.

삼국시대의 모신 중 지략과 지조를 겸비한 인물로 제갈량에 버금하는 인물을 고르라면 단연 순욱을 들 수 있다. 그러나 순욱과 제갈량이 생을 마감한 모습은 전혀 다르게 나타나고 있다. 이는 모시는 주군이 전혀 다른 유형인데 따른 것으로 볼 수 있으나 사실은 두 사람의 천하관의 차이에 가장 큰 이유가 있다고 보아야 한다.

제갈량은 스스로를 관중에 비유한 바 있다. 순욱은 사마광의 평과 같이 후세의 사가에 의해 관중의 인仁을 이룬 것으로 비유되었다. 제갈량은 스스로를 관중에 비유했지만 관중과 같이 난세를 평정하는 위업을 이루지는 못했다. 순욱은 스스로를 관중에 비유한 적이 없지만 조조를 도와 난세를 평정하는 관중의 위업을 이루었다.

만일 순욱이 관중의 길을 가고자 했다면 그가 취한 행동은 일관성이 있었다고 할 수 있다. 관중은 제환공을 도와 흔들리는 주나라 왕실을 바로 세우는데 진력했기 때문이다. 그러나 이는 표면적인 것에 불과하다. 만일 관중이 삼국시대에 살았다면 결코 이미 천조가 끝난 한실을 부흥시키기 위해 노력하지는 않았을 것이다. 그런 의미에서 사실 '한실부흥'을 위해 국궁진력鞠躬盡力한 제갈량의 행보는 시대의 흐름을 거스른 것이다.

당시 관중과 유사한 업적을 이룬 순욱은 '한실의 유지'를 위해 조조가 패자로 존재하기만을 바랐다. 나름 일관성을 유지한 것으로 볼 수도 있으나 삼국시대의 상황에서 볼 때는 제갈량과 마찬가지로 시대의 대세에 역행한 것이다. 사마광이 순욱의 최후를 두고 이를 꼬집은 것도 이런 맥락에 서 있었다. 순욱의 죽음은 당대 최고의 군주와 최고의 참모 사이에 빚어진 매우 불행한 일이었다. 그러나 그 배경만큼은 엄밀하게 짚고 넘어갈 필요가 있다. 《삼국연의》의 해당 대목은 분명 역사적 사실과 동떨어진 것이다.

3장

포상과 형벌을 반드시 행하라

신상필벌

信賞必罰

명분을 확보하라

상벌을 독점하라

지체 말고 즉시 행하라

두터워야 효과가 있다

과감히 결단하라

명분을 확보하라

조조가 헌제에게 올린 영연주목표는 매우 짧으면서도 황은에 감읍한 심경이 절절이 담겨져 있다. 한실에 대한 변함없는 충성과 역도들을 모두 주벌할 것을 다짐하면서 자신의 공을 겸허히 낮춘 이 표문은 조정 대신들의 칭송을 받기에 충분했다. 협천자의 꿈을 실현시키기 위한 관문을 무사히 통과하는 결정적인 순간에 해당한다.

당초 조조가 청주병을 편성해 연주를 기반으로 원술과 여포 등을 격파하고 있을 때 장안에서는 커다란 변란이 일어나고 있었다. 가장 큰 사건은 초평 3년(192) 4월에 사도 왕윤이 여포와 함께 동탁을 살해한 일이다. 당시 이 소식이 전해지자 병사들이 모두 만세를 부르고 장안의 백성들이 길거리로 쏟아져 나와 춤을 추었다. 동탁이 죽은 뒤 왕윤이 녹상서사錄尙書事가 되고, 여포가 분위장군奮威將軍, 가절이 되어 온후溫侯에 봉해졌다. 이에 조정은 왕윤과 여포가 함께 집정하게 되었다.

이때 왕윤은 거만한 모습을 보여 민심을 크게 잃었다. 좌중랑장 채옹蔡邕은 단지 동탁이 죽었을 때 탄식의 신음소리를 냈다는 이유로 왕윤의 미움을 받아 옥사하고 말았다. 왕윤의 가장 큰 실책은 당초 동탁의 부하들을 사면하려다가 갑자기 생각을 바꿔 이들에게 출로를 열어주지 않은 데 있었다. 결국 동탁의 부장 이각과 곽사 등은 의지할 곳이 없게 되자 마침내 난을 일으키고 말았다.

초평 3년(192) 6월, 곽사가 장안을 공격해 왕윤을 살해하고 여포를 공격하자 관원 중 죽은 자가 1만여 명에 달하게 되었다. 여포가 군사를 이끌고 장안을 탈출해 원술에게 가려 했다가 원술이 받아들이지 않자 원소에게 몸을 의탁했다. 이어 다시 원술이 은밀히 자신을 죽이려 하자 병주자사를 찾아가던 중 장막을 만나 졸지에 연주목이 되었다.

동탁이 죽었을 때 장안 일대에 사는 백성들은 대략 수십만 호에 달했다. 그러나 이각 등이 겁략한 뒤 기근이 겹치자 불과 2년 사이에 백성들 태반이 줄어들었다.《진서》 '식화지'는 당시의 상황을 이같이 기록해 놓았다.

"이해에 곡식 1곡이 50만 전에 달하고, 두맥豆麥이 20만 전에 달하자 사람들이 서로 잡아먹는 지경에 이르게 되었다. 이에 백골이 쌓이고 뼈에 붙은 살코기가 썩는 냄새로 길바닥이 온통 악취로 뒤덮였다."

얼마 후 이각과 곽사 사이에 내분이 일어나 한 사람은 헌제를 겁박하고, 한 사람은 공경들을 인질로 잡아두는 상황이 빚어졌다. 두 사람이 서로 여러 달 동안 공격하는 사이에 수만 명의 사람이 죽게 되었다.

홍평 2년(195) 정월에 동탁의 부장 장제張濟가 이각과 곽사를 화해시켜 헌제를 홍농弘農으로 옮기고자 했다. 헌제도 수십 차례에 걸쳐 사자를 이각과 곽사에게 보내 서로 딸을 인질로 교환하는 선에서 화해토록 종용해 이를 성사시켰다.

이해 가을 7월, 헌제가 거가車駕에 올라 장안을 떠났다. 후장군 양정楊定과 흥의장군興義將軍 양봉楊奉, 안집장군安集將軍 동승董承 등의 호위 하에서 수개월이 걸려 마침내 이각과 곽사의 추격에서 벗어나 황하를 건너게 되었다. 이해 12월, 헌제의 거가가 안읍安邑에 이르게 되었다.

건안 원년(196) 5월에 양봉과 한섬韓暹 등이 거가를 호위해 다시 동쪽으로 나아가 두 달 만에 낙양에 이르게 되었다. 당시 낙양은 완전히 잿더미로 변해 있어 부득불 중상시 조충趙忠의 집에 임시로 머물 수밖에 없었다. 헌제가 동쪽으로 돌아오자 하내태수 장양張楊이 양식을 갖고 와 길에서 이들을 영접했다. 이때 거가를 호위한 공으로 장양이 대사마, 양봉이 거기장군, 한섬이 대장군 겸 영사례교위에 임명되었다.

당시 지혜 있는 자들은 모두 천자를 봉영한 뒤 조명을 내걸고 불복하는 자를 토벌하는 방안을 생각했다. 그러나 원소와 원술, 여포 등은 이를 무시했다. 원소의 책사 저수沮授는 협천자挾天子의 중요성을 익히 알고 있는 까닭에 원소에게 이같이 건의했다.

"장군은 누대에 걸쳐 중신을 배출한 가문 출신으로 충의의 전통을 지니고 있습니다. 지금 조정이 이리저리 유랑하여 종묘가 황폐해진 상황입니다. 보건대 각 주군이 비록 표면상 의병을 내세우고 있지만 실제로는 서로를 도모하고자 하니 사직을 염려하고 백성을 구제하려는 생각이 없습니다. 지금 기주는 대략 안정되어 있는데다 병사들이 정예하고 사민이 연일 귀부하고 있습니다. 만일 서쪽으로 나아가 대가大駕를 영접하여 업성에 정도한 뒤 천자를 끼고 제후들을 호령하는 한편 병마를 길러 반신들을 토벌하면 누가 능히 당해낼 수 있겠습니까?"

그러자 곽도郭圖와 순우경淳于瓊이 이같이 반대하고 나섰다.

"한실은 쇠미해진 지 이미 오래되어 지금 다시 부흥하는 것은 대단히 어렵지 않겠습니까? 게다가 영웅이 사방에서 일어나 각 주군을 차지하여 동원하는 병마의 숫자가 1만 명 이상이니 이는 마치 진나라가 천하를 잃은 정황과 비슷하여 먼저 얻는 자가 왕이 될 것입니다. 지금 천자를 맞이하여 가까이 두게 되면 움직이는 즉시 상주문이 올라올 터인데 이를 좇게 되면 권력이 가볍게 되고 위반하면 항명하는 셈이 되니 이는 좋은 계책이 아닙니다."

결국 원소는 저수의 계책을 받아들이지 않았다. 이는 훗날 원소가 조조에게 패하게 된 결정적 배경이 되었다.

이에 반해 조조는 여러 가지 불리한 상황에도 불구하고 마침내 헌제를 봉영함으로써 국면을 유리하게 이끌어 원소를 압도하게 되었다. 조조는 일찍이 왕분이 영제를 폐하고 합비후를 세우려다 실패한 사례를 잊지 않고 있었다. 그는 또 원소가 유주목 유우를 옹립하려는 계책이 실패로 끝날 것을 알고 동참을 거부했다. 조조는 역사에 대한 깊은 지식을 통해 황제의 폐립이 얼마나 신중히 추진되어야 하는지를 통찰하고 있었던 것이다.

조조는 연주를 점거한 후 줄곧 천자를 봉영하는 문제에 골몰했다. 일찍이 조조가 연주목이 되었을 때 치중종사 모개毛玠가 이같이 건의한 바 있었다.

"지금 천하가 무너져 거가는 정처 없이 이리저리 옮겨 다니고, 백성은 생업을 폐한 채 주린 배를 감싸 안고 유망流亡하게 되었습니다. 관부官府 또한 1년 치의 비축이 없고 백성은 마음을 붙이고 정착할 생각이 없으니 이 상태로는 오래 버티기가 어렵습니다. 무릇 군사는 의를 내세워야 승리할 수 있고 지위는 재물에 의지해야 능히 유지할 수 있습니다. 응당 천자를 받든 뒤 신하의 도리를 못하는 자들을 호령하고 농상農桑을 진흥시켜 충분한 군자軍資를 마련해야만 가히 패왕의 대업을 이룰 수 있을 것입니다."

모개는 자가 효선孝先으로 진류군 평구현平丘縣 사람이었다. 그는 젊었을 때 현의 서리가 되어 청렴하고 공정한 일처리로 백성들로부터 커다란 칭송을 받았다. 이후 전란을 피해 형주로 가다가 도중에 유표의 그릇이 작다는 얘기를 듣고 돌아오던 중 조조의 부름을 받고 치중종사로 일하게 되었던 것이다. 조조는 모개의 이런 건의를 듣고 크게 기뻐하며 곧바로 그의 계책을 받아들였다.

이에 조조는 곧 천자를 받들기 위해 사자를 하내태수 장양에게 보내 서쪽 장안에 이르는 길을 빌려달라고 청했다. 그러나 장양은 아무런 회답을 보내지 않았다. 이때 마침 원소가 임명한 위군태수 동소董昭가 원소의 신임을 얻지 못해 원소를 떠나 하내를 거쳐 장안으로 가려다가 장양에게 억류되어 있었다. 동소가 곧 장양에게 이같이 건의했다.

"원소와 조조가 지금 비록 일가를 이루고 있으나 반드시 오래가기는 어려울 것입니다. 조조는 지금 비록 약하나 실로 천하의 영웅이니 속히 그와 결탁해야만 합니다. 하물며 지금 인연을 맺을 기회가 저절로 찾아왔으니 이를 놓쳐서는 안 됩니다. 마땅히 그의 사자에게 장안으로 가는 길을 열어주고 곧바로 표문을 올려 조조를 천거하도록 하십시오. 일이 성사되면 영원히 변치 않을 깊은 인연을 그와 맺을 수 있을 것입니다."

당시 조조는 원소에게 몸을 의탁하고 있었으나 동소는 장차 성공하는 사람은 원소가 아니라 조조일 것이라는 점을 능히 꿰뚫고 있었던 것이다.

장양이 동소의 이런 건의를 좇아 조조의 사자에게 장안으로 가는 길을 통과하도록 허락하면서 따로 조조를 추천하는 표문을 올렸다.

이때 동소는 자발적으로 조조를 돕기 위해 조조의 명의로 된 서신을 임의로 여러 통 작성한 뒤 이를 이각과 곽사 등에게 보냈다. 동소는 각자의 지위고하에 따라 각기 다른 내용의 서신을 보냄으로써 '장안정권'과 가까워지고자 하는 조조의 은근한 뜻을 빈틈없이 전했다. 동소는 천자를 모시려는 조조의 속셈을 훤히 읽고 이런 일을 자청했던 것이다.

동소는 자가 공인公仁으로 제음군 정도현定陶縣 사람이었다. 당초 그는 영도慶陶현장과 백인柏人현령을 지내다가 원소의 발탁으로 그의 참군사參軍事로 일했다. 그런데 우연한 계기로 원소를 떠나 장양 밑에 있다가 이때에 이르러 조조를 위해 일하게 되었던 것이다.

이때 황문시랑 종요가 이각 및 곽사에게 이같이 권했다.

"지금 바야흐로 영웅들이 일시에 일어나 각기 멋대로 천자의 명을 내세워 호령하고 있으나 오직 조연주만이 황실을 향한 충성스런 마음을 지니고 있습니다. 만일 그의 충성과 성의를 받아들이지 않는다면 많은 사람들의 기대를 저버리게 되는 것입니다."

이에 이각 및 곽사가 종요의 의견을 따라 조조에게 후히 보답하게 되었다. 당시 조조의 사자가 헌제를 만나게 된 것은 동소 및 종요 등의 보이지 않는 도움이 주효한 데 따른 것이었다.

홍평 2년(195) 10월에 헌제가 조조를 연주목으로 공식 임명했다.《예문유취藝文類聚》권40에는 당시 조조가 헌제에게 올린 '영연주목표領兗州牧表'의 전문을 다음과 같이 실어 놓고 있다.

"신은 여러 차례 은혜를 입고 어깨에 짐을 진 채 널리 베풀고자 하여 감히 명을 받을 것은 생각지도 못했습니다. 이에 군사를 이끌고 하늘의 도리를 좇아 역도를 주벌하면서 비록 일부 이들을 주살하고 뒤엎기는 했으나 아직도 시간이 모자랄 지경입니다. 그런데 지금 신은 흥륭興隆의 질록秩祿을 받게 되었으니 부끄럽기 그지없습니다. 세운 공도 없는데 겉으로 드러난 것을 실질로 삼은 저로서는 이런 광영을 이길 길이 없습니다. 다른 사람의 웃음거리가 될까 두려워 참으로 진퇴유곡進退維谷입니다."

매우 짧으면서도 황은에 감읍한 심경이 절절이 담겨져 있다. 한실에 대한 변함없는 충성과 역도들을 모두 주벌할 것을 다짐하면서 자신의 공을 겸허히 낮춘 이 표문은 조정 대신들의 칭송을 받기에 충분했다. 협천자의 꿈을 실현시키기 위한 관문을 무사히 통과하는 결정적인 순간에 해당한다.

객관적으로 볼 때 난세에 천자를 받드는 '봉천자奉天子'는 사실 '협천자挾天子'를 달리 표현한 것에 지나지 않는다. 주관적인 평가가 가미되어 다르게 표현된 것에 불과하다. 당시 헌제는 허현에 도착한 후 조조의 군영을 찾아와 조조를 대장군에 임명하고 무평후武平侯에 봉했다. 무평후는 '현후縣侯'로 비정후의 '정후亭侯'보다 한 등급 위였다. 이때 조조는 세 번 사양하는 모습을 연출하면서 '상서양증무평후上書讓增武平侯'와 '상서양증봉上書讓增封' 등의 표문을 올렸다. 내용은 전체적으로 볼 때 겸양지사謙讓之辭로 이뤄져 있으나 은연중 자신의 공로와 선조의 공덕을 드러내고 있다.

건안 원년 9월, 조조가 태위 양표楊彪와 사공 장희張喜를 파면했다. 이는 조조가 조속히 국면을 안정시키기 위해 취한 조치였다. 양표는 4대에 걸쳐 태위를 지낸 후한의 명족이었다. 그는 동탁의 난이 일어난 이래 줄곧 헌제를 보위해 낙양에서 장안까지 따라갔다가 다시 장안에서 낙양으로 온 후 계속해서 허도까지 따라왔다. 더구나 그는 원술과 인척관계를 맺고 있었다. 양표와 같은 인물이 헌제 옆에 있는 것은 조조의 입장에서 볼 때 커다란 위협이었다.

이에 앞서 헌제가 허도로 와서 공경들을 모아놓고 연회를 베풀 때 조조가 전상으로 올라가자 양표가 매우 언짢은 표정을 지었다. 조조가 암살을 당할까 두려워한 나머지 연석이 파하기도 전에 복통을 이유로 변소로 가서 즉시 군영으로 돌아갔다. 조조가 군영으로 돌아가자 헌제와 조신들이 모두 크게 놀랐다. 이때 양표는 자신에게 위험이 닥쳐온 것을 알고 곧 병을 핑계로 사직을 청했다.

이때 원술이 황제를 참칭했다. 조조가 이를 구실로 양표를 옥에 가두도록 상주한 뒤 대역죄로 토죄討罪했다.《후한서》'양표전'의 배송지주에 인용된《헌제춘추》는 당시의 정황을 이같이 기술해 놓았다.

　　"양표가 죄를 얻자 두려워하는 자가 매우 많았다."

이것이 바로 조조가 노린 것이었다. 당시 장작대장 공융은 양표가 하옥되었다는 소식을 듣고 조복도 입지 않은 채 달려와 조조에게 이같이 말했다.

"양공은 4대에 걸친 청덕淸德을 쌓아 해내가 모두 그를 우러러보고 있습니다.《주서周書》에 이르기를 부자형제의 죄는 서로 미치지 못한다고 했습니다. 하물며 원씨의 죄를 양공에게 씌울 수 있겠습니까?《역경》에 이르기를, '선행을 쌓는 집은 경사스런 일이 남아돈다'고 했습니다. 그런데 어찌 사람을 속일 수 있겠습니까?"

조조가 대답했다.

"이는 황상의 뜻이오."

공융이 반박했다.

"설령 주성왕周成王이 소공邵公을 죽인들 주공周公이 어찌 이를 모를리 있겠습니까? 지금 조정의 관원이 명공을 우러러보는 것은 명공이 총명하고 인자하여 한실을 보좌하고, 바른 것을 추천하고 잘못된 것을 고치며, 화목을 이루고 있기 때문입니다. 지금 무고한 사람을 함부로 죽이면 해내가 이를 보고 들을 것이니 그리되면 그 누가 놀라지 않겠습니까? 저 공융은 노국魯國의 남자로서 내일 곧 옷을 떨치고 가서 다시는 조회하러 오지 않을 것입니다."

공융이 이같이 말하자 조조는 사실 할 말이 없었다. 조조 역시 양표의 위풍을 꺾는 데 그 뜻을 두었기 때문에 곧 양표를 풀어주었다. 이로부터 4년 후 조조는 양표를 종묘제례를 총괄하는 태상경太常卿에 임명했다.

당시 조조는 허도의 안녕과 권력 강화를 위해 즉각 허도 부근의 적에 대한 토벌에 나섰다. 가장 강력한 인물은 양봉이었다. 양봉은 일찍이 동소가 조조의 명의로 보낸 서신을 믿고 상표하여 조조를 진동장군에 천거한 장본인이었다. 조조가 헌제의 어가를 허도로 옮길 때 양봉은 뒤늦게 그 의미를 깨닫고 곧 군사를 보내 이를 추격하게 했으나 이미 때가 늦었다.

당시 양봉이 양국梁國에 머물자 허도의 조정에 적잖은 영향을 미치게 되었다. 이에 조조는 양봉을 심복지환心腹之患으로 여겼다. 이해 겨울 10월, 조조가 군사를 동원해 양봉을 치자 양봉과 한섬이 남쪽의 원술에게 도주했다. 조조는 이로써 허도를 위협하는 최대의 장애요소를 제거하게 되었다.

조조는 양봉을 친 뒤 최대의 숙적인 원소를 제거할 생각을 품었다. 조조는 원소를 치기 위해서는 단순히 힘만으로도 안 되고 그렇다고 유화책으로도 안 된다는 점을 익히 알고 있었다. 조조가 원소에 대해 강온 양면책을 동시에 구사한 이유가 여기에 있었다. 조조는 먼저 헌제의 조서를 원소에게 보내 이같이 질책하고 나섰다.

"땅도 넓고 병사도 많음에도 불구하고 사당私黨을 키우는 데만 전력하고, 근왕勤王을 위해 군사를 동원했다는 얘기는 들리지 않고, 오히려 멋대로 토벌에 나서고 있다."

원소는 이 조서를 받고 대경실색했다. 만일 헌제의 조서를 무시하게 되면 조조에게 반격의 빌미를 제공하는 것은 물론 공식적으로 병권을 넘겨주는 꼴이 되기 때문이다. 이에 원소가 급히 장문의 서신을 보내 구구히 변명했다. 조조가 꾀한 '협천자'의 위력이 빛을 발한 첫 번째 사례에 해당한다. 이로써 조조는 원소의 기세에 심대한 타격을 가했다.

조조는 곧바로 두 번째 조치를 취했다. 원소를 태위에 임명하고 업후鄴侯에 봉한 것이 그것이다. 당시 조조는 이미 대장군이 되어 있었다. 태위 등의 3공은 비록 직책은 높았지만 일종의 명예직으로 실권이 없었다. 사실상 태위는 대장군의 밑에 있었다. 원소는 자신이 조조의 휘하에 서게 된 것에 대노했다. 이에 곧 상표하여 태위 자리를 사양했다. 당시 조조는 원소의 세력이 너무 컸기 때문에 아직은 그와 대적할 입장이 못 되었다. 대업을 이루기 위해서는 명의에 얽매일 필요가 없었다. 조조의 입장에서 볼 때 헌제가 자신의 손안에 있는 것만으로도 충분했다. 사실상 천하를 거머쥐기 위한 준비를 마친 것이나 다름없었다.

상벌을 독점하라

신상필벌의 대원칙은 나라의 존망이 오가는 전쟁터에서 엄수하지 않을 경우 이내 정권의 몰락과 국가의 패망을 불러올 수밖에 없다.

천하를 손에 넣고자 할 때는 반드시 실권을 쥐고 있어야 한다. 그게 바로 상벌권賞罰權의 장악이다. 이를 통찰한 제자백가가 바로 한비韓非이다. 법가사상을 집대성한 그가 《한비자》 전편에 걸쳐 가장 힘주어 역설한 키워드 가운데 하나가 바로 신상필벌信賞必罰이다. 이는 공을 세운 자에게는 반드시 상을 주고, 그렇지 못한 자에게는 반드시 벌을 내리는 리더십의 대원칙을 가리킨다. 부국강병을 역설하는 법가사상과 병가사상은 이 지점에서 만난다. 여기의 신信은 필必과 마찬가지로 '반드시'의 뜻을 지닌 부사어로 사용된 것이다.

신상필벌의 대원칙은 나라의 존망이 오가는 전쟁터에서 엄수하지 않을 경우 이내 정권의 몰락과 국가의 패망을 불러올 수밖에 없다. 대표적인 예로 명나라 초기 홍무제 주원장 사후 숙부인 연왕 주체朱棣와 조카인 건문제 주윤문朱允炆 사이에서 4년간에 걸쳐 전개된 정난지역靖難之役 혈전을 들 수 있다.

홍무 32년(1399) 건문제가 태묘太廟로 나아가 제사를 올리고 연왕 주체를 서인으로 폐하는 영을 포고했다. 주체가 반기를 들었을 당시 이른바 정난군은 겨우 2만 명밖에 안 되었다. 건문제는 정난군을 얕잡아봤다. 주체가 사방에 격분을 보내고 있을 때 그는 한가하게 방효유와 함께 고대의 성왕의 치세를 논한 경전 등을 놓고 열띤 토론을 벌였다. 그는 숙부인 주체가 반기를 든 지 한 달이 지나서야 비로소 매부인 장흥후 경병문耿炳文을 정연대장군征燕大將軍으로 삼은 뒤 30만 대군을 이끌고 가서 연왕을 토벌하게 했다. 당시 경병문은 65세였다. 사태를 너무 안이하게 생각했다는 지적을 면하기 어렵다.

경병문이 이끄는 토벌군은 도중에 기습공격을 받고 대패했다. 소식을 접한 건문제가 대로한 나머지 주변의 반대에도 불구하고 경병문을 파직한 뒤 조국공曹國公 이경륭李景隆을 대장군에 임명해 경병문을 대신하게 했다. 이경륭은 무능한 인물이었다. 이경륭의 부친 이문충李文忠은 주원장의 생질로 건문제 주윤문과 이경륭은 재종형제지간이었다.

당시 이경륭은 시종 하간河間에 머문 채 오직 성을 굳게 지키는 전략을 펼치며 연왕 주체의 항복만을 요구했다. 주체는 남경 조정에 계속 상서를 올려 간신인 제태와 황자징 등을 응징하면 곧바로 철군하겠다고 가장했다. 연왕의 속셈을 눈치 챈 건문제도 짐짓 포고를 내려 제태와 황자징을 파직하고는 은밀히 두 사람으로 하여금 황궁에 머물며 자신을 돕도록 했다. 연왕이 거병한 지 열 달이 지난 건문 2년(1400) 4월 이경륭이 60만 대군을 이끌고 백구하白沟河에 진을 치고 일전을 준비했다가 정난군의 기습 공격을 받고 대패했다. 소식을 접한 황자징 등이 이경륭을 주살에 처해야 한다고 강력 주장했으나 건문제는 이를 허락지 않았다.

당시 건문제는 이경륭의 패전 책임을 엄중히 물었어야만 했다. 그러나 그는 사적인 정리에 얽매여 군령을 무너뜨리는 우를 범한 것이다. 이경륭이 사면을 받았다는 소식을 듣고 황자징이 가슴을 치며 통탄했다.

"이로써 대사는 끝나고 말았다!"

실제로 이를 계기로 모든 면에서 유리했던 건문제는 이내 패색이 짙어 지게 되었다. 난세의 상황에서는 설령 전장이 아닐지라도 이 원칙을 엄수 하지 않을 수 없다. 싸움이 총력전의 양상을 띠고 있기에 후방이라고 다를 리가 없기 때문이다. 전시에 계엄령이 자주 발동하는 것도 바로 이 때문이다.

원래 전쟁 상황에서는 신상보다 필벌이 훨씬 중요할 수 있다. 제갈량이 패전의 책임을 물어 자신이 총애하는 마속의 목을 베는 이른바 읍참마속泣斬馬謖을 단행한 것이 그 실례.《한비자》'우저설 우상'에도 이를 뒷받침하는 일화가 나온다.

춘추시대 중엽 진문공이 제환공의 뒤를 이어 제2의 패업을 이루고자 했다. 곧 망명생활 때 고락을 같이했던 대부 호언狐偃을 불러 물었다.

"과인은 맛있고 살진 고기를 관원들에게 두루 내려주고, 술과 안주용 고기를 민가에 골고루 나눠주었소. 또 점점 줄어드는 단지 안의 술이 맑아질 틈이 없도록 하고, 날고기를 말릴 여유도 없이 소 한 마리를 잡으면 도성 사람들에게 고루 나눠주고 있소. 한 해 동안 길쌈한 옷감은 모두 옷을 만들어 병사들에게 입히고 있소. 이만하면 백성을 군사로 동원할 수 있겠소?"

"부족합니다."

"과인은 관청이나 시장의 세금을 가볍게 하고 형벌을 너그럽게 했소. 이만하면 백성을 군사로 동원할 수 있겠소?"

"부족합니다."

"과인은 백성들 가운데 상을 당한 자가 있으면 직접 낭중郞中을 시켜 조문토록 하고, 죄가 있는 자는 사면해주고, 빈궁하고 부족한 자를 구제했소. 이만하면 백성을 군사로 동원할 수 있겠소?"

호언이 말했다.

"부족합니다. 이는 모두 잘 살 수 있도록 보살피는 것에 지나지 않습니다. 백성들을 동원하는 것은 백성을 죽이는 것입니다. 백성이 군주를 따르는 것은 잘 살 수 있도록 보살펴주기 때문입니다. 지금 군주가 그들을 죽게 만들면 군주를 따르는 까닭을 잃는 것입니다."

"그렇다면 어찌해야 백성을 군사로 동원할 수 있겠소?"

"백성들이 전쟁을 하지 않을 수 없도록 만들어야 합니다."

"그리하려면 어찌해야 하오?"

호언이 대답했다.

"공이 있으면 반드시 상을 주고, 죄가 있으면 반드시 벌하면 됩니다. 그것으로 충분합니다."

"형벌의 한도는 어떻게 정하는 게 좋겠소?"

"친한 자와 귀한 자를 가리지 않고, 아끼는 자에게도 가차 없이 집행하면 됩니다."

"옳소."

곧이어 다음날 군사훈련을 겸한 사냥이 있을 것임을 선포하면서 집합 시간인 정오에 맞춰 오지 못할 경우 군법에 의거해 엄벌하겠다고 밝혔다. 진문공이 총애하는 전힐顚頡이 약속시간을 어겼다. 법리가 처벌을 요구했다. 진문공이 눈물을 흘리며 머뭇거리자 법리가 말했다.

"일을 속히 집행할 수 있게 해주십시오."

곧 전힐의 등을 베어 본보기로 삼았다. 군법이 가차 없이 집행되는 것을 보인 것이다. 이후 백성들이 모두 두려워하며 말했다.

"군주가 전힐을 매우 소중히 여겼는데도 오히려 법을 집행했다. 하물며 우리들이겠는가!"

춘추시대 중엽 진문공이 제환공에 이어 두 번째로 패업을 이룬 배경이다. 진문공이 공신인 전힐의 등을 벤 것은 말할 것도 없이 공과 사가 뒤섞이는 것을 경계코자 한 것이다.

삼국시대 당시 공과 사의 영역을 가장 명확히 구분하고자 애쓴 인물로 조조를 꼽을 수 있다. 이와 정반대되는 행보를 보인 인물이 유비이다. '인의'를 전면에 내세운 유비는 공과 사의 구분이 매우 애매했다. 이는 임협을 중시하는 관우와 장비 등의 유협이 측근으로 활약한 사실과 무관하지 않다. 공의公義보다 사의私義를 앞세운 결과다.

지체 말고 즉시 행하라

위기상황에서 군권이 자타가 공인하는 공권으로 인정받기 위해서는 먼저 인사가 공정해야 한다. 상벌권의 행사 역시 신중하면서 공정해야 한다. 세인들이 모두 수긍하는 천하의 공론에 부합해야 실효를 거둘 수 있다.

매사가 그렇듯이 '타이밍'이라는 게 있다. 시기를 놓치면 그 의미가 반감되거나 오히려 역효과를 내는 경우조차 있다. 군주가 쥐고 있는 두 개의 칼자루인 포상권과 형벌권도 꼭 이와 같다. 포상할 때 포상하지 않거나, 처벌할 때 처벌하지 않으면 녹슨 칼이 되고 만다. 《손자병법》은 '작전'에서 포상의 중요성을 이같이 역설했다.

"병사들로 하여금 적을 무찌르게 하려면 적개심을 격발시켜야 한다. 위세와 적개심으로 무장해 적과 싸우는 것을 말한다. 마찬가지로 적의 무기나 물자를 빼앗고자 하면 포상을 적극 활용해야 한다."

적개심의 유발은 군심軍心을 다잡으라는 주문이고, 포상의 활용은 적진 함락의 효과적인 방책을 제시한 것이다. 이를 두고 조조는 기존의《손자병법》을 새롭게 편제한《손자약해》를 펴내면서 이런 주석을 달아 놓았다.

"군대에 충분한 물자가 없으면 병사들을 모을 수 없고, 군공에 따른 포상이 없으면 병사들은 굳이 앞장서 싸우려 하지 않는다."

인간의 '호리지성'을 통찰한 해석이다. 문제는 포상의 시점이다. 즉시 포상하지 않으면 별다른 효과를 기대하기 힘들다.

21세기에 들어와 이를 정치학적으로 해석한 대표적인 인물이 뉴욕대 정치학과 석좌교수 메스키타이다. 그는 지난 2011년에 펴낸《독재자의 핸드북》에서 이같이 단언한 바 있다.

"정치란 권력을 확보하고 유지하는 일에 지나지 않는다!"

'민주 대 독재'라는 기존의 낡은 이분법을 거부한 이유다. 그는 민주국가와 독재국가를 구분하는 기준으로 대체가능 집단, 유력 집단, 핵심 집단의 규모와 역할을 꼽았다. 민주국가는 대체가능 집단과 유력 집단이 다수를 형성해 소수의 핵심 집단보다 우위를 점한 나라이고, 독재국가는 극소수의 핵심 집단과 소수의 유력 집단이 대규모 대체가능 집단을 압도하는 나라에 지나지 않는다는 것이다. 민주와 독재는 질적인 차이가 아니라 양적인 차이에 불과하다는 게 골자이다. 그는 이런 비유를 썼다.

"민주국가든 독재국가든 핵심 집단에서 가장 중시하는 세 가지 특징은 첫째도 충성, 둘째도 충성, 셋째도 충성이다!"

그는 국가운영과 기업경영 모두 경쟁과 자원의 조절 및 배분 문제를 핵심 사안으로 삼고 있는 만큼 이론상 차이가 있을 수 없다고 단언했다.

정치에서 다루는 핵심이론이 기업이나 어떤 다른 조직에도 동일하게 적용된다는 것이다.

지난 2012년 초 방한한 그는 국내의 한 언론사와 가진 인터뷰에서 이같이 말한 바 있다.

"실제로 기업 CEO들은 정치지도자들처럼 핵심 지지자들의 충성심을 유지하기 위해 특전이나 혜택을 활용한다. 그러면서도 지금의 핵심 집단을 대체할 수 있는 후보군의 크기를 늘리는 방식으로 핵심 집단을 견제한다. 애플은 사내 CEO 후보자들에게 CEO에게 필요한 다양한 기술을 배양시키려고 노력해왔다. 회사를 더 잘 경영할 수 있는 아이디어 경쟁을 시킨 것이다. 이는 회사의 가치를 저해하지 않는다. 가장 이상적인 기업 지배구조는 이사회 비중을 높여 더 좋은 아이디어를 내도록 경쟁시키는 것이다."

'아이디어 경쟁'은 병사들의 생사와 국가존망이 엇갈리는 전쟁터에서 지휘관이 용병하는 이치와 닮았다. 뛰어난 참모를 곁에 두고 서로 머리를 맞댄 채 시시각각 변하는 전황을 정밀하게 분석하면서 임기응변의 즉각적인 결단을 내려야만 승리를 기약할 수 있다. 신상필벌과 공사의 엄격한 구분이 관건이다. 공을 세울 경우 즉각적으로 푸짐하게 포상하고, 사적 영역에 적용되는 인의도덕의 잣대 대신 능력과 아이디어 등 공적 영역의 잣대로 장병들을 발탁하며 경쟁을 부추기는 것을 말한다.

이는 상벌에 관한 《한비자》의 주장과 맥을 같이하는 것이기도 하다. 한비자가 볼 때 상과 벌은 동전의 양면 관계를 이루고 있다. 포상권과 형벌권은 적절히 섞어야만 가장 큰 효과를 볼 수 있다는 것이 그의 생각이었다.

한비자가 군권을 공권公權, 신권을 사권私權으로 간주한 것도 이런 맥락에서 이해할 수 있다. 한비자의 이런 주장은 군주에게 천하를 사유물로 간주하라고 권하려는 취지가 아니다. 오히려 온몸을 내던져 천하를 감싸 안으라고 주문한 것이다. 위기상황에서 '천하위공'을 오히려 더욱 철저히 실천하는 것에 해당한다. '천하위공'에 대한 유가와 법가의 이런 해석 차이는 천하경영의 운영방식에서 극명하게 드러난다.

위기상황에서 군권이 자타가 공인하는 공권으로 인정받기 위해서는 먼저 인사가 공정해야 한다. 한비자가 인재를 발탁할 때 천하의 공의公義에 부합해야 한다고 역설한 이유다. 상벌권의 행사 역시 신중하면서 공정해야 한다. 세인들이 모두 수긍하는 천하의 공론公論에 부합해야 실효를 거둘 수 있다. 법가의 엄정한 법집행은 난세의 시기에 '천하위공'을 보다 더 철저하면서도 공정하게 실현하는 방안에 해당한다. 조조가 바로 이를 실천한 인물이다.《손자약해》'구지'에 나오는 주석이 이를 뒷받침한다.

"적을 굴복시키기도 전에 군대 법령에 따른 포상을 미리 시행할 수는 없으나 그렇다고 포상을 내걸지 않을 수도 없는 일이다.《사마법》에 이르기를, '적과 대적할 때는 파격적인 포상을 내걸어 병사들의 사기를 높이고, 승리 후에는 그 공에 따라 대대적인 포상을 해야 한다.'고 했다. 장수가 현장에서 파격적인 포상과 상규를 뛰어넘는 법령을 반포하는 이유가 여기에 있다."

조조는 평생 신상필벌의 원칙을 철저히 지켰다. 전투상황은 물론 백성들을 다스리는 경우에도 예외 없이 이를 관철시켰다. 통치상황이 각박할 수밖에 없었다. 그러나 이는 난세상황을 감안한 불가피한 조치이기도 했다. 이와 관련해 사마광은《자치통감》에서 조조가 행한 법치를 이같이 평한 바 있다.

　"조조는 공이 있는 자에게는 반드시 상을 주었고 천금을 아끼지 않았다.
　그러나 공도 없이 상을 받으려는 자에게는 단 한 오라기의 털조차 나눠주
　지 않았다. 법을 집행하는 것이 엄려하고 긴박해 범법자는 반드시 주살되었
　으니 비록 범법자를 보고 눈물을 흘리며 애석해 할지라도 종내 사면치 않
　았다."

　삼국시대에 조조만큼 상과 벌을 엄정히 집행한 인물을 찾기 힘들다. 이
로 인해 당시에도 조조는 많은 비난을 받았다. 그러나 난세에 천하통일의
대업을 이루기 위해서는 철저한 포상과 엄혹한 징벌이 불가피했다는 점
을 감안하지 않으면 안 된다.

　조조가 엄법을 구사하게 된 데에는 당시의 전쟁상황과 불가분의 관계
를 맺고 있다. 조조도 장수들의 잦은 퇴각과 병사들의 도주로 고심한 적
이 있었다. 건안 8년(203) 조조가 법령을 포고하면서 엄정한 군법시행을
역설하고 있는 《사마법》에 따라 퇴각한 장군을 사형에 처하고 도주한 병
사의 가족에 대해 연좌제를 시행할 뜻을 밝혔다. 이는 한제국 때의 군법
보다 훨씬 엄한 것이었다. 우금이 관우에게 투항한 뒤에는 다음과 같은
엄명을 내리기도 했다.

　"포위된 뒤에 항복한 자는 용서치 않는다."

　조조가 서주의 도겸을 토벌할 때 수만 명을 도륙하고 관도대전 때 거
짓 투항한 원소군을 몰살한 것도 이런 맥락에서 이해할 필요가 있다. 조
조군의 준엄한 군율은 건안 16년(211)에 이르러 천하가 평정되었다는 이
유로 폐지될 때까지 무려 19년간에 걸쳐 예외 없이 집행되었다. 조조의

휘하에 가장 많은 지장과 용장들이 모여들었던 것도 조조가 신상필벌의 원칙을 철저히 구사한 사실과 무관하지 않았다. 여기에는 조조가 필벌 못지않게 신상의 원칙을 철저히 행한 것이 크게 작용했다.

관도대전 당시 원소의 책사 곽도는 오소의 군량운송부대가 궤멸하자 자신의 계책이 실패한 사실에 크게 부끄러운 나머지 원소의 면전에서 자신의 계책을 반대했던 장합을 헐뜯었다.

"장합은 우리 군사가 패한 것을 통쾌하게 여기고 있습니다."

이에 장합이 내심 분하고 두려운 마음에 이내 공격 장비를 불태운 후 조조의 군영으로 가서 투항했다. 그러나 조홍은 이를 거짓으로 투항하는 사항계詐降計가 아닐까 크게 의심해 쉽게 받아들이려고 하지 않았다. 순유가 조홍을 크게 질책했다.

"장합은 자신의 계책이 채택되지 않아 화가 나서 투항하는 것인데 그대는 무엇을 의심하는 것이오?"

원소군은 허유가 투항한데 이어 장합까지 가버리고 오소의 군량마저 잃게 되자 사기가 크게 떨어졌다. 그런데도 원소는 특단의 대책을 강구하지 않고 이를 만연히 대처했다. 조조가 이 틈을 놓치지 않고 곧바로 전군에 명해 일제히 진격하게 했다. 원소의 병사들이 싸울 마음이 없는데다 조조군이 사면팔방에서 노도와 같이 밀려들자 갑옷과 무기를 버리고 사방으로 도주했다.

오소 전투는 관도대전의 절정에 해당한다. 조조군의 승리는 오소에 대한 기습공격을 권한 허유와 장합의 투항이 결정적인 배경으로 작용했다. 당시 조조는 원소군으로부터 노획한 금은보화와 주단 등을 전 장병들에게 차등을 두어 골고루 나눠주었다. 이는 중원의 패권을 놓고 벌인 건곤

일척의 싸움에서 승리를 거둔 장병들에게 신상 차원에서 당연히 베풀어야만 하는 조치이기도 했다. 당시 상황에 대한 기록은 사서마다 크게 엇갈리고 있다. 《삼국연의》는 이같이 묘사해 놓았다.

> "이 싸움에서 원소의 군사는 8만여 명이나 전사하여 흐르는 피가 도랑을 채우고 물에 빠져 죽은 자가 부지기수였다."

이는 《자치통감》 기록과 약간 차이가 있다. 당시의 상황을 기술한 《자치통감》의 건안 5년(200) 10월의 기록에는 다음과 같은 내용이 나온다.

> "원소의 군사가 크게 두려워한 나머지 돌연 혼란 속에 빠져들어 스스로 붕괴하고 말았다. 원소와 원담 등은 복건幅巾을 쓴 채 말에 올라 기병 8백 명을 이끌고 황하를 건너 도주했다. 조조의 군사가 이를 추격했으나 잡지 못하자 곧바로 돌아와 원소군의 치중과 도서, 보옥 등을 전부 거둔 뒤 투항한 원소군을 모두 산 채로 묻었다. 이때 앞뒤로 죽은 자가 모두 7만여 명에 달했다."

여기서 주목되는 것은 투항한 원소군을 모두 산 채로 묻었다는 구절이다. 《자치통감》은 이를 '진갱지盡坑之'로 표현해 놓았다. 투항한 자들을 모두 산 채로 묻었다는 뜻이다. 이는 《삼국지》 '위서, 무제기'에 나오는 다음과 같은 기록과 큰 차이가 있다.

> "조조의 군사가 원소를 추격했으나 그를 잡지 못했다. 조조군이 원소군의 치중과 도서, 진귀한 보물 등을 전부 거두고 남아 있던 원소군을 모두

포로로 잡았다."

　무리를 모두 포로로 잡았다는 뜻으로 사용된 '무제기'의 '노기중虜其衆' 표현은 '진갱지'와 비교할 때 하늘과 땅만큼의 차이가 있다.《자치통감》은 무엇을 근거로 '노기중'을 따르지 않고 '진갱지'를 택한 것일까?

　배송지주에 인용된《헌제기거주獻帝起居注》의 기록을 보면 이와 유사한 내용이 나온다.《헌제기거주》의 해당 내용이다.

　　"원소의 대장 순우경 등 8명의 목을 벤 뒤 드디어 원소군을 대파하게 되자 원소가 그의 아들 원담과 함께 급히 도주했다. 이에 모두 7만여 급을 참수하고 수억 전에 달하는 치중의 재물을 노획하게 되었다."

　여기서는 '대개 목을 베었다'는 뜻의 범참수凡斬首로 기록해 놓았다. '진갱지' 구절과 비교할 때 대량학살이라는 점에서는 동일하나 그 잔인성에서 현격한 차이가 난다. 삼국시대 당시 끝까지 저항하는 적은 대개 참수형을 당했으나 투항을 할 경우는 대략 목숨을 구할 수 있었다.《헌제기거주》에 따르면 원소군은 갱살坑殺이 아니라 참수斬首를 당한 셈이다.

　당시 조조가《자치통감》의 기록과 같이 투항한 적군을 모두 산 채로 묻었다면 이는 보통 잔인한 모습이다. 사마광은 '무제기'의 기록을 무시하고 당시의 상황을 진갱지로 바꿔놓을 만한 어떤 사료를 본 것일까?

　근거로 삼은 사료가 있다.《후한서》'원소열전'이 그것이다. 해당 대목이다.

"원소의 병사들 중 일부는 원소가 장의거의 군중에 있다는 소식을 듣고 점차 그쪽으로 모여들었다. 그러나 원소의 나머지 병사들은 모두 조조군에 거짓 항복을 했다. 이에 조조가 이들을 모두 파묻었다. 전후에 죽은 자가 모두 8만 명이었다."

이를 통해《자치통감》의 기록은《후한서》의 기록을 거의 그대로 옮겨 놓은 것임을 알 수 있다. 주목할 점은《자치통감》이 거짓항복을 했다는 뜻의《후한서》의 위항偽降 대목을 단순히 항복한 자인 항자降者로 바꿔놓은 점이다.

사마광은 조조를 높이 평가한 인물이다. 이는 사마광에서 비롯된 것이 아닐 공산이 크다. 그렇다면 누가 이같이 기록해 놓은 것일까?

사마광과 함께《자치통감》을 찬수했던 중서사인 유반劉攽에게 혐의를 두지 않을 수 없다. 유반은 원래 친형 유창과 더불어 나란히 진사에 급제해 화제가 된 인물로 역사에 정통했다. 일찍이 신법新法의 불편함을 논하다가 왕안석의 노여움을 사서 지방으로 방출되었다가 다시 도성으로 올라와 사마광과 함께《자치통감》을 찬수하면서 한나라 역사 부분을 전담했다. 사마광의 조조에 대한 호평에 비춰볼 때 갱살에 대한《자치통감》의 기록은 유반의 소행일 공산이 크다.

실제로 모종강이 크게 손질한《삼국연의》와 달리 원본에 해당하는 나관중의《삼국지통속연의》는《후한서》'원소열전'의 기록을 그대로 옮겨놓았다.《삼국지통속연의》의 해당 대목이다.

"거짓 항복한 자들이 모두 참수를 당했다. 죽은 자의 수가 8만여 명에 달했다. 유혈이 도랑을 메웠고 익사한 자들의 모습은 마치 갈대가 꽂혀 있는 듯했다."

나관중은 참사가 일어난 배경에 대해서는 《후한서》의 기록을 좇아 위항자僞降者, 참사의 내용에 대해서는 《헌제기거주》의 기록을 좇아 개참지皆斬之라는 표현을 사용했다. 그는 여러 기록을 모두 참조해 거짓 항복한 자들이 모두 참수를 당했다고 표현해 놓은 것이다. 나관중이 경우에 따라서는 미세한 구절 하나를 놓고도 관련 사료의 취사선택에 얼마나 세심한 주의를 기울였는지를 분명히 확인할 수 있다.

조조가 필벌 못지않게 신상의 원칙을 중시했음을 방증하는 일화가 있다.

관도대전 직전 원소는 조조를 남쪽에서 위협하는 남양의 장수張繡를 자기편으로 끌어들여 협공을 가할 생각이었다. 이에 사자를 장수에게 보내 상호 연락망을 구축하는 한편 가후에게도 서신을 보내 상호 원조의 약조를 맺고자 했다. 장수가 이에 응하려고 하자 가후가 장수의 면전에서 원소의 사자에게 이같이 말했다.

"돌아가거든 원소에게 고맙다는 말과 함께 형제가 서로 용납하지도 못하는 처지에 어찌 천하의 호걸들을 용납하겠다는 것인지 묻더라고 전해 주시오."

이는 원소와 원술이 서로 대립하고 있는 것을 꼬집은 것이다. 사자가 물러나가자 장수가 기겁을 하며 말했다.

"어찌 그렇게까지 말할 수 있소? 원소가 쳐들어오기라도 하면 어찌하려고 그런 것이오?"

"원소는 이곳에 오기도 전에 조조에게 제압될 것입니다."

장수가 난감해하며 물었다.

"상황이 이리 되었으니 우리는 장차 누구에게 의탁해야만 하오?"

"조조를 따르는 것만 못합니다."

장수가 의아해하며 반문했다.

"원소는 강하고 조조는 약하오. 더구나 우리는 또 전에 조조와 원수진 일까지 있소. 어찌 그에게 투항할 수 있겠소?"

가후가 크게 웃으며 이같이 말했다.

"그것이 바로 우리가 응당 그를 따라야 할 이유입니다. 조조는 천자를 모시고 천하를 호령하니 이것이 그를 따라야 할 첫째 이유입니다. 원소는 강성한데 우리가 많지도 않은 무리를 이끌고 그에게 가면 그는 필연 우리를 중시하지 않을 것입니다. 그러나 조공의 병력은 약하니 그가 우리를 얻게 되면 반드시 기뻐할 것입니다. 이것이 두 번째 이유입니다. 패왕이 되려는 사람은 반드시 사적인 원한을 버리고 천하를 향하여 은덕을 펼쳐야 합니다. 그러니 조조가 우리를 후대하지 않을 리 없습니다. 이것이 세 번째 이유입니다."

건안 4년(199) 11월 장수가 휘하 장병들을 이끌고 허도로 갔다. 조조가 크게 기뻐하며 제장들을 불러 모아 큰 연석을 베풀었다. 곧바로 상표하여 장수를 양무장군揚武將軍으로 임명했다. 얼마 후에는 자신의 아들 조균을 위해 장수의 딸을 며느리로 맞아들였다.

이때 조조는 표문을 올려 가후를 집금오에 제수하면서 기주목에 임명했다. 원소 평정을 염두에 둔 조치였다. 다만 기주가 아직 평정되지 않은 까닭에 참사공군사參司空軍事에 머물러 있게 했다. '위서·가후전'은 당시 조조가 가후를 칭송하며 언급한 말을 이같이 기록해 놓았다.

3장 포상과 형벌을 반드시 행하라

"나로 하여금 천하사를 신중히 처리토록 만든 사람은 바로 그대요!"

장수의 투항은 조조와 원소 간의 쟁패에 큰 의미를 지니고 있었다. 장수는 관도대전에서 역전力戰을 거듭해 대공을 세웠고 가후는 뛰어난 계책으로 원소군을 격파하는 데 결정적인 도움을 주었기 때문이다. 장수는 이로 인해 파강장군破羌將軍으로 승진했다. 원담을 깨뜨린 뒤에는 식읍이 2천 호나 더해졌다.

당시 가후는 여러 차례에 걸쳐 뛰어난 계책을 제시함으로써 조조가 원소와 한수, 마초 등을 깨뜨리는 데 결정적인 도움을 주었다. 그는 위문제 조비의 치세 때 태위의 자리에 오르게 되었다. 원래 그는 장수에게 조조를 사지로 몰아넣을 수 있는 계책을 제시한 장본인이다. 당시 조조는 가까스로 사지를 빠져나온 것은 물론 혼전의 와중에 장자 조앙을 비롯해 조카 조안민을 잃었다. 그럼에도 조조는 이를 전혀 괘념치 않고 그를 흔쾌히 발탁한 것이다.

원래 조조는 정실부인 정부인丁夫人으로부터 자식을 얻지 못했다. 이로 인해 생모의 명의로 조앙을 키우도록 했다. 정부인은 자신이 낳은 자식 이상으로 조앙을 총애했다. 그러나 불행하게도 조앙은 가후의 계책을 좇은 장수의 군사에게 죽임을 당하고 말았다. 당시 정부인이 크게 슬퍼하며 절제를 잃자 조조가 대로한 나머지 곧 그녀를 내친 뒤 조비의 생모인 변씨를 왕비로 삼았다.

조조가 원수에 해당하는 가후를 너그럽게 받아들인 것은 그가 필벌 못지않게 신상의 원칙에 철저했음을 방증한다. 난세일수록 신상필벌의 원칙은 엄수되어야 하는 것은 말할 것도 없다. 삼국시대 당시 군웅들 중 신상필벌을 이처럼 철저히 시행한 사람을 찾기가 매우 어렵다. 조조가 천하를 호령한 것도 이와 무관하지 않다고 보아야 한다.

한비자가 군주의 공평무사한 수법守法을 역설한 것도 이런 맥락에서 이해할 수 있다. 군주를 엄정한 법치를 실행하는 최후의 보루로 간주한 결과다. 조조가 바로 이를 실천한 대표적인 인물이다. 한비자는 결코 군주를 법 밖의 인물로 상정한 적이 없다.

객관적으로 21세기에 들어와 전 세계의 화두로 등장해 있는 '리더십 위기'는 바로 공과 사의 영역구분이 제대로 안 된 데 있다. 특혜와 부정비리로 인한 시장 질서의 교란이 그 실례다. 리더십 위기는 결국 민생해결의 실패를 달리 표현한 것에 지나지 않는다. 고금을 막론하고 민생이 도탄에 빠져 있는 한 리더십의 위기에서 벗어날 길은 없다. 이 덫에서 벗어날 수 있는 유일한 길은 공정한 법집행을 전제로 한 최고통치권자의 과감한 결단이다.

두터워야 효과가 있다

포상은 후하면서 신뢰성이 있어야 하고, 형벌은 엄중하면서도 반드시 실시되어야 한다. 포상할 때 관계가 소원한 사람들을 빠뜨리지 않아야 하고, 형벌을 내릴 때 친근한 사람을 피하지 않아야 한다. 신하가 군주를 덮어 가리지 않고, 아랫사람이 윗사람을 속이지 않는 이유다.

객관적으로 볼 때 포상권은 이익을 향해 무한 질주하는 인간의 '호리지성'에 근거한 것이고, 형벌권은 다가올 해를 피하기 위해 온갖 꾀를 짜내는 인간의 '피해지심避害之心'에 토대한 것이다. 양자는 정면과 반면反面의 관계를 이루고 있다. 반드시 섞어 써야만 하는 이유다.《한비자》'칙령'은 그 이유를 이같이 밝혔다.

"형벌을 무겁게 하고 포상을 남발하지 않는 중형소상重刑少賞은 군주가 백성을 사랑하는 길이다. 그러면 백성은 상을 받기 위해 목숨마저 바친다. 정반대로 포상을 남발하고 형벌을 가볍게 하는 다상경형多賞輕刑은 군주가 백성을 사랑하지 않는 길이다. 그리하면 백성은 목숨을 내걸고 상을 받을 필요를 전혀 느끼지 못하게 된다. 포상의 이익이 군주 1인에게서 나오면 무적의 나라가 된다. 그 이익이 군주와 권신 2인에게서 나오면 군령이 둘로 쪼개져 군사를 반밖에 쓸 수 없다. 그 이익이 10인에게서 나오면 군주의 명령이 서지 않아 백성들이 나라를 지킬 길이 없게 된다.”

한비자는 여기서 중형소상重刑少賞과 다상경형多賞輕刑을 대비시켜 놓았다. 원래 이는 《상군서》 ‘거강’을 그대로 따온 것이다. ‘거강’의 해당 대목이다.

“형벌을 무겁게 하고 포상을 희소하게 하는 중벌경상重罰輕賞은 군주가 백성을 아끼는 것이다. 그래야 백성이 군주를 위해 목숨을 바친다. 포상을 남발하고 형벌을 가볍게 하는 중상경벌重賞輕罰은 군주가 백성을 아끼는 게 아니다. 그리하면 백성은 군주를 위해 목숨을 바치지 않는다. 흥성한 나라가 형벌을 시행하면 백성은 군주에게 유용하게 사용되고 군주를 경외하고, 포상을 시행하면 군주에게 유용하게 사용되고 군주를 경애한다.”

《한비자》 ‘칙령’의 ‘중형소상’과 ‘다상경형’이 바로 《상군서》 ‘거강’의 ‘중벌경상’과 ‘중상경벌’을 약간 돌려 표현한 것임을 알 수 있다. 한비자는 상앙이 변법을 시행하는 과정에서 관철한 엄정한 상형술을 높이 평가했다. 오직 그 길만이 부국강병을 이룰 수 있는 유일한 길이라고 보았기 때문이다. 이를 뒷받침하는 《한비자》 ‘간겁시신’의 해당 대목이다.

“옛날 진나라의 풍속을 보면 신하들이 법을 무시하고 자신의 이익만 추

　　　　　　　　3장 포상과 형벌을 반드시 행하라

구한 까닭에 나라는 어지럽고, 군대는 쇠약했으며, 군주의 권세 또한 미미했다. 상앙이 진효공에게 법제를 바꾸고 풍속을 교정해 공도公道를 밝게 드러낼 것을 적극 권한 이유다. 당시 진나라 백성들은 예전의 풍속에 젖어 새 법을 가벼이 보고 위법을 저질렀다. 법을 위반한 자에게는 반드시 중벌을 내리고, 그런 자를 고발한 자는 상을 후하게 내려 새 법을 믿게 했다. 간사한 행동이 발을 붙이지 못하는 과정에서 처벌을 받은 자가 매우 많았다. 이로 인해 백성의 원성이 높아지고, 새 법의 폐단이 많다는 비난이 빗발쳤다. 그러나 진효공은 이에 아랑곳하지 않고 상앙의 변법을 강력히 밀고 나갔다. 백성들은 마침내 법을 어기지 않게 되었고 형벌을 가할 일도 없게 되었다. 나라의 기강이 바로 서고 군사력이 강해진 이유다. 죄를 감추는 자에게 내려지는 벌이 엄중하고, 간사한 자를 고발한 포상이 후했던 덕분이다."

주의할 점은《상군서》'거강'에 나오는 '중벌경상'의 경輕과 '중상경벌'의 중重을 통상적인 의미로 새겨서는 안 된다는 점이다. 한비자가 언급한 '중형소상'의 소少를 '다상경형'의 다多의 뜻으로 해석해야 한다. '소상'은 두터운 포상인 후상厚賞을 뜻하는 것이기도 하다. 소수의 유공자에게 집중적으로 많은 상을 내리는 것을 말한다. 이를 뒷받침하는《한비자》'팔경'의 해당 대목이다.

"포상은 후하게 하는 게 최상이다. 백성이 이를 큰 이익으로 여기게끔 만들기 때문이다. 칭송은 미화하는 게 최상이다. 백성이 이를 큰 영광으로 여기게끔 만들기 때문이다. 또 처벌은 엄하게 하는 게 최상이다. 백성이 이를 큰 두려움으로 여기게끔 만들기 때문이다. 비방은 추화醜化하는 게 최상이다. 백성이 이를 큰 치욕으로 여기게끔 만들기 때문이다."

상앙 역시 한비자와 마찬가지로 포상을 남발하는 다상多賞을 크게 경계하면서 두텁게 포상하는 '후상'을 시행해야 그 효과를 배가시킬 수 있다고 주장했다. 《상군서》 '수권'의 해당 대목이다.

"포상은 후하면서 신뢰성이 있어야 하고, 형벌은 엄중하면서도 반드시 실시되어야 한다. 포상할 때 관계가 소원한 사람들을 빠뜨리지 않아야 하고, 형벌을 내릴 때 친근한 사람을 피하지 않아야 한다. 신하가 군주를 덮어 가리지 않고, 아랫사람이 윗사람을 속이지 않는 이유다."

포상을 두텁게 하는 '후상'이 포상을 신중히 하는 '소상'과 불가분의 관계를 맺고 있음을 알 수 있다. 다만 상앙이 말한 '중벌경상'과 '중상경벌'은 경輕과 중重을 대비시켜 사용한 점에 나름 일리가 있으나 오해의 소지가 큰 만큼 한비자처럼 '중형소상'과 '다상경형'으로 표현하는 게 옳다.

고금을 막론하고 포상을 남발하면 값어치가 떨어져 효과가 없다. 형벌도 마찬가지이다. 형벌이 가벼우면 있으나마나 한 게 되어 오히려 범법자를 양산하게 된다. 한비자는 '육반'에서 이같이 역설했다.

"법으로 다스리는 길은 처음에는 고달프나 나중에는 크게 이롭고, 인의로 다스리는 길은 처음에는 이로우나 나중에는 크게 궁색해진다. 성인은 법과 인의의 경중을 잘 헤아려 이로움이 큰 쪽을 택한다. 법치 아래서 어려운 상황을 견디는 쪽을 택하는 까닭에 서로 깊이 동정하며 아낌없이 베푸는 인의의 길을 버린다. 이를 두고 유자들은 입을 모아 비판하기를, '형벌을 가볍게 하라'고 한다. 그러나 이는 나라를 어지럽게 하고 끝내 패망으로 이끄는 술책이다."

상앙과 한비자가 공히 '중형소상'을 역설한 이유가 여기에 있다. 한비자는 '심도'에서 그 이유를 구체적으로 설명해 놓았다.

"무릇 민성民性은 노고를 싫어하고 편안함을 좋아하기 마련이다. 편안하면 사업이 황폐해지고, 사업이 황폐해지면 다스려지지 않고, 다스려지지 않으면 나라가 어지러워진다. 나라가 어지러워져 상벌을 전국에 걸쳐 시행하지 못하면 군주는 반드시 신하들에 의해 가려지게 된다. 대공을 세우고자 하면서 민력을 결집시키지 못하면 대공을 세우는 일은 기대하기 어렵다. 명군은 나라를 다스릴 때 포상을 명확히 밝혀 백성이 공을 세우도록 장려하고, 형벌을 엄하게 시행해 백성이 국법을 따르도록 만드는 이유다.

군주는 나라를 다스릴 때 네 가지를 행해야 한다.

첫째, 앞서 해야 할 일부터 관철해 민심을 하나로 모아야 한다.

둘째, 전적으로 공리公利를 숭상하며 사리私利를 좇지 않도록 한다.

셋째, 범죄를 고발하는 자를 크게 포상해 간사한 짓이 일어나지 않게 한다.

넷째, 법령을 명확히 밝혀 치국의 과정에 번잡한 일이 일어나지 않도록 한다.

이들 네 가지 방법을 능히 구사할 수 있으면 나라는 강해지고, 그렇지 못하면 쇠약해진다. '법치는 왕업의 근본이고, 형벌의 시행은 백성 애호의 시작이다'라고 말하는 이유다."

한비자는 '내저설 상'에서 '중형소상'과 관련해 이런 일화를 예로 들었다.

옛날 은나라 법률에는 길거리에 재를 버린 자를 처벌하게 되어 있다. 자

공자貢이 과중하다고 여겨 스승인 공자에게 묻자 공자가 이같이 대답했다.

"치도治道를 알고 있는 것이다. 무릇 길거리에 재를 버리면 반드시 사람에게 해를 끼치게 되고, 사람에게 해를 끼치면 사람들은 반드시 노여워하게 된다. 노여워하면 싸우게 되고, 싸우면 반드시 일족이 서로 죽이게 된다. 일족이 몰살하는 이유가 여기에 있다. 그러니 이는 형벌에 처할지라도 가하다. 무릇 중벌은 사람들이 싫어하는 것이고 재를 버리지 못하게 하는 것은 사람들이 쉽게 할 수 있는 일이다. 사람들이 쉽게 행하여 싫어하는 형벌에 걸리지 않도록 하는 것이 바로 치도이다."

《논어》에 나오는 공자의 행보에 비춰 볼 때 과연 공자가 '중형'을 지지했는지 의심이 든다. 원래 유가를 포함해 제자백가 모두 공자의 말을 인용해 자신들의 주장을 합리화했다. 가장 대표적인 인물이 맹자이다. 맹자가 증자의 문인에게서 가르침을 받았다고 하지만 과연 정확히 그의 스승이 누구인지는 알 길이 없다. 《맹자》에 나오는 공자의 언행 가운데 오직 《맹자》에만 나오는 게 적지 않아 의심을 사는 이유다. 사실 《순자》와 《장자》, 《한비자》도 별반 다를 게 없다. 《맹자》보다 정도가 덜한 차이만 있을 뿐이다. 《한비자》에 인용된 공자의 말 역시 법가의 입장을 옹호하기 위해 인용된 것이다. 진위 여부에 구애받을 필요가 없다는 얘기다.

《춘추좌전》에 '중형소상'과 관련한 유명한 일화가 나온다.

기원전 496년, 정나라의 명재상 자산子産이 병으로 자리에 누워 사경을 헤맸다. 그는 곧 자신이 수명이 다 된 것을 알고 대부 유길游吉을 불러 이같이 당부했다.

"내가 죽게 되면 그대가 틀림없이 집정이 될 것이오. 오직 덕이 있는 자만이 너그러운 정사인 관정寬政으로 백성을 복종시킬 수 있소. 그렇지 못한 사람은 엄한 정사인 맹정猛政으로 다스리느니만 못하오. 무릇 불은 맹렬하기 때문에 백성들이 이를 두려워하므로 불에 타 죽는 사람이 많지 않소. 그러나 물은 유약하기 때문에 백성들이 친근하게 여겨 쉽게 가지고 놀다가 이로 인해 매우 많은 사람이 물에 빠져 죽게 되오. 그래서 관정을 펴기가 매우 어려운 것이오."

그러나 당시 유길은 자산의 당부를 제대로 이행하지 않았다. '맹정'을 펴지 못하고 '관정'으로 일관하자 도둑이 급속히 늘어났다. 유길이 크게 후회했다.

"내가 일찍이 자산의 말을 들었더라면 이 지경에 이르지는 않았을 것이다."

그러고는 곧 보병을 출동시켜 무리지어 숨어 지내는 도둑들을 토벌했다. 도둑이 점차 뜸해졌다. 이를 두고 공자는 이같이 평했다.

"참으로 잘한 일이다. 정치가 관대해지면 백성이 태만해진다. 태만해지면 엄히 다스려 바르게 고쳐놓아야 한다. 정치가 엄하면 백성이 상해를 입게 된다. 상해를 입게 되면 관대함으로 이를 어루만져야 한다. 관대함으로 백성들이 상처 입는 것을 막고 엄정함으로 백성들의 태만함을 고쳐야 정치가 조화를 이루게 되는 것이다. 《시》에 이르기를, '다투거나 조급하지 않고, 강하지도 유하지도 않네. 정사가 뛰어나니 온갖 복록이 모여 드네'라고 했다. 이는 관정과 맹정이 잘 조화된 지극한 정치를 말한 것이다."

공자의 평은 왕도와 패도를 섞어 쓰는 이른바 '관맹호존寬猛互存'의 이치를 언급한 것이다.

춘추시대 전시기를 통틀어 관중과 자산만큼 국기國紀를 바로잡아 나라를 부강하게 만들고, 백성들로 하여금 평안히 생업에 종사하게 만들고, 천하를 병란의 위협으로 구해낸 인물도 없다. 두 사람 모두 공자가 갈파했듯이 '관맹호존'의 입장을 취한 결과다. '관맹호존'은 상앙과 한비자가 역설한 법치의 관점에서 보면 '중형소상'을 달리 표현한 것이나 다름없다. '관정'은 포상, '맹정'은 형벌에 해당하기 때문이다.

《상군서》가 '상형'에서 전힐과 관숙을 법치의 대표적인 사례로 거론한 것은 범주凡主 즉 평범한 용군庸君과 유가에서 숭상하는 성군聖君의 구별을 거부했기 때문이다. 유가의 덕치를 비판한 것이나 다름없다.《한비자》가 법치의 이상적인 통치를《도덕경》이 역설한 무위지치無爲之治로 상정한 것도 따지고 보면《상군서》'상형'의 영향으로 볼 수 있다. '상형'의 편제 취지는 용군과 성군을 대비시켜 법치의 중요성을 역설코자 한 데 있다. 이를 뒷받침하는 해당 대목이다.

> "성인이 나라를 다스리는 방법은 알기는 쉬우나 행하기는 어렵다. 성인의 다스림은 법치에 따른 것인 만큼 법치 자체를 칭송해야지 성인까지 찬미할 필요는 없다. '범주' 역시 법치를 제대로 실행하는지 여부에 성패가 결정나는 만큼 성인이 아니라고 해서 쫓겨날 이유가 없는 것이다."

상앙이 초점을 맞춘 것은 '범주 역시 법치를 제대로 실행하는지 여부에 성패가 결정나는 만큼 성인이 아니라고 해서 쫓겨날 이유가 없다.'는 대목이다. 원문은 범주불필폐凡主不必廢이다. 법에 따라 나라를 다스리기만 하면 아무리 난세라 할지라도 평범한 군주라는 이유로 배척의 대상이 되는 일이 없을 것이라는 취지이다. '범주불필폐'는 성인이라고 해서 특별히 칭송할 일이 없다는 성인불필가聖人不必加와 짝을 이루고 있다.《한비자》'난세'에 이 두 구절의 취지를 절묘하게 해설한 대목이 나온다.

3장 포상과 형벌을 반드시 행하라

"요순이나 걸주와 같은 인물은 천년 만에 한 번 나올 뿐, 어깨를 나란히 하고 발꿈치를 좇는 것처럼 잇달아 나오는 게 아니다. 세상에는 통상 중간 수준의 군주가 연이어 나온다. 내가 말하고자 하는 권세는 바로 이런 중간 수준의 군주인 용군을 위한 것이다. 중간 수준의 용군은 위로는 요순과 같은 성군에 못 미치고, 아래로는 걸주와 같은 폭군에 이르지 않은 군주를 지칭한다. 용군이 법을 쥐고 권세에 의지하는 이른바 포법처세抱法處勢를 행하면 나라가 잘 다스려진다. 그러나 법을 어기고 권세를 버리는 이른바 배법거세背法去勢를 행하면 나라가 어지러워진다. 지금 '배법거세'를 행하면서 요순과 같은 성군을 기다리면 천년 만에 요순이 나타나 천하가 비로소 잘 다스려지게 된다. 요순을 기다리는 천년 동안 천하는 줄곧 어지럽다가 겨우 1세대에 한해 천하가 다스려지는 셈이 된다. 반대로 '포법처세'를 행하면서 걸주와 같은 폭군을 경계하면 천년 만에 걸주가 나타나 비로소 천하가 한 번 어지럽게 된다. 걸주가 등장하는 천년 동안 천하는 줄곧 잘 다스려지다가 겨우 1세대에 한해 어지러워지는 셈이다. 천년 동안 잘 다스려지다가 1세대 동안만 어지러워지는 것과 1세대만 잘 다스려지고 천년 동안 어지러운 것은 극과 극에 해당한다. 마치 날랜 말을 타고 각기 반대 방향을 향해 달리는 것과 같다. 그 거리는 더욱 멀어질 수밖에 없다."

《한비자》'난세'의 '포법처세'는《상군서》'상형'의 '범부불필폐',《한비자》'난세'의 '배법거세'는《상군서》'상형'의 '성인불필가'와 취지를 같이한다. 성인일지라도 법을 버린 채 나라를 다스리면 곧 '배법거세'의 우를 범하는 것이고, 범주 즉 용군일지라도 법을 쥔 채 권세에 의지하는 '포법처세'를 행하면 곧 성인과 다를 바 없는 뛰어난 통치를 행할 수 있게 된다.《한비자》가《상군서》의 취지를 그대로 이어받았음을 뒷받침하는 대목이다.

과감히 결단하라

걸출한 인물들의 공통점은 파도처럼 사납게 밀려오는 현실을 두려워하지 않고 과감하게 덤벼든다는 점이다. 이는 달걀로 바위를 치는 것과 다르다. 그들은 조용히 힘을 기르고 있다가 기회를 잡아 뛰어들기 때문이다. 물론 이들이 모두 성공하는 것은 아니다. 그러나 힘을 충실히 기르고 타이밍을 제대로 잡을 경우 성공할 확률이 매우 높다.

조조가 반反동탁의 기치를 내건 시점은 타이밍을 잘 맞춘 것에 해당한다.

당초 조조는 내실을 기할 여유가 없었다. 그가 다른 군웅들과 마찬가지로 원소의 휘하로 들어가 원소의 명을 받은 이유다. 조조의 거병은 아직힘을 제대로 기르지 못했다고 머뭇거릴 여유가 없었던데 따른 고육책의 성격을 띠고 있었다.

중평 6년(189) 12월, 조조는 진류에서 정식으로 군대를 일으켰다. 당시 주목州牧과 군수郡守 중 일부는 적극적으로 그를 도와 많은 준비를 해주었고, 어떤 이는 망설이며 시기를 엿보았다. 진류태수 장막은 처음부터 조조와 의기가 투합해 함께 준비하고 계획을 짰다.

당시 객관적으로 볼 때 조조는 병사의 수도 적었고, 명사를 끌어들일 여유도 없었다. 그러나 그는 적당한 기회가 오기를 무작정 기다리지 않았다. 그는 부족한 상황임에도 나름 결단한 것이다. 시기時機를 놓칠 수 없다고 판단한 결과다. 그의 이런 과감한 결단은 반동탁의 흐름을 조성하는 데 결정적인 역할을 했다.

이듬해인 초평 원년(190) 2월, 조조와 장막의 뒤를 이어 함곡관 동쪽의 각 주와 군에서 반동탁에 동조하는 거병 움직임이 활발히 전개되었다. 주요 세력으로 후장군 원술, 기주목 한복, 연주자사 유대, 발해태수 원소, 동군태수 교모 등이 있었다. 결과적으로 조조가 앞장서면서 전국 규모의 반동탁 전선이 형성된 셈이다.

이들 관동 제후들의 군사는 각 지역에 나뉘어 주둔했다. 제후들은 표면상 반동탁의 깃발을 내걸었지만 속으로는 난세의 어지러운 틈을 타서 이익을 취하고자 하는 흑심을 품고 있었다. 조조가 겨우 포신 형제와 함께 부족한 병력을 이끌고 동탁군을 추격했다가 형양의 변수 가에서 동탁군의 대장 서영에게 참패를 당한 이유다. 당시 조조의 군사는 모두 신병이어서 훈련이 부족했다. 동탁의 군대는 실제 전투 경험이 풍부한 양주凉州의 기병이었다.

변수 전투는 조조가 거병한 후 처음으로 겪은 생애의 첫 참패였다. 그는 이를 계기로 원소를 포함한 제후들 모두 천하를 구할 만한 인재가 되지 못하고, 큰일을 이룰 수 있는 자는 바로 자신뿐이라는 사실을 분명히 깨달았다. 그는 처음부터 다시 시작해야만 했다. 차분히 힘을 기른 뒤 주변의 군벌부터 제압할 필요가 있었다. 이 사이 원소가 기주를 차지하고, 여포가 동탁을 척살하는 등 상황이 숨가쁘게 돌아가고 있었다.

초평 4년(193) 가을에 조조가 군사를 이끌고 가서 서주의 도겸陶謙을 쳤다. 도겸은 효렴에 천거되어 상서랑과 현령을 거쳐 유주자사와 의랑을 지내다가 황건적이 일어났을 때 서주자사에 임명된 인물이다. 그는 동탁의 난으로 헌제가 장안으로 거소를 옮겼는데도 평상시와 같이 공물을 보냈다. 이에 장안의 조정이 그의 관직을 높여 안동장군에 임명했다. 나름 조야의 신망을 받고 있었던 셈이다.

그런데도 조조는 왜 하필이면 도겸을 친 것일까? 게다가 조조는 도겸을 치는 과정에서 그의 군사와 백성을 몰살하는 일을 벌였다. 난세를 평정하겠다는 대의를 명분으로 거병한 조조는 왜 이런 일을 벌인 것일까? 이는 훗날 원소의 군사를 몰살한 것과 더불어 조조의 잔혹함을 비난하는 결정적인 배경이 되었다. 과연 그 이유는 무엇일까?

결론부터 말하면 쾌도난마의 결단 때문이었다. 원래 도겸은 《삼국연의》에 나오는 것과 같이 관인한 인물은 아니었다. 《삼국지》 '위서·도겸전'에 따르면 그는 사적인 온정에 이끌려 충직한 인물을 멀리하고 소인배를 가까이 함으로써 선량한 선비들을 대거 해친 인물이었다. 이는 조조가 도겸을 치는 중요한 배경이 되었다.

그렇다면 조조가 도겸을 친 가장 큰 이유는 무엇일까?

대개 조조가 부친 조숭의 원수를 갚기 위한 것으로 해석하고 있다. 물론 이 또한 무시할 수 없는 요인 중 하나다. 조숭의 죽음과 관련해 사서의 기록은 일치하지 않고 있다. '무제기'는 조숭이 동탁의 난을 피해 낭야로 달아나던 중 도겸의 부하에 의해 살해된 까닭에 조조가 도겸을 친 것으로

기록해 놓았다. 그러나 '무제기'의 배송지주에 인용된 《위진세어》의 기록
은 이와 약간 다르다.《위진세어》는 이같이 기록해 놓았다.

　　"조조가 태산태수 응소에게 명하여 자신의 가족을 연주로 보내도록 했
　　다. 응소의 군사가 이르기 전에 도겸이 은밀히 수천 명의 기병을 보내 조숭
　　일행을 체포케 했다. 조숭은 응소가 마중나온 것으로 생각해 아무런 대비
　　도 하지 않았다. 도겸의 병사가 이르러 조조의 동생인 조덕을 문 안에서 살
　　해했다. 조숭이 두려워하여 후원의 담장을 뚫고 먼저 그 첩을 내보내려하자
　　첩의 몸이 비대하여 나가지 못했다. 조숭이 측간으로 도주하다가 첩과 함께
　　상처를 입고 죽었다. 응소가 두려워한 나머지 관직을 내던지고 원소에게 도
　　주했다."

　　'무제기'와 《위진세어》의 기록은 세부적인 면에서 차이가 있기는 하나
대략 도겸이 의도적으로 조숭 일행을 살해한 점에서는 일치한다. 그러나
완전히 다른 해석도 있다. '무제기' 배송지주에 인용된 《오서吳書》는 이같
이 기록해 놓았다.

　　"조조가 부친 조숭을 맞이하기 위해 치중 1백여 량을 보냈다. 도겸이 도
　　위 장개에게 명해 기병 2백여 명을 이끌고 가서 이를 호송케 했다. 장개가
　　태산의 화현과 비현 사이에서 조숭을 살해하고 재물을 취한 뒤 회남으로
　　도주했다. 조조가 그 책임을 도겸에게 물어 마침내 토벌케 된 것이다."

　　《오서》는 그 책임을 재물에 눈이 먼 장개에게 물은 셈이다. 그렇다면
과연 어느 기록이 맞는 것일까? 당시 조조의 세력이 바야흐로 강성해지기

시작한 점을 감안할 때 도겸이 조숭 일행을 죽이는 하책을 취할 가능성은 매우 낮다. 만일 이런 계책을 택했다면 반드시 조조와 싸울 각오와 준비를 했어야만 했다. 그러나 도겸은 조조의 공격에 아무 대책도 없이 시종 허둥댔다. 이는《후한서》'도겸전'의 다음 기록이 뒷받침한다.

> "도겸의 병사들이 조숭의 재물이 탐이 나서 마침내 일행을 습격해 살해하고 재물을 탈취했다."

이 기록이 당시의 여러 정황에 비추어 가장 사실에 가까운 것으로 짐작된다. 그러나 어느 경우든 당시 도겸은 조숭의 죽음에 대해 변명하기 어려운 상황에 처해 있었던 것이 사실이다. 따라서 조조가 도겸을 친 것은 부친 조숭의 죽음과 불가분의 관계가 있다고 보아야 한다.

그러나 과연 조조가 도겸 토벌에 나선 가장 큰 이유가 부친의 죽음 때문이었을까?

당시 조조에게는 그보다 더 중요한 원인이 있었다. 그것은 바로 하비 출신 궐선闕宣이 무리 수천 명을 모아 놓고 천자를 자칭하고 나설 때 도겸이 연루된 점이다.《후한서》'도겸전'은 도겸이 궐선과 함께 처음에 합종했다가 후에 그를 죽이고 그 무리를 병합했다고 기록해 놓았다. 도겸은 일종의 모반을 꾀한 것이나 다름없다. 실제로 도겸은 궐선과 함께 거병하여 태산의 화현과 비현 등을 공략했다. 이는 조조의 연주에 커다란 위협이 아닐 수 없었다. 도겸 토벌의 가장 큰 이유가 바로 여기에 있다. 조조가 공의를 앞세워 천하의 인재를 그러모으는 선왕후패의 행보를 보인 점에서 볼 때 이는 당연한 행보이기도 했다.

물론 여기에는 서주를 자신의 세력기반으로 삼고자 하는 속셈도 적잖이 작용했다고 보아야 한다. 당시 연주는 기주와 예주, 청주, 서주 등 4개 주의 중간에 위치해 있었다. 기주와 청주는 이미 원소의 세력 범위에 들어갔고, 조조는 당시 그와 겨룰 힘이 없었다. 예주는 일찍이 원술의 세력 범위였으나 원술이 조조에게 패해 본영을 양주 쪽으로 옮김에 따라 군벌들의 각축장이 되어 있었다. 서주는 도겸의 세력범위였다. 이들 4개 주 가운데 상대적으로 무력이 가장 약하고, 연주와 가장 관계는 깊은 지역이 바로 서주였다. 연주에 근거를 둔 조조가 세력을 확장키 위해서는 반드시 청주와 서주를 자신의 통제 하에 두어야만 했다. 조조가 도겸을 친 것을 놓고 단순히 부친의 원수를 갚기 위한 것으로 풀이해서는 안 되는 이유다.

그럼에도 조조가 도겸을 치면서 잔혹한 살육전을 펼친 것은 어떻게 해석해야 할까?

《후한서》'도겸전'에 따르면 당시 조조는 현재의 강소성과 안휘성 일대의 여현과 수릉 등을 공략할 때 백성들에 대한 도륙을 감행했다. 당시 살해당한 남녀의 수가 무려 수십만 명에 달한 것으로 기록되어 있다. 과연 이게 사실일까?

《삼국지》'도겸전'은 이와 달리 당시 살해당한 사람의 숫자를 1만여 명으로 기록해 놓아 숫자상으로 커다란 차이를 보이고 있다. 수십만 명과 1만 명은 의미하는 바가 확연히 다르다. 물론 아무리 1만 명이라고 할지라도 《삼국지》 역시 《후한서》와 마찬가지로 도륙 당시 개와 닭마저 사라지고, 사수泗水가 시체들로 인해 흐르지 못할 정도가 되었다고 기록해 놓았다. 참혹한 도륙이다.

주의할 점은 조조가 도겸을 토벌할 때 궐선과 합종한 그의 전죄를 이유로 토역討逆의 기치를 내세웠을 가능성이다. 사서에 이에 관한 기록은 나오지 않고 있다.《한비자》와《손자병법》을 숙독한 조조가 그 이치를 몰랐을 리 없다. 당시의 여러 정황을 종합적으로 감안할 때 토역의 기치를 내세웠을 공산이 매우 크다고 보는 게 합리적이다.

3장 포상과 형벌을 반드시 행하라

4 장

민지 못하면 아예 쓰지를 마라

불신물용

不信勿用

바다가 깊은 이치를 알다
실질을 취해 승리하라
감동이 최상의 방안이다
천하는 홀로 다스릴 수 없다
한번 맡겼으면 믿어라

바다가 깊은 이치를 알다

조조가 주공토포를 얘기한 취지는 산불염고와 해불염심에 잘 나타나 있다. 산은 본래 높은 산일수록 토석을 구분하지 않는 법이고, 바다는 넓은 대양일수록 강하를 구분하지 않는 법이다. 한 가지 재능만을 지닌 자일지라도 모두 망라하여 천하통일의 대업에 동참시키겠다는 의지를 드러낸 것이다.

삼국시대 초기만 해도 천하를 통일할 주인공으로 꼽힌 인물은 원소였다. 그는 자신이 원한 바대로 기주를 점거한 뒤 차례로 청주와 유주, 병주 등 4개 주를 장악했다. 영토의 크기도 컸을 뿐만 아니라 지세로 보더라도 결코 험고하지 않은 것도 아니었다. 그러나 그는 강팍자용剛愎自用한 나머지 인재를 망라치도 못하고, 휘하의 인재를 제대로 활용치 못한 결과 끝내 패망하고 말았다.

그의 휘하에 있던 순욱과 곽가, 장합, 고람 등이 모두 그를 떠나 조조에게 간 사실이 이를 방증한다. 마지막까지 원소에게 기대를 걸며 남아 있던 천하의 책사 저수와 전풍 등은 관도대전 당시 조조를 일거에 깰 수 있는 뛰어난 계책을 제시했으나 원소는 이마저도 받아들이지 않았다.

이에 반해 조조는 시종 뛰어난 인재들을 거두기 위해 혼신의 노력을 기울였다. 화흠과 왕랑, 서황, 주령 등과 같은 용장들이 조조의 휘하로 자진해 귀의한 것은 바로 조조가 인재를 얻기 위해 애쓰고 있다는 사실에 감복했기 때문이었다. 이는 서황이 조조를 만난 뒤 감개한 표정으로 이런 언급을 한 대목을 보면 쉽게 알 수 있다.

"선비는 명군을 만나지 못할까 노심초사한다. 지금 나는 다행히 그같은 명군을 만났다. 당연히 모든 것을 바쳐 공을 세워야 하지 않겠는가!"

주령도 조조를 만난 뒤 이같이 감읍해 한 바 있다.

"조공이야말로 진정한 명주이다. 내가 지금 그를 만나게 되었으니 다른 그 무엇을 구하겠는가!"

사실 조조는 인재 한 명을 얻을 때마다 한 주州를 얻는 것에 비유하며 흥분을 감추지 못했다. 이는 형주의 괴월蒯越이 유종을 부추겨 조조에게 투항하게 만들자 조조가 대열大悅하며 순욱에게 보낸 다음과 같은 내용의 서신을 보면 쉽게 알 수 있다.

"나는 형주를 얻은 것이 기쁜 것이 아니라 괴이도蒯異度 괴월을 얻은 것이 기쁠 뿐이오."

당시 조조는 형주의 인재들을 대거 얻게 된 사실에 크게 고무된 나머지 한수의 강변에 연석을 베풀어 이들 인재들의 귀의를 자축했다. 이때 괴월과 함께 조조에게 귀의한 15명의 인재 중 한 사람인 왕찬王粲이 자리에서 일어나 축배를 권하면서 조조를 이같이 칭송한 바 있다.

"원소가 하북에서 일어났을 때 그를 의지하며 따르는 사람이 많자 그는 뜻을 세워 천하를 겸병하려고 했습니다. 그러나 그는 인재를 좋아할 줄만 알았지 등용할 줄을 몰랐습니다. 이에 기사奇士 재주가 탁월한 선비들이 그의 곁을 떠나게 된 것입니다. 유표도 형주에 앉아서 시세의 변화를 관망하다가 스스로 주문왕과 같은 명군이 될 수 있다고 생각했습니다. 난을 피해 형주로 온 선비들은 모두 이 나라의 준걸들이었습니다. 그러나 유표는 그들을 등용할 줄 몰랐으므로 나라가 위태로워졌는데도 보좌하는 사람이 없었습니다. 명공은 기주를 평정하던 날 수레에서 내려 군사를 정돈하고 그곳의 호걸들을 받아들여 천하를 평정했습니다. 장강과 한수지역을 평정해 그곳의 어진 사람과 뛰어난 인물을 등용해 천하로 하여금 당신에게 마음이 돌아가도록 하였습니다. 이로 인해 모든 인재들이 명공을 위해 전력을 다하고자 합니다. 이는 바로 3왕三王의 거동인 것입니다.”

왕찬의 이런 찬사는 조조를 미화한 측면이 없는 것은 아니나 그렇다고 근거 없는 찬사도 아니었다. 특히 원소 및 유표와 대비되는 조조의 행보는 탁월한 바가 있었다. 조조가 얼마나 인재를 얻기 위해 안간힘을 썼는지를 대략 짐작할 수 있다.

조조는 권력기반이 굳건해지자 입을 열어 주공을 칭송하며 인재를 얻기 위해 노심초사했던 주공의 모습을 닮고자 더욱 애썼다. ‘구현’을 향한 그의 조바심은 그가 지은 ‘단가행短歌行’에 잘 나타나 있다. 마지막 구절에 이런 표현이 나온다.

산은 높다고 거절 않고 물은 깊다고 마다 않는다   山不厭高 海不厭深

주공이 토포吐哺하자 천하 사람이 귀의했다   周公吐哺 天下歸心

‘주공토포周公吐哺’는 주나라 건국의 기틀을 닦은 주공이 인재를 귀히 여겨 누가 찾아오면 머리를 감다가도 얼른 걷어 올리고, 밥을 먹다가도 얼른 뱉고 나가 손님을 맞이한 데서 나온 고사이다. 조조는 이 시에서 장부의 포부와 현재賢才에 대한 갈망, 공적을 이루고자 하는 의지 등을 가감 없이 드러내고 있다.

원래 '단가행'은 노래를 부를 적에 길게 빼지 않고 짧게 마치는 악곡 형식을 말한다. '행行'이란 악부시를 노래하는 가체歌體를 의미한다. 최표 崔豹의 《고금주古今注》에 따르면 본래 '단가행'은 인간 수명을 인간의 뜻 대로 늘이거나 줄일 수 없음을 한탄하는 내용으로 이뤄졌다고 한다.

조조는 이 시의 끝부분에서 자신만큼은 무슨 일이 있더라도 '주공토포' 의 자세로 인재를 반드시 얻고야 말겠다는 각오를 피력하고 있다. 실제로 그는 자신을 배반한 자일지라도 유능하기만 하면 지난 일을 불문에 붙이 고 맞아들였다. 유능한 인재를 널리 구하고자 한 조조의 '구현' 원칙이 예 외 없이 적용된 결과다.

조조가 '주공토포'를 얘기한 취지는 바로 앞에 있는 구절인 '산불염고 山不厭高'와 '해불염심海不厭深'에 잘 나타나 있다. 산은 본래 높은 산일수 록 토석土石을 구분하지 않는 법이고, 바다는 넓은 대양일수록 강하江河 를 구분하지 않는 법이다. 한 가지 재능만을 지닌 자일지라도 모두 망라 하여 천하통일의 대업에 동참시키겠다는 의지를 드러낸 것이다. 조조는 이 구절에서 그 누구일지라도 재능이 있는 자라면 능력에 따른 배치는 자 신이 알아서 할 터이니 거리낌 없이 찾아오라고 주문한 셈이다.

바로 이 대목이 주공의 '토포吐哺'보다 한 차원 높은 웅혼한 포용력을 유감없이 보여주고 있는 것이다. 주공은 머리를 감을 때 세 번이나 머리 를 손으로 거머잡은 채 손님을 만나고, 한 번 식사를 하는 동안에도 세 번 이나 입에 문 밥을 뱉어버리고 손님을 만났다. 이를 '토포악발吐哺握髮'이 라고 한다. 세상의 인재를 잃지 않기 위해 노력한 주공의 모습이 선명히 드러나고 있는 것이다. 그러나 주공이 '토포악발'한 대상은 재덕才德을 겸비한 자만을 의미했다. 이에 반해 조조가 말한 '토포악발'의 대상은 '유재惟才'를 뜻한다. 조조가 '주공토포'를 꺼내기에 앞서 '산불염고'와 '해불염심'을 언급한 이유가 바로 여기에 있다.

조조가 말하는 '구현'의 대상은 재덕을 겸비한 자가 아니라 단 하나의 재주만을 지닌 자일지라도 치국평천하에 도움이 될 수 있는 모든 인재를 뜻하는 '유재惟才'였다. 조조는 한발 더 나아가 '구현'의 방법론에서 '토악'보다 한 단계 높은 천라지망天羅地網의 '구현'을 얘기하고 있다. 천하의 모든 인재를 빠짐없이 등용하겠다는 강력한 의지를 표현한 것이다.

조조는 '구현'에 대한 조바심과 '실현失賢'에 대한 두려움을 피력하면서도 결코 비관적이지는 않았다. 인재들이 자신의 '구현' 의지를 충분히 읽고 새가 안식安息할 수목을 스스로 골라 찾아오듯이 자신을 찾아오고야 말 것이라는 희망을 잃지 않고 있다. 뛰어난 인재는 하찮은 부귀영화로 설득할 수는 없는 노릇이다. 이런 인재들은 군웅들을 토벌하여 천하 사람들을 평안하게 만들고자 하는 자신과 같은 사람에게만 귀의할 것이라는 자신감이 물씬 풍겨 나온다.

실질을 취해 승리하라

조조가 원소와 그의 자식들을 소탕하고 마침내 명실상부한 중원의 패자로 우뚝 서게 된 결정적인 계기는 헛된 명분에 휘둘리지 않고, 오직 실질을 취해 승리를 견인하며 부국강병에 매진한 결과다.

한비자는 여러모로 서양의 마키아벨리와 닮았다. 군주에게 신하들을 극도로 조심하라고 당부한 게 그렇다. 한비자가 치국평천하의 요체를 이른바 '치리불치민治吏不治民'으로 요약한 사실이 이를 뒷받침한다. 군주는 관원을 다스리는데 주력해야지 직접 백성을 다스리는데 애써서는 안 된다는 취지이다. 헛된 명분인 허명虛名을 과감히 내던지고, 핵심을 꿰뚫어 실질實質을 도모해야만 난세의 치국평천하에 성공할 수 있다는 주장이다. 이를 뒷받침하는 대목이 《한비자》 '외저설 좌상'에 나온다.

"학문하는 선비들은 나라에 일이 없을 때는 힘들여 농사를 짓지 않고,

　　　　　　　　4장 믿지 못하면 아예 쓰지를 마라

난리가 일어나도 갑옷을 입지 않는다. 이들은 나라가 안정될 때는 존경을 받고 이름을 빛내지만 위태로워지면 소심한 모습을 드러낼 것이다. 그렇다면 군주는 학문하는 선비들로부터 무엇을 얻을 수 있겠는가?"

한비자가 군주의 난세 리더십을 신하를 제압하는 이른바 제신술制臣術에서 찾은 이유가 여기에 있다. 의리가 없는 자를 우대할 경우 나라가 위태로워질 때 이른바 굴공지위屈公之威를 드러낼 소지가 크다고 경고한 게 그렇다. '굴공지위'는 평소 큰 소리를 치지만 나라가 위기에 처하면 일신의 안녕을 위해 온갖 핑계를 대고 몸을 사리는 것을 말한다.

현재로서는 '굴공'이 정확히 누구를 지칭하는 것인지 알 길이 없다. '외저설 좌상'에 따르면 그는 정나라 대부로 적군이 몰려온다는 말을 들으면 두려운 나머지 이내 기절했다가 적군이 지나갔다고 하면 두려움에서 벗어나 깨어나곤 했다고 한다. 나라가 위기에 처했을 때 도움이 되기는커녕 오히려 해가 되는 자를 상징하는 가공의 인물로 보인다. 한비자는 '팔설'에서 이같이 갈파하기도 했다.

"맛있는 음식을 마련할 능력도 없으면서 굶주린 사람에게 먹기를 권하는 것은 굶주린 사람을 살리는 방법이 아니다. 초지를 개간해 곡식을 생산할 능력도 없으면서 백성에게 곡식을 꿔주거나 나눠주는 것은 백성을 넉넉하게 만드는 방법이 아니다. 지금 학자들은 근본이 되는 일에 힘쓰지 않은 채 말단적인 일만 좋아하고, 공허한 성인의 얘기나 들려주면서 백성을 기쁘게 만들 줄만 알고 있다. 이는 먹을 것을 마련할 능력도 없으면서 먹기를 권하는 것과 같다. 명군은 이런 얘기를 받아들이지 않는다."

한비자가 부국강병에 도움이 될 만한 인물로 거론한 조나라 대부 이자 李疵는 굴공과 대비되는 인물이다. 《사기》에는 그의 이름이 나오지 않지만 《전국책》'중산책'에 그에 관한 일화가 나오고 있는 점에 비춰 실존인물로 보인다.

'외저설 좌상'의 일화에 따르면 전국시대 말기 조나라의 상왕으로 있던 조무령왕趙武靈王은 이자를 시켜 이웃한 중산국中山國을 칠 만한지 여부를 살펴보게 했다. 이자가 정탐을 끝내고 돌아온 뒤 보고했다.

"가히 칠 만합니다. 서둘러 치지 않으면 장차 제나라나 연나라가 먼저 접수할 것입니다."

주부가 물었다.

"무슨 근거로 그리 말하는 것이오?"

이자가 대답했다.

"중산국의 군주는 바위굴에 숨어 사는 은자를 즐겨 만납니다. 그들을 만나기 위해 수레 덮개를 걷어 젖히고 수레를 나란히 한 채 초라한 좁은 길로 찾아가는 일이 수십 번이나 되고, 벼슬도 없는 포의지사布衣之士에게 동등한 예우를 베푼 일도 수백 번이나 됩니다."

주부가 반문했다.

"그대의 말대로라면 이는 명군이오. 그런데도 어찌하여 공격해도 좋다고 말하는 것이오?"

이자가 대답했다.

"그렇지 않습니다. 무릇 바위굴에 숨어 사는 은자를 조정으로 불러 세상에 드러내면 병사들은 전장에서 힘써 싸우려 하지 않고, 군주가 학자만 높이고 처사處士를 등용하면 농부들은 농사를 게을리 하게 됩니다. 병사들이 싸움터에서 나태하여 힘써 싸우지 않으면 군대가 약해지고, 농부들이 농사를 게을리 하면 곧 나라가 가난해집니다. 군대가 적과 싸울 때 약하고 나라 안이 가난하면서도 망하지 않은 적이 없습니다. 지금 치는 것이 마땅하지 않겠습니까?"

조무령왕이 곧바로 군사를 일으켜 중산국을 쳤다. 중산국이 이내 패망한 것은 말할 것도 없다. 한비자가 평시에는 힘들여 농사를 짓지 않고, 전시에는 갑옷을 입지 않는 자들을 제거하라고 충고한 이유가 여기에 있다. 입만 열면 인의仁義를 들먹이는 식으로 태평성대에나 어울리는 자들이 난세의 시기에 중용되면 나라에 도움이 되기는커녕 오히려 나라를 망치는 데 앞장서게 된다고 지적한 것이다.

이는 원래 전국시대 중엽 상앙商鞅이 농사를 지으며 싸우는 이른바 농전農戰을 기치로 내걸어 서쪽 변방의 진나라를 문득 최강국으로 만들어낸 것과 취지를 같이하는 것이다. 당시 '농전'의 효과는 엄청났다. 진나라 백성들은 전쟁이 터지면 부귀에 참여할 기회가 생겼다고 서로 축하하고 자나깨나 전쟁이 일어나기를 노래했다. 《상군서》'획책'편에는 자식과 남편을 전쟁터로 떠나보내는 부모와 처들이 다음과 같이 절규하는 대목이 나온다.

"군공을 세우지 못하면 절대 집에 돌아올 생각을 하지 마라!"

상앙은 이런 일련의 부국강병 조치를 바탕으로 생산증대를 독려했다. 백성 모두 평시에는 열심히 농사를 짓다가 전쟁이 나면 군공軍功을 세우기 위해 앞다투어 목숨을 걸고 용감히 싸우는 전사가 된 배경이다. 진나라가 훗날 사상 최초로 천하를 통일한 근본 배경이 여기에 있다.

한비자가 '외저설 좌상'에서 송양지인宋襄之仁을 언급하며 실질을 취해 승리를 거두라고 독려한 것도 바로 이 때문이다.

기원전 638년, 송양공이 초성왕楚成王과 홍수泓水에서 싸움을 벌였다. 송나라 군사는 이미 전열을 갖췄지만 초나라 군사는 아직 다 물을 건너오지 못했을 때였다. 우사마右司馬로 있는 공손公孫 고固가 종종걸음으로 나와 간했다.

"초나라 군사는 많고, 송나라 군사는 적습니다. 적이 아직 강의 절반도 건너지 못해 전열을 갖추지 못했을 때 공격하면 반드시 무찌를 수 있습니다."

송양공이 반대했다.

"내가 듣기로 군자는 '부상자를 살상하지 않고, 머리가 희끗한 자를 포로로 잡지 않고, 상대방을 위험한 곳까지 밀어붙이거나 곤궁한 곳에서 추격하지 않고, 전열을 갖추지 못했을 때 공격하지 않는다.'고 했소. 지금 초나라가 아직 강을 건너오지 않았는데 이를 공격하면 의를 해치게 되오. 초나라 군사가 모두 강을 건너와 전열을 갖춘 후 북을 울려 진격토록 하시오."

우사마가 말했다.

"군주는 송나라 백성의 가슴이 쪼개지고 배가 찢어지는 고통을 가련하게 생각지 않고 오직 의만 이루려고 합니다."

송양공이 화를 냈다.

"대오로 돌아가지 않으면 군법으로 다스릴 것이다!"

송나라는 초나라 군사가 대오를 갖추고 전열을 가다듬자 비로소 공격에 나섰다. 전쟁에서 '인의'를 내세우며 적과 싸우다가 참패를 자초한 꼴이다. 실제로 이 싸움에서 송나라 군사는 대패했고, 송양공 자신도 허벅지에 큰 부상을 입어 3일 만에 죽고 말았다. 인구에 회자하는 '송양지인' 성어가 나온 배경이다. 난세의 시기에 아무런 의미도 없는 어리석은 대의명분을 내세우거나 또는 불필요한 인정이나 동정을 베풀다가는 오히려 나라를 패망으로 이끌 수 있다는 사실을 상기시켜 주는 성어이다. 이런 이치가 21세기라도 달라질 리 없다. 전대미문의 대통령 탄핵사태 이후에 전개되고 있는 불온한 한반도 정세가 그 증거다. 자칫 남북공멸을 자초해 100여 년 전 조선조 패망의 전철을 밟을지도 모를 일이다.

삼국시대 당시 조조는 이런 사실을 정확히 꿰고 있었다. 부국강병을 염두에 두고 둔전책을 전면적으로 실시하고, 사치품의 제조 및 교역을 억압하는 등의 조치를 취한 게 그 증거다.《한비자》를 숙독한 결과로 해석할 수 있다. 그의 치세 때 문학과 예술 등 문화 방면에서 화려한 꽃을 피운 이른바 건안시대建安時代가 도래한 것도 조조가 시종 부국강병의 기조를 유지한 덕분으로 볼 수 있다.

여기서 주목할 것은 부국강병의 이런 기조가 비록 명목상의 천자에 지나지 않았으나 헌제獻帝를 자신의 근거지인 허현許縣으로 모셔온 데서 시작되었다는 점이다. '허현'이 허도許都로 탈바꿈하게 된 것은 천자인 헌제가 '허현'에 머문 덕분이다. 헌제의 거가車駕가 장안을 떠난 지 꼭 1년여 만에 일어난 일이다. 거가가 장안에서 허현으로 파천播遷하는 동안 거의 무정부상태에 가까웠던 혼란도 이를 계기로 모두 종식되었고, 조조 역시 군웅의 일원으로 우뚝 설 수 있었다. 동탁이 세운 '장안정권'과 대비되는 이른바 '허도정권'의 성립이 그것이다.

당시 '허도정권'을 세운 조조는 궁중과 관부의 법제가 제대로 확립되자 가장 먼저 조명詔命을 받들지 않는 군벌에 대한 성토작업부터 시작했다. 원소를 누르고 화북 일대를 손에 넣는 관도대전의 단초가 바로 여기에 있었다.

당시 허도를 새 도읍지로 정한 헌제는 조조가 대장군이 되어 '허도정권'의 실질적인 책임자가 된 지 한 달여 만에 최고의 군벌로 군림하고 있는 원소에게 이런 조서를 내렸다.

"땅이 넓고 군사가 많은데도 오직 무리를 심는데 열중하여 근왕勤王을 위해 출동했다는 얘기는 들리지 않고 오직 멋대로 서로 토벌한다는 얘기만 들리고 있다."

준엄한 경고였다. 오랫동안 사가들은 '허도정권'을 일개 지방 군벌에 불과한 조조가 천자를 협박하여 만든 사이비 정권으로 간주해 왔다. 그러나 원소에게 보낸 조명의 내용을 통해 알 수 있듯이 동탁의 난 이후 군벌들에게 후한의 위엄을 최초로 드러낼 수 있었던 것은 전적으로 '허도정권'의 출범이 있었기에 가능했다.

당시 헌제의 존재를 무시하고 멋대로 조명을 빙자해 관원을 임명하고 이웃 지역을 병탄하기에 여념이 없었던 원소는 헌제의 조서를 받아보고 대경실색할 수밖에 없었다. 자칫 조정에 항거하는 반란세력인 이른바 조적朝敵으로 몰릴 공산이 컸다. 식은땀을 흘리며 곧바로 상서해 진력으로 변명한 이유다.

조조는 원소가 '허도정권'에 대해 굴복하는 자세를 보이자 이내 상표하여 원소를 태위로 삼고 열후에 봉하게 했다. 사실 당시 조조로서는 원소를 힘으로 굴복할 수 있는 처지에 있지도 못했다. 그러나 원소는 자신의 직위가 조조의 밑에 있게 된 것을 치욕으로 생각해 대로했다.

"조조가 몇 번이나 죽게 되었을 때 내가 모두 구해주었다. 그런데 이제 천자를 끼고 나에게 명령하려 드는 것인가?"

그러고는 곧바로 상표하여 태위의 직책을 받지 않으려 했다. 조조는

'허도정권'이 이제 막 출범한 상황에서 원소가 '허도정권'의 첫 작품인 인사명령을 따르지 않을 경우 대사를 그르칠까 우려했다. 곧바로 상표하여 대장군의 직함을 원소에게 주도록 한 이유다. 헌제는 조조의 건의를 좇아 원소를 대장군으로 삼고 조조를 사공司空 및 행行거기장군으로 임명했다. '행行'은 임시직을 뜻한다. 당시 조조는 명분을 버리고 실리를 취하는 '사명취실捨名取實'의 전략을 구사한 셈이다.

사실 원소의 경우는 비록 '대장군'의 직함을 가지고 있을지라도 직접적으로 '허도정권'에 가담해 군권을 장악한 것이 아니기 때문에 그리 큰 문제가 될 것이 없었다. 그런 점에서 조조와 원소의 운명을 가른 관도대전은 두 사람 사이에 숙제로 남아 있던 명분과 실질간의 괴리로 인한 갈등이 폭발한 것으로 해석할 수 있다.

관도대전 당시 원소는 장합張郃을 비롯한 장수들이 조조에게 투항하고 오소烏巢의 양초마저 잃게 되어 병사들의 사기가 크게 떨어졌는데도 특단의 대책을 강구하지 않고 이를 만연히 대처했다. 적을 얕보고 지나친 자만심에 빠진 결과였다. 결국 군심이 크게 동요하는 틈을 타 조조가 전 군사를 이끌고 일제히 진격하자 원소의 병사들이 갑옷과 무기를 버리고 별처럼 흩어졌다. 원소군이 일거에 무너진 이유다.

당시 주변의 군현 모두 이를 보고 크게 두려워했다. 원소의 대패 소식이 전해지자마자 기주의 대다수 군현이 조조에게 투항한 게 그렇다. 조조는 노획한 금은보화와 주단 등을 전 장병들에게 차등을 두어 골고루 나눠주었다. 중원의 패권을 놓고 벌인 건곤일척의 싸움에서 승리를 거둔 장병들의 노고를 크게 치하하며 사기를 북돋운 것이다.

주의할 것은 관도대전이 비록 삼국시대의 4대 대전 중 하나로 손꼽힐 정도로 격전이기는 했으나 원소가 이로 인해 패망한 것은 아니라는 점이다. 얼마 후 원소가 곧바로 기력을 회복한 사실이 이를 뒷받침한다. 사실 그가 죽을 때 후사문제를 깨끗이 마무리해 놓기만 했어도 조조가 그렇게 쉽게 중원을 제패할 수는 없었을 것이다. 그러나 원소는 가장 중요한 후사문제를 숙제로 남겨놓은 채 세상을 떠났다. 이는 중원을 조조에게 상납하는 결과를 낳았다.

당시 원소 진영 내에서 후사문제를 놓고 심각한 내분 양상이 빚어졌다. 이는 기본적으로 원소의 우유부단한 태도에서 비롯된 것이었다. 원소의 후처 유씨劉氏는 원소가 죽자마자 원소의 애첩 5명과 그들의 일족을 모두 죽여 버렸다. 많은 사람들이 유씨와 유씨 소생인 원상袁尚에 대해 매우 좋지 못한 생각을 갖게 된 이유다. 당연한 결과로 대부분의 사람들이 원담袁譚이 장자인 점을 내세워 그를 옹립하려고 했다.

그러자 원상의 무리는 원소의 유명遺命을 멋대로 만들어 원상을 후사로 만들었다. 이는 진시황이 급서했을 때 환관 조고趙高가 멋대로 유조遺詔를 조작해 진시황의 장남인 부소扶蘇를 자진케 만들고 막내아들 호해胡亥를 2세 황제로 옹립한 일에 비유할 만했다. 조조는 원소 자식들 간의 이런 내분을 최대한 활용해 마침내 이들을 모두 각개격파 할 수 있었다. 조조가 원소와 그의 자식들을 소탕하고 마침내 명실상부한 중원의 패자로 우뚝 서게 된 결정적인 계기가 바로 여기에 있다. 말할 것도 없이 헛된 명분에 휘둘리지 않고, 오직 실질을 취해 승리를 견인하며 부국강병에 매진한 결과다.

감동이 최상의 방안이다

권력을 바라는 자에게는 위권지계, 이익을 밝히는 자에게는 대여지계, 명예를 탐하는 자에게는 심복지계를 구사한다.

《손자병법》은 '모공'에서 부득이 싸움을 하게 될 경우에 구사하는 가장 높은 수준의 전술에서 최하 수준의 전술까지 단계별로 언급했다. 최상의 단계는 상대방을 온전히 굴복시키는 전승全勝이다. 이는 상대방 마음을 얻어 굴복시키는 심복心服을 달리 표현한 것이다. 최하 단계는 유혈전을 동반하는 공성攻城이다. 《손자병법》은 더 이상 구체적인 언급을 하지 않았으나 '공성'의 최하 단계는 진흙 밭 개싸움인 이전투구泥田鬪狗이다.

맹자는 이익 앞에서 배신을 일삼는 자들이 횡행할 경우 끝내는 군신君臣은 물론 부자父子 사이에도 서로 상대방 등 뒤에 칼을 꽂는 야만적인 '만인의 만인에 대한 투쟁'이 빚어질 수밖에 없다고 경고했다. 맹자와 비슷한 시대를 산 장자는 사람이 일생을 살아가는 유형을 크게 네 가지로 나눠 보았다. 향락享樂, 명리名利, 귀의歸依, 초속超俗이 그것이다. 이는 삶과 죽음에 대한 기본입장을 잣대로 삼은 것이다.

전국시대 말기에 활약한 한비자는 장자가 생각한 네 가지 유형의 삶 가운데 '명리'에 초점을 맞췄다. 그가 볼 때 열국의 군주를 위시해 일반 서민에 이르기까지 대다수 사람들이 지대한 관심을 기울이는 것은 어디까지나 명리였다. 이때 군주가 공명을 세울 수 있는 방안으로 한비자가 제시한 것은 크게 인심과 기능, 세위 등 세 가지이다. 사람의 마음을 얻어 복종케 만드는 심복지계心服之計, 큰 이익을 주어 따르게 만드는 대여지계大予之計, 보유하고 있는 권력과 위세를 이용하는 위권지계威權之計가 바로 이에 해당한다. 권력을 바라는 자에게는 위권지계, 이익을 밝히는 자에게는 대여지계, 명예를 탐하는 자에게는 심복지계를 구사한다.

한비자는 난세의 시기에 인간의 '호명지심'이 이익을 추구하는 '호리지성' 못지않게 강렬하다는 사실을 통찰했다. 삼국시대 당시 명예를 중시하는 인간의 '호명지심'을 적극 활용해 부하들의 충성을 얻어낸 대표적인 인물이 바로 유비이다. '호리지성'을 적극 활용한 조조와 대비된다.

건안 13년(208) 9월에 조조가 형주를 접수할 당시 유비는 번성樊城에 있었다. 그는 뒤늦게 유종의 투항 사실을 알게 되었다. 그대로 있다가는 조조에게 포로로 잡힐 수밖에 없었다. 황급히 군사를 이끌고 번성을 떠난 이유다. 지금의 호북성 당양當陽에 도착했을 즈음 그의 뒤를 따르는 백성 수가 10여만 명에 달했다. 하루에 10여 리밖에 갈 수 없었다. 어떤 사람이 유비에게 말했다

"응당 빨리 가서 강릉을 보위해야 합니다. 지금 따르는 백성은 많고 무

장한 병사는 적으니 만일 조공의 부대가 쫓아오면 무엇으로 대항할 것입니까?”

“무릇 대업을 완성하려면 반드시 사람을 근본으로 삼아야 한다. 지금 사람들이 나에게 귀부했는데 내가 어떻게 그들을 버리고 떠날 수 있겠는가!”

당시 조조는 유비가 군수물자가 있는 강릉을 점거할까 두려워 경무장한 군사를 이끌고 급히 당양에 도착했다. 유비가 이미 떠났다는 소식을 듣고 조조가 급히 정예 기병 5천 명을 거느리고 추격했다. 꼬박 하루 밤낮을 새워 3백여 리를 달려가 당양 북쪽에 있는 장판長坂에 이르렀다. 유비가 처자를 버린 채 제갈량과 장비, 조운 등 수십 명만 이끌고 급히 말을 몰아 도주했다. 장비는 조조 군사의 추격을 저지하는 역할을 맡았다. 먼저 20명의 기병을 이끌고 가 장판의 다리를 끊었다. 고리눈을 부릅뜬 채 창을 옆에 비껴 차고 큰소리로 외쳤다.

“내가 장익덕이다. 앞으로 나와 생사를 겨루자!”

조조의 사병이 감히 그에게 접근하지 못했다. 이때 어떤 사람이 유비에게 황급히 보고했다.

“조운이 이미 북쪽으로 도주했습니다!”

유비가 수극手戟을 집어던지며 호통쳤다.

“자룡은 나를 버리고 도주할 사람이 아니다.”

과연 얼마 안 돼 조운이 유비의 외아들 유선을 품에 안고 돌아왔다. 유비의 ‘감복지계’가 구사된 것은 그다음이었다. 천신만고 끝에 유비를 만난 조운이 유선을 공손히 바치자 유비가 유선을 땅바닥에 내던지며 이렇게 말한다.

“못난 자식 때문에 나의 훌륭한 장수를 잃을 뻔했다!”

불신물용不信勿用

처자식보다 휘하 장수가 더 중요하다는 의중을 이같이 표현한 것이다. 유비의 이 말을 들은 휘하 장병들이 모두 눈물을 흘리며 충성을 맹서했는데 당사자인 조자룡은 더 이상 말할 것도 없다. 유선을 내던지는 과장된 몸짓을 통해 처자식과 아끼는 장수를 버려 둔 채 도주했다는 비난을 벗어난 것은 물론 졸지에 부하 장수를 아끼는 관인한 군주로 각인된 셈이다.

조조도 유사한 '심복지계'를 구사한 바 있다. 건안 2년(197) 봄에 조조와 적대했던 장수가 가후의 건의를 좇아 투항했다. 조조가 크게 기뻐하며 커다란 잔치를 베풀었다. 조조가 술을 돌아가며 줄 때 전위는 큰 도끼를 들고 뒤에 서 있었다. 전위가 들고 있는 도끼날은 1척이나 되어 사람들 간담을 서늘하게 만들었다. 조조가 한 사람 앞으로 가면 전위는 즉시 도끼를 들고 그를 주시했다. 이로 인해 사람들은 감히 그를 쳐다볼 엄두도 내지 못했다.

조조는 연석이 파한 후 군사를 거느리고 완성으로 들어가 주둔하고 나머지 군사들은 성 밖에 주둔시켰다. 며칠을 계속해 장수가 매일 주연을 벌이며 조조를 초청했다. 하루는 조조가 술에 취해 있을 때 한 측근이 은근히 말했다.

"간밤에 제가 관사 곁에 가서 살펴보니 한 부인이 있는데 용모가 아름답기로 알아보았더니 바로 장수의 숙부 장제의 미망인이라고 합니다."

조조가 그 말을 듣고 좌우에 명해 부인을 데려오라 했다. 잠시 후 군중으로 데려온 것을 보니 과연 절색이었다. 그녀는 과부가 된 장수의 형수였다. '영웅호색'이라고 하지만 조조는 이때 거의 죽을 뻔했다. 당시 조조가 은밀히 그녀와 밤을 보내자 장수가 뒤늦게 이 사실을 알고는 대로했다.

"조조란 도적놈이 나를 이같이 욕보이다니 이는 너무 지나친 것이 아

4장 믿지 못하면 아예 쓰지를 마라

닌가?"

곧 가후를 불러 의논하자 가후가 계책을 일러주었다.

"내일 조조가 장방에서 나와 일을 의논할 때 도모하는 게 좋을 듯합니다."

이튿날 조조가 장방에서 나와 좌정하자 장수가 들어가 말했다.

"이번에 항복한 군사들 중 도망치는 자들이 많으니 중군 옆에 옮겨 두는 것이 좋겠습니다."

조조가 허락하자 장수는 수하 군사들을 중군 옆으로 옮겨놓고 날짜를 정해 거사키로 했다. 그러나 전위의 용맹이 두려워 섣불리 근접할 수 없었다. 이때 조조는 장수의 휘하 장수 호거아胡車兒를 총애한 나머지 호거아의 환심을 사기 위해 금덩이를 보냈다. 장수는 조조가 호거아를 통해 자신을 도모하는 것이 아닌지 크게 의심했다. 장수가 측근들과 이를 상의하자 한 사람이 계책을 냈다.

"주공은 내일 연회를 베풀어 전위를 만취케 하십시오. 이후에 거사하면 가히 대사를 이룰 수 있을 것입니다."

당일 전위는 장수 부하들의 술대접을 받고 대취한 나머지 귀영하자마자 잠에 떨어졌다. 이 틈을 타 장수가 조조의 영채를 습격했다. 고함소리를 듣고 잠이 깬 조조는 사방에서 불길이 치솟는 것을 보고 크게 당황해 전위를 찾았다. 전위가 잠에서 깨어났을 때는 장수의 군사들이 이미 영문 앞까지 들이닥칠 때였다. 전위가 급한 나머지 보졸이 차고 있던 칼을 빼어 들고 곧바로 뛰쳐나갔다. 그가 칼을 휘두르며 영채 앞을 막아서자 적들이 더 이상 들어오지 못했다. 얼마 후 장수의 군사들이 각기 다른 문으로 공격해 들어왔다. 전위가 부하들과 함께 분전했으나 역부족이었다. 전위가 이내 수십 군데 상처를 입게 되었다. 장수의 군사들이 앞으로 다가와 그를 잡으려고 하자 그가 두 명의 적을 두 겨드랑이 사이에 끼고 격살했다. 기세에 눌린 장수 군사들이 감히 앞으로 나오지 못했다. 그러나 그게 끝이었다. 상처가 너무 깊었다. 장수 군사들이 그의 목을 베었다.

전위가 영문을 막고 있는 사이 조조는 영채 뒤로 말을 타고 내뺐다. 오른팔에 화살 한 대를 맞기는 했으나 다행히 목숨을 구할 수 있었다. 이 싸움에서 조조는 맏아들 조앙과 조카를 잃었다. 조조가 다시 전열을 가다듬어 반격하자 장수가 군사를 이끌고 황급히 달아났다. 조조가 군공에 따라 상벌을 내린 뒤 곧바로 전위를 제사지내면서 통곡했다.

"내가 비록 맏아들과 조카를 잃었으나 그 슬픔보다 큰 것은 전위를 잃은 것이다. 지금 내가 우는 것은 오직 전위를 위해서다! 전위여, 나의 전위여!"

조조의 군사들은 이를 지켜보면서 감격을 금치 못했다. 조조는 본거지인 허도로 돌아와서도 다시 크게 제사를 지냈다. 전위의 혼을 위로하기 위해서였다. 조조가 추모행사가 끝난 뒤 좌우에 명했다.

"전위의 아들 전만을 중랑中郞에 임명하고 나의 부중에서 기르도록 하겠다."

장병들 모두 감격해 마지않았다. 조조는 비록 자신의 방심으로 자식과 조카, 총애하는 호위대장을 잃었으나 피붙이보다 장수 하나 잃은 것을 더 애통해 함으로써 부하 장병들을 감복시킨 셈이다. 유비가 유선을 내던지는 모습을 통해 휘하 장수들을 감복시킨 것과 닮았다. 과장된 유비의 몸짓은 말할 것도 없고 조조가 보여준 극진한 애도 행사 역시 일정 부분 연출의 성격을 띠고 있을지라도 이를 탓할 수는 없다. 천하를 거머쥐려면 최소한 이런 수준의 전략적인 면모는 지녀야 하기 때문이다. 고금을 막론하고 사람을 감동시키는 것보다 더 나은 계책은 없다.

4장 믿지 못하면 아예 쓰지를 마라

천하는 홀로 다스릴 수 없다

실제로 조조가 인재를 아끼는 모습을 보이자 사방에서 뛰어난 인재들이 구름같이 몰려들었다. 이때 조조는 이들을 지성으로 대하면서 유공자에게 포상을 아끼지 않았다. 천하의 인재들이 조조에게 몰려와 등용되기를 바란 것은 당연한 일이었다.

조조는 평소 권력 자체를 대단치 않게 생각했다. 난세를 평정해 치세를 구현코자 하는 거창한 생각을 한 결과다. 그가 볼 때 권력은 '경영천하'의 수단에 불과했다. 그가 모든 방법을 동원해 천하의 인재를 그러모은 이유다. 조조가 숱한 난관에도 불구하고 결코 좌절하지 않고 투지를 불태운 것도 이런 맥락에서 이해할 수 있다.

헌제가 허도로 옮겨온 지 얼마 안 되었을 때 올린 표문인 이른바 '진손익표陳損益表'는 당시 조조의 뜻이 어디에 있었는지를 극명하게 보여주고 있다. 이는 치국평천하에 해가 되는 것과 이익이 되는 것에 관한 소견을 밝힌 표문이다. 조조는 여기서 14개 조의 시무책을 건의했다. 자세한 내용은 실전되었으나《예문유취》에는 그 대략이 실려 있다.

"옛날 한비자는 한나라가 쇠망하는 것을 애석히 여겨 부국강병에 노력하지 않고 인재를 발탁하지 않는 것을 애석히 여겼습니다. 신은 대임을 맡은 자로서 비록 어둡고 둔하기는 하나 명을 받들어 정사를 밝게 하고자 합니다."

이를 통해 조조가《한비자》를 숙독했고, '진손익표'에서 부강富强과 용현用賢을 역설했음을 대략 짐작할 수 있다. 부강의 핵심은 상앙이 역설한 바와 같이 농전農戰에 있었다. 일하면서 싸우는 것을 말한다. 조조는 이를 둔전제를 통해 해결했다. 여러 군웅들이 둔전제를 실시했으나 오직 성공을 거둔 사람은 조조밖에 없었다. 그만큼 치밀하게 준비했음을 반증한다. 조조가 당면현안인 기아문제를 해결하고, 유민들의 정착을 통해 안정된 군량과 병력을 조달한 배경이 여기에 있다.

부강과 더불어 평생 동안 조조의 머리를 떠나지 않은 것은 용현이었다. 그는 구체적인 방안으로 우선 자신을 좇아 종군하는 책사에게 중임을 맡기는 방식을 택했다. 대표적인 인물이 바로 순욱이다. 순욱은 일찍이 지방 현령을 지내다가 동탁의 난이 일어나자 관직을 버리고 귀향해 기주로 피란을 갔다가 기주목 원소의 부름을 받았다. 순욱이 볼 때 원소는 그릇이 작았다. 얼마 후 조조가 웅략이 있다는 얘기를 듣고는 곧 원소를 떠나 조조에게 갔다.

정사《삼국지》의 기록에 따르면 순욱은 자가 문약文若으로 당대 최고의 선비였다. 그의 조부 순숙荀淑은 박학하고 품행이 단정하여 당시의 선

　　　　　4장 믿지 못하면 아예 쓰지를 마라

비들로부터 추앙을 받던 왕창王暢 및 이응 등과 같은 인물들이 모두 순숙을 스승으로 모셨다. 순숙은 낭릉후郎陵侯의 상相으로 재직했는데 당시 사람들은 그를 '신군神君'으로 부르면서 그의 덕을 높이 칭송했다.

순숙은 생전에 8명의 자식을 두었는데 이들 모두 출중해 당시 사람들은 순숙의 자식들을 '8룡八龍'으로 불렀다. 이들 가운데 여섯째 아들인 순상荀爽이 가장 뛰어났는데 그는 사공이 되어 3공의 반열에 올랐다. 순욱의 부친 순곤荀緄은 순숙의 둘째 아들로 제남상濟南相을 지냈다.

순욱은 어릴 때부터 재주가 뛰어나고 명망이 있어 많은 사람들이 그가 훗날 큰 인물이 될 것으로 생각했다. 그의 명민한 자질은 당시 하옹이 그를 만난 뒤 크게 놀라워하며 이같이 말한 데서 잘 나타나 있다.

"참으로 군왕을 보좌할 만한 인재이다."

순욱은 일찍이 효렴에 추천되어 수궁령守宮令이 되었으나 곧이어 동탁이 난을 일으키자 밖으로 나가기를 자원하여 항부亢父현령이 되었다. 얼마 후 이내 관직을 버리고 고향으로 돌아왔다. 이때 순욱은 고향의 부로父老들에게 이같이 말했다.

"영천은 사면으로부터 적의 침입을 받기 쉬운 지역입니다. 천하에 정변이 있으면 이곳은 항상 군사가 출동하는 곳이 될 것이니 응당 빨리 피해야 합니다. 이곳은 오랫동안 머물 곳이 아닙니다."

마침 기주목이며 순욱과 동향인인 한복이 기병을 보내 그들을 영접하려고 했다. 그러나 마을 사람들 대다수가 고향 땅에 대한 집착으로 결단을 내리지 못했다. 결국 순욱만이 홀로 일족을 이끌고 한복에게 가 몸을 의탁하게 되었다.

당시 동탁은 이각 등을 파견하여 관동關東으로 나가게 했는데 이각 등은 거치는 곳마다 노략질을 했다. 이때 순욱의 말을 듣지 않고 고향에 남아 있던 사람들은 대다수가 이각과 곽사 등에게 살해되거나 포로가 되었다.

순욱이 기주에 도착했을 때에는 원소가 이미 한복의 자리를 빼앗은 뒤였다. 원소는 순욱의 명성을 듣고 있었기 때문에 그를 상빈上賓의 예로 대접했다. 이때 순욱의 친동생 순심荀諶을 비롯해 같은 군 출신인 신평辛評 및 곽도郭圖 등이 모두 원소에게 임용되었다.

그러나 순욱은 원소의 그릇을 보고는 그가 결국 대업을 성취할 수 없을 것이라고 생각했다. 그러던 중 조조가 웅략雄略이 있다는 얘기를 듣고는 곧 원소를 떠나 조조에게 갔던 것이다. 순욱이 원소 곁을 떠나 조조에게 갔을 때 순심은 따라가지 않았다. 이로 인해 관도대전 때 원소의 참모로 참여하여 형제가 서로 적으로 갈려 싸우게 되었다. 그러나 순심은 별로 두각을 내지 못했다. 이는 순심이 순욱 형제 중 상대적으로 처지는 인물이었거나 원소가 그를 쓸 줄 몰랐거나 둘 중 하나였을 공산이 크다.

순욱이 조조를 찾아갈 당시 조조는 천하의 인재를 얻기 위해 절치부심하고 있을 때였다. 조조는 순욱과 얘기를 나누고는 크게 기뻐하며 이같이 말했다.

"이는 나의 장자방張子房이다."

이에 조조가 그를 분무사마에 임명했다. 이때 순욱의 나이 29세였다. 당시 동탁의 위세가 천하를 덮었는데 조조가 순욱에게 이를 물어보았다. 그러자 순욱이 이같이 말했다.

"동탁의 포악함이 이미 극에 달했으니 반드시 화를 자초해 목숨을 잃을 것입니다. 그가 할 수 있는 것이 아무것도 없습니다."

순욱의 이런 언급은 그의 식견이 매우 폭이 넓고도 깊이가 있었음을 보여주는 것이었다. 순욱의 진면목은 조조에게 협천자를 권할 때 약여하게 드러났다. 당시 제장들은 이를 반대하고 나섰는데 순욱이 이같이 반박하며 조조를 설득했다.

"예전에 진문공晉文公은 주양왕周襄王을 맞아 제후를 복종시켰고 한고조도 의제義帝를 위한 상복을 입어 천하 사람을 성심으로 귀부시켰습니다. 천자가 밖으로 떠돌게 되자 장군이 앞장서서 의병을 일으켰으나 산동의 전란으로 미처 마중 나갈 여가가 없었습니다. 지금 거가가 돌아오더라도 낙양은 풀이 우거져 있으니 충의지사는 근본을 보존하고픈 마음이 간절하고 백성들은 옛날을 그리는 아픔에 젖을 수밖에 없습니다. 진정 이 기회를 이용하여 주상을 맞이해 백성의 바람을 따르는 것이 시의에 맞는 것입니다. 지공至公으로 천하 사람을 심복시키는 것이 가장 좋은 계책이고 대의大義를 널리 일으켜 천하영재를 부르는 것이 가장 큰 덕행입니다. 사방에 비록 반역을 꾀하는 역신들이 있다 해도 그들이 무엇을 능히 하겠습니까?"

조조는 순욱의 이 계책을 받아들여 패업을 이룰 수 있는 명분을 독보적으로 확보하게 되었다. 조조가 뒤에 원소 등을 패퇴시키고 중원을 점령한 후 천하를 호령할 수 있게 된 것도 따지면 순욱의 '협천자' 계책을 따른 데서 비롯된 것이다. 이같이 순욱의 계책은 전술 차원의 궤계에 있지 않았다. 순욱의 계책은 대부분이 천하 차원의 전략에 그 진면목을 드러냈던 것이다.

순욱은 항상 치우침이 없이 매사를 엄정하게 처리했는데 조조는 비록 정벌을 위해 밖에 있을 때에도 늘 순욱과 상의한 뒤 처리했다.

한번은 조조가 자신이 거느리고 있는 거의 모든 군사를 동원하여 도겸을 치고 있었을 때였다. 조조는 순욱에게 모든 것을 맡기고 군사들을 이끌고 가서 서주를 쳤다.

그러나 진궁은 바로 이때를 노려 반기를 들었다. 진궁은 내심 순욱을 낮게 평가했는지도 모를 일이다. 당시 순욱은 동군태수 하후돈에게 급히 사람을 보내 구원을 요청했다. 당시 동군을 지키고 있던 수비병의 숫자가 매우 적었다. 게다가 상당수의 장수와 고위 관원들이 장막 및 진궁에 포섭되어 반기를 들기로 되어 있었기 때문에 동군은 매우 위험한 상황에 처해 있었다. 그러나 하후돈이 도착하여 그날 밤 반란을 공모했던 장령 수십 명을 처형하자 이내 평온을 되찾게 되었다.

순욱은 지략뿐만 아니라 담략도 뛰어난 인물이었다. 그의 담략은 이 당시 예주자사 곽공郭貢이 군사 수만 명을 이끌고 와 순욱에게 면회를 요청했을 때 극명하게 드러났다.

예주자사 곽공이 부중 수만 명을 이끌고 성 아래로 왔는데 어떤 사람이 그가 여포와 공모한 사람이라고 말하자 모두들 그를 두려워했다. 곽공이 순욱과의 회견을 청하자 순욱이 나가려고 했다. 그러자 하후돈이 말리며 말했다.

"군君은 1개 주州를 진정시켜야 하는 사람이오. 가면 반드시 위험에 처하게 될 것이니 가서는 안 되오."

이에 순욱이 이같이 말했다.

"곽공과 장막은 평소에 서로 교결을 맺은 적이 없소. 그가 지금 이렇게 빨리 왔으니 계책 또한 아직 정해지지 않았을 것이오. 이 기회에 그를 설득하면 설령 실패하더라도 최소한 그를 중립으로 만들 수 있소. 만일 우리가 먼저 그를 의심하면 그는 노하여 적 쪽으로 갈지도 모르오."

곽공은 순욱의 얼굴에 전혀 두려운 표정이 없는 것을 보고 견성을 쉽

　　　　　　　　　4장 믿지 못하면 아예 쓰지를 마라

게 공략할 수 없다고 판단해 이내 군사들을 이끌고 떠났다. 이때 연주의 모든 군현이 여포에게 기울어졌으나 순욱의 담략과 지략에 의해 견성현과 범현范縣, 동아현東阿縣 등 3개 현은 전혀 동요치 않았다.

당시 조조는 승씨현에 주둔하고 있었는데 도겸이 죽었다는 소식을 뒤늦게 듣게 되었다. 이에 우선 서주를 취한 뒤 다시 돌아와 여포를 평정하려고 했다. 그러자 순욱이 말리며 이같이 말했다.

"예전에 한고조는 관중을 지켰고 광무제는 하내를 지켰습니다. 모두 근본을 공고히 한 후 천하를 제압한 것입니다. 만일 여포를 놓아둔 채 동정할 경우 남아 있는 군사가 많으면 동정할 군사가 부족할 것이고 적으면 백성까지 동원해 성을 지켜야 하니 땔감나무를 거둘 수가 없습니다. 여포가 허를 찔러 쳐들어오면 민심이 또 놀라 오직 견성과 범현, 복양현만을 보전할 수 있을 뿐 여타 지역은 우리 소유가 되지 못할 것입니다. 그리되면 우리는 연주를 잃게 됩니다. 그러니 만일 서주를 평정하지 못할 경우 장차 군사를 어디로 돌릴 것입니까? 게다가 도겸은 비록 죽었으나 서주는 그렇게 쉽게 평정될 수 없습니다."

이에 조조가 당초의 생각을 버렸다. 당시 조조가 순욱의 건의를 받아들이지 않았을 경우 여포 등에게 협격을 당해 위기에 빠질 가능성이 매우 높았다. 순욱의 이같이 탁월한 헌책은 사실 큰 시야로 국면 전체를 읽는 능력이 없으면 불가능한 일이기도 했다.

순욱의 이런 장기는 조조가 매우 중요한 갈림길에 섰을 때마다 유감없이 발휘되었다. 가장 대표적인 경우는 역시 관도대전 때였다고 할 수 있다. 순욱은 과연 조조의 기대에 걸맞게 결정적인 순간에 큰 역할을 수행했다. 조조는 허도에 정도한 후 순욱을 시중으로 삼아 수상서령守尙書令

을 수행케 했다. 순욱 이외에도 정욱과 만총 등이 모두 유사한 신임을 얻어 중책을 맡았다.

그럼에도 인재는 늘 부족했다. 조조가 사방으로 널리 인재를 구한 이유다. 이런 노력을 기울인 결과 순유荀攸와 곽가郭嘉 등을 얻을 수 있었다. 순유는 순욱의 조카이나 나이는 순욱보다 많았다. 일찍이 황문시랑이되어 동탁 척살을 꾀했다가 투옥된 바 있다. 후에 다시 관직에 복귀해 촉군태수가 되었으나 도로가 끊겨 형주에 머물러 있었다. 조조가 이 사실을알고는 곧바로 사람을 보내 허도로 불렀다. 그가 오자마자 곧바로 상서로삼았다.

곽가는 처음에 원소에게 몸을 맡겼으나 얼마 후 원소의 그릇이 작은것을 알고 이내 그의 곁을 떠났다. 조조는 일찍이 순욱의 천거로 희지재戱志才라는 책사를 얻은 적이 있었다. 그러나 희지재는 요절하고 말았다. 이에 조조가 순욱에게 서신을 보내 인재 천거를 당부하자 순욱이 곽가를 추천했다. 조조는 곽가와 천하사를 논한 뒤 크게 기뻐하며 이같이 말했다.

"나에게 대사를 이루게 해 줄 사람은 틀림없이 이 사람일 것이다!"

곽가도 조조와 얘기를 나눈 뒤 크게 기뻐했다.

"실로 이 분이야말로 나의 주인이 될 만하다!"

두습杜襲과 진군陳群, 사마랑司馬朗, 국연國淵 등이 모두 주위의 천거로조조의 사람이 된 인재들이다. 당시 조조는 장차 누가 자신의 적이 될 자인지를 잘 알았음에도 민심을 잃지 않기 위해 사람을 죽이지 않았을 뿐만아니라 예로써 후하게 대접했다. 대표적인 인물로 유비를 들 수 있다.

건안 원년(196)에 유비가 여포의 공격을 받고 궁지에 몰려 조조에게 몸을 의탁했다. 이때 정욱을 비롯한 조조의 제장들이 차제에 유비를 제거할 것을 종용했으나 조조는 오히려 유비를 후대했다. 천하 사람의 마음을 사기 위한 심모원려였다.

실제로 조조가 인재를 아끼는 모습을 보이자 사방에서 뛰어난 인재들이 구름같이 몰려들었다. 이때 조조는 이들을 지성으로 대하면서 유공자에게 포상을 아끼지 않았다. 천하의 인재들이 조조에게 몰려와 등용되기를 바란 것은 당연한 일이었다.

종세림宗世林은 조조가 젊은 시절에 사귀기를 청했으나 이를 거절했던 인물이다. 조조가 사공이 되어 조정을 장악한 후 다시 조용히 종세림에게 서로 사귀는 상교相交를 청하자 종세림이 이같이 말했다.

"나에게는 아직 송백松柏의 뜻만 남아 있소."

그러고는 끝내 교류를 거절했다. 조조는 비록 불쾌하기는 했으나 그의 절조를 높이 사서 한중태수에 임명한 뒤 조비에게 명하여 제자의 예를 갖추게 했다. 조조가 얼마나 관후한 풍도를 지녔는지를 보여주는 사례다.

많은 사람들이 조조의 용인술에 관해 여러 가지로 얘기하고 있으나 이를 종합해 보면 대략 네 가지로 요약할 수 있다.

첫째, 조조는 능력 있는 자는 친소를 가리지 않고 탁용했다.

조조가 진류에서 거병했을 때 그의 종족과 친우, 초현의 옛 추종자들이 주종을 이뤘다. 이들이 바로 조조 집단의 초기 핵심 인물들이다. 조조는 시종 이들을 주요한 위치에 배치해 기반을 다지는데 적극 활용했다. 개중에는 대공을 세운 자도 있었지만 과실을 범하거나, 행동에 문제가 있는 인물들도 적지 않았다. 그러나 조조는 시종 이들을 심복으로 삼고는 그들에 대한 신뢰를 거두지 않았다.

이들 중 대표적인 인물로는 하후돈과 하후연을 비롯한 여러 하후씨와 조인曹仁 및 조홍曹洪, 조휴曹休, 조진曹眞을 비롯한 여러 조씨들을 들 수 있다.

이들 이외에 조조의 신뢰를 받은 인물로 조조의 옛 친구 호통달의 아들 호질胡質을 들 수 있다. 호질은 어려서 장제蔣濟 및 주적朱績 등과 함께 장강 및 회수 일대에 널리 명성을 떨쳤다. 장제가 조조의 부름을 받고 조조를 만났을 때 조조가 이같이 물은 적이 있었다.

"호통달은 장자長者인데 과연 그의 자손은 있는가?"

"자식이 하나 있는데 이름은 호질이라고 합니다. 그는 큰 계책을 헤아리고 세우는 것은 그의 부친만 못하지만 마음이 고요하고 선량하여 일을 처리하는 데에는 그의 부친을 능가합니다."

조조는 즉시 호질을 불러 돈구현령에 임명했다. 호질은 후에 승상부의 관원이 되었다.

둘째, 자신에게 귀부한 사람을 의심치 않고 중임을 맡겼다.

조조의 부장 중에서 적진에 있다가 귀부한 자들이 매우 많았다. 조조는 이들을 정성을 다해 후하게 대한 것은 물론 그들의 말과 계책을 경청하면서 중임을 맡겼다. 이에 조조에게 귀부한 자들은 조조의 신뢰에 보답하기 위해 전력을 다해 심복으로 활약했다. 대표적인 인물로 순욱과 곽가, 가후, 동소董昭, 진림陳琳, 병원邴原, 관녕管寧, 장료張遼, 장합張郃, 문빙文聘, 방덕龐德, 서황徐晃, 허저許褚 등을 들 수 있다.

셋째, 일반 병사와 같이 낮은 직책에 있는 자들을 과감히 탁용하여 장수로 삼았다.

조조는 다른 사람의 추천을 받아 능력 있는 자들을 과감히 탁용키도 했지만 자신이 직접 장수감을 탁용키도 했다. 대표적인 인물로 악진樂進과 우금于禁, 전위典韋 등을 들 수 있다. 하급 병사로 있다가 뛰어난 용맹으로 군공을 세워 조조에 의해 직접 발탁된 자들이다. 이들 모두 조조를 곁에서 호위하는 역할을 맡았다가 열후에 봉해졌다.

넷째, 지방관원이나 포의布衣의 인재를 널리 불러들였다.

조조가 문관인 모신을 거둘 때 늘 사용한 방법은 찾아가 모으는 징徵과 불러 모으는 소召, 예를 갖춰 관직을 제수하는 배拜, 상당한 지위에 있는 사람을 찾아가거나 불러 모으는 벽辟으로 요약할 수 있다. '징소배벽'은 곧 조정의 공문서를 보내 관직을 수여하는 방식을 통해 인재를 끌어 모으는 것을 뜻한다. 조조는 한나라의 승상 자격을 최대한 활용해 자신의 명의는 물론 황제의 명의를 빌려 인재들을 최대한 불러 모았다.

원래 관행상 '징소배벽'을 받게 되면 '징소배벽'을 행한 사람을 위해 일해야 한다. 그게 의리다. 실제로 조조에 의해 '징소배벽'된 사람들 모두 조조정권의 기반을 다지는데 중요한 역할을 했다. 대표적인 인물로 순유荀攸와 하기何夔, 형옹邢顒, 위기衛覬, 유이劉廙, 진교陳矯, 화흡和洽, 최림崔林 등을 들 수 있다.

이들 가운데 화흠華歆과 왕랑王朗의 경우는 지방관으로 있다가 조조의 부름을 받고 그의 심복이 된 경우다. 화흠은 원래 예장태수로 있다가 손책이 강동을 점거하자 그의 지은知恩을 입게 되었다. 이때 조조가 상표하여 그를 부르자 손권은 부득이 그를 조조에게 보내지 않을 수 없었다. 화흠은 조조 밑에서 의랑과등을 지내다가 조비 때에는 상국의 자리에 오르게 되었다. 왕랑 역시 회계태수로 있다가 손책에게 패해 그의 휘하에 있던 인물이다. 조조가 표문을 올려 자신을 부르자 조조 밑에서 간의대부 등을 거쳐 조비 때에는 3공의 반열에 오르게 되었다.

4장 믿지 못하면 아예 쓰지를 마라

한번 맡겼으면 믿어라

난세의 영웅은 단순히 인간의 심성을 꿰뚫어 보는데 뛰어났을 뿐만 아니라 인재를 알아보고 과감히 발탁해 사용할 줄 아는 안목과 그릇을 갖춘 사람들이다. 이는 그들이 세상을 볼 줄 아는 뛰어난 참모들을 많이 거느렸기 때문에 가능한 것이기도 하다. 영웅은 대의를 내세운 가운데 인재들을 자신의 참모로 삼아 이들 참모들에게 각자의 능력을 최대한 발휘토록 해 대업을 이룬 사람들이다.

순욱은 조조정권의 성립에 가장 큰 공헌을 한 인물이다. 그러나 그는 끝내 조조가 위공으로 진작하는 것을 반대하다가 조조의 손권 토벌전에 종군하던 중 수춘에서 병사하고 말았다. 이를 두고 《삼국연의》 등은 《삼국지》 '위서·순욱전'의 배송지주에 인용된 《위씨춘추》의 기록을 토대로 조조가 의도적으로 순욱을 죽음으로 몰아간 것으로 묘사해 놓았다.

그러나 '위서·순욱전'에는 분명 병사한 것으로 기록되어 있고 《자치통감》에는 순욱이 한나라의 마지막 신하가 되고자 스스로 죽음을 선택한 것으로 기록되어 있다. 조조가 순욱을 죽음으로 몰아갔다는 부분은 분명 재검토를 요하는 대목이다.

당초 조조의 군사가 동오를 치기 위해 유수수를 향해 진군할 때 순욱은 병이 나 수춘에 머물게 되었다. 얼마 후 순욱은 한실의 앞날 등에 대한 걱정 등이 겹쳐 마침내 병사하고 말았다. 이때 그의 나이 50세였다. 《삼국지》 '위서·순욱전'의 배송지주에 인용된 《위씨춘추》는 다음과 같이 완전히 다른 내용을 신고 있다.

"조조가 순욱에게 먹을 것을 보내주었다. 순욱이 뚜껑을 열어보니 속에 아무것도 없는 빈 그릇이었다. 순욱은 이내 조조의 뜻을 읽고 독약을 먹고 자진했다."

이는 항간의 소문을 옮겨 놓은 것으로 짐작된다. 원래 순욱은 언행이 단정하고 지략 또한 풍부한데다 늘 현사들을 추천하길 좋아하여 당시 사람들이 모두 그의 죽음을 애석하게 생각했다. 당시 조조는 행군 중이었던 까닭에 순욱의 죽음을 알지 못했다가 순욱의 장남 순운이 사람을 보내 부고를 전해주어 비로소 알게 되었다. 조조가 그의 죽음을 애통해 하며 후히 장사 지내게 한 뒤 경후敬侯라는 시호를 내렸다. 순욱이 죽은 뒤 순운이 부친의 작위를 이어받았는데 그는 조조의 사위이기도 했다.

공융의 죽음과 관련해서도 새로운 해석이 필요하다. 1950년대 말 곽말약 등은 조조가 사적인 원한을 갖고 공융을 죽인 것이 아니라 공융이 조정의 법제와 윤리기강을 위반해 화를 자초했다고 주장한 바 있다. 이는 조조가 고의적으로 공융을 무고하여 살해했다는 기존의 주장을 뒤엎는 것이다. 역사적 사실에 근거하고 있어 설득력이 있다.

이밖에도 최염과 누규, 허유, 양수 등의 죽음과 관련해서 아직까지 모든 책임을 조조에게 돌리는 견해가 존재하고 있으나 이는 역사적 사실과 어긋난다. 이들 모두 반심叛心의 공공연한 표출과 방자한 언행, 세자 책봉을 둘러싼 권력다툼 개입 등의 이유로 죽음에 이르게 되었다. 일차적인 원인을 제공한 자들은 조조가 아니라 당사자들이었다.

원인에 대한 정밀한 분석을 생략한 채 그 결과만을 놓고 조조의 용인을 판단하는 것은 문제가 있다. 용인의 달인이었던 조조가 오직 자신의 뜻에 거슬렸다는 이유만으로 자신에게 충성을 바친 인물들을 무자비하게 죽음으로 몰아넣었다고 보는 것 자체가 무리다.

《자치통감》'황초 원년'조에 나오는 다음 평을 보면 조조가 얼마나 뛰어난 용인술을 구사했는지를 대략 짐작할 수 있다.

"위왕 조조는 사람을 잘 파악하여 거짓으로 미혹하기가 어려웠다. 특별히 재능 있는 자를 능히 식별하여 발탁할 줄 알았고 신분에 구애받지 않고 재능에 따라 임용하니 그들 모두 자신의 능력을 발휘할 수 있었다."

조조가 구사한 득인과 용인의 계책은 기본적으로 왕도와 패도를 겸용한 왕패병용에 뿌리를 두고 있다. 유재시거는 때가 난세인 까닭에 덕행과 재능을 겸비한 인재를 찾기 어려웠기 때문이다. 이는 일종의 패도에 해당한다. 그렇다고 조조가 득인과 용인에서 왕도를 포기한 것은 아니다. 건안 7자의 한 사람인 유정劉楨과 얽힌 일화가 이를 뒷받침한다.

많은 사람이 난세의 인재를 발탁하는 기준으로 이른바 경륜經綸을 든다. '경륜'은 커다란 포부를 지닌 채 일을 조직적으로 실행해 나가는 것을 말한다. 곧 '경영천하'를 달리 표현한 것이다. 그러나 이런 수준의 경륜은 결코 하루아침에 쌓아질 수 있는 게 아니다. 반드시 부단한 노력과 시행착오가 있은 뒤에나 가능하다. 잡초처럼 세월에 부대끼며 몸소 깨닫는 실전경험이 풍부해야만 한다.

그런 면에서 보면 예컨대 부모를 일찍 여의는 등의 어려움을 겪은 사람이 유리할 수 있다. 대표적인 인물이 바로 공자이다. 그는 어릴 때 조실부모한 까닭에 소년가장이 되어 온갖 일을 해야만 했다. 그런 점에서 공자는 조숙할 수밖에 없었다. 세파와 부딪치며 스스로 삶을 개척해 나가지 않으면 안 되었기 때문이다. 인간을 안다는 것은 그만큼 거친 세파를 헤쳐 나왔음을 의미한다.

서구에도 유사한 인물이 있었다. 《우신예찬》의 저자 에라스뮈스가 그 주인공이다. 그는 《우신예찬》에서 군주와 교황, 추기경 등 그 시대의 지식인과 지도층을 모두 풍자의 대상으로 삼았다. 그는 서구의 지성사에서 한 획을 그은 인물로 평가받고 있다.

당초 그는 네덜란드 로테르담에서 성직자의 사생아로 태어났다. 14세 무렵 부모가 세상을 떠나자 후견인은 그를 수도원에 맡겼다. 그는 자신의 출생 배경 등을 평생 민감하게 생각했으나 파리 대학 신학부에 들어가 열심히 공부했다. 이후 각지를 여행한 후 《우신예찬》을 써서 후대인들로부터 최초의 의식 있는 세계주의자이자 유럽인, 비할 데 없는 인간이자 불멸의 박사 등의 칭호를 받았다. 그는 '기독교도 병사의 휴대서'에서 이같이 말한 바 있다.

> "여러분은 모든 죄악과 범죄가 여러분이 갖다 바치는 몇 푼의 헌금이나
> 얼마간의 순례 여행으로 단번에 씻을 수 있다고 믿을 것입니다. 그렇다면
> 여러분은 완전히 사기를 당한 것입니다."

4장 믿지 못하면 아예 쓰지를 마라

그는 부패한 가톨릭에 가차 없이 통렬한 비판을 가했다. 성직자의 사생아로 태어나 조실부모한 까닭에 이런 일이 가능했다.

조선조에서 세조 때부터 성종 때까지 3대에 걸쳐 위세를 떨쳤던 한명회도 조실부모한 뒤 세파를 헤쳐 나가면서 민심을 읽고 세상을 내다볼 줄 아는 남다른 안목을 키웠다. 그가 세조의 지은知恩을 입고 이후 세조의 집권을 가능케 한 계유정난을 주도한 배경이다.

난세에는 모든 사람들이 인간의 모든 것을 한꺼번에 알게 된다. 난세를 살아온 사람들이 세상을 보는 안목이 넓어지는 이유다. 인간의 모든 것을 적나라하게 보았기 때문에 세상을 이해하는 폭이 그만큼 넓어진 것이다. 난세에 수많은 인재가 쏟아져 나오는 이유가 바로 여기에 있다.

난세의 영웅은 단순히 인간의 심성을 꿰뚫어 보는데 뛰어났을 뿐만 아니라 인재를 알아보고 과감히 발탁해 사용할 줄 아는 안목과 그릇을 갖춘 사람들이다. 이는 그들이 세상을 볼 줄 아는 뛰어난 참모들을 많이 거느렸기 때문에 가능한 것이기도 하다. 영웅은 대의를 내세운 가운데 인재들을 자신의 참모로 삼아 이들 참모들에게 각자의 능력을 최대한 발휘토록 해 대업을 이룬 사람들이다.

조조는 부친이 오랫동안 생존키는 했으나 어려서 모친을 잃었다. 부친은 거만의 돈을 주고 태위의 벼슬을 얻은 데서 알 수 있듯이 탁류의 전형이었다. 조조는 비록 겉으로 내놓고 말하지는 않았으나 부친의 이런 행태를 크게 못마땅해 했다.

그는 교현과 하옹 등으로부터 난세의 영웅이라는 칭송을 들은 후 스스로 부단히 연마했다. 그가 반동탁을 기치로 내걸고 거병한 이래 원소 등과는 차원이 다른 행보를 보인 이유다. 그는 결코 단순한 군웅이 아니었다.

명나라 말기의 풍몽룡은 중국 춘추전국시대 5백여 년 간을 배경으로 《동주열국지》를 썼다. 역사적 사실에 가깝게 기술한 까닭에 21세기 현재까지 널리 읽히고 있다. 《동주열국지》에 등장하는 군웅들의 면모는 《삼국연의》를 방불한다. 관중과 제환공, 포숙아, 공자, 맹자, 한비자, 여불위와 진시황 등이 그들이다.

이들 중 가장 돋보이는 인물은 제환공을 도와 첫 패업을 이룬 제나라의 재상 관중이다. 그는 여러모로 삼국시대의 조조를 닮았다. 하루는 제환공이 관중에게 물었다.

"패업을 이루는데 방해가 되는 것이 무엇이오?"

관중이 대답했다.

"패업을 달성하는데 우선 현자를 모르는 게 문제입니다. 다음으로 알면서도 쓰지 않는 게 문제입니다. 그다음으로 쓰면서도 중임을 맡기지 않는 게 문제입니다. 나아가 중임을 맡기면서 믿지 않는 게 문제입니다. 마지막으로 믿으면서도 소인배가 끼어들도록 허용하는 게 문제입니다. 이리하면 끝내 패업을 이룰 수 없게 됩니다."

21세기 현재에 이르기까지 그대로 통용될 수 있는 인간경영의 요체를 요약한 셈이다.

조조는 이 이치를 통찰하고 있었다. 그는 기본적으로 다른 사람들의 평가에 따라 사람의 능력을 평가하려 하지 않았다. 공자도 《논어》 '위령공'에서 이같이 말한 바 있다.

"내가 다른 사람을 대하면서 누구를 헐뜯고 누구를 높이겠는가? 만일 내가 높인 적이 있다면 이는 시험해 본 바가 있기 때문일 것이다. 백성을 부릴 때는 사사로움이 없어야 한다."

조조가 사람을 평가할 때 공정을 기한 취지와 같다. 당시 조조는 서로 다른 능력을 가진 사람들이 서로 다른 영역에서 발휘하는 능력을 적극적으로 인정해주었다. 인재들이 자신의 능력을 최대한 발휘하도록 배려한 것이다.

주목할 것은 조조가 눈부신 전공을 세운 장군들에게 큰 상을 내린 것 못지않게 전략을 짠 사람을 높이 평가한 점이다. 건안 8년(203)에 순욱에게 3공三公의 직책을 내릴 것을 청하는 표문을 올리면서 기이한 계책과 은밀한 계모를 뜻하는 기책밀모奇策密謀의 효용을 이같이 강조했다.

"전략을 짜는 것이 전공의 으뜸이고, 계책을 내는 것이 포상의 기본입니다. 야전에서의 공적은 군막 안의 계책을 넘을 수 없고, 전공이 아무리 많을지라도 나라를 구한 공로보다 더할 수는 없는 것입니다."

조조 휘하에 수많은 문인이 구름처럼 몰려든 이유다. 이들 가운데 유명한 문인들의 동아리를 건안7자建安七子라고 한다. 건안7자의 한 사람인 왕찬王粲은 원래 유표 밑에 있었다. 그는 15년 동안 헌신적으로 일했지만 눈에 띄지도 않았고 중용되지도 않았다. 유표가 사람을 보지 못한 것이다. 유표 사후 왕찬은 유표의 아들 유종을 부추겨 조조에게 투항하게 만들었다. 조조가 피 한 방울 흘리지 않고 형주를 차지한 배경이다.

5장

시의에 맞춰 과감히 변신하라

임기응변

臨機應變

임기응변은 임시방편과 다르다

시간과 물자는 제한되어 있다

기회가 왔을 때 올라타라

한곳에 집중 투입하라

파죽지세로 나아가라

임기응변은
임시방편과 다르다

조조는 적과 대진하여 싸울 때 태연자약하여 마치 싸우지 않는 듯했다. 그러나 결정적인
기회에 결단하여 승세에 올라타는 결기승승의 시기에는 그 기세가 용솟음쳐 마치 돌을 뚫
는 듯 차고 넘쳤다.

임기응변臨機應變은 말 그대로 불가측성이 극대화한 난세 상황에서 재
빠른 변신을 통해 난관을 돌파한다는 취지에서 나온 것이다. 난세에는 치
세와 달리 인간의 이익을 향해 무한 질주하는 이른바 호리지성好利之性이
적나라하게 드러난다. 호리지성은 원초적인 본능에 해당하는 까닭에 부
부와 부모 자식, 형제 등의 가장 가까운 인간관계에서도 예외 없이 나타
난다. 한비자가 역설했듯이 난세의 시기에 이런 모습이 적나라하게 드러
난다.《한비자》'오두五蠹'의 해당 대목이다.

"흉년이 든 이듬해 봄에는 어린 동생에게도 먹을 것을 주지 못하지만,

풍년이 든 해의 가을에는 지나가는 나그네에게도 음식을 대접한다. 이는 골육을 멀리하고 나그네를 아끼기 때문이 아니라 식량의 많고 적음에 따른 것이다. 옛날 사람이 재물을 가볍게 여긴 것은 어질었기 때문이 아니라 재물이 많았기 때문이고, 요즘 사람이 재물을 놓고 서로 다투는 것은 인색하기 때문이 아니라 재물이 적기 때문이다. 옛날 사람이 천자의 자리를 쉽게 버린 것은 인격이 고상하기 때문이 아니라 세력과 실속이 박했기 때문이고, 요즘 사람이 권귀에 의탁해 미관말직을 놓고 서로 다투는 것은 인격이 낮기 때문이 아니라 이권에 따른 실속이 많기 때문이다."

군신 간의 의리는 말할 것도 없고 부모 자식과 형제 등의 가족 관계조차 '호리지성'의 덫에서 한 치도 벗어나지 못하고 있다는 지적이다. 이와 대비되는 것이 영예로운 삶을 추구하는 호명지심好名之心이다. 공명을 떨쳐 죽백竹帛에 이름을 남기고자 하는 심성을 뜻한다. 이는 사회 및 국가 등의 공동체 속에서만 발현되고, 최소한 먹는 문제가 해결된 뒤에 나타난다는 점에서 '호리지성'과 대비된다. '호리지성'이 성악설에 입각한 인간 개개인의 본성인 인성人性에 해당한다면, '호명지심'은 인간이 최초로 집단생활을 영위하면서 나타나기 시작한 민성民性으로 풀이할 수 있다. '민성'은 사회 및 국가공동체 속의 삶에서만 나타나는 특이한 현상이다. 영장류도 인간과 유사한 군거생활을 영위하지만 영예를 위해 목숨을 바치는 식의 '호명지심'은 나타나지 않는다. '호리지성'은 인간을 포함한 모든 동식물에 예외 없이 나타나는 현상인데 반해 '호명지심'은 오직 인간사회에서만 찾아볼 수 있는 특이한 현상이라고 할 수 있다.

전국시대 중엽 서쪽 변방의 진나라를 가장 부강한 나라로 만들어낸 상앙商鞅은 자신의 저서 《상군서商君書》 '산지算地'에서 '민성'을 이같이 분석해 놓았다.

"민성은 배고프면 먹을 것을 구하고, 지치면 쉬기를 원하고, 괴로우면 즐거움을 찾고, 치욕을 당하면 영예를 바라기 마련이다. 이게 백성의 기본 정서이다. 백성들이 이익을 추구하면 예의의 법도를 잃게 되고, 명성을 추구하면 민성의 기본규율을 잃게 된다. 어떻게 그리 말할 수 있는가? 지금 도적이나 다름없는 귀족들은 위로 군주의 금령을 범하고, 아래로는 신민臣民으로서의 예의를 잃었다. 명성이 땅에 떨어져 욕을 먹고 몸이 위태로워졌는데도 여전히 도적질을 그치지 않는 것은 끊임없이 이익을 추구하는 '호리지성'을 좇았기 때문이다. 옛날 선비들은 이와 달랐다. 그들은 옷을 입어도 몸을 따뜻이 하기를 구하지 않고, 밥을 먹어도 배부른 것을 구하지 않았다. 어려움을 겪으면서도 의지를 다지는 동시에 사지를 수고롭게 하고 오장을 손상시키면서도 마음만은 더욱 여유 있고 활달하게 했을 뿐이다. 이는 민성의 기본규율과 어긋난다. 그럼에도 그들이 그리한 것은 명성을 추구하는 '호명지심' 때문이다. 그래서 말하기를, '명성과 이익이 모이는 곳에 백성들이 따른다.'고 하는 것이다."

객관적으로 볼 때 치세에는 임기응변이 그다지 쓸모가 없다. 조선조가 일본의 침략을 받기 전까지 현실과 동떨어진 사변논쟁으로 날을 세웠는데도 별 탈이 없었던 이유다. 이런 시기에는 모든 것이 하나의 '룰' 내지 '패턴'으로 정형화되어 있기 때문에 임기응변의 필요성이 크지 않다. 외침만 없다면 의외의 일이 터졌을 때조차 기존의 관행 내지 매뉴얼대로 할지라도 큰 문제가 없다. 치세에 이른바 임시변통臨時變通이 통하는 이유다.

그러나 난세의 방략인 임기응변은 이와 다르다. 이는 기본적으로 달빛 아래 은밀히 칼을 가는 도광양회韜光養晦와 스스로를 부단히 채찍질하며 목표를 향해 시종여일하게 전진하는 자강불식自强不息이 전제되어야만 가능하다. 그게 바로 본서가 역설하는 '임기응변의 책략'이다. 이는 마치 오리가 수면 위를 미끄러지듯 헤엄치지만 물 밑에서는 쉬지 않고 발을 젓는 것과 같다. 결코 아무나 즉흥적으로 구사할 수 있는 게 아니다. 인구에 회자하는 '위기는 곧 기회이다'라는 속언도 이런 맥락에서 접근해야 그 의미를 제대로 파악할 수 있다. 《손자병법》 '시계'는 임기응변을 이같이 풀이해 놓았다.

> "뛰어난 장수는 전황을 잘 따져 형세를 좇아 물 흐르듯 임기응변한다!"

삼국시대 당시 임기응변으로 불리한 전세를 유리하게 바꿔 대역전극을 쓴 대표적인 인물이 조조이다. 현존 《손자병법》은 그가 기왕의 82편을 원래의 13편에 가깝도록 새로이 편제한 것이다. 그 원본이 바로 《손자약해孫子略解》이다. 고금을 통틀어 당태종과 모택동 정도를 빼고는 조조만큼 《손자병법》을 깊이 있게 연구한 사람도 없다. 《손자약해》에 나오는 뛰어난 주석이 이를 뒷받침한다. 그는 매번 전투에 임할 때마다 임기응변의 책략에 충실했다. 초기에 적은 병력으로 우세한 병력을 지닌 군웅들을 차례로 격파한 배경이다.

사마광은 《자치통감》 '황초 원년'조에서 조조가 실현한 임기응변의 책략을 이같이 평했다.

> "조조는 적과 대진하여 싸울 때 태연자약하여 마치 싸우지 않는 듯했다.
> 그러나 결정적인 기회에 결단하여 승세에 올라타는 결기승승決機乘勝의 시

기에는 그 기세가 용솟음쳐 마치 돌을 뚫는 듯 차고 넘쳤다."

조조가 구사한 임기응변의 책략을 '결기승승'처럼 절묘하게 표현해 놓은 것도 없다. 임기응변의 책략을 실현코자 하면 무엇보다 먼저 적과 아군의 전력은 물론 그 장단점을 소상히 파악해야만 한다. 《손자병법》이 지피지기知彼知己를 역설한 이유다. 이는 인기人機를 말한 것이다. 이어 천기天機와 지기地機를 훤히 꿰어야 한다. 《손자병법》이 '지피지기'만큼이나 중시한 지천지지知天知地가 그것이다. 그래야만 아무리 불리한 상황에 처할지라도 활로를 찾아내 일대 역전극을 펼칠 수 있다.

조조의 사례를 통해 알 수 있듯이 임기응변의 책략은 난세를 만나야 제 구실을 한다. 천리마가 전쟁터에서 진면목을 드러내는 것과 같다. 치세에는 오히려 임기응변의 책략이 불리할 수도 있다. 자칫 간적奸賊으로 몰릴지도 모를 일이다. 천리마가 치세에 제 역할을 다하지 못한 채 한낱 마구간에서 늙어죽는 것과 같다. 허소가 조조를 두고 '치세의 간적, 난세의 영웅'으로 평한 게 그렇다.

난세에 임기응변의 책략이 없으면 결코 천하경영에 성공할 수 없다. 조조에게 패한 원소가 비참한 최후를 맞이한 게 그렇다. 치세의 임시변통으로 대치할 수 없는 이유다. 임시변통으로 임했다가는 오히려 더 큰 화를 초래할 수 있다. 임시변통은 먼 앞날을 내다본 커다란 밑그림과 주어진 현실을 토대로 한 구체적이고도 실현가능한 방안이 결여되어 있다. 비전과 실천 방략이 결여되어 있으면 아무리 현란한 행보를 보일지라도 임시변통에 지나지 않는다. 간혹 적중할지라도 소가 뒷걸음치다 쥐를 잡는 것에 불과하다. 결국 패하게 되어 있다.

시간과 물자는 제한되어 있다

비록 준비가 덜 되어 있을지라도 유리한 기회가 오면 곧바로 결단해 속전속결로 승리를 거두는 게 낫다. 손무가 '교묘한 계책을 구사하기 위해 전쟁을 오래 끈 경우를 본 적이 없다'고 한 것은 그런 일은 결코 있을 수 없다는 취지로 말한 것이다.

역대 전략가 가운데 21세기 현재에 이르기까지 임기응변에 능한 최고의 전략가를 들라면 단연 삼국시대의 조조를 들 수 있다. 그가 구사한 모든 전략과 전술은 '싸움은 상대적이다'라는 대전제에서 나온 것이다.《손자병법》'작전'에 대한 정밀한 주석이 이를 뒷받침한다. 당시 조조가 판단할 때 국가 간의 우격다짐에 해당하는 전쟁이 빚어질 경우 그 배경과 결과, 전략과 전술의 상호관계를 묶어 보면 크게 세 가지 유형에 지나지 않았다.

첫째, 중과부적衆寡不敵의 상황이다. 상대방이 여러 면에서 압도적인

5장 시의에 맞춰 과감히 변신하라

우위를 점했을 때다. 이때는 정면충돌을 최대한 피하면서 힘을 비축해야 한다. 달빛 아래서 은밀히 칼을 갈며 때를 기다리는 도광양회韜光養晦 책략이 필요하다. 도중에 적의 도발로 인해 불가피하게 싸움이 빚어졌을 때는 정규전을 최대한 피해 매복과 기습, 유격 등의 기병奇兵을 펼쳐야만 한다. 이를 최대한 활용하면 다윗이 골리앗을 이기는 기적을 만들 수 있다. 오늘날의 게릴라전법과 닮았다.

대표적인 예로 삼국시대 당시 조조가 관도官渡대전에서 원소의 대군을 격파하고, 주유가 적벽赤壁대전에서 조조의 대군을 물리친 것을 들 수 있다. 도강작전을 최대한 활용한 덕분이다. 월남이 끈질긴 유격전 끝에 몽골군을 격퇴한 데 이어 20세기에 들어와 프랑스와 미국의 군사를 물리친 것도 세계 전사에 남을 일이다. 정글전의 개가다. 소련군을 격퇴시킨 바 있는 아프가니스탄이 21세기에 들어와 막강한 화력을 자랑하는 G1 미국을 퇴각하게 만든 것도 같은 맥락이다. 해발 수천 미터에 달하는 산악 지형을 최대한 활용한 덕분이다. 이를 통해 병력의 다소가 승패를 좌우하는 게 아님을 알 수 있다. 한 사람이 100명의 적군을 상대한다는 취지의 일당백 등의 용어가 나온 것도 이 때문이다.

둘째, 중과필적衆寡匹敵의 상황이다. 양측 군사력이 엇비슷할 때를 말한다. 이는 자칫 최악의 상황으로 치달을 수 있다. 양측 모두 군사력과 국가 재정이 고갈되는 지경에 이를 때까지 끝없는 소모전을 펼칠 소지가 크기 때문이다. 제1차 세계대전 당시 독일과 프랑스의 국경 지대에서 전개된 공방전이 대표적인 예에 해당한다. 당초 독일은 속전속결을 꾀했지만 개전한 지 얼마 안 되어 파리의 북동쪽 마른강을 사이에 두고 독일과 영불연합군이 맞선 마른전투에서 프랑스가 승리하자 이내 교착상태에 빠지고 말았다.

셋째, 중과가적衆寡可敵의 상황이다. 상대방이 여러 면에서 압도적인 우위를 점한 '중과부적'과 정반대 상황이다. 원소가 관도대전에서 조조에게 패하고, 조조가 적벽대전에서 주유에게 패한 것처럼 '중과가적'의 가장 큰 위험요소는 자만심에 있다. 자만심이 만심慢心을 불러오고, 만심이 빈틈을 보이게 만들며, 마침내 상대방 기습을 초래해서 순식간에 무너지는 이유다. 통상 학교에서 가까운 거리에 사는 학생 가운데 지각생이 많은 이치와 같다. 《손자병법》이 '구변'에서 성미가 급하고 화를 잘 내는 장수는 이내 적에게 쉽게 넘어가 병사가 전멸을 당하고 자신 또한 죽임을 당하는 이른바 복군살장覆軍殺將 참화를 당할 수 있다고 경고한 이유다. 원소가 조조에게 패한 뒤 이내 피를 토하고 죽은 것도 같은 맥락이다.

고금동서의 모든 싸움은 이들 세 가지 유형 중 하나에 속하게 마련이다. 그러나 그 결과는 다양하게 나타난다. 최후의 순간에 작은 실수로 인해 일순 역전패를 당하는가 하면, 적의 허점을 집요하게 파고들어 마침내 역전승을 거두는 등 그 결과를 예측하기가 어렵다. 주목할 것은 '중과부적'과 '중과필적' 및 '중과가적' 모두 일정 수준 이상의 무력을 지닌 적과 생사를 건 싸움을 벌여야 하는 까닭에 승리를 거두기 위해서는 천문학적 규모의 비용이 든다는 점이다. 《손자병법》 '작전'의 첫머리에 군비문제부터 들고 나온 이유다.

고금의 전사가 보여주듯이 싸움이 붙은 이상 시종 일방적인 승리로 점철되는 경우는 없다. 미군이 막대한 전비를 쏟아 부었음에도 결국 베트남

전과 아프가니스탄 전쟁에서 '상처뿐인 영광'의 모습으로 철군하게 된 것이 그 실례다. 이는 권투에서 일방적으로 상대방을 두들겼는데도 상대방이 오뚝이처럼 죽기 살기로 덤빌 경우 때리는 자가 오히려 제풀에 무너지는 것에 비유할 수 있다. 이 경우 흠씬 두들겨 맞은 자도 그 피해가 막심하지만 일방적으로 두들긴 자 역시 체력이 바닥나기는 마찬가지다. 21세기에 들어와 G1 미국이 휘청거리는 게 아무 까닭 없이 그런 게 아니다. '전쟁은 결국 경제력의 싸움이다.'라는 얘기가 나오는 것도 이 때문이다.

사실상 G1 미국의 치명적인 약점은 막강한 군사력을 토대로 천하의 부를 빨아들이는 약탈경제 시스템에 있다. 미래학자 조지 프리드먼은 창의적인 기업가정신에 기초한 소프트파워 덕분에 미국이 앞으로도 100년 동안 세계를 지배할 것으로 내다봤으나 스티브 잡스 같은 인물은 매번 나올 수 있는 게 아니다. 제조업 기반이 붕괴되고, 재정 악화로 막대한 군사비를 조달하기가 어렵게 되면서 미국을 G1으로 만드는 데 결정적인 공헌을 한 군사제국 체제가 오히려 부메랑이 되어 미국의 발목을 잡고 있다. 거시사 관점에서 보면 미국도 식민지 약탈경제로 구축됐던 '팍스 로마나'와 '팍스 브리타니카'가 몰락한 과정을 밟고 있는 셈이다. 《손자병법》의 가르침과는 정반대되는 방식으로 '팍스 아메리카나'를 구축한 데 따른 후과로 해석할 수 있다. 《손자병법》은 '작전'에서 이같이 역설했다.

"비록 준비가 덜 되어 있을지라도 유리한 기회가 오면 곧바로 결단해 속전속결로 승리를 거두는 게 낫다. 손무가 '교묘한 계책을 구사하기 위해 전쟁을 오래 끈 경우를 본 적이 없다'고 한 것은 그런 일은 결코 있을 수 없다는 취지로 말한 것이다. 무릇 전쟁을 오래 끌어 나라에 이익을 가져온 경우는 존재한 적이 없다. 전쟁에 따른 폐해를 제대로 알지 못하면 전쟁이 가져올 이익 또한 제대로 알 길이 없다."

《손자병법》이 '작전'에서 역설한 것은 시간과 국가 재정 및 민생의 상호관계다. 전쟁이 길어지면 길어질수록 국가 재정과 민생은 피폐를 면치 못하게 된다. 고금동서의 모든 전쟁이 속전속결을 위주로 하는 이유다. 대다수 병서는 이를 병귀신속兵貴神速으로 풀이했고, '작전'에는 '병귀승兵貴勝, 불귀구不貴久'로 표현했다. 여기의 승勝은 단순한 승리를 뜻하는 게 아니라 속승速勝의 뜻을 내포하고 있다. 결국 '병귀신속'과 같은 뜻이다.

삼국시대 당시 '병귀신속' 작전으로 승리를 거둔 대표 사례로 사마의가 맹달을 친 일화를 들 수 있다.

당초 맹달은 관우가 죽었을 때 유비의 문책이 두려운 나머지 이내 부하 4천여 명을 이끌고 위나라에 투항했다. 조비가 그를 건무장군에 제수하면서 지금의 안휘성 합비 서쪽에 있는 신성新城태수에 임명했다. 신성은 서남쪽으로 촉, 동남쪽으로 오나라와 연접한 전략적 요충지였다. 맹달은 위나라에 투항해 신성태수에 임명됐음에도 은밀히 촉의 제갈량과 교신하며 유사시를 대비했다. 맹달의 이중적인 행보가 곧 완성에 있는 사마의 귀에 들어갔다.

사마의는 맹달을 제거해 후환을 없애기로 작정했다. 그러나 신중을 기할 필요가 있었다. 행여 토벌 소식이 알려지면 혹을 떼려다 붙이는 격이 될 수 있었다. 이때 사마의가 구사한 전술이 바로 속전속결의 신속계神速計였다.

사마의가 나름 신중한 행보를 보였음에도 맹달 역시 이상한 낌새를 대략 눈치 챘다. 당시 맹달은 자신을 총애하던 조비가 죽고 조예가 즉위하자 크게 불안해했다. 그러다가 제갈량이 북벌에 나서기로 했다는 소식을 들자 이내 결단해 제갈량에게 투항할 뜻을 전했다. 맹달이 다시 촉으로 마음이 기울어지게 된 것은 맹달이 자발적으로 위나라를 배반한 것으로 보기보다는 제갈량의 2년 간에 걸친 포섭 공작이 주효한 결과로 보아야 한다.

당시 조예는 제갈량이 관서를 침공한 지 근 1년이 다 되자 드디어 친정할 생각을 갖게 되었는데, 마침 화흠이 나서 이같이 권했다.

"촉병이 장안을 넘보려고 하고 있으니 폐하께서 크게 군사를 일으켜 어가친정하시는 것이 좋을 듯싶습니다. 장안을 잃게 되면 관중이 모두 위태롭게 될 것입니다."

조예가 이 말을 듣고 기뻐하며 곧 우장군 장합에게 명하여 급히 보기 5만 명을 이끌고 서쪽으로 나아가 촉병이 장안으로 나오는 것을 막게 했다. 이어 완성에서 오나라군의 진출을 방비하고 있던 사마의에게 사자를 보내 속히 병마를 이끌고 장안으로 오도록 했다. 만반의 조치를 취한 후 그는 장수들과 함께 군사를 이끌고 장안을 향해 출발했다. 촉의 첩자가 이를 탐지해 제갈량에게 보고했다.

"조예가 장안으로 이동하면서 사마의에게 평서도독을 겸하게 하여 남양의 군사를 이끌고 장안으로 오도록 했다고 합니다."

제갈량이 크게 놀라자 참군 마속이 말했다.

"조예 따위야 걱정하실 것이 있습니까? 그가 장안에 이르거든 사로잡으면 그만인데 승상은 어찌하여 그렇게 놀라십니까?"

"내 어찌 조예를 두려워하겠소. 내가 이제 막 맹달과 더불어 대사를 도모하려고 하는데 혹여 맹달과의 모의가 새어 나가 사마의가 이를 알아차리지나 않을까 걱정하는 것이오. 맹달이 없으면 중원을 도모하기가 쉽지 않소."

"그렇다면 속히 글을 보내 맹달에게 사마의를 경계하도록 하십시오."

제갈량이 그의 말을 좇아 즉시 글을 써 신성에서 온 사람에게 주고 밤을 새워 돌아가 맹달에게 전하게 했다. 맹달은 편지를 전달받고 급히 뜯어보았다.

'요즘 듣자 하니 조예가 사마의에게 조서를 내려 완성과 낙양의 군사를 일으키게 했다고 하니 공이 거사했다는 소식을 들으면 반드시 먼저 거기에 갈 것이오. 부디 삼가고 삼가 대사를 그르치는 일이 없도록 해주기 바라오.'

맹달이 그 글을 보고 크게 웃으며 말했다.

"사람들이 공명을 세심하다고 하더니, 이제 이 글을 보니 가히 그 이유를 알 만하다."

이에 곧 제갈량을 안심시키는 답서를 써서 심복에게 주고 전하게 했다. 제갈량은 맹달의 답신을 보고 일면 안도하기는 했으나 일면 불안감을 완전히 떨치지는 못했다. 당시 완성에 있던 사마의는 조예의 조서를 받고 곧바로 형주와 양주의 군마를 조발해 완성으로 불러 모은 뒤 곧바로 군사들을 이끌고 장안을 향해 출발하려고 했다. 사마의가 막 출발하려고 할 때 위흥魏興태수 신의申儀의 사자가 와서 맹달이 제갈량과 내통해 모반을 꾀하고 있다는 사실을 전해 주었다. 이에 사마의가 찬탄했다.

"이는 위나라의 복이다. 제갈량이 군사를 이끌고 기산으로 와 황제가 부득이 장안으로 행행했는데 만일 맹달이 한달음에 낙양을 치게 되면 사태가 어찌 될 것인가!"

사마의는 곧 사람을 시켜 맹달에게 서신을 보냈다. 맹달이 서신을 뜯어 보니 대략 다음과 같은 내용이 담겨 있었다.

5장 시의에 맞춰 과감히 변신하라

'나는 근자에 장군이 신의의 참소를 받아 어려움을 겪고 있는 것을 잘 알고 있소. 신의는 심지어 나에게 와서 장군이 촉과 내통하고 있다는 무함까지 했소. 그래서 내가 서신을 보내는 것이니 부디 자중하기 바라오. 내가 곧 상표하여 신의가 장군을 무함한 사실을 자세히 고하여 엄형에 처하도록 할 것이니 장군은 마음을 편히 갖길 바라오. 혹여 장군이 노한 나머지 비상한 마음을 품었다면 부디 노여움을 풀고 군마를 파하기 바라오. 원컨대 장군은 부디 선제의 두터운 은의와 나의 충언을 소홀히 생각지 말고 대위의 장군으로서 그 소임을 다해 주기 바라오.'

맹달이 사마의의 서신을 보고 또다시 마음이 바뀌어 결정을 내리지 못한 채 머뭇거리며 시간을 허비하자 사마의의 큰아들 사마사가 건의했다.

"급히 표문을 써서 황상께 상주하도록 하시지요."

"만일 천자의 칙지가 내리기를 기다리다가는 오고 가는데 한 달이 지나고 말 터이니 그 사이에 일은 그만 늦어지고 말 것이다."

사마의는 맹달이 눈치 채지 못하게 몰래 말머리를 신성 쪽으로 돌려 우선 맹달부터 제거하려고 생각한 것이다. 그러자 이를 알게 된 장수들이 건의했다.

"맹달은 이미 제갈량뿐만 아니라 오나라와도 결탁한 것이 분명하니 일단 그의 동정을 관망한 뒤 움직이는 것이 좋을 듯합니다."

사마의가 손을 내저었다.

"맹달은 신의가 없기 때문에 지금 머뭇거리며 관망하는 것이오. 응당 그가 결정을 내리지 못하고 머뭇거리는 틈을 타서 속히 그를 해치워야 하오."

사마의는 곧 장안으로 갈 것으로 생각하고 있던 장병들을 모아 놓고 이같이 하령했다.

"신성을 향해 하루에 이틀 길을 가도록 하라. 만일 지체하는 자가 있으면 그 자리에서 목을 벨 것이다!"

당시 맹달은 또다시 한동안 머뭇거리다가 제갈량과의 교신 끝에 결국 제갈량에게 자신이 취할 일을 자세히 일러줄 것을 청하게 되었다. 사마의는 참군 양기梁幾에게 격문을 들고 신성으로 밤을 도와 달려가 맹달 등에게 출전할 준비를 하도록 전하라고 이르면서 결코 맹달이 의심을 품지 않도록 하라고 조심할 것을 당부했다.

이듬해인 태화 2년(228) 정월에 맹달은 군마를 조련하며 사마의의 사자가 오기를 기다렸다. 사마의의 참군이 와서 사마의의 영을 전했다.

"사마 도독이 천자의 조서를 받들어 각처의 군사를 일으켜 촉병을 물리치려 하시니 장군도 본부 군마를 모아 놓고 영을 기다리도록 하십시오."

"도독은 어느 날 출정하시오?"

"아마 지금쯤 완성을 떠나 장안을 향해 나아갈 것입니다."

"내가 차질 없이 준비해 놓고 영을 기다리고 있다고 전해주시오."

맹달은 사마의의 참군을 내보낸 뒤 병마를 이끌고 방비가 허술해진 낙양을 취할 생각에 크게 기뻐했다. 이때 문득 성 밖에 티끌이 일어 하늘을 찌르며 어디서 오는지 모를 군사가 쳐들어온다는 보고가 들어왔다. 맹달이 성 위로 올라가 멀리 바라보니 한 떼의 군마가 나는 듯이 성을 향해 달려오는 모습이 보였다.

크게 놀라 급히 적교吊橋를 끌어올렸다. 곧 얼마 안 되어 사마의가 대군을 이끌고 그 모습을 드러냈다. 사마의는 제갈량이 예측한 대로 밤낮을 쉬지 않고 달려 8일 만에 맹달이 있는 성 아래에 이르게 된 것이다. 사마의가 돌연 직접 군사를 이끌고 도착하자 크게 놀란 맹달이 급히 제갈량에게 서신을 보냈다.

'내가 거사한 지 불과 8일밖에 안 되었는데 사마의가 이를 어찌 알고 벌써 군사를 이끌고 성 아래 이미 도착했습니다. 그가 어찌 이렇게 귀신같이 빠르게 진군했는지 도저히 헤아릴 길이 없습니다. 승상께서 급히 원군을 보내 주면 안팎으로 협격해 사마의를 사로잡도록 하겠습니다.'

제갈량이 맹달의 서신을 땅에 내던지며 한탄했다.

"맹달이 반드시 사마의 손에 죽을 것이다!"

마속이 물었다.

"승상은 어찌하여 그같이 말씀하십니까?"

제갈량이 말했다.

"《손자병법》에 이르기를, '방비하지 않은 곳을 치고, 예측하지 못한 곳으로 나아간다'고 했다. 사마의가 어찌 표문을 올리면서 시간을 허비할 리 있겠는가!"

제갈량이 곧 맹달의 심복에게 글을 주어 급히 회보토록 하면서 이같이 당부했다.

'부디 성을 굳게 지키고 가벼이 교전하지 말라고 이르시오. 내가 곧 원군을 보내 도와주도록 할 것이오.'

맹달은 제갈량의 회신을 받고 원군이 오기만을 기다리며 성을 굳게 지키고 감히 사마의와 접전하지 않았다. 맹달은 제갈량의 말이 그대로 적중된 데 크게 놀라 탄식하며 자책했다.

"내가 시일을 끌다가 일을 그르치고 말았구나!"

제갈량은 급히 오나라와 연락해 맹달을 구하게 했다. 그러자 사마의는 일부 제장들을 나눠 이들을 막는 한편 급히 신성에 맹공을 퍼부었다. 사마의는 결국 신의를 이용해 맹달의 휘하 장수를 포섭해 밤에 몰래 성문을 열게 만들었다. 이에 사마의 군사들이 벌떼처럼 쳐들어갔다. 맹달은 갑옷도 제대로 입지 못한 채 급히 북문을 통해 도주하다가 추병의 창에 찔려 죽고 말았다. 사마의는 신성을 친 지 꼭 16일 만에 성을 공략하고 맹달의 목을 벤 것이다.

사마의는 삼국시대 당시 《손자병법》을 새롭게 편제하면서 정밀한 주석을 가한 조조와 필적할 만한 당대 최고의 전략가였다. 훗날 사마의는 속전속결의 신속계를 구사해 맹달을 격파한 배경을 이같이 설명했다.

"당시 맹달은 군사가 많지 않았으나 비축한 식량이 1년분이나 있었다. 우리 군사는 비록 맹달보다 4배는 많았으나 갖고 있는 식량이 1개월을 넘기기가 어려웠다. 1개월 식량을 가지고 1년분 식량을 가진 자를 도모해야 하니 어찌 속전속결을 취하지 않을 수 있었겠는가? 병사 4명이 1명의 적을 공격하는 셈이니 설령 군사의 반을 잃더라도 능히 적의 성을 공략할수 있다면 가서 공격해야만 했던 것이다. 사상자를 계산에 넣지 않고 맹공을 퍼부은 이유다. 이는 식량을 가지고 적과 경쟁한 것이기도 하다."

제갈량이 사마의의 적수가 될 수 없었음을 짐작케 해주는 대목이다. 그는 조조 못지않게 《손자병법》이 역설하고 있는 전략과 전술의 기본 취지를 훤히 꿰고 있었다. 조조 사후 사마씨가 조씨의 위나라를 찬탈한 것이 결코 우연이 아니었음을 알 수 있다.

기회가 왔을 때 올라타라

오늘날은 시장의 경쟁속도가 급속한 까닭에 대략 옳은 결정이 정교하지만 느린 의사 결정을 이긴다. 빨리 결정을 내리되 나중에 잘못된 것으로 판명되었다면 이를 발 빠르게 수정해서 정확한 방향으로 전환하는 것이 심사숙고의 결정보다 더 낫다.

사안이 무르익을 때까지 참고 기다리는 것은 결단을 행동으로 움직이기 위한 것이다. 결단한 후 신속히 움직이지 않으면 대사를 그르칠 수 있다.《손자병법》을 비롯한 병서가 하나같이 때가 왔을 때 신속히 병력을 이동시켜야 한다고 지적하며 이른바 '병귀신속兵貴神速'을 역설하는 이유다. 이를 뒷받침하는《손자병법》'작전'의 해당 대목이다.

"군사를 동원해 전쟁을 치를 때는 반드시 신속히 승리를 거둬야 한다. 싸우는 날이 길어지면 군사가 피로에 지쳐 예기銳氣가 꺾이고, 적의 성을 칠 때 병력 소모도 가장 많다. 군대가 나라 밖에서 전쟁을 치르는 시간이 길어지면 재정이 고갈되어 공급이 달리게 된다. 무릇 군사가 피로에 지쳐 예기가 꺾이고, 병력 소모가 많아져 물자가 바닥나면 이웃나라가 빈틈을 타서침공할 것이다. 그리되면 아무리 뛰어난 지모를 자랑하는 자일지라도 뒷수습을 잘할 수 없게 된다. 병서에 비록 졸속이기는 하나 속전속결로 승리를거둔 사례만 나오는 이유다. 나는 교묘한 계책을 구사하기 위해 전쟁을 오래 끈 경우를 본 적이 없다."

과실도 푹 익었을 때 따지 않으면 이내 흐물흐물해지고 만다. '병귀신속'이 필요한 이유다. 병법에서는 이를 '신속계神速計'라고 한다. 이는 21세기 스마트혁명시대의 기업경영 전략에도 그대로 적용된다. 지난 2014년 초 컬럼비아대 경영대학원 리타 맥그래스 교수는 국내 유수 일간지와가진 인터뷰에서 '병귀신속'만이 기업의 앞날을 장담할 수 있다고 단언했다. 그녀의 주장이다.

"오늘날은 시장의 경쟁속도가 급속한 까닭에 '대략 옳은roughly right'결정이 정교하지만 느린 의사 결정을 이긴다. 빨리 결정을 내리되 나중에잘못된 것으로 판명되었다면 이를 발 빠르게 수정해서 정확한 방향으로전환하는 것이 심사숙고의 결정보다 더 낫다."

역사적으로 볼 때 '병귀신속'의 이치를 가장 잘 보여주는 사례가 바로칭기즈칸이 이끈 몽골 기마군단이다. 당시 몽골군은 백 퍼센트 기병으로구성되어 있었다. 최고의 속도를 자랑하는 군단이었다. 몽골이 인류 역사상 가장 방대한 영역의 제국을 건설한 배경이 여기에 있다.

당시 몽골 기병은 전체 군사의 40퍼센트를 중기병重騎兵, 나머지 60퍼센트를 경기병輕騎兵으로 구성했다. 당시 몽골 기병의 활은 유럽의 '롱 보우'와 비교해 무게는 가벼우면서도 화력은 훨씬 뛰어났다. '롱 보우'는 큰 덩치에도 불구하고 75파운드의 힘과 250야드의 사거리밖에 안 된다. 훨씬 작은 몽골 활은 100~160파운드의 힘과 350야드의 사거리를 지니고 있었다. 몽골군은 장단거리 활을 이용한 경기병 공격이 끝나면 중기병을 내보냈다. 적의 방어벽이 무너지고 틈이 보이기 시작할 즈음 12피트 길이의 창으로 무장한 중기병이 돌격전을 펼쳐 결정타를 날리는 수법을 구사한 것이다. 적을 포위하지 못하는 상황이 발생하면 이들은 특공대를 이용한 이른바 '망구다이 전술'을 썼다. 이는 후퇴하는 척하며 적의 일부를 유인해 본대로부터 멀리 떨어뜨린 후 집중포화를 퍼부어 섬멸하는 전술을 말한다.

몽골 기병은 적의 배후를 공격해 그 힘을 분산시키고, 적들이 힘을 결집할 틈을 주지 않기 위해 연속적인 타격을 가하는 수법을 구사했다. 이를 제도적으로 뒷받침하기 위해 30킬로마다 역참驛站을 설치했다. 30킬로는 말이 탈진하지 않고 최고의 속도를 낼 수 있는 거리라고 한다. 수천 개에 달하는 역참은 점점이 흩어져 네트워크형 전달방식으로 짜여졌다. 당시 몽골 기병의 진군속도는 시속 70킬로미터에 달했다. 병사 한 사람이 말 다섯 마리를 끌고 가면서 타고 가던 말이 지치면 곧바로 갈아타는 수법을 구사한 덕분이었다. 이들은 쾌속을 유지하기 위해 모든 수단을 동원했다. 경무장한 갑옷은 가죽 갑옷 안에 넣은 철편의 무게를 감안할지라도 7킬로그램을 넘지 않았고, 휴대식량은 말린 고기가루와 이를 개어먹기 위한 물밖에 없었다. 당시 유럽 기사단은 70킬로그램이 넘는 중무장을 하고 있었다. 게다가 말까지 갑주를 씌운 까닭에 기동성에서 몽골 기마군의 상대가 되지 않았다.

'병귀신속'의 상징인 몽골 기병을 흉내 내 매번 승리를 낚은 사람이 바로 나폴레옹이었다. 당시 그가 이끄는 프랑스군의 진군 속도는 1분에 120보로 적군보다 거의 두 배나 빨랐다. 프랑스군이 한 곳에 화력을 집중시킨 비결이 여기에 있다. 당시 막대한 병력을 보유한 오스트리아군은 숫자만 믿고 섣부른 공격을 가하다가 이내 순식간에 불어난 프랑스군에 포위돼 궤멸을 당하곤 했다.

1798년 5월 나폴레옹은 6만 대군을 이끌고 눈 덮인 알프스 산맥을 넘어갔다. 이탈리아 주둔군을 포위 공격하던 오스트리아군을 역으로 포위해 궤멸시킨 비결이다. 이때 "내 사전에 불가능은 없다"는 말이 나왔다. 그는 부하들이 소수의 병력으로 승리를 거둔 것을 칭송하자 이같이 반박했다.

"맞는 말이다. 우리는 전체 병력에서 늘 소수였다. 그러나 적과 만나는 접점에서만큼은 빠른 진군속도로 늘 적보다 많은 병력을 투입할 수 있었다. 나는 언제나 다수를 가지고 소수를 이겼다."

《손자병법》을 비롯한 모든 병서가 '병귀신속'을 역설한 것은 사안이 무르익는 계기인 사기事機가 시기時機와 불가분의 관계를 맺고 있기 때문이다. '시기'가 맞지 않으면 '사기'가 무르익을 길이 없고, '사기'가 무르익지 않으면 '시기'가 찾아올 리 없다.

다만 인위적으로 일정 부분 이를 앞당길 수는 있다. 송태조 조광윤이 후주의 백성들로 하여금 나라의 장래를 의심하도록 여론을 조성한 게 대표적인 사례에 속한다. 더 중요한 것은 '사기'가 무르익고 '시기'가 왔을 때 신속히 움직이는 '병귀신속'의 행보이다. 송태조 조광윤趙匡胤도 이른바 '진교병변陳橋兵變' 당시 이를 철저히 이행해 마침내 새 왕조를 세울

5장 시의에 맞춰 과감히 변신하라

수 있었다.

일명 진교지변陳橋之變으로도 불리는 이 쿠데타는 오대십국五代十國 가운데 최고의 명군으로 손꼽히는 후주後周의 세종世宗인 시영柴榮이 급서하자 그 뒤를 이어 보위에 오른 7세의 공제恭帝 시종훈柴宗訓으로부터 기만적인 수법으로 권력을 찬탈한 사건을 말한다.

960년 정월, 어린 황제를 모시고 요나라와 싸우는 것에 불안을 느낀 군인들이 도성인 개봉 부근의 진교역陳橋驛에서 조광윤에게 술을 잔뜩 먹인 뒤 황포를 입히고 새 황제로 추대했다. 조광윤은 조보와 조광의 등 부하들의 천거에 못 이기는 척하며 개봉에 입성해 7세의 어린 시종훈으로부터 보위를 선양받고 송나라를 건국했다. 이는 조광윤을 옹립하는데 결정적인 공헌을 한 조보와 조광의 등이 북송을 건립한 뒤 무력으로 나라를 찬탈한 사실을 미화한 것에 지나지 않는다.

큰 틀에서 보면 조선조의 창업주인 이성계가 '쿠데타'에 성공한 것도 '진교병변'을 철저히 답습한 결과로 볼 수 있다. 아이디어는 핵심 참모로 활약한 정도전의 머리에서 나왔을 공산이 크다. 이성계가 혁혁한 무공으로 승승장구하고 있을 때 고려 안팎의 국제정세는 복잡하게 돌아가고 있었다. 그는 마침내 정도전의 사주를 받고 새 왕조를 세울 결심을 굳혔다. 문제는 '시기'였다. 그는 조광윤처럼 인위적인 여론조작을 통해 사안을 무르익게 만드는 방법을 택했다. 이른바 '4불가론四不可論'이 그것이다. 이는 비록 앞으로 전개될 '병변'을 합리화하기 위한 사전조치이기는 했으나 나름 현실에 기초한 것이기도 했다. 그는 조정으로부터 요동공벌의 계책을 통보받자 곧 이에 반대하는 상언上言을 올렸다.

'지금 군사를 출동시키는 것은 네 가지의 옳지 못한 점이 있습니다. 소국이 대국에 거역하는 것이 첫째입니다. 여름철에 군사를 동원하는 것이 둘째입니다. 온 나라 군사를 동원하여 멀리 정벌하면 왜적이 그 허술한 틈을 타게 되는 것이 셋째입니다. 지금 한창 장마철이므로 궁노弓弩 활은 아교가 풀어지고 많은 군사들이 역병疫病을 앓게 될 것이니 이것이 넷째입니다.'

이것이 그 유명한 이른바 '4불가론四不可論'이다. 이는 크게 이소역대以小逆大, 하월발병夏月發兵, 왜승기허倭乘其虛, 대군질역大軍疾疫으로 요약된다.

'이소역대'의 경우 겉으로 드러난 문맥에 집착해 이성계를 일언지하에 친명사대親明事大로 매도하는 것은 지나치다. 당시의 정황에 비춰 요동을 칠 경우 명나라가 반격에 나서기가 쉽지 않았다. 그러나 이것이 요동을 고려의 영토로 삼을 수 있다는 것을 뜻하는 것은 아니다. 북원과 고려의 연결은 명제국이 가장 두려워한 것인 만큼 어떤 식으로든 요동을 수복하려고 대군을 동원할 공산이 컸다. 이미 새 왕조를 세울 생각을 하고 있던 이성계는 나름대로 앞날을 내다보고 이런 주장을 펼쳤다고 보는 게 타당하다.

'하월발병'의 경우 나름대로 타당한 것이기는 하나 근본적인 이유가 될 수는 없다. 물론 전쟁이 예상외로 장기화되어질 경우 이는 큰 문제로 부상할 수 있다. 그러나 당시의 발병은 장기전을 염두에 둔 것이 아니었다. 이성계가 회군의 명분으로 내세우기 위한 원론적인 문제 제기로 보는 것이 타당하다.

'왜승기허'의 경우는 당시 왜구의 침입이 일상화해 있었던 점에 비춰 상당히 근거가 있다. 실제로 당시 병사들은 요동 토벌에 소극적이었다. 고려불화高麗佛畵 중 현존하는 90퍼센트 이상이 지금 일본에 있는 것도 당시의 약탈과 무관하지 않았다. 부모와 처자식의 안위가 걱정되는 상황에서 제대로 싸우기가 쉽지 않았을 것이다. 4불가론 중 가장 설득력이 있는 대목이다.

그러나 '대군질역'의 경우는 억지에 가깝다. 대군을 동원할 경우 계절과 상관없이 가장 큰 어려움은 치중輜重에 있다. 장마철의 경우는 물웅덩이가 가장 큰 장애물이다. 요동지역은 예로부터 습지와 늪지가 많은 곳으로 유명하다. '대군질역'보다는 치중의 어려움을 드는 것이 훨씬 논리적이었다.

'4불가론'은 반대를 위한 반대의 성격이 짙다. 이는 출정 당시 이미 군사정변에 관한 기본골격이 마련되어 있었음을 시사한다. 당시 새 왕조를 세우고자 하는 이성계의 결심은 확고했다. 반발을 최소화하는 것이 급선무였다. 조광윤의 '진교병변'을 흉내 낼 필요가 있었다. 이성계의 '위화도 회군'은 조광윤이 '진교'에서 군사를 회군시킨 것과 꼭 닮았다.

당시 우왕과 최영은 이성계의 속셈을 헤아리지 못했다. 위화도에서 머뭇거리고 있다는 보고를 받자 곧 내관 김완金完을 보내어 전진을 독촉하고 나선 게 그렇다. 화가 난 조민수는 김완을 억류한 뒤 다시 사람을 최영에게 보내 회군을 허가해줄 것을 청했다. 표현은 정중했으나 내용은 완강했다. 유사시 반란이 일어날 것임을 예고한 것이었다. 이때 군중軍中에 '이성계가 휘하의 친병을 거느리고 동북면을 향하고 있다'는 소문이 나돌았다. 이는 이성계 측이 부모와 처자식의 안위문제로 불안해하는 군심을 동요시키기 위해 의도적으로 흘린 것일 공산이 크다. 실제로 이 소문이 나자마자 군중이 큰 혼란에 빠졌다. 이때를 기다려 마침내 이성계가 장병들 앞에서 '쿠데타'의 가능성을 언급하고 나섰다.

"만일 대국의 국경을 범하여 천자에게 죄를 얻으면 재앙이 즉시 이르게 될 것이다. 내가 글을 올려 회군을 청했으나 군왕도 살피지 아니하고, 최영 또한 늙고 어두운 탓에 듣지 않고 있다. 어찌 그대들과 함께 군왕을 만나 화복禍福을 진술하고 주변의 악인들을 제거함으로써 백성들을 편안하게 만드는 길을 가지 않겠는가!"

역사적인 반기 선언이었다.《태조실록》'총서'는 당시 제장諸將들이 흔쾌히 이를 받아들였고, 이성계가 나라를 얻는다는 뜻의 '목자득국木子得國' 동요가 유행해 사람들이 모두 이를 노래했다고 기록해 놓았다. 이는 이성계 일파가 고려조를 뒤엎기 위해 전파시킨 것으로 보는 게 옳다. '총서'는 이성계가 회군하여 개경으로 향할 당시 동북면의 백성과 여진족으로서 회군 소식을 듣고 다투어 모여든 자가 1천여 명이나 되었다고 기록해 놓았다. 당시 이성계의 군사 중에 여진족으로 구성된 친병이 매우 많았음을 짐작케 해준다. 학계 일각에서 이성계의 조상이 지금의 간도 일대에서 흥기한 사실 등과 관련해 원래 여진족이었다고 보는 것도 이와 무관하지 않다.

실제로 이성계는 이들을 앞세워 파죽지세로 남하해 개경을 함락시켰다. 새 왕조 개창의 서막이 오르는 순간이었다. 전후 과정이 송나라 태조 조광윤이 행한 쿠데타의 판박이였다. 기회를 잃지 않고 재빨리 올라탄 덕분이다.

조조가 한헌제를 옆에 끼고 천하를 호령한 것도 같은 맥락이다.

건안 원년 가을 8월, 조조는 지금의 하남성 허창현 동쪽인 허현許縣에서 헌제를 맞이하고자 했다. 이때 조조의 제장들은 아직 여건이 구비되지 않은 것으로 생각했다. 관동關東이 아직 평정되지 않은 상황에서 한섬과 양봉이 방자한 모습을 보이고 있어 그를 제압하기 어렵다는 것이 그 이유였다. 그러자 순욱이 중의를 물리치고 조조에게 이같이 권했다.

"예전에 진문공晉文公은 주양왕周襄王을 맞아 제후들을 복종시켰고 한고조도 의제義帝를 위한 상복을 입어 천하 사람을 성심으로 귀부시켰습니다. 천자가 밖으로 떠돌게 되자 장군이 앞장서서 의병을 일으켰으나 산동의 전란으로 미처 마중 나갈 여가가 없었습니다. 지금 거가가 돌아오더라도 낙양은 풀이 우거져 있으니 충의지사는 근본을 보존하고픈 마음이 간절하고 백성들은 옛날을 그리는 아픔에 젖을 수밖에 없습니다. 진정 이 기회를 이용하여 주상을 맞이해 백성의 바람을 따르는 것이 시의를 좇는 대순大順입니다. 지공至公으로 천하 사람을 심복시키는 것이 대략大略이고, 대의를 널리 일으켜 천하영재를 부르는 것이 대덕大德입니다. 사방에 비록 반역을 꾀하는 역신들이 있다 해도 그들이 무엇을 능히 하겠습니까? 한섬과 양봉이 어찌 고려의 대상이 되겠습니까? 만일 빨리 결정짓지 못하면 호걸들에게 욕심을 일으키도록 만들 것이니 후에 비록 다시 하고자 해도 어쩔 수가 없을 것입니다."

천자의 봉영이 바로 대순大順, 대략大略, 대덕大德이라고 강조한 순욱의 지적은 탁견이다. 물론 순욱과 조조는 천자의 봉영에 대한 해석에 커다란 차이가 있었다. 순욱은 한실에 대한 충성으로 해석했고, 조조는 권의지계權宜之計로 생각했던 것이다. 그러나 천자를 봉영한다는 점에서는 일치했다.

조조는 곧 순욱의 건의를 받아들여 즉각 양무중랑장揚武中郎將 조홍曹洪을 시켜 군사를 이끌고 서쪽으로 가서 헌제를 맞이하게 했다. 그러나 조홍은 위장군衛將軍 동승과 원술의 부장 장노萇奴가 험지에 기대어 저지하고 나서자 더 이상 나아갈 수 없었다. 조조의 '협천자' 계책이 무산될 위기에 처하게 된 것이다. 이때 의랑 동소가 자발적으로 나서 이를 해결했다. 그는 양봉의 군사가 비록 강하기는 하나 외원세력이 별로 없다는 것을 알고 조조의 명의를 빌어 양봉에게 다음과 같은 서신을 보냈다.

'나는 장군의 대명을 오래전부터 듣고 늘 당신의 충의를 앙모하면서 성심으로 사귀고 싶어 했소. 지금 장군이 온갖 어려움 속에서 천자를 구해 옛 수도로 돌아오니 보좌한 공로가 이 세상에서 둘도 없이 커 그 누구도 당할 수 없을 것이오. 지금 여러 흉적들이 중원을 크게 어지럽혀 사해가 안녕치 못하오. 천자의 자리는 매우 중요하여 대신의 보좌가 필요하니 반드시 많은 현명한 지사들이 나서 군왕이 나아가는 길 위의 장애를 제거해야만 하오. 그러나 이는 확실히 한 사람이 단독으로 할 수 있는 것이 아니오. 몸통과 사지가 서로 의지하듯이 하나라도 없으면 곧 결함이 있는 것이오. 장군이 안에서 조정의 일을 주관하고 나는 밖에서 돕게 되면 지금 나는 식량이 있고 장군은 군사가 있으니 서로 보완이 되어 생사화복生死禍福을 같이 나눌 수 있을 것이오.'

동소는 이에 앞서 조조를 위해 이각 및 곽사 등에게 조조의 명의로 된 서신을 보낸 바 있다. 삼국시대에 타인 명의의 서신을 보내 계책을 성사시킨 경우는 동소의 경우 이외에 그 사례를 찾기가 힘들다. 훗날 종회가 촉한을 정벌한 후 경쟁자인 등애를 제거하기 위해 유사한 일을 벌인 적이 있으나 그는 서신의 원안을 가감한 데 불과했다. 당시 양봉은 동소가 보낸 조조 명의의 가짜 서신을 받아보고는 크게 고무되어 제장들을 불러놓고 이같이 말했다.

"조연주曹兗州의 군사가 허현에 가까이 있을 뿐 아니라 병력과 식량이 충분하다고 하니 국가는 응당 그에게 의뢰해야 한다."

양봉과 한섬 등이 모두 표문表文을 올려 조조를 진동장군鎭東將軍으로 삼고 그의 부친의 작위를 이어 받아 비정후費亭侯에 봉하게 했다. 그러자 조조가 세 번이나 상표하여 이를 사양한 뒤 마침내 받아들였다. 당시 조조가 올린 상표를 흔히 '상서양봉上書讓封'이라고 한다. 그 내용은 다음과 같다.

"신은 폭도와 역도를 주살코자 하여 청주와 연주를 공략하자 사방에서 공물을 바치며 이를 신의 공으로 생각했습니다. 한고조 때 건국공신인 소하蕭何는 관중關中을 평정한 공이 있어 제후에 봉해졌고, 광무제 때의 건국공신 등우鄧禹는 하북에서 공을 세워 여러 성을 식읍으로 받았습니다. 이번의 공의 실질을 살펴보면 이는 신의 공훈이 아닙니다. 신의 조부 중상시는 어가를 따르고 좌우를 도왔으나 주도적인 것이 아닌데다 또한 분투한 것도 아닌데도 봉작을 받게 되니 이미 세 번이나 됩니다. 신이 듣건대《주역》'예괘豫卦'에 이르기를, '이로우니 제후를 세우고 군사를 이끈다'고 했습니다. 공이 있으면 나아가 제후가 됩니다. 또 '송괘訟卦'에 이르기를, '옛 덕을 먹거나 왕을 돕는 일을 한다'고 했습니다. 선조는 대덕이 있으니 만일 왕사에 공을 세운 자가 있으면 자손은 이내 그 녹을 먹게 될 것입니다. 엎드려 생각건대 폐하가 신을 뽑아 군무에서 견마로 쓰니, 뛰어난 계책으로 드날리고 높이며, 그 빛이 훤히 비추니, 신은 약하고 완고하여 능히 감당할 수 없습니다."

이 글에서 조조는 조금도 사양치 않고 자신이 세운 토역討逆의 공과 조부인 중상시 조등의 공적을 드러냈다. 이는 곧 자신에 대한 봉작은 당연하다는 속마음을 밝힌 것이다. 그러나 그는 곧 논조를 바꿔 충성스럽게 황제의 뛰어난 계책의 포승을 언급하면서 자신과 같이 어리석고 약한 사람이 감당할 수 없다며 사양지심辭讓之心을 드러냈다. 헌제가 조조의 표문을 받고 다시 조명으로 책명을 받아들일 것을 명하자 조조는 또다시 상표하여 사양했다. 조조는 세 번째 표문에서 자신의 입장을 이같이 밝혔다.

"신이 스스로 세 번 생각건대, 저의 선조가 비록 황제를 시종하는 약간의 공이 있다 한들 제가 응당 작위를 받을 수는 없는 일입니다. 어찌 신에게 세 번 내립니까? 만일 신에게 관동에서의 약간의 공이 있다면 모두 조종의 도움과 폐하의 성덕에 힘입은 것입니다. 신은 어리석기 그지없는 데 어찌 능히 이를 감당할 수 있겠습니까?"

그러고는 마지못해 '책명'을 받아들이면서 '사습비정후표謝襲費亭侯表'를 올려 황은에 감읍하는 심경을 절절히 전했다. 이는 조조가 매번 승진할 때마다 세 번 사양한 첫 사례였다. 그는 후에 실질적인 대권을 잡은 뒤에도 세 번 사양하는 자세를 잃지 않았다. 조조는 협천자의 이치를 잘 알고 있었다. 한헌제는 사실상 조조의 인질이나 다름없었다. 조조가 천자를 끼고 천하를 호령한 배경이다. 기회가 왔을 때 놓치지 않고 이에 올라탄 덕분이다.

한곳에 집중 투입하라

힘을 분산시키면 이내 중과부적의 불리한 형세에 처하게 된다. 얼마 되지 않는 자본을 여러 곳에 두루 투자해 아무것도 건지지 못하는 것과 같다.

결정적인 계기에 결단하여 떨쳐 일어날지라도 이것이 곧 승리를 보장하는 것은 아니다. 반드시 힘을 한곳에 집중시켜야 소기의 성과를 거둘수 있다. 그게 바로 투기投機이다. 흔히 시세 변동을 예상하여 큰 차익을얻기 위하여 하는 매매 거래를 뜻하는 말로 사용되고 있으나 원래의 의미는 절호의 기회에 온몸을 내던진다는 뜻으로 사용된 것이다. '투기'에 성공하기 위해서는 '선택과 집중'의 기본원칙에 충실해야 한다. 힘이 분산되면 작은 성공밖에 거두지 못한다. 잘못하면 성공적인 흐름을 보이는 국면전체를 일거에 뒤집는 악재로 작용할 수도 있다.

대표적인 예로 제갈량이 첫 북벌에 나섰을 때 힘을 분산시킨 나머지 끝내 후퇴해야만 했던 가정街亭전투의 실패 사례를 들 수 있다.

나관중은《삼국연의》에서 제갈량을 극도로 미화해 놓았으나 역사적 사실로 분명히 드러난 가정전투의 실패마저 승리로 둔갑시킬 수는 없었다. 실제로 가정전투는 제갈량에게 뼈아픈 실책이기도 했다. 가정전투의 유적은 현재 감숙성 장랑현 동남쪽 일대에 현존하고 있다.

가정전투와 관련한《삼국연의》의 묘사는 몇 가지 점에서 역사적 사실과 동떨어져 있다. 당시 마속과 싸운 위나라 장수는 사마의가 아닌 장합이었다.《삼국연의》는 '만고의 군신'으로 미화한 제갈량이 일개 무장에게 패한 사실을 인정치 않으려는 의도로 이런 왜곡을 자행한 것으로 보인다. 가정전투를 제갈량과 사마의의 대결로 바꿔놓은 뒤 마속이 제갈량의 주문을 무시하고 제멋대로 행동하는 모습을 세밀히 묘사해 놓은 것도 같은 맥락에서 파악할 수 있다. 이는 말할 것도 없이 제갈량의 잘못은 하나도 없는데 마속이 제갈량의 지시를 어김으로써 사마의에게 당하게 되었다는 식으로 이야기를 끌어가기 위한 복선이다. 당시 마속은 장합에게 덜미를 잡힌 것이고, 제갈량 또한 장합에게 그 속셈을 간파당했던 것이다. 이는 제갈량의 장기인 탁상행정이 실패했음을 시사한다. 그렇다면 그 이유는 무엇일까? '읍참마속'의 진상을 정확히 알아야만 그 해답을 찾아낼 수 있다.

나관중은 해당 대목에서 마속의 목을 벨 수밖에 없었던 제갈량의 모습을 매우 비장하게 그려놓았다. 제갈량이 눈물을 흘리며 마속의 목을 베었다는 이른바 '읍참마속泣斬馬謖'이 나오게 된 배경이다. 그러나 이는 사서의 기록과 다르다.《삼국지》'마량전'에 다음과 같은 구절이 나온다.

"마속은 옥에 갇혀 있던 중 물고物故했다. 제갈량이 그를 위해 눈물을 흘렸다."

'물고'는 뜻밖의 일로 죽음을 당하는 변고變故를 뜻한다. 이는 '읍참마속'이 역사적 사실과 다를 수 있다는 가능성을 암시한다.《삼국지》'상랑전'의 다음 대목은 이런 의구심을 더욱 증폭시키고 있다.

"상랑은 평소 마속과 사이좋게 지냈다. 마속이 도망칠 때 상랑은 그 상황을 알았지만 그를 검거하지 않았다. 제갈량이 이를 한스럽게 생각해 상랑의 관직을 박탈하고 그를 성도로 돌아가게 했다."

상랑은 승상장사가 되어 제갈량을 좇아 한중으로 출전해 후방의 일을 보고 있던 인물이다. 그는 가정에서의 패배 후 마속이 도망쳐 왔을 때 이를 모르는 체 묵인했다가 관직을 박탈당했던 것이다.

두 기록을 종합해 보면 대략 마속은 죄를 두려워하여 상랑에게서 도망쳤다가 이내 붙잡혀 옥에 갇힌 뒤 무슨 이유인지는 모르겠으나 옥중에서 죽게 되었음을 알 수 있다.
그렇다면 마속이 죽은 진짜 이유는 무엇일까?
진수는 '유고有故'와 유사한 뜻을 지닌 '물고'라는 애매한 표현을 써서 사람들을 헷갈리게 만들어놓았다.《삼국지》'제갈량전'에 이를 유추할 수 있는 대목이 나온다.

"제갈량이 서현의 민호 1천여 호를 이끌고 한중으로 들어왔다. 마속을 죽여 사람들에게 사죄했다."

이에 따르면 '상랑전'에 나오는 '물고'는 바로 '참형'을 뜻하는 것으로 새기는 게 옳다. 그러나 이것이 마속을 죽이면서 눈물을 흘렸다는 '읍참泣 斬'을 뜻하는 것은 아니다. '읍참'의 근거는 과연 어디에 있는 것일까? '마 량전'의 배송지주에 인용된《양양기襄陽記》의 기록은 '읍참'과는 사뭇 다 른 분위기를 전하고 있다.《양양기》의 기록이다.

> "장완이 제갈량을 찾아와 말하기를, '천하가 평정되지 않았는데 재주 있
> 는 선비를 죽이는 것이 어찌 애석한 일이 아니겠습니까?'라고 했다."

이는 당시 제갈량이 장완 등의 반대에도 불구하고 마속에 대한 참형을 강행코자 했음을 시사한다. '읍참'의 진실은 무엇일까? 사마광의《자치통 감》에 그 해답이 있다.

> "제갈량이 마속을 하옥하여 죽였다. 이내 조상弔喪을 가서 눈물을 흘리며
> 통곡했다."

이에 따르면 제갈량은 마속을 하옥시켜 참형에 처한 뒤 문상을 가서 눈물을 흘린 것이 된다. '읍참'이 아니라 '읍조泣弔'가 역사적 사실에 가까 운 셈이다. 물론《양양기》와《자치통감》에도 제갈량이 마속을 죽이기에 앞서 눈물을 흘린 대목이 나온다. 그러나 그것은 장완이 이의를 제기할 때 이를 반박하면서 장완 앞에서 흘린 것이다. 마속을 베라는 호령을 내 릴 때 제갈량이 눈물을 흘렸다는 기록은 찾을 수가 없다. 이는 나관중이

'읍조마속泣弔馬謖'을 '읍참마속'으로 둔갑시켜 놓았을 가능성을 뒷받침한다. 가정전투 실패의 모든 책임을 마속에게 떠넘기기 위한 속셈이 드러나는 대목이다.

실제로 '읍참마속' 대목에 비판적인 사람들은 패배에 대한 모든 책임을 제갈량이 져야 한다고 주장한다. 그러나 아직까지는 마속의 책임을 가장 무겁게 보는 '마속책임설'이 대종을 이루고 있다. 사실 마속은 부장 왕평의 계속된 간언에도 불구하고 '죽을 곳에 선 뒤에야 살 길이 생긴다.'는 고식적인 배수진을 거론하며 산 위에 진을 쳐 참패를 자초했다. 진수도 같은 입장을 보이고 있다.

> "마속은 제갈량의 지시를 어기고 옳지 않은 작전을 펼치다가 장합에게
> 크게 패했다."

확실히 마속은 병서를 통달했을지는 몰라도 임기응변의 이치를 깨닫지 못했다. 읽은 책은 많을지라도 실제 응용을 잘 못해 참패를 불렀으니, 차라리 병서를 읽지 않은 것만도 못했다는 비난을 받을 만하다. 그러나 문제는 다시 그를 발탁한 제갈량에게 넘어간다.

제갈량은 제1차 북벌의 총책임자이자 전군의 총사령관으로서 가정전투 패배에 따른 궁극적인 책임추궁에서 자유로울 수 없다. 마속의 책임이 일선 지휘관이 짊어져야 할 전술 차원의 책임이라면 제갈량은 총사령관으로서 전략 차원의 책임을 떠안는 것이 옳다. 마속은 종이 위에서 군사를 논하는 지상담병紙上談兵을 일삼은 까닭에 이론에만 밝을 뿐 실천적인 능력이 부족한 인물이었다. 마속을 택한 것은 제갈량의 용인술에 적잖은 문제가 있음을 반증한다. 비중으로 본다면 제갈량의 책임이 더 무겁다.

실제로 가정전투 패배의 파장은 심대했다. 제갈량이 초반에 거둔 혁혁한 전과가 무효가 되었을 뿐 아니라 전세가 일거에 역전되어 버렸기 때문이다. 퇴로가 차단될 위기에 처한 촉군은 협격을 피하기 위해서라도 급히 철수하는 일 이외에는 달리 방도가 없었다. 제갈량은 총체적인 책임을 면할 길이 없다.

객관적으로 볼 때 가정전투의 패배는 제갈량의 명백한 실책에 따른 것이었다. 결정적인 계기에 힘을 분산시켰기 때문이다. 이를 지적한 대표적인 인물이 바로 모택동이다. 그는 《자치통감》의 가정전투 대목을 읽다가 크게 탄식하면서 해당 대목 옆에 이런 주석을 달아 놓았다.

"제갈량은 가정전투 때 직접 전투에 임했어야 했다!"

당시 제갈량은 병력을 결집해 싸워야 한다는 위연의 건의를 무시한 채 조자룡에게 기곡, 마속에게 가정을 접수토록 한 뒤 자신은 기산으로 진격했다. 병력을 3분한 셈이다. 다 이긴 싸움을 놓친 근본 배경이다. 그런 점에서 '읍참마속'은 제갈량의 실책을 호도한 것에 지나지 않는다. 배송지가 해당 대목에 인용한 《한진춘추漢晉春秋》에 나오는 제갈량의 술회가 이를 뒷받침한다.

"당시 촉한의 대군이 기산과 기곡에 포진해 있었고, 모두 적보다 많았다. 그러나 적을 깨뜨리지 못하고 오히려 패하고 말았다. 이는 병력이 적었기 때문이 아니라 오직 한 사람 때문이었다."

'한 사람'은 바로 제갈량 자신을 지칭한다. 병력을 하나로 모으지 못한 점을 뒤늦게 자아비판한 것이다. 힘을 분산시키면 이내 중과부적의 불리한 형세에 처하게 된다. 얼마 되지 않는 자본을 여러 곳에 두루 투자해 아무엇도 건지지 못하는 것과 같다. 이는 제갈량이 가정전투에서 범한 전철을 똑같이 밟은 짓이다. 조조가 《손자병법》에 주석을 가하면서 병력의 신속한 이동과 공략목표의 단일화를 역설한 이유가 바로 여기에 있다.

파죽지세로 나아가라

"지금 우리 군사가 무위를 크게 떨치고 있으니 마치 대를 쪼개는 기세에 비할 수 있소. 몇 마디를 쪼개기만 하면 칼만 대도 저절로 쪼개질 것이니 다시 손을 댈 여지도 없소."

우리 속담에 '쇠뿔도 단김에 빼라'는 말이 있다. 파죽지세破竹之勢의 성어와 취지를 같이하는 말이다. 이는 대나무를 쪼개는 기세라는 뜻이다. 세력이 강대해 거침없이 적진의 심장 깊숙이 쳐들어가는 '승승장구'의 기세를 말한다. 이 말의 출전은 《진서》 '두예전'이다.

삼국시대 말기 함희 2년(265)에 위나라 권신 사마염은 원제 조환曹奐을 폐한 뒤 스스로 보위에 올라 국호를 진晉, 연호를 태시泰始로 정했다. 이로써 천하는 오나라와 진나라가 남북으로 대립하는 양상을 띠게 되었다. 사마염은 오나라마저 병탄해 근 1백 년 간에 달하는 분열시대를 끝내

5장 시의에 맞춰 과감히 변신하라

고 죽백竹帛에 그 이름을 남기고자 했다. 이를 완성시킨 인물이 바로 두예杜預이다. 훗날 시선詩仙 이백과 더불어 최고의 시인으로 불린 시성詩聖 두보는 평생 두예를 선조로 둔 것을 자랑으로 삼았다. 서진시대에 두예가 우뚝 솟은 인물로 보이는 것은 그가 문무를 겸비한 유장이었다는 점에서 찾을 수 있을 것이다. 사마광은 《자치통감》에서 두예의 무예를 이같이 칭송해 놓았다.

> "두예는 말을 제대로 타지 못한데다 화살은 갑옷을 뚫지 못하는 엽편葉
> 片을 사용했다. 그러나 군사를 지휘해 적을 제압하는 데에는 그 어떤 장수
> 도 그를 당하지 못했다."

이는 두예가 무예보다 학문에 더욱 조예가 깊은 사람이었음을 보여준다. 두예는 자가 원개元凱로 지금의 섬서성 서안인 경조京兆 두릉杜陵 출신이다. 조부 두기杜畿는 위나라 상서복야, 부친 두서杜恕는 유주의 자사를 지냈다. 두예는 어려서부터 학식이 뛰어났다. 특히 《춘추좌전》에 밝았다. 스스로 일종의 '좌전 마니아'를 뜻하는 '좌전벽左傳癖'을 칭할 정도였다. 그가 지은 주석서 《춘추좌전집해》는 기념비적인 저술로 알려져 있다. 그럼에도 동오 정벌의 대공을 세웠다. 문무를 겸비한 유장儒將의 전형이다.

두예의 부친 두서는 원래 위나라 권신 사마의와 의견이 맞지 않아 정계에서 추방된 후 불만을 품고 세상을 떠났다. 이로 인해 두예는 사마씨가 실권을 잡은 위나라 정권에 등용되지 못하고 오랫동안 불우한 상태에 있었다. 그러나 두예는 권력자 사마소의 여동생을 아내로 맞은 후 처음으로 관직에 나가게 되었다. 두예가 부친의 원수라고 할 수 있는 사마씨의

집안과 인척이 된 이유는 정확히 알 수 없다. 다만 이때에 이르러 부친과 달리 사마씨의 천하를 현실로 받아들인 것으로 보인다. 천하통일 후 두예가 양양에 진주할 때 여러 차례에 걸쳐 낙양의 세력가에게 예물을 보낸 사실이 이를 뒷받침한다. 당시 어떤 사람이 그 이유를 묻자 그는 이같이 대답했다.

"나는 단지 화를 입을까 두려워할 뿐이오. 결코 무슨 이익을 얻으려고 그리한 것은 아니오!"

그는 난세의 처세술을 통찰하고 있었다. 춘추시대에 일어난 온갖 사건을 정밀하게 분석해 놓은《춘추좌전》을 통달했기에 가능한 일이다. 삼국시대에《춘추좌전》을 펜 사람은 사실 두예 한 사람밖에 없었다. 그가 부친의 원수라고 할 수도 있는 사마씨의 여인을 부인으로 얻은 것도 이런 맥락에서 이해할 수 있다. 중국의 전 역사를 통틀어 두예처럼 뛰어난 학식에 발군의 군사적 재능을 겸비한 인물은 찾아보기 힘들다. 양명학을 창시한 명대의 왕양명王陽明 정도에 불과하다. 그러나 청나라 건륭제 때의 고증학자 초순焦循은 두예의 삶에 의혹을 품었다.

객관적으로 볼 때 두예는 부친 두서가 사마의와 대립한 까닭에 사마씨가 존재하는 한 뜻을 펴기가 어려웠다. 초순은 그럼에도 불구하고 사마씨가 왜 정적의 아들인 두예를 일부러 발탁했을까 하는 점에 의문을 제기했다. 특히 조씨의 위나라가 사마씨의 진나라로 바뀌는 와중에 두예가 임관된 사실에 커다란 의문을 제기했다. 그는 고증학자답게 그 의혹을 풀어내려고 시도했다. 그 결과 매우 의미 있는 사실을 찾아냈다. 그는 이런 사실을 토대로《춘추좌전두씨집해보소春秋左傳杜氏集解補疏》5권을 저술했다. 두예의《춘추좌전집해》에서 잘못된 점이나 빠진 점 등을 보정했다는 취지이다. 그는 서문에서 이같이 기술했다.

"두예는 아버지가 사마의의 노여움을 샀기 때문에 버려졌다. 오랫동안 벼슬길에 오르고자 염원한 게 확실하다. 이때 사마소는 제위를 찬탈할 야심을 품고 있었으므로 인재를 휘하에 그러모으고자 했다. 그래서 사마소는 여동생을 두예에게 시집보내고 그에게 진왕부의 벼슬을 시킨 것이다. 두예에게는 의외였으나 이를 계기로 두예는 부친의 원한을 잊고 사마씨에게 충성을 다하게 되었다. 실제로 고귀향공 조모曹髦가 피살을 당했을 때 두예는 사마소의 악행을 감추려고 했다. 게다가 사마의나 사마사의 악행을 감춤으로써 자신의 변절도 감추려고 했다. 이것이 그가 《춘추좌전집해》를 쓴 이유이기도 하다."

현재에 이르기까지 《춘추좌전》의 가장 뛰어난 주석서는 두예의 저서이다. 그의 이런 주장은 당시에도 커다란 파문을 불러왔다. 초순의 주장에 따르면 당대 최고의 유장儒將 두예는 시세에 아부하는 삶을 산 것이 된다. 그렇다면 초순은 과연 무슨 근거로 이같이 엄청난 주장을 한 것일까?

그는 《춘추좌전》 '노환공 5년'조에 나오는 다음 대목을 논거로 들었다.

"주환왕周桓王이 정백鄭伯으로부터 주나라 정권을 빼앗자 정백이 대궐에 들어갈 수 없게 되었다. 가을에 주환왕은 제후를 거느리고 정백을 토벌하자 정백은 이를 맞아 싸웠다. 주환왕의 군대가 대패했다. 정나라 대부 축담祝耼이 활을 쏘아 주환왕의 어깨를 맞췄다. 주환왕 또한 잘 싸웠다. 축담이 추격할 것을 청하자 정백이 말하기를, '군자는 윗사람을 능멸하지 않는다. 하물며 감히 천자를 능멸할 수 있겠는가? 실로 자신을 구하면 되고 나라를 잃지 않으면 되는 것이다.'라고 했다. 정백은 그날 밤 대부 제족祭足을 보내 주환왕을 위문하고 좌우에도 문안을 올리게 했다."

여기의 정백은 춘추시대 첫 패업을 이룬 제환공에 앞서 천하를 호령한 정장공鄭莊公을 말한다. 그가 주환왕과 싸우지만 않았다면 제환공에 앞서 첫 패자霸者로 기록되었을 공산이 컸다. 문제가 된 것은 이 대목에 대한 두예의 주석이다.《춘추좌전집해》는 이 대목을 이같이 풀이해 놓았다.

> "주환왕을 위로하고 안부를 묻는 정백의 뜻은 사과하려는 데 있다. 주환왕이 정백을 친 것은 잘못이다."

초순은 이를 문제 삼았다. 두예의 주석에 대한 그의 반박이다.

"주환왕의 어깨를 쏜 정무공의 불충은 대단히 심한 것이다. 주환왕을 위문하고 안부를 물었다는 것은 간신이나 하는 짓이다. 그런데도 두예는 주환왕이 정장공을 토벌한 일이 잘못되었다고 지적했다. 이는 명백히 고귀향공이 사마소를 친 사건을 염두에 둔 것이다. 정장공이 축담에게 적극 방어에 나설 것을 명한 것은 원래 자신의 잘못을 감추기 위한 것이었다. 그럼에도 두예는 정장공의 이 말을 이용해 사마소의 행위를 변호코자 한 것이다. 주환왕의 정장공 토벌을 부당하다고 주장한 두예의 죄가 이 얼마나 큰 것인가!"

두예는 주환왕이 아무 죄도 없는 정장공을 토벌하려 했기 때문에 정장공이 정당방위 차원에서 맞서게 되었다는 입장에 서 있었다. 초순은 두예의 이런 입장이 실은 고귀향공 조모를 척살한 권신 사마소의 반역행위를 정당화하려는 속셈에서 비롯된 것으로 본 것이다. 초순의 해석을 좇을 경우 두예는《춘추좌전》의 주석을 빌려 권신 사마소의 역적행위를 정당화한 셈이 된다. 초순의 지적에 따르면 이는 결국 사마씨에게 충성을 바치는 두예 자신의 변신을 변명한 셈이 된다.

그러나 초순의 이런 지적은 주환왕이 아무런 잘못을 저지르지 않았다는 전제에서 출발하고 있어 적잖은 문제가 있다. 나아가 두예는 정장공이 주환왕에게 화살을 쏜 사실을 옹호한 적이 없다. 정장공이 제족을 보내 주환왕에게 사죄한 점을 평가한 게 그렇다. 문제는 두예가 '왕이 정백을 친 것은 잘못이다'라고 지적한 대목에 대한 시비이다. 사실 이 또한 이미 오래전부터 거론된 것으로 두예가 처음으로 거론한 것도 아니다. 주환왕은 원래 정장공을 좋아하지 않았다.

《춘추좌전》의 기록에 따르면 주환왕은 대대로 주나라 조정의 집정 역할을 맡아온 정나라 군주의 권한을 빼앗아 이를 괵공虢公 임보林父에게 넘겨준 뒤 다시는 정장공을 부르지 않았다. 정장공도 화가 나서 이후 5년 동안 한 번도 조정에 나가지 않았다. 대로한 주환왕이 토벌에 나선 이유다. 주환왕도 신하인 정장공을 대하는 태도에 적잖은 문제가 있었다. 이를 두고 두예가 사마씨의 역적행위를 변명하려는 속셈으로 정장공을 옹호했다고 해석하는 것은 지나쳤다. 두예는 청류 사대부로서의 자부심이 강했다. 사마씨에게 아부하기 위해《춘추좌전》에 대한 억지 해석을 시도했다고 보는 것은 무리다.

사마씨 집안과 결혼한 것과 두예의 학문적 식견은 별개로 보는 게 합리적이다. 이미 사마씨 집안과 결혼한 상황에서 굳이 학문적 긍지의 상징인《춘추좌전집해》에서 억지 해석까지 동원하며 출세를 구할 필요는 없었기 때문이다. 초순의 지적은 일면 그럴듯해 보이지만 고증을 위한 고증이라는 비난을 면하기 어렵다.

《춘추좌전》의 미덕은 맹자처럼 난세조차 덕정에 기초한 왕도를 행해야 한다는 식의 고식적인 주장을 멀리한 데 있다.《춘추좌전》에 나오는 공자의 평이 이를 뒷받침한다. 왕도를 앞세우되 부득이할 경우 패도도 인정할 수 있다는 순자의 선왕후패先王後霸 입장에 가깝다. 《춘추좌전》의 후속편을 기치로 내걸고 《자치통감》을 저술한 사마광이 사평에서 《맹자》는 전혀 인용하지 않고 《순자》만 인용해 놓은 것도 이런 맥락에서 이해할 수 있다.

사서에 기록된 두예의 행보 역시 '선왕후패'에 입각해 있었다. 현실을 중시한 결과다. 이를 뒷받침하는 일화가 있다.

태시 10년(274) 9월에 두예는 새 교량의 건설을 건의했다. 배로 지금의 하남성 맹진孟津을 통해 황하를 건너는 것이 위험하니 맹진의 서남쪽에 있는 부평진富平津에 교량을 하나 세우는 게 낫다는 판단에 따른 것이었다. 의논하는 사람들이 대부분 반대했다.

"은나라와 주나라 때 이곳 낙양에 도성을 세운 이후 수많은 성현이 나타났지만 다리를 만들지 않았소. 여기에는 반드시 세우지 못할 이유가 있었기 때문일 것이오."

그러나 두예가 자신의 주장을 고집해 허락을 받았다. 사마염은 교량이 완공되자 문무백관을 불러 모아 연석을 베풀면서 두예의 노고를 치하했다.

"그대가 아니었다면 이 다리는 결코 세워지지 못했을 것이오."

많은 사람들이 교량의 건설에 반대한 이유는 간단했다. 옛날부터 다리를 만들지 않은 데에는 나름 이유가 있을 터이니 지금이라고 이를 어기고 따로 만들 필요가 없다는 게 논거이다. 옛날의 관례를 좇는 지나친 의고주의擬古主義의 폐단이다. 두예는 바로 이런 고식적인 의고주의를 타파코자 했다. 그가 동오의 정벌을 적극 주장하고 나선 것도 이런 맥락에서 이해할 수 있다. 실제로 그의 적극적인 건의가 없었다면 천하통일은 훨씬 늦춰졌을지도 모를 일이었다.

당시 모든 사람들은 동오의 정벌이 시기상조라고 주장했다. 시기時機를 놓치는 이른바 실기失機의 위험을 눈치 챈 사람은 두예와 중서령 장화張華, 중군장군 양호羊祜 등 세 사람뿐이었다. 사마염이 머뭇거리며 결단을 내리지 못하자 양호가 간했다.

"오나라를 평정하면 호인들은 자연히 안정될 것입니다. 오직 속히 대업을 완수하는 일만이 남아 있을 뿐입니다."

그러나 논의하는 사람들 대부분이 찬성하지 않았다. 가충 등이 더욱 앞장서 반대하자 양호가 궁지에 몰리게 되었다. 양호가 탄식했다.

"천하대사는 뜻한 바대로 할 수 없는 것이 10중 7, 8은 된다. 하늘이 주려고 하는데도 취하려 하지 않으니 장차 다시 이 일을 하게 될 사람이 한탄하지 않을 수 있겠는가!"

함녕 4년(278) 11월에 양호가 병이 깊어지자 사마염이 장화를 보내 후임을 천거케 했다. 양호가 두예를 천거했다. 사마염이 곧 두예를 진남대장군, 도독형주제군사로 삼았다. 얼마 후 양호가 죽자 두예는 정예병을 선발한 뒤 오나라의 서릉을 지키는 장정張政을 습격해 대승을 거두었다. 함녕 5년(279) 가을에 두예가 사마염에게 출병을 촉구하는 다음과 같은 내용의 표문을 올렸다.

'성공하면 태평의 기업을 만드는 것이고 그렇지 못하면 시간을 낭비한 것에 불과한데 무엇이 애석하여 한 번도 시도하지 않는 것입니까? 만일 다음해를 기다리면 시기時機와 인기人機 및 사기事機가 이전과 같을 수 없으니 신은 더욱 어려워질까 걱정입니다. 지금 객관적으로 볼 때 필승만 있을 뿐 패할 우려는 전혀 없습니다. 신의 확신은 명백합니다. 감히 애매한 얘기로

훗날 우환을 초래할 리가 있겠습니까? 폐하가 깊이 통찰키 바랍니다.'

하늘이 내려준 기회를 놓치지 말라고 촉구한 것이다. 그러나 근 1개월이 지나도록 아무런 회답이 없었다. 두예가 다시 표문을 올려 더욱 강한 어조로 동오 토벌을 촉구했다.

'근래 조정에서 사안의 대소를 막론하고 서로 다른 의견이 벌떼처럼 일어나고 있는데 이는 오직 은총만을 믿고 후환을 고려치 않은데 따른 것입니다. 그래서 가벼이 찬동하거나 반대하는 것입니다. 올해 가을 이래 적을 토벌하려는 형적이 이미 현저히 드러난 상황입니다. 지금 만일 중도에서 멈추면 동오의 손호孫皓도 두려운 나머지 이에 대한 대비책을 세울 것입니다. 만일 동오가 무창으로 천도한 뒤 강남의 각 성을 더욱 견고히 수축하면 성을 공략하기도 어렵고 들에서 식량을 구하기도 어렵게 됩니다. 그리되면 이듬해에 거사하려는 계획은 실현이 안 될지도 모를 일입니다.'

두예의 표문이 올라왔을 때 사마염은 마침 장화와 바둑을 두고 있었다. 장화는 두예의 표문이 올라왔다는 얘기를 듣자 곧 바둑판을 옆으로 밀어놓은 뒤 두 손을 모으고 간했다.

"폐하의 성무聖武로 국가가 부유하고 병력이 막강해졌습니다. 그러나 손호는 황음무도하여 강남의 인재를 마구 죽이고 있으니 지금 그를 정벌하면 힘들이지 않고 천하를 평정할 수 있습니다. 원컨대 이 일에 대해 전혀 의심하지 마십시오."

마침내 오나라 토벌을 결심한 사마염이 장화를 탁지상서로 임명하여 조운漕運을 책임지게 했다. 가충 등이 격렬히 반대했다. 사마염이 크게 화를 내자 가충이 모자를 벗고 사죄했다. 이로써 반대여론이 잠잠해졌다.

이해 11월, 진나라가 드디어 20만 명의 대군을 동원해 오나라 정벌에 나섰다. 두예는 지금의 호북성 강릉江陵으로 진병했다. 두예가 휘하장수 주지周旨 등에게 군사 8백 명을 이끌고 야음을 틈타 도강한 후 낙향樂鄕을 습격케 했다. 주지가 명을 좇아 낙향을 점령한 뒤 깃발을 여러 개 세우고 파산巴山으로 올라가 햇불을 올렸다. 오나라 도독 손흠孫歆이 크게 놀라 강릉독江陵督 오연伍延에게 위급을 알리는 서신을 보냈다.

"북쪽에서 내려온 진나라 군사들이 이내 장강을 날아서 넘어왔단 말인 가!"

두예가 원수沅水와 상수湘水 이남에서 곧바로 교주와 광주로 진격하자 동오의 태수들이 인수를 내놓고 투항했다. 두예가 그들을 위무하면서 저항하는 자들은 가차 없이 토벌했다. 두예가 곧 장수들을 모아놓고 지금의 남경인 오나라 도성 건업建業을 취할 계책을 논의했다. 어떤 장수가 건의 했다.

"백년이나 지난 흉적을 완전히 공략할 수는 없습니다. 바야흐로 봄이니 강물이 점차 불어나게 되어 오래 머물 수가 없습니다. 응당 겨울을 기다 렸다가 다시 도모해야 할 것입니다."

찬성하는 장수가 매우 많았다. 두예가 단호히 반대했다.

"전국시대 말기 연나라 장수 악의樂毅는 단 한 번의 싸움으로 강대한 제나라를 거의 병탄하다시피 했소. 지금 우리 군사가 무위를 크게 떨치고 있으니 마치 대를 쪼개는 기세에 비할 수 있소. 몇 마디를 쪼개기만 하면 칼만 대도 저절로 쪼개질 것이니 다시 손을 댈 여지도 없소."

여기서 인구에 회자하는 '파죽지세' 성어가 나왔다. 두예의 '파죽지세' 진공 덕분에 백년에 걸친 삼국시대의 분열시대가 막을 내리고 서진의 통일시대가 열렸다. 당시 사마염은 대대적인 논공행상을 행하면서 두예를 당양현후當陽縣侯에 임명했다. 이후 두예는 여러 관직을 역임하다가 사례교위를 마지막으로 삶을 마감했다. 당나라 초기 재상 방현령房玄齡은 《진서》를 편찬하면서 두예를 이같이 평했다.

> "다른 사람과 사귈 때는 공경하고 예의바르며, 묻는 것에 솔직히 답하고, 사람을 가르칠 때는 싫증나지 않게 하고, 말할 때는 신중했다. 공훈을 세운 뒤에는 마치 아무 일 없었던 듯이 《춘추좌전》 등의 경서와 사서에 깊이 파묻혔다."

두예는 정치, 경제, 군사, 역법, 율령 등 모든 학문에 두루 능통했다. 그의 머릿속에는 온갖 지식이 채워져 있었다. 당시 사람들이 그를 두고 모든 물건이 보관되어 있는 무기창고에 빗대어 '두무고杜武庫'로 부른 사실이 이를 뒷받침한다. 삼국시대 최고의 지장智將과 유장儒將을 꼽으라면 단연 두예를 들 수 있다. 특히 《춘추좌전》에 대한 그의 탁월한 주석은 21세기 현재까지도 찬탄을 금치 못하게 한다.

조조가 관도대전 당시 원소를 격파한 뒤 여세를 몰아 그의 잔당을 소탕하는 과정은 일견 '파죽지세'와 정반대되는 것처럼 보인다. 즉각적인 추격전을 펼치지 않았기 때문이다. 그러나 그 내막을 보면 이 또한 '파죽지세'의 또 다른 변형에 해당한다. 소탕과정을 일별하면 이를 쉽게 확인할 수 있다.

당초 건안 7년(202) 5월에 원소가 피를 토하며 숨을 거둘 당시, 미제로 남아 있는 가장 큰 문제는 죽는 순간까지 후계자를 확정하지 못한 점이었다. 원래 그에게는 세 명의 아들이 있었다. 원담袁譚과 원희袁熙, 원상袁尙이 그들이다. 원소가 관도에서 패할 당시 오직 원상만이 원소와 함께 있었다. 그때 원담은 청주, 원희는 유주를 지키고 있었다. 막내아들 원상만이 후처 유씨劉氏 소생이었다. 유씨는 성품이 포악하고 모질어서 원소가 죽자 원소의 애첩 다섯 명을 모두 죽여 버렸다. 그녀는 그것도 모자라 땅속에서 원소와 만날까 생각하여 머리를 자르고 얼굴에 묵형墨刑을 가했다. 원상 역시 죽은 자의 가족을 모두 죽이는 참혹성을 드러냈다.

원소는 생전에 원상이 영특하게 생긴 탓에 유달리 그를 총애하여 늘 곁에 두고 지내왔다. 유씨는 자신의 소생인 원상을 후계자로 만들기 위해 늘 원소의 면전에서 그만을 칭찬했다. 원소 역시 원상을 자신의 후계로 삼고 싶어 했으나 명확한 언질을 주지 못했다. 원소가 이내 원상을 후계자로 삼기 위해 원담을 죽은 형의 후사로 보낸 뒤 청주자사로 내보냈다. 당시 저수는 이같이 간한 바 있었다.

"세상의 이치는 설령 한 마리의 토끼가 도망갈지라도 이를 잡기 위해 1만 명이 모두 그 뒤를 쫓아다니는 법입니다. 이들은 한 사람이 토끼를 잡은 뒤에야 비로소 뒤쫓기를 그치게 됩니다. 이는 명분이 이미 섰기 때문에 더 이상 다툴 여지가 없는 연고입니다. 원담은 장자로서 응당 후사가 되어야 함에도 오히려 외지로 나가 살게 되면 모두들 토끼를 잡기 위해 나설 것입니다. 장차 화란이 여기로부터 나올 것입니다."

그러자 원소는 자식들의 능력을 시험해 본 뒤 후사를 결정하겠다며 이를 받아들이지 않았다. 이에 원소는 뒤이어 원희를 유주자사, 생질인 고간高干을 병주자사로 삼은 뒤 원상은 아직 나이가 어리다는 이유로 밖으로 내보내지 않았다. 이로써 많은 사람들이 그가 장차 원상을 후계자로 삼을 뜻을 갖고 있음을 알게 되었다.

원소가 죽자 봉기와 심배는 원상을 옹립하려 한 데 반해 신평과 곽도는 원담을 옹립코자 했다. 당시 대부분의 사람들이 원담이 장자인 점을 내세워 그를 옹립하려고 했으나 심배 등은 원담이 계위하면 해를 당할까 두려운 나머지 원소의 유명遺命을 멋대로 만들어 원상을 후사로 만들었다. 이에 원상이 대사마 장군이 되어 기주와 청주, 유주, 병주 등 4개 주를 관할하게 되었다.

이때 원담은 거기장군을 칭하며 여양에 머물고 있었다. 그러자 원상은 원담의 군사가 강한 것을 두려워하여 봉기를 보내 원담의 책사로 활약케 했다. 도중에 원담이 원상에게 병력 증원을 요청하자 원상이 심배 등의 계책을 받아들여 이를 묵살했다. 이에 화가 난 원담이 봉기를 살해하자 이를 계기로 형제간의 갈등이 더욱 증폭되었다.

이해 9월, 조조가 대군을 이끌고 황하를 건너 원담을 쳤다. 이에 원담이 급히 사자를 원상에게 보내 구원을 청했다. 원상이 군사를 이끌고 가서 원담을 돕게 되자 조조는 원담 및 원상과 여양에서 접전하게 되었다. 이런 접전은 여러 달을 두고 계속되었다. 이를 통해 짐작할 수 있듯이 원씨 형제들이 단합할 경우 비록 조조가 관도대전에서 승리를 거두었다 할지라도 앞일을 예측하기 어려웠다.

건안 8년(203) 2월에 조조가 마침내 군사를 여러 길로 나누어 원씨 형제를 일시에 공격케 했다. 원담과 원희, 원상, 고간 등이 모두 패하여 여양을 버리고 업성으로 달아났다. 이해 4월, 조조가 군사들을 이끌고 업성 가까이 가서 성 주위의 보리를 모두 베었다. 이때 사람들이 조조에게 여세를 몰아 업성으로 진공할 것을 권했다. 곽가가 이같이 만류했다.

"원소는 이 두 아들을 사랑했으나 누구를 후사로 세워야 좋을지 결단을 내리지 못했습니다. 지금 그들의 권력이 비등하니 각자 추종세력이 있을 것입니다. 상황이 위급하면 서로 보호하게 되나 완화되면 서로 다툴 것입니다. 남쪽으로 내려가 형주의 유표를 치면서 변화의 추이를 지켜보느니만 못합니다. 형제간의 내홍內訌이 생긴 연후에 공격하면 가히 일거에 평정할 수 있을 것입니다."

이해 5월, 조조가 곽가의 계책을 좇아 남쪽으로 유표를 치러간다고 떠벌이며 허도로 환군했다. 그러자 얼마 후 과연 원씨 형제 사이에 내분이 일어났다. 원담이 먼저 원상을 공격했다가 패하자 지금의 하북성 남피南皮로 퇴각했다. 원상이 군사를 이끌고 추격에 나서자 원담이 다시 패하여 평원平原으로 달아났다. 이때 원상이 여세를 몰아 평원까지 쫓아갔으나 원담은 성을 굳게 지키고 나오지 않았다.

궁지에 몰린 원담이 마침내 신평辛評의 동생 신비辛毗를 조조에게 보내 구원을 청했다. 당시 조조는 군사들을 지금의 하남성 서평西平에 주둔시키고 있었다. 신비가 서평에서 조조를 만나 구원을 청하자 조조의 제장들이 유표는 강하고 원씨 형제는 두려워할 만한 것이 없으니 응당 먼저 유표를 쳐야 한다고 주장했다. 그러나 순유는 조조와 곽가의 계책을 지지하며 차제에 하북을 먼저 평정해야 한다고 주장했다. 사자로 온 신비도 조조에게 먼저 하북을 취할 것을 권했다. 이에 조조는 원담의 청을 수락했다.

이해 10월, 조조가 군사를 이끌고 여양에 이르렀다. 원상은 조조가 다시 도하했다는 소식을 듣고는 곧 포위를 풀고 업성으로 환군하면서 여광呂曠과 고상高翔에게 명하여 추격군을 저지케 했다. 원담은 원상이 회군하는 것을 보고 곧 군사들을 이끌고 그 뒤를 쫓았다. 몇 십 리를 못 가서 여광과 고상이 일제히 달려나와 원담의 앞을 가로막자 원담이 말을 세우고 이들을 타일렀다. 이에 두 장수가 곧 원담에게 항복했다. 원담은 두 장수와 함께 영채로 돌아온 뒤 조조군이 당도하기를 기다렸다가 두 장수와 함께 조조를 배견했다. 조조가 반가이 맞이하자 원담이 조조에게 기주를 속히 칠 것을 권했다. 조조가 말했다.

"지금 양초가 뒤를 대지 못하고 있는데 운반해 오기가 쉽지 않소. 일단 황하를 건넌 뒤 기수沂水를 막아 백구白溝로 물을 흘려보내는 식으로 양도糧道를 열어놓은 뒤 출병하도록 하겠소."

그러고는 원담에게 아직은 평원에 있으라고 이른 뒤 군사를 이끌고 여양으로 물러나 주둔했다. 이때 조조는 곧바로 상표하여 여광과 고상은 열후에 봉하고 이들로 하여금 자신의 군중에 남아 일을 보게 했다. 이때 원담이 은밀히 장군의 도장을 새겨 여광과 고상에게 전했다. 조조는 이를 전해 듣고는 원담이 진심으로 귀복한 것이 아니라는 사실을 알아챘다. 이에 원담을 안심시키기 위해 아들 조정曹整을 위해 원담의 딸을 며느리로 맞아들였다.

건안 9년(204) 정월에 조조가 원상을 치기 위해 황하를 건너가 기수를 막음으로써 흐름을 동북쪽으로 바꿔 놓았다. 이로써 백구로 물이 흘러들어 양도가 열리게 되었다. 이해 3월, 원상이 재차 평원에서 원담을 공격하면서 부장 심배와 소유蘇由에게 업성을 지키게 했다. 이때 소유가 조조와 내응하여 업성을 빠져나와 조조에게 투항했다. 이를 계기로 조조군이 곧 업성에 당도한 뒤 먼저 토산과 땅꿀을 팠다.

이해 4월, 조조가 조홍을 시켜 업성을 치게 하면서 자신은 후방에 대한 기습공격을 걱정하는 이른바 후고지우後顧之憂를 제거하기 위해 군사를 이끌고 가서 업성 주변의 원상 지원 세력을 토벌했다. 이때 하북성의 역

　　　　　　　5장 시의에 맞춰 과감히 변신하라

양易陽 현령 한범韓範과 섭현涉縣 현장 양기梁岐가 전 현을 들어 조조에게 투항했다. 이에 서황이 조조에게 이같이 건의했다.

"원씨 형제가 아직 무너지지 않고 있기 때문에 귀순하지 않은 곳의 관원들은 투항자들의 얘기를 경청하고 있습니다. 응당 두 현의 관원에게 상을 주어 다른 현의 사람들이 이를 모두 알 수 있도록 해야 합니다."

조조가 이를 받아들여 한범과 양기를 모두 관내후로 삼았다. 이에 주변 군현의 관원들이 조조에게 기울어지기 시작했다. 얼마 후 흑산적 수령 장연張燕이 사자를 조조에게 보내 지원군을 보낼 뜻을 밝혔다. 조조가 크게 기뻐하며 그를 평북장군平北將軍에 임명했다.

이해 5월, 조조가 토산과 땅굴을 허문 뒤 업성 주위에 참호를 파게 했다. 업성 주위에 빠짐없이 참호를 파자 그 둘레의 길이가 40리에 달했다. 《후한서》'원소전'은 당시의 상황을 이같이 기록해 놓았다.

"조조는 병사들에게 명하여 처음에는 얕게 파도록 했다. 그러자 심배는 조조군의 병사들이 가볍게 몸을 날려 참호를 넘나드는 것을 보고 크게 웃으면서 이를 저지할 생각을 하지 않았다. 그런데 조조군은 야음을 이용해 참호를 깊이 팠다. 그러자 하룻밤 사이에 참호의 깊이와 넓이가 각각 2장이나 되었다. 드디어 조조가 이 참호에 장수漳水의 물을 끌어들이자 감히 아무도 이 참호를 넘나들 수가 없게 되었다. 이로 인해 성 안에서 아사하는 자가 절반을 넘게 되었다."

이해 7월, 원상이 군사를 이끌고 와 업성을 구하고자 했다. 조조의 제장들이 철군하는 군사는 막지 말라는 《병서》의 귀사물알歸師勿遏 이치를 거론하며 원상의 군사와 조우하는 것을 피하라고 권했다. 조조가 말했다.

"원상이 큰 길을 따라 왔으면 내가 응당 피할 것이오. 그러나 만일 그가 서쪽 산을 돌아서 왔다면 나의 포로가 될 것이오."

이때 원상은 과연 서산 쪽을 돌아서 온 뒤 업성에서 17리 떨어진 부수滏水 근처에 영채를 세웠다. 이는 성 안과 기각지세를 이뤄 조조군을 협공코자 하는 속셈에서 나온 것이다. 조조가 곧 군사를 보내 이를 격파하자 원상이 사자를 보내 투항을 청했다. 조조가 응하지 않자 원상이 야음을 틈타 도주했다. 조조가 곧바로 추병을 보내자 원상의 장수 마연馬延과 장기張覬가 투항했다. 이에 원상은 홀로 중산中山으로 도주하게 되었다. 조조가 원상의 치중과 인수, 절월, 의복 등을 모두 노획했다. 이에 성 안의 인심이 크게 어지러워졌다. 이때 심배가 성을 사수코자 했으나 그의 조카인 동문교위 심영審榮이 성문을 열어 조조군을 맞아들였다.

조조는 업성에 입성하자마자 심배를 참수했다. 당초 조조는 심배의 재주를 아껴 살려주고자 했으나 심배의 원씨에 대한 충성심이 지극한데다가 신비 등이 주변에서 자신의 형과 일가족을 죽인 것을 이유로 눈물을 흘리며 참수를 청하자 마침내 그를 처형케 했다. 조조는 이어 원소의 묘를 찾아가 제물을 차려놓고 제사를 올렸다. 이때 원소의 아내 유씨를 위로하여 원소의 재물을 모두 돌려준 뒤 주단 등을 상으로 하사하고 양식도 보태주었다.

이해 10월, 병주자사 고간이 곤궁에 처해 조조에게 투항했다. 이에 조조는 전력을 다해 원담을 토벌하기 위해 고간에게 계속 병주자사의 자리를 맡게 했다.

당시 원담은 조조가 업성을 포위하자 조조와의 연합이 잘못이었음을 비로소 깨닫고 조조를 이반코자 했으나 기량이 모자랐다. 원담은 이때까지도 형제간의 연합을 생각지 못한 채 다시 원상을 중산에서 공격하는 우를 범했다. 원상이 원담에게 패해 고안故安으로 도주해 둘째 형인 유주자사 원희에게 몸을 의탁하자 원담은 원상의 무리를 모두 거둬 용주龍湊 남쪽에 주둔했다. 그러나 원담의 원상에 대한 승리는 사실 자신을 고립무원의 상태에 빠뜨리는 결과를 낳았다. 당시 조조는 이미 고간이 투항한 까닭에 마음 놓고 원담을 공격할 수 있었다. 조조는 즉각 원담에게 다음과 같은 서신 한 통을 보냈다.

'약속을 어긴 책임을 물어 그대와 절혼絶婚한다.'

그러고는 곧 그의 딸을 돌려보낸 후 진군했다. 원담은 이때 형세가 매우 위험한 것을 알고 평원을 버린 채 남피南皮로 도주했다. 이에 조조가 평원으로 들어가 모든 현을 평정했다. 건안 10년(205) 정월에 조조가 원담을 남피에서 공격했으나 승리를 거두지 못하고 오히려 많은 병사를 잃게 되었다. 이에 조조가 공격 속도를 늦추려 하자 참사공군사參司空軍事 조순曹純이 이같이 만류했다.

"지금 1천 리에 걸쳐 적을 쫓아왔는데 진격하여 이기지도 못하고 퇴각하면 틀림없이 위엄에 커다란 손상을 입을 것입니다. 군사를 이끌고 깊이 들어가면 오래 버티기가 힘듭니다. 저들이 이겨 교만해지고, 우리가 패해 두려워하고 있으니 두려운 마음을 지닌 채 적을 교만하게 만들면 틀림없이 승리할 수 있습니다."

조조는 조순의 말을 좇아 계속 공격을 가함으로써 마침내 원담을 토멸할 수 있게 되었다. '무제기'의 배송지주에 인용된 《위서》는 당시 조조가 아침부터 한낮까지의 공격에도 불구하고 원담을 깨뜨리지 못하자 마침내 직접 북채를 들고 병사들을 고취함으로써 성을 함락하게 되었다고 기록해 놓았다.

원담이 패주하자 조조가 병사들을 시켜 추살追殺하게 하고 그의 처자를 주살했다. 이때 원씨 부자의 책사인 곽도 등도 그 처자와 함께 죽임을 당했다. 조조는 입성 후 사사로운 복수와 사치스런 장례 등을 일절 금하면서 영을 어긴 자는 중형에 내릴 것을 선포했다. 기주 경내가 곧바로 안정을 되찾게 되었다. 배송지주에 인용된 《영웅기英雄記》는 당시의 상황을 이같이 기록해 놓았다.

> "조조가 남피에서 원담을 공격해 그의 목을 베었다. 조조는 병사들을 고취하면서 스스로 만세를 외치며 말 위에서 춤을 추었다."

이 기록은 당시 조조가 기주 평정을 얼마나 경사스런 일로 여겼는지를 짐작케 해 준다.

당시 원담이 패망하자 그의 동생 원희도 커다란 곤경에 처하게 되었다. 원희의 부장 초촉焦觸과 장남張南이 군사를 이끌고 성 앞에 당도했다가 조조가 군사를 이끌고 나가자 곧바로 갑옷을 벗고 항복했다. 초촉은 조조에게 투항하기에 앞서 자칭 유주자사를 칭한 바 있었다. 그는 각 군의 태수와 각 현의 현령 및 현장 등에게 원씨를 배반하고 조조에게 귀부하도록 압력을 가해 수만 명에 달하는 부중을 모두 투항하게 만들었다. 이에 조조가 초촉 등을 열후에 봉했다. 이때 원희와 원상은 초촉 등의 공격에 견디지 못하고 이내 요서 지역으로 도주해 오환족에게 투항했다. 이후 조조가 시간을 두고 오환족 토벌에 나선 배경이다.

건안 11년(206) 정월에 조조가 직접 군사를 이끌고 가서 반기를 든 고간을 치자 고간이 흉노의 선우에게로 달려가 도움을 청했으나 선우가 이를 받아들이지 않았다. 이해 3월, 조조의 군사가 호관壺關을 포위하자 고간이 몇 명의 기병만을 이끌고 형주의 유표에게 투항하러 가다가 도중에

왕염王琰에게 체포되어 죽임을 당했다.

건안 12년(207) 2월에 조조가 마침내 오환 토벌에 나섰다. 도중에 핵심 참모 곽가를 잃기는 했으나 후고지우後顧之憂인 오환의 토벌은 대성공이었다. 요동선우 속복환速僕丸과 요서와 우북평의 대인 등이 황급히 원상 및 원희과 함께 요동태수 공손강公孫康에게 도망갔다. 그들에게는 아직도 수천 명의 기병이 남아 있었다. 당시 공손강은 요동이 허도와 멀리 떨어져 있는 것만 믿고 조조에게 복종하지 않고 있었다. 이때 제장들이 조조에게 이같이 건의했다.

"요동태수 공손강이 오래 조정에 불복하고 있는데다가 이제 원희와 원상이 가서 몸을 의탁했으니 필시 후환이 될 것입니다. 그러니 그가 움직이기 전에 속히 치는 것이 좋을 듯합니다."

그러자 조조가 이같이 호언했다.

"나는 바야흐로 공손강이 원상과 원희를 잡아 그 수급을 바치도록 할 것이오. 굳이 출병할 이유가 없소."

이해 9월, 조조가 유성에서 철군하자 얼마 안 되어 과연 공손강이 원상과 원희의 수급을 나무 상자에 넣어 조조에게 보냈다. 장령들이 모두 깜짝 놀라 조조에게 물었다.

"공이 돌아오자 공손강이 원상과 원희 등을 죽였으니 어찌 된 일입니까?"

그러자 조조가 이같이 대답했다.

"공손강은 평소 원상과 원희를 두려워했소. 내가 급히 몰아세우면 그들은 연합할 것이나 느슨하게 놓아두면 그들은 서로 해치게 되어 있었소. 형세가 그러했소."

조조의 뛰어난 군사가로서의 재능이 여실히 드러난 대목이다. 제장들이 조조에게 감복한 것은 말할 것도 없다.

이해 11월, 조조가 역수에 이르자 오환족 대군代郡의 오환족 선우 보부로普富盧와 상군의 오환족 선우 나루那樓 등이 모두 찾아와 축하하며 귀복했다. 이로써 원소의 잔당은 물론 그 배후세력까지 일망타진되고 말았다.

당시 원소는 관도대전의 패배에도 불구하고 나름 일정한 세력을 보유하고 있었다. 배후에는 잠재적인 우군인 오환족과 선비족이 존재했다. 섣불리 추격전을 펼칠 경우 오히려 역공을 당할 소지가 컸다. 잠시 추격의 고삐를 늦추면서 적을 방심하게 만든 뒤 때가 왔을 때 전격 출격해 일거에 소통한 이유다. 2보 전진을 위한 1보 후퇴에 해당했다. 크게 보면 본질은 '파죽지세'였다.

난세에는 난세의 논리가 통한다. 《춘추좌전》과 그 후속편에 해당하는 《자치통감》이 바로 이런 입장에 서 있다. 두예와 사마광 모두 '좌전벽'을 자처하며 현실에 기초한 치국평천하 방략을 제시한 게 결코 우연이 아니다. 두예가 보여준 '파죽지세' 일화는 절호의 기회가 왔을 때 재빨리 이에 올라타 대업을 이루는 승기乘機의 전형에 해당한다.

5장 시의에 맞춰 과감히 변신하라

경청한 뒤 고독하게 결단하라

경청독단

傾聽獨斷

용은 구름을 타고 논다
칼자루를 넘겨주지 마라
이기는 싸움을 하라
작은 승리에 연연치 마라
필승의 형세를 조성하라

용은 구름을 타고 논다

신하가 군주에 복종하는 것은 군주의 세력이지 결코 그의 덕행이나 재능 때문이 아니다.

권력과 권세는 상호 불가분의 관계를 맺고 있다. 힘이 뒷받침되지 않으면 세를 떨칠 수 없고, 세가 뒷받침되지 않으면 위력을 발휘하지 못한다. 이는 마치 전쟁터에서 전력戰力이 전세戰勢에 올라타야만 위력을 발휘하는 것과 같다. 인구에 회자하는 파죽지세破竹之勢가 이를 상징한다. 하나의 세가 형성되면 이를 돌이키기가 어렵다는 취지에서 나온 것이다. 대세大勢와 같은 취지다. 한비자는 대세를 이른바 세치勢治를 언급한 신도愼到의 입을 빌려 용이 구름을 타고 하늘로 올라가는 것에 비유해 놓았다.《한비자》'난세難勢'의 해당 대목이다.

"하늘을 나는 용은 구름을 타고, 하늘로 오르려는 뱀은 안개 속에 논다. 구름이 걷히고 안개가 개이면 용과 뱀은 지렁이나 개미와 다를 바 없이 땅에 떨어지고 만다. 올라타는 구름과 안개를 잃었기 때문이다. 현자가 불초한 자에게 몸을 굽히는 것은 세도가 가볍고 지위가 낮기 때문이고, 불초한 자가 현자를 굴복시키는 것은 세도가 무겁고 지위가 높기 때문이다. 요임금도 신분이 낮은 필부였다면 단 세 사람조차 능히 다스릴 수 없었을 것이다. 하나라 걸도 천자의 자리에 있었던 덕분에 능히 천하를 어지럽힐 수 없었다. 나는 이로써 권세와 지위는 믿을 수 있어도 재능과 지혜는 부러워할 게 못 된다는 것을 알았다. 무릇 활의 힘은 약한데도 화살이 높이 올라가는 것은 바람의 힘을 탔기 때문이고, 당사자는 불초한데도 그 명이 잘 시행되는 것은 많은 사람의 도움이 있기 때문이다. 요임금이 노비의 지위에 있었다면 아무리 가르치려 해도 백성들 가운데 그 누구도 그의 가르침을 듣지 않았을 것이다. 그가 보위에 올라 남면南面한 채 천하를 호령했기에 비로소 명하면 곧바로 행해지고, 금하면 곧바로 그칠 수 있었던 것이다. 이로써 보건대 재능과 지혜로는 일반 백성을 굴복시킬 수 없으나, 권세와 지위는 현자까지도 능히 굴복시킬 수 있다."

신도는 원래 조나라 사람으로 젊었을 때 제나라에 유학해 직하학당稷下學堂의 일원으로 참여한 적이 있다. 직하학당은 당시 '세계의 아카데미'에 해당하는 곳이었다. 맹자와 순자 모두 이곳 출신이다.

《한서》'예문지'에 따르면 당시까지 《신자》42편이 전해지고 있었다. 그러나 도중에 모두 사라지고 말았다. 현존하는 7편은 후대인이 여러 문헌에 단편적으로 나오는 일문逸文을 모아놓은 것이다. 신도의 사상은 도가와 법가사상에 속해 있다. '난세'에 인용된 글들은 《신자》'위덕威德'에 나온다.

용이 구름을 타고 하늘로 올라가는 것은 마치 장강의 뒤 물결이 앞 물결을 치고 나아가는 것과 닮았다. 천하대세의 흐름은 누구도 막을 수 없다는 뜻이다. 《손자병법》은 이를 병세兵勢로 풀이해 놓았다.

천하대세의 흐름을 타는 것을 통상 승세乘勢라고 한다. 이는 흐름의 방향을 읽은 뒤 재빨리 그 흐름에 올라타는 것을 말한다. 개인이든 국가든 천하대세에 올라타지 못하면 이내 낙오한다. 몸과 가문을 망치는 패가망신敗家亡身과 나라가 사라지는 패망敗亡은 '승세'를 하지 못한 후과이다. 조선조의 패망이 그 실례다. 기업의 흥망사도 다를 게 없다. 천하대세의 흐름에 재빨리 올라타는 '승세'에 깊은 주의를 기울여야 하는 이유다.

통상 '세'를 말할 때 형세形勢로 표현하고 있으나 개념상 형形과 세勢를 나눠 볼 필요가 있다. '형'은 일정하게 갖춰진 모습을 뜻하는 정적인 개념이고, '세'는 힘이 밖으로 분출하는 동적인 개념이다. 힘이 밖으로 분출되면 모습이 바뀌게 된다. 희로애락의 감정에 따라 안색顏色과 용모容貌가 바뀌는 것을 생각하면 된다. 《손자병법》 '병세'는 이를 여울이 급하고 거세게 흐르면서 무거운 돌까지 뜨게 만드는 것에 비유하며 이를 절도節度로 표현했다.

'절도'는 절제節制와 같은 말이다. 속에서 분출하려는 '세'를 스스로 통제하는 것을 뜻한다. 모든 사물이 그렇듯이 겉으로 드러나는 '형'은 속에 감춰져 있는 '세'의 구체적인 표현일 수밖에 없다. 이를 그대로 노출하면 목적을 이룰 수 없다. 먹이를 노리는 사자와 호랑이가 웅크린 채 수풀 속에 몸을 깊숙이 숨기고, 매와 독수리가 발톱을 감추는 것과 같다. 이를 지키지 않으면 사냥감을 잡을 수 없게 된다. 무리에서 쫓겨난 사자가 먹이를 사냥하지 못해 이내 아사하는 이유다. '병세'가 '절도'를 역설한 것도 바로 이 때문이다. '세'가 '형'에 그대로 드러나면 사냥감을 잡지 못해 굶어죽는 사자의 신세를 면치 못할 것이라고 경고한 것이다.

권력權力이 권위權威와 권세權勢, 권위權位 등과 불가분의 관계를 맺고 있는 것도 이런 맥락에서 이해할 수 있다. 한비자는 권력을 배경으로 한 위력威力의 통치술을 위력술, 권력을 배경으로 한 세위勢位의 통치술을 세위술로 간주했다. 위력술과 세위술을 합친 것이 이른바 위세술威勢術이다. 다음은 한비자가 '외저설 좌상'에 실어 놓은 위세술의 대표적인 사례이다.

하루는 제환공이 자주색 옷을 즐겨 입자 온 나라 사람들이 모두 자주색 옷을 입게 되었다. 정도가 심해지자 흰색 옷감 5필로도 자주색 옷감 한 필을 얻을 수 없는 상황이 빚어졌다. 제환공이 이를 크게 걱정해 관중에게 물었다.

"내가 자주색 옷을 즐겨 입자 자주색 옷감이 매우 비싸졌소. 온 나라 백성들이 자주색 옷 즐겨 입기를 멈추지 않으니 이를 어찌해야 좋겠소?"

관중이 대답했다.

"군주는 이를 근절시키고자 하면서 어찌하여 자주색 옷을 벗지 않는 것입니까? 주위 사람에게 '나는 자주색 옷이 싫다'고 하십시오."

"좋은 생각이오."

곧 주위 사람에게 말했다.

"나는 자주색 옷이 싫다."

측근 중에 혹시 자주색 옷을 입고 나오는 자가 있으면 제환공은 반드시 이같이 말했다.

"좀 물러가라. 나는 자주색 옷이 싫다."

그날로 궁 안에서 자주색 옷을 입은 자가 없게 되었고, 이튿날은 도성 안에서 자주색 옷을 입은 자가 없게 되었고, 3일 후에는 나라 안에서 자주색 옷을 입은 자가 없게 되었다. 군주의 행동 하나와 말 한마디가 나라의 풍속을 좌우한 셈이다. 보위 자체에서 나오는 위세가 이처럼 크다.

이를 사상 최초로 통찰해 이론적으로 정립한 인물이 바로 전국시대 중기에 활약한 조나라 출신 신도慎到이다. 그는 '위세'에서도 '위'보다는 '세'에 방점을 찍었다. 일각에서 신도사상의 요체를 '중세重勢'로 표현하는 이유다.

신도에 관해서는 알려진 게 거의 없다. 《사기》'전경중완세가'에 따르면 그는 제선왕 때 음양가의 효시인 추연騶衍을 위시해 제선왕의 커다란 신임을 입은 순우곤淳于髡 등 직하학당稷下學堂을 대표한 76명의 학사 가운데 한 사람으로 활약했다. 그는 이때 신하가 군주에 복종하는 것은 군주의 세력이지 결코 그의 덕행이나 재능 때문이 아니라는 세치勢治를 역설했다.

신도의 세치 이론에 대한 학파별 분류는 시대별로 이견을 보이고 있다. 사마천의 《사기》는 도가, 반고의 《한서》와 남송 때 정초가 쓴 《통지通志》 등은 법가, 청대의 《사고전서四庫全書》는 잡가로 분류했다. 저서가 무려 42편이라고 하나 현재 전해지는 것은 없다. 현재 신도의 '세치' 이론을 가장 잘 알 수 있는 것은 《한비자》밖에 없다. 《한비자》에 인용된 내용은 비록 얼마 되지 않으나 나름 '세치' 이론의 정수를 전해주고 있다.

신도가 정립한 세치 이론은 상앙의 법치 및 신불해申不害의 술치 이론과 마찬가지로 1차적으로는 신하들을 대상으로 삼은 것이다. 신하들을 착취의 주역으로 보고 군주를 민생 보전의 보루로 간주한 한비자가 신도의 세치를 노자의 도치, 상앙의 법치, 신불해의 술치와 더불어 법가의 네 가지 통치술 가운데 하나로 채택한 이유다. 세치는 조조가 구사한 군주 리더십의 중요한 한 축이었다.

6장 경청한 뒤 고독하게 결단하라

칼자루를 넘겨주지 마라

군주가 신하를 총애하면서 지나치게 가까이 하면 반드시 군주의 신변이 위태롭게 되고, 대신의 지위가 너무 높아지면 반드시 군주의 자리를 빼앗게 된다.

가지가 크고 줄기가 작으면 미풍에도 버티지 못한다. 미풍에도 버티지 못하면 가지가 줄기를 해치게 된다. 나뭇가지를 수시로 잘라내 가지가 무성하지 않도록 만드는 길밖에 없다. 《한비자》 '양각'은 이같이 충고하고 있다.

"군주는 붕당세력의 근원인 흉용洶湧한 연못을 메워 연못의 물이 넘쳐나지 못하게 미리 손을 써야 한다. 또 신하의 마음속을 미리 짐작하고 그 권위를 빼앗아야 한다. 군주의 이런 행동은 상대가 전혀 대비하지 못하도록 번개처럼 재빨라야 한다. 군주가 나라를 잘 다스리려면 반드시 신하들이 붕

경청독단傾聽獨斷

당을 만들지 못하도록 미연에 막아야 한다. 이를 막지 못하면 그들은 더욱 세력을 키울 것이다. 군주가 영토를 잘 다스리려면 반드시 봉지를 적절히 하사해야 한다. 이를 적절히 하지 못하면 난신亂臣이 일어나 더 넓은 봉지를 요구할 것이다. 신하가 요구하는 대로 받아주면 이는 적에게 도끼를 빌려주는 격이 된다. 군주는 신하에게 결코 도끼를 빌려주어서는 안 된다. 그러면 장차 그것을 이용해 군주를 치게 된다."

신하들이 붕당을 결성치 못하게 하려면 우선 업무를 분장시켜 서로 견제토록 만들어야 한다. 한비자는 '용인'에서 이같이 지적했다.

"명군은 각자의 임무가 서로 간섭하지 못하게 해 소송이 없게 하고, 여러 관직을 겸직하지 못하게 해 각자의 능력을 최대한 발휘케 하고, 동일한 임무로 똑같은 공을 노리는 일이 없도록 해 다툼을 제거한다. 분규와 다툼이 멈추고 각기 맡은 분야에서 각자의 재능이 발휘되면 얼음과 숯처럼 서로 용납지 못하는 것들이 한 용기 안에서 충돌하는 일이 없게 된다. 이것이 바로 다스림의 극치이다."

주목할 것은 신하들로 하여금 상호 견제케 하면서 동일한 임무로 인해 똑같은 공을 노리는 일이 없도록 조치해야 한다고 언급한 점이다. 이는 무엇을 말하는 것일까?

야사에 따르면 전국시대 중엽 몽골의 말은 무거운 물체를 싣고 가는데 능했고, 대원大宛의 말은 초원을 내달리는데 능했다. 어떤 사람이 이들 두 필의 말을 구한 뒤 하나의 구유에서 키웠다. 그러자 두 필의 말이 서로 구유를 차지하기 위해 치고받으며 싸우는 바람에 모두 삐쩍 마르게 되었다.

말을 다루는데 뛰어난 백락伯樂을 찾아가 자문을 구하자 구유를 나눠 키울 것을 권했다. 그러자 두 필의 말이 모두 튼튼하게 자랐다. 이를 분조위마分槽喂馬라고 한다. 능력 있는 두 사람에게 한 가지 일을 동시에 안배하지 말아야 하는 이유다. 겉으로 싸우지 않을지라도 암암리에 다투기 때문이다. 본인들은 싸우지 않을지라도 그들의 휘하나 무리가 이들을 대신해 다투게 된다. 한비자가 '동일한 임무로 인해 똑같은 공을 노리는 일이 없도록 조치해야 한다.'고 언급한 것은 바로 '분조위마'의 상황을 지적한 것이다.

이와 반대되는 것이 합조위저合槽喂猪이다. 돼지는 하나의 구유에서 키워야 서로 경쟁하며 튼튼하게 자란다. 유능하지도 않고 일에 의욕이 없는 직원들은 한 가지 임무를 부여해 치열하게 경쟁하도록 만들어야 한다. 돌격전 때 병사들로 하여금 적진을 향해 돌진하도록 고취하고, 공성전 때 성벽을 먼저 올라가도록 격려하는 것 등이 이에 해당한다.

군주의 입장에서 볼 때 곁에서 간언이나 자문을 해줄 수 있는 인물은 그 지위나 재능 등으로 인해 이내 막중한 권한을 지닌 중신重臣으로 활약할 소지가 크다. 여기서 한 발 더 나아가면 이내 실권을 틀어쥔 권신權臣이 된다. 한비자가 '팔설'에서 '명군의 나라에서는 존귀한 자리에 앉은 귀신貴臣은 있을지언정 핵심적인 자리에 앉은 중신重臣은 없다'고 말한 이유다. 군주의 극진한 총애를 받는 총신寵臣을 두지 않아야 하는 것도 같은 논리이다. 한비자는 '애신'에서 이같이 말했다.

"군주가 신하를 총애하면서 지나치게 가까이 하면 반드시 군주의 신변이 위태롭게 되고, 대신의 지위가 너무 높아지면 반드시 군주의 자리를 빼앗게 된다. 만물 가운데 군주의 몸보다 더 귀한 게 없고, 군주의 자리보다 더 존엄한 게 없고, 군주의 권세보다 더 중한 게 없고, 군주의 세력보다 더 성한 게 없다. 그래서 말하기를, '군주가 자신에게 갖춰진 네 가지 미덕을 잘 운용하지 못하면 이내 측근 신하에게 쫓겨나 나라 밖에서 최후를 맞게 된다.'고 하는 것이다."

군주는 신하가 아무리 뛰어난 조언과 충언을 할지라도 지나치게 믿어서는 안 된다는 주문이다. 한비자는 '비내'에서 그 이유를 이같이 밝혔다.

"군주의 재난은 사람을 믿는데서 비롯된다. 다른 사람을 믿으면 그 사람으로부터 제압을 받게 된다. 신하는 군주와 골육의 친분을 맺고 있는 게 아니라 군주의 권세에 얽매여 어찌할 수 없이 섬기는 것이다. 신하된 자는 군주의 마음을 엿보고 살피느라 잠시도 쉬지 못하지만, 군주는 그 위에서 게으름을 피우며 교만하게 처신한다. 이것이 세상에서 군주를 협박하고 시해하는 일이 생기는 원인이다. 무릇 아내처럼 가까운 사람과 골육의 친분이 있는 자식조차 신뢰할 수 없는데 나머지 사람들은 더 말할 것도 없다."

한비자가 권신을 두고 군주를 멋대로 조정하는 신하라는 뜻의 '천주지신擅主之臣'으로 규정한 이유가 여기에 있다. 총신과 중신을 곁에 두면 이내 권신으로 변해 마침내 군주를 허수아비로 만들고 권력을 전횡하는 '천주지신'이 된다고 경고한 것이다.《한비자》'간겁시신'은 이같이 말했다.

"무릇 간신은 모두 군주의 뜻에 영합해 신임과 총애를 얻어 권세를 누리고자 하는 자들이다. 신하가 칭송하는 바를 군주 역시 옳다고 여기면 취하는 것이 같다는 뜻의 '동취同取'라고 한다. 신하가 비방하는 바를 군주 역시 그르다고 여기면 버리는 것이 같다는 뜻의 '동사同舍'라고 한다. 무릇 군주와 신하의 취사선택이 일치하면서도 서로 반목하는 경우가 있다는 말을 일찍이 들어본 적이 없다. 간신이 군주를 속이고 사욕을 채우는 배경이 여기에 있다. 그러면 위에서는 군주가 기만을 당하고, 아래서는 신하가 막강한 권한을 휘두르는 일이 벌어진다. 이것이 바로 '천주지신'이다."

'천주지신'이 등장하면 군주는 목숨을 부지하기도 어렵다. '간겁시신'은 이같이 경고했다.

"나라에 '천주지신'이 있으면 아래의 다른 신하들은 자신의 지혜와 힘을 모두 발휘해 군주에게 충성을 바치려 해도 바칠 길이 없고, 백관들도 법을 받들어 공을 세우려 해도 할 수 없게 된다. 편안하고 이로운 데로 가면서 위험하고 해로운 것을 멀리하고자 하는 것은 인지상정人之常情이다. 지금 간사한 계략으로 군주를 현혹하며 뇌물을 바쳐 세도가를 섬기는 자들은 벼슬도 높아지고 집안도 부유해진다. 무엇 때문에 사람들이 편하고 이로운 길을 버리고 위태롭고 해로운 길로 나아가려 하겠는가? 나라를 다스리는 방법이 이처럼 잘못되어 있다면 군주가 아래 신하들의 간사한 계략을 막고 관원이 법을 받들게 하려 해도 뜻대로 할 수 없는 것은 자명한 일이다. '천주지신'이 있으면 개인의 이익을 위해 세도가를 돕는 자들은 많아지고, 법술에 따라 군주를 섬기는 자는 적어진다. 이때 군주는 위에서 고립되고 신하들은 아래서 붕당을 만든다. 군주가 시해를 당하는 배경이 여기에 있다."

한마디로 신하에게 칼자루를 넘겨주지 말라는 당부이다.

조조의 행보를 보면 '천주지신'이 등장할 수 있는 여지를 철저히 봉쇄했음을 알 수 있다. 대표적인 사례로 공자의 후손인 공융孔融의 제거를 들 수 있다.

공융은 공자의 20대 후손으로 태산도위를 지낸 공주孔宙의 아들이기도 했다. 그는 어려서부터 아주 총명했다. 그가 열 살 때 하남윤 이응李膺을 찾아갔을 때의 얘기는 매우 유명한 고사로 전해지고 있다.

당시 문지기가 그를 들여보내지 않자 어린 공융이 이같이 말했다.

"우리 집안이 이상李相의 댁과는 대대로 친한 사이요."

문지기가 기이하게 생각하여 곧 이응에게 이를 보고했다. 이응이 문지기로부터 이 얘기를 전해 듣고 신기하게 생각해 곧 공융을 불러들여 이같이 물었다.

"너희 조상과 우리 조상이 대체 무슨 친교가 있었단 말인가?"

"옛적에 공자께서 노자老子께 예를 물으신 일이 있으니 그때부터 시생과 대감의 댁 사이에 교분이 있었던 것이 아닙니까?"

이응이 공융의 대답을 듣고 그를 퍽 기이하게 생각해 좌우를 둘러보며 이같이 찬탄했다.

"이 애가 참으로 기동奇童이오."

그러자 한 사람이 나서 이같이 토를 달았다.

"어려서 총명하다고 하여 커서까지 모두 총명한 것은 아니라고 합니다."

이 말이 채 끝나기도 전에 공융이 이같이 응수했다.

"당신 말씀대로 하면 당신은 어려서 퍽 총명했겠습니다."

이에 이응과 좌우 사람들이 모두 크게 웃으며 이같이 탄복했다.

"이 애가 크면 반드시 당대의 큰 그릇이 될 것이오."

이로부터 공융은 이름을 크게 떨치게 되었는데 이후 벼슬길에 올라 중랑장이 되고 여러 번 승진해 북해태수가 되었다. 그는 6년 동안 북해에 있으면서 크게 인심을 얻었으나 스스로 재주가 많고 기개가 청아하다고 자부했다. 이에 재주는 크게 볼 것이 없는데도 뜻만 높아 줄곧 성취하는 바가 없었다. 이를 두고 사마광은《자치통감》에서 이같이 힐난했다.

> "그는 잠시 사람의 마음을 얻었을지라도 시간이 지나면 대부분의 사람들로부터 버림을 받게 되었다. 그가 임용한 자들은 기이한 것을 좋아하는 부박浮薄한 자들로 약간의 재주가 있을 뿐이었다."

사마광의 지적대로 당시 공융은 자신의 재주와 명망만을 믿고 누차 조조를 희롱하고 모욕하는 언동을 보여주었다. 그러나 그의 이런 언동은 매우 편협하고 방자하여 사리에서 벗어난 적이 매우 많았다. 당시 조조는 공융의 명성 때문에 표면상 이를 받아들이기는 했으나 내심 그를 매우 꺼려하게 되었다. 그러던 중 하루는 공융이 상서하여 이같이 제의한 적이 있었다.

"응당 옛 제도를 좇아 경성의 1천리 이내에는 제후를 봉하지 말아야 합니다."

이는 한헌제에게 조조를 경계하라고 주문한 것이었다. 이에 조조는 공융이 점차 자신을 겨냥하고 있다는 것을 눈치 채고는 그를 더욱 꺼리게 되었다. 이때 어사대부 치려郗慮가 평소 공융과 틈이 있었는데 드디어 조조의 속마음을 읽고는 이내 공융을 제거할 생각을 품게 되었다. 이에 마침내 공융의 죄상을 엮은 뒤 승상군모좨주丞相軍謀祭酒 노수路粹를 시켜 이를 상주케 했다. 노수가 조조를 만나 공융을 이같이 비난했다.

"소부 공융은 전에 북해국에서 왕실이 불안정한 것을 보고 부중을 소집해 불궤를 꾀했습니다. 이때 말하기를, '나는 대성大聖인 공자의 후예로 나의 조상은 송나라 사람에 의해 죽임을 당했다. 천하가 어찌 반드시 유씨의 것이어야만 하는가?'라고 했습니다. 손권의 사자와 만나서는 조정을 비방하기도 했습니다. 또 9경의 몸이 되어서는 조정의 의례를 지키지 않아 관모官帽도 쓰지 않은 채 나다니고 함부로 궁궐에 뛰어들기도 했습니다. 나아가 이전에 예형과 함께 언행이 방자하기 그지없었습니다. 그는 말하기를, '자식에게 그 아비는 어떤 존재인가. 그 본래 뜻을 논하면 실로 자식은 그 부친의 정욕이 만들어낸 물건에 불과할 뿐이다. 자식은 그 어미에게 어떤 존재인가? 비유해 말하면 병 속에 물건을 넣어 두었다가 꺼내는 즉시 분리되는 것과 같은 것이다.'라고 하였습니다. 또 예형과 서로 칭찬하기를 그치지 않았는데 예형이 공융에게 '공자가 죽지 않았다!'고 하자 공융은 예형에게 '안회가 다시 살아났다!'고 했습니다. 공융은 대역부도하기 그지없으니 응당 극형에 처해야 합니다."

공융이 자신의 조상이 죽임을 당했다고 말한 것은 공자의 6대조인 공부가孔父嘉가 송나라 대신 화독華督에게 죽임을 당한 것을 말한 것이다. 공융이 이런 말을 한 것이 사실이라면 대역부도로 참형을 면치 못할 일이었다. 그러나 이는 확인할 길이 없다. 다만 공융이 평소 방자한 말을 함부로 한 사실에 비추어 이와 유사한 얘기를 했을 공산이 크다. 특히 부모와 자식 간의 관계를 정욕의 인과관계로 풀이한 것은 강상綱常을 무너뜨리는 얘기로 대역부도에 준하는 것이었다.

당시 조조는 노수의 보고를 듣자마자 곧바로 정위에게 명하여 공융을 잡아오게 했다. 《삼국연의》는 제40회 '채부인의헌형주蔡夫人議獻荊州' 대목에서 공융 일족이 주살당하는 장면을 삽입시켜 놓았다. 여기서는 조조가 이들을 무조건 죽인 것으로 묘사되어 있다. 이는 《후한서》 '공융열전'의 내용과 완전히 다른 것이다.

당시 공융은 죽임을 당한 뒤 기시棄市되었다. 나이는 56세였다. 《삼국연의》는 조조가 건안7자 중 한 사람인 공융을 죽인 것을 매우 비판적으로 기술해 놓았다. 이는 객관적으로 분석할 필요가 있다. 장번張璠의 《한기漢紀》에는 이런 내용이 실려 있다.

"공융은 선천적으로 시원스런 성격인데다 평소에도 자신의 기분을 감추지 않아 조조를 얕보는 태도가 드러나곤 했다. 태조는 겉으로는 관대하게 그를 대했지만 내심은 크게 못마땅하게 생각했다."

이는 대략 공융의 자신에 대한 멸시를 참지 못한 조조가 구실을 만들어 마침내 공융을 죽였다는 일종의 '보복설'이라고 할 수 있다. 《삼국연의》도 '보복설'에 입각해 있다. '보복설'을 주장하는 사람들은 대략 《후한서》 '공융열전'을 그 근거로 들고 있다. 그 내용은 대략 다음과 같다.

"공융은 일찍이 조비가 원희의 처 견씨를 손에 넣자 '주무왕이 은나라 주紂를 베어 죽였을 때 달기妲己를 주공에게 주었다.'며 역사적 사실도 아닌 것을 써 보낸 일이 있었다. 이는 조조와 조비 부자가 미인을 서로 차지하려고 경쟁을 벌인다는 항간의 얘기를 그대로 수용한 것이나 다름없었다. 또 공융은 조조가 심혈을 기울인 오환족에 대한 정벌을 놓고 조소하는 글을 보낸 적이 있었다. 나아가 조조가 금주령을 내린 것을 조롱한데 이어 조조의 협천자를 비난하는 상소를 올리기도 했다."

이게 사실이라면 공융은 스스로 죽음을 자초했다고 볼 수밖에 없다. 오환족에 대한 정벌을 조소하고 조조의 협천자挾天子를 협천자脅天子로 몰아간 것 등은 방자하기 그지없는 행동이다. 이를 방치하는 것은 '천주지신'을 기르는 것이나 다름없다.

문화대혁명을 전후로 조조에 대한 재평가에 앞장섰던 곽말약은 조조가 사적인 원한을 갖고 공융을 죽인 것이 아니라 공융이 조정의 법제와 윤리기강을 위반해 화를 자초했다는 주장을 폈다. 이른바 '법령위반설'이다. 공융은 기본적으로 조조에게 불만을 품고 있었기 때문에 여러 차례에 걸쳐 조조의 법령을 어겼고 이로 인해 죽임을 당하게 되었다는 것이다. 곽말약은 조조가 공융을 죽인 것은 세족世族의 반동적 언론과 그 대리인들을 일괄적으로 제거한 것이라며 조조의 행위를 높이 평가했다.

공융의 죽음은 자초한 측면이 강하다. 그가 죽임을 당한 결정적인 배경은 윤리강상을 무너뜨리는 것으로 오인받을 수밖에 없는 광망狂妄한 얘기를 함부로 떠벌인 데 있다. 이와 관련해 일찍이 진수는 정사《삼국지》의 사평에서 이같이 언급한 바 있다.

> "조조의 성정은 기피하는 감정이 강해 때로 이를 참지 못하고 그대로 드러내는 경우가 있었다. 노국의 공융은 옛날의 관계만을 믿고 불손한 태도로 임했다가 처형되었다."

진수의 입장은 대략 공융에게 제1차적인 책임을 묻고 조조에게 부수적인 책임을 묻는 '양자책임설'에 입각해 있다고 볼 수 있다. 이에 반해 사마광은《자치통감》에서 공융 스스로 화를 불러들였다는 시각에서 공융을 평가하고 있다. 사마광은 예교를 중시하는 입장에서 공융에게 매우 비판적인 입장을 견지한 것이다. 당대 최고의 법가사상가인 조조의 입장에서 볼 때 공융과 같은 인물을 방치할 수는 없는 일이었다. '천주지신'의 싹을 키우는 것이나 다름없었기 때문이다.

고금동서를 막론하고 국가 안위를 책임진 최고의 리더는 고독할 수밖에 없다. 난세의 상황에서는 더욱 그렇다. 역사적으로 볼 때 '권신전제'는 사당私黨과 동의어인 붕당의 발호에서 비롯된다. 실제로 후한과 남송 및 명나라는 붕당정치로 패망했다. 조선조의 세도정치勢道政治는 가장 타락한 모습에 해당한다.

이기는 싸움을 하라

이기는 싸움의 요체는 백성의 마음을 하나로 결집시키는 데 있다. 그리되면 마치 천 길이나 되는 높은 계곡에 막아둔 물을 한 번에 터뜨려 쏟아지게 하는 것처럼 된다.

《손자약해》는 제5편 '군형軍形'에서 마지막 편인 13편의 '용간用間'에 이르기까지 실전에 적용할 수 있는 구체적인 전술을 논하고 있다. 전술의 큰 줄거리를 언급하고 있는 '군형'은 처음부터 이기는 싸움을 하기 위한 조건을 이같이 제시해 놓았다.

"반드시 이기는 군사는 20량兩인 일鎰의 저울추로 24분의 1량인 수銖의 무게를 저울질하는 것과 같고, 지는 군사는 가벼운 '수'의 저울추로 무거운 '일'의 무게를 저울질하는 것과 같다. 이기는 싸움의 요체는 백성의 마음을 하나로 결집시키는 데 있다. 그리되면 마치 천 길이나 되는 높은 계곡에 막

6장 경청한 뒤 고독하게 결단하라

아둔 물을 한 번에 터뜨려 쏟아지게 하는 것처럼 된다. 이것이 바로 군사력 즉 '군형'이다."

이를 두고 조조는 이런 주석을 달았다.

"가벼운 저울추로는 무거운 물건을 저울질할 도리가 없다. 천 길이나 되는 높은 계곡에 막아둔 물을 한 번에 터뜨려 쏟아지게 한다는 것은 그 기세가 도무지 막을 길이 없을 정도로 거세다는 뜻이다."

조조는 비록 적벽대전처럼 자만심에 빠져 패한 적이 있기는 하나 대부분 거의 모든 전투에서 승리를 거두었다. 이는 그가 '군형'에 주석을 가해놓은 것처럼 반드시 이기는 형세를 적극 조성한 덕분이었다. 대표적인 예로 원소를 깨뜨리고 화북 일대를 장악한 관도대전官渡大戰을 들 수 있다.

삼국시대에는 백여 차례의 크고 작은 전쟁이 있었다. 그 중 가장 규모가 크고 영향력이 깊은 4대 전쟁으로는 조조와 원소가 맞붙은 관도대전을 위시해 조조와 손권이 격돌한 적벽대전赤壁大戰과 조조와 유비가 자웅을 겨룬 한중대전漢中大戰, 유비와 손권이 일전을 겨룬 이릉대전夷陵大戰을 꼽을 수 있다. 대개의 전문가들은 삼국시대의 3대 전쟁으로 관도대전과 적벽대전, 이릉대전을 들고 있다.

그러나 유비가 한중을 놓고 조조와 맞붙어 촉한 건국의 기틀을 닦은 한중대전 역시 그 전쟁의 규모로 보나 통치사적인 의미로 볼 때 이들 3대 전쟁 못지않은 싸움이었다. 삼국시대의 대전은 크게 4대 대전으로 정리하는 것이 옳다. 이밖에도 조조가 양주의 마초와 한수 등을 격파한 이른바 관중대전關中大戰을 드는 경우도 있으나 이는 원래 조조의 영역 내에서 일어난 것이기 때문에 이들 4대 대전에 비해서는 그 의미가 훨씬 떨어진다.

이들 4대 대전 가운데 조조가 죽은 뒤 동오와 촉한 사이에 전개된 이릉대전을 제외한 나머지 3대 대전은 모두 조조의 생전에 조조가 주체가 된 전쟁이었다는 특징이 있다. 이 시기는 당시의 연호에 착안해 이른바 건안시대建安時代로 불리던 때였다. 건안시대는 건안 원년(196)부터 시작해 관도대전과 적벽대전, 한중대전을 통해 삼국이 세발솥처럼 대립하는 단계를 지나 위왕 조조가 세상을 떠나는 건안 24년(219)까지를 말한다.

그러나 이릉대전도 큰 틀에서 보면 비록 조비가 등장하는 황초黃初 연간에 발발한 것이기는 했으나 그 통치사적 의미로 볼 때에는 건안시대 최후의 싸움으로 볼 수 있다. 이를 통해 알 수 있듯이 삼국시대의 모든 특징은 바로 이 4대 대전으로 상징되는 건안시대에 집약적으로 나타나게 되었다고 할 수 있다. 삼국시대에서 가장 중요한 시기가 바로 이 시기이다.

건안시대는 크게 보아 삼국시대의 세 영웅인 조조와 유비 및 손권이 정립鼎立하여 주도권 장악을 놓고 각축을 벌인 시기로 특징지을 수 있다. 이 시기는 삼국시대라는 큰 틀에서 볼 때 동탁과 이각 및 곽사로 대표되는 이른바 '장안정권長安政權'이 종지부를 찍고 조조가 중심이 된 '허도정권許都政權'이 존립한 시기와 일치한다. 장안정권을 삼국시대의 제1기라고 한다면 허도정권은 제2기에 해당한다.

관도대전은 바로 '허도정권'의 성립 초기에 일어난 대전으로 당시 최고 실력자였던 원소와 새로운 세력으로 등장한 조조가 중원의 패권을 놓고 격돌한 싸움이었다. 이 싸움으로 조조가 승리를 거둠으로써 허도정권의 건안시대가 본격적으로 개막되었다고 할 수 있다. 조조는 이 싸움의 승리로 당시 자타가 공인하는 유일무이한 정통정권을 확립한 셈이 된다.

그런데 허도정권은 관도대전이 끝난 지 얼마 안 되어 일어난 적벽대전에서 조조의 군사가 손권과 유비의 연합군에게 패함으로써 협천자挾天子를 통한 천하호령에 제동이 걸리게 되었다. 적벽대전의 당사자는 비록 조조와 손권이었으나 유비는 이 싸움을 계기로 형주를 근거로 익주를 탈취하는 결정적인 계기를 마련하게 되었다. 삼국정립의 단초가 바로 적벽대전에 있었던 것이다. 적벽대전의 통치사적 의미도 여기서 찾아야만 한다.

한중대전은 익주를 장악한 유비의 세력이 한중까지 밀고 들어온 조조 세력의 서진을 차단하고 마침내는 한중을 장악함으로써 장차 중원으로 진출할 수 있는 기반을 마련했다는 점에서 큰 의미를 지니고 있다. 유비는 이 싸움의 승리로 마침내 한중왕漢中王의 자리에 올라 조조 및 손권과 자웅을 겨룰 수 있는 위치에 우뚝 서게 된다. 한중대전은 명실상부한 삼국정립의 계기가 되었다는 점에서 그 통치사적 의미를 찾을 수 있다.

형식적으로 볼 때 관도대전을 계기로 개막된 건안시대는 한중대전이 끝난 지 얼마 안 되어 조조가 죽음으로써 막을 내리게 되었다고 할 수 있다. 그러나 엄밀한 의미에서 볼 때 건안시대는 이릉대전이 끝난 뒤에 사실상 매듭지어졌다고 할 수 있다. 조조가 죽기 직전 형주를 지키고 있던 관우가 동오의 여몽에게 참패해 비참한 최후를 맞게 됨으로써 촉발된 전쟁이 바로 이릉대전이었다. 이릉대전은 조조와 유비 및 손권으로 상징되는 건안시대를 사실상 마무리 짓고 조비, 조예-제갈량-손권으로 상징되는 제3기 삼국시대를 여는 가교 역할을 수행했다고 볼 수 있다. 제갈량의 사후에 전개되는 삼국시대 제4기는 사마씨와 강유 및 손호로 특징지을 수 있다.

삼국시대 제2기에 해당하는 건안시대는 삼국의 세 영웅이 한 치의 양보도 없이 치고받는 각축전의 시기였다고 할 수 있다. 이 시기에 사실 삼국시대에 있었던 대규모의 전쟁이 모두 치러지게 되었다. 4대 대전이 끝난 뒤 진제국의 천하통일 시기까지 비록 제갈량과 강유의 북벌이 있었으나 역사적 의미는 세 영웅이 자웅을 겨룬 4대 대전과는 비교할 수 없다.

4대 대전은 삼국이 정립하는 전후 과정에서 발발했기 때문에 상대적으로 전쟁의 성격이 격렬했다. 모든 전쟁이 거의 예외 없이 죽기 살기 식으로 전개되었던 것이다. 이 4대 대전은 전쟁이 끝날 때마다 당시의 전황을 일거에 뒤바꾸게 만드는 결정적인 계기가 되었다. 4대 대전이 발발한 건안시대의 특징은 크게 3가지로 요약할 수 있다.

첫째, 조조가 세운 이른바 '허도정권'이 천자의 조명을 통해 지방 군벌을 호령하는 이른바 '협천자영제후挾天子令諸侯'의 모습이 확립되었다는 점이다. '허도정권'은 '장안정권'과 같이 천자의 재가를 받은 유일한 정통정권이었을 뿐만 아니라 천자의 '전토권專討權'을 대행했다는 특징이 있다. 이는 천자의 명을 받들어 제후를 토벌하는 권한을 말한다. 이 시기에 '허도정권'의 명을 받들지 않는 지방군벌은 '조적朝敵'으로 몰려 사멸될 수밖에 없었던 것이다. 이 와중에 간신히 살아남은 것이 바로 촉한의 '성도정권'과 동오의 '건업정권'이었던 것이다.

둘째, 촉한의 '성도정권'과 동오의 '건업정권'은 엄밀하게 보면 지방군벌정권에 불과했음에도 불구하고 뛰어난 인재들과 막강한 무력을 보유함으로써 '허도정권'과 자웅을 겨루게 되었다는 점이다. '건안시대'의 특징이 바로 여기에 있다. 세 정권 모두 자신들이 '존왕양이尊王攘夷'의 '춘추대의'를 이룰 수 있다고 주장하며 무력을 배경으로 서로 정치鼎峙하는 형국을 이루게 되었던 것이다. '허도정권'의 한계도 바로 여기에 있었다. 조조가 죽은 후 위나라가 겨우 40년 만에 권신 사마씨에게 제위를 빼앗기게 된 것도 바로 이 때문이었다고 할 수 있다. 조조가 천하를 통일하지 못한 상황에서 그의 후계자들이 천하를 통일한다는 것은 당초부터 지극히 어려운 일이었던 것이다.

셋째, 유가뿐만 아니라 법가, 도가, 병가, 음양가 등 다양한 사상이 백출하여 난세를 평정하고 평화를 이루는 '발란치평撥亂致平'의 방략을 제시했다는 점이다. '건안시대'에 등장한 다양하고도 자유분방한 사상적 흐름은 뒤이은 제3기 삼국시대뿐만 아니라 그 이후의 남북조시대까지 계속 확산되는 모습을 보이게 되었다.

사상사적인 관점에서 볼 때 이는 춘추전국시대 이래 처음 있는 일이었다. 춘추전국시대에 이어 사상의 '백화제방百花齊放'을 또 한 차례 이루는 기초가 바로 '건안시대'에 마련되었던 것이다. 기존의 권위와 가치, 관행 등에 구애받지 않는 이런 흐름은 문학에도 커다란 영향을 미쳐 이른바 '건안문학建安文學'이라는 새로운 문학 형식을 만들어내기도 했다.

조비가 한헌제로부터 제위를 선양받은 황초 원년(220)부터 사마씨가 위나라와 촉한을 차례로 멸망시킨 데 이어 마지막으로 동오의 손호의 항복을 받아 천하를 통일하는 태강 원년(280)까지가 제3기라고 할 수 있다.

제3기의 특징은 '건안시대'에 구축된 삼국의 '정치鼎峙' 상황이 고착화되어 위, 촉, 오 삼국 모두 통일보다는 내실을 기하는데 보다 역점을 둔 데 있다고 할 수 있다.

물론 촉한의 제갈량과 강유 등이 여러 차례에 걸쳐 북벌을 감행했지만 엄밀한 의미에서 보면 이는 국지전에 불과했다.

제3기에 나타난 또 하나의 특징으로는 각 나라 모두 커다란 내분에 휩싸여 국력을 극도로 소진시키다가 결국 사마씨에게 차례로 무너진 점을 들 수 있다. 제3기는 '건안시대'에 천하를 셋으로 나눠 솥발처럼 정립했던 삼국이 진晉제국으로 통일되는 과도기였다고 분석할 수 있다.

6장 경청한 뒤 고독하게 결단하라

작은 승리에 연연치 마라

작은 승리를 아무리 얻어 봐야 남는 게 없다. 매사가 그렇듯이 큰 이익을 미끼로 내걸어야만 큰 고기를 낚을 수 있다.

장수들은 통상 병사들의 사기를 진작시키기 위해 노획물과 전리품을 미끼로 내세운다. 그러나 이는 하책이다. 국공내전 당시 홍군이 이를 철저히 배격함으로써 마침내 승리를 거머쥔 사실이 이를 뒷받침한다.

모택동이 볼 때 미국의 지원을 배경으로 막강한 무력을 지닌 장개석의 국민당 정부군을 깨뜨리기 위해서는 엄정한 군기가 필요했다. 특히 농민혁명과 반제국주의 혁명, 의식혁명 등 높은 이상을 내걸고 싸우는 만큼더욱 그랬다. 자칫 약탈하는 게 버릇 들면 무고한 농민들 재산을 빼앗아목을 축이고 배를 불릴지도 모를 일이었다. 그 경우 부패한 국민당 정부군과 하등 다를 게 없게 된다. 이는 혁명의 실패를 뜻한다. 모택동은 이를 염려했다. 이때 그가 만들어낸 것이 바로 '3대규율'과 '8항주의'였다.

'3대규율'은 첫째, 모든 행동은 지휘에 복종하고, 둘째, 인민의 바늘 하나와 실 한 오라기도 취하지 말며, 셋째, 모든 노획물은 조직에 바친다는 내용이다.

'8항주의'는 첫째, 말은 친절하게 하고, 둘째, 매매는 공평하게 하며, 셋째, 빌려온 물건은 돌려주고, 넷째, 파손한 물건은 배상하며, 다섯째, 사람을 때리거나 욕하지 말고, 여섯째, 농작물은 해치지 말며, 일곱째, 여자를 희롱하지 말고, 여덟째, 포로를 학대하지 말라는 내용이다.

홍군을 장개석을 포함한 기왕의 모든 대소 군벌 휘하 군사와 다르게 보이도록 만든 비결이 바로 여기에 있다. 인민과 하나 되어 그들의 아픔과 고통을 자신의 것으로 여기는 게 요체다. 모택동이 '신중화제국' 창업주가 된 근본 배경인 '3대규율'과 '8항주의'는 지금도 중국군의 불문율로 통용되고 있다. 요체는 명실상부한 '인민의 군대'가 되는 것이다. 고금을 막론하고 최강의 군사는 인민과 하나가 된 '인민의 군대'다. 북한이 군대 명칭을 '인민군'으로 정하고 있는 이유다. 그러나 이는 말장난에 지나지 않는다. 북한 소식통이 전하는 얘기는 온통 인민을 억압하고 약탈하는 얘기뿐이다.

그러나 모택동이 지도한 홍군은 이와 달랐다. 명실상부한 '인민군'이었다고 해도 과언이 아니다. 미국의 군사전문가 베빈 알렉산더의 언급이 이를 뒷받침한다. 모택동을 세계전사世界戰史에서 가장 출중했던 전략가 중한 사람으로 지목한 그는 《위대한 장군들은 어떻게 승리했는가》에서 홍군을 이같이 묘사했다.

"이 군대는 계층적 명령체계가 아니라 가능한 한 가장 민주적인 형태를 지향했다. 이들의 군대에는 서방이나 국민당 군대와는 달리 계층과 교육 정도에 의해 사병과 분리되는 명확한 장교단이 없었고, 계급과 기장記章도 없었다. 남자들은 물론 종종 여자들도 자신의 능력을 보여줌으로써 리더가 되었고, 사병들은 그들을 '소대장 동무', '중대장 동무'처럼 직함으로 호칭했다. 장교들은 병사들을 구타하거나 학대하지 않았다. 모든 사람들은 함께 살았고, 같은 음식을 먹고, 똑같은 옷을 입었다."

중국 공산당은 '중화제국' 역사를 두고 하나의 작은 승리에 만족하지 않고 계속 더 큰 승리로 나아간 휘황한 역사라고 자찬하고 있다. 그러나 사실 중국 공산당의 역사는 그리 명예로운 것만도 아니다. 그들 역시 장개석의 국민당과 마찬가지로 기만과 선동, 강탈, 이간 등의 수법을 구사했다. 안팎의 여러 정황이 맞아떨어져 천하를 거머쥐었을 뿐이다. 천시天時를 만난 셈이다.

모택동이 제시한 '3대규율'과 '8항주의'는 《손자병법》 '모공'에 나오는 '백전백승은 결코 최상의 계책이 될 수 없다.'는 구절을 충실히 좇은 결과다. 이 구절은 작은 승리를 아무리 얻어 봐야 남는 게 없다는 취지에서 나온 것이다. 매사가 그렇듯이 큰 이익을 미끼로 내걸어야만 큰 고기를 낚을 수 있다. 《장자》 '외물'에 이를 뒷받침하는 일화가 나온다.

하루는 임공자任公子라는 사람이 커다란 낚싯바늘과 굵은 낚싯줄을 만들었다. 이어 50마리의 불깐 소를 미끼로 삼아 회계산會稽山에 앉아 동해를 향해 낚싯대를 드리웠다. 날마다 낚시를 했으나 1년이 지나도록 물고기를 한 마리도 잡지 못했다. 어느 날 마침내 대어가 미끼를 물었다. 거대한 낚싯바늘을 끌고 엄청나게 큰 쇠고기 미끼를 입에 문 채 바다 밑바닥까지 내려갔다가 다시 바다 위로 솟구쳐 올라 등지느러미를 마구 휘둘러 댔다. 흰 파도가 산과 같고, 바닷물이 온통 뒤집힐 듯 요동쳤다. 신음소리가 마치 귀신의 울부짖는 소리와 같아 천 리 밖에 있는 사람들까지 크게 놀라 두려움에 떨었다. 임공자가 이내 이 물고기를 낚아 올린 뒤 잘게 썰어 포를 만들었다. 절강浙江 동쪽에서 창오蒼梧 북쪽에 이르기까지 그곳에 사는 백성들 중 배불리 먹지 않은 사람이 없었다. 이후 후세의 천박한 재사와 떠벌리는 것을 좋아하는 무리들이 모두 놀라 이 얘기를 서로 전했다. 이를 두고 장자는 이같이 평했다.

> "가느다란 낚싯줄을 묶은 낚싯대를 쳐들고 작은 도랑을 좇아 붕어나 잔챙이를 낚으려는 자들은 이런 대어를 낚을 수 없다. 쓸모없는 작은 학설을 좇아 현령 같은 자에게 작은 자리라도 요구하며 다니는 자들은 이처럼 큰 경지에 이른 대인과 비교할 수조차 없다. 임공자의 풍도를 아직 듣지 못한 자와는 함께 천하경영을 논할 수 없는 것 또한 분명한 사실이다."

《손자병법》'병세'에서 적을 유인하기 위해서는 먼저 미끼를 내걸어야 한다는 이른바 여지적취予之敵取를 언급한 것도 '외물'의 이 일화와 취지를 같이한다. 원래 장자사상은 천하조차 자신의 정강이에 난 털과 바꾸지 않겠다고 선언한 양주楊朱의 위아爲我사상으로부터 커다란 영향을 받았다. 그러나 장자사상이 노자사상에서 완전히 일탈한 것은 아니다. 인간의 '호리지성'을 통찰한 사실이 이를 방증한다. 실제로《손자병법》의 저자로 알려진 손무와 이를 새롭게 편제한 조조, 무위지치를 역설한 노자, 무위자연을 내세운 장자, 공평무사한 법치를 역설한 한비자 모두 크게 주어야만 크게 얻을 수 있다는 이른바 대여대취大予大取의 취지에 공명한 자들이다.

원래《손자병법》은 제자백가서 가운데 가장 현실적이면서도 과학적인 입장에서 병도를 설파한 고전에 해당한다. 부전승론不戰勝論, 임기응변론臨機應變論, 지행합일론知行合一論, 주객론主客論 등이 그렇다. 인간의 적나라한 모습이 그대로 드러나는 난세에 초점을 맞춘 덕분이다. 난세에는 부모 자식 간의 천륜조차 이해타산의 부산물로 전락하는 모습을 쉽게 찾아볼 수 있다. 한비자가 가장 가까운 사이인 부부와 부모 자식 관계까지 이익충돌의 관계로 파악한 이유다.《손자병법》이 국익과 민생의 입장에서 국가존망과 병사의 생사를 가르는 전쟁문제를 집중 분석하고 있는 것과 같다.

그렇다고《손자병법》과《한비자》가 세상을 '만인의 만인에 대한 투쟁'으로 파악한 것은 아니다. 난세가 극에 달하면 치세를 향한 열망이 더욱 높아지고, 치세가 극에 달하면 난세의 어두운 그림자가 엄습한다는 사실을 통찰하고 있다.《손자병법》이 첫머리에 치도治道를 병학兵學의 관점에서 파악한 이른바 병도兵道를 언급하고,《한비자》가 공평무사한 법치를 뜻하는 법도法道를 역설한 이유가 여기에 있다.

《손자병법》이《한비자》와 더불어 21세기 현재에 이르기까지 수천 년 동안 '난세의 제왕학'으로 군림하게 된 것은 극히 현실적인 입장에서 난세의 종식 방략을 제시한 덕분이다. 진시황이 병가와 법가사상에 입각해 사상 최초로 천하를 통일한 사실이 이를 방증한다. 조조가 당대 최고의 병법가이자 법가사상가로 행보하며 삼국시대를 마무리 짓는 기틀을 닦은 것도 같은 맥락이다. 노자사상의 세례를 받은 덕분이다. 조조가 기존의 난삽한《손자병법》을 새롭게 편제한《손자약해》서문에서《도덕경》을 관통하는 이른바 제도帝道 이념을 병가의 '병도' 이념으로 끌어들인 사실이 이를 뒷받침한다.

현재 시중에는《손자병법》관련서가 지천으로 나와 있다. 그럼에도 '대여대취' 관점에서 접근한 책은 전무하다. '대여대취'는 도가와 유가, 법가, 상가 등 제자백가 사상을 관통하는 핵심어다. 노자의 무위지치를 최상의 통치로 간주한 결과다. 당대 최고의 법가사상가이기도 했던 조조가《손자병법》을 새롭게 편제한 것도 결코 우연으로 볼 수 없다.

필승의 형세를 조성하라

고금을 막론하고 무슨 사업이든 성공을 거두기 위해서는 반드시 철저한 준비가 선행되어야 한다. 조조가 군웅과 접전할 때마다 미리 적정을 세심히 살핀 것도 바로 이 때문이다.

전쟁을 잘하는 자의 승리에는 뛰어난 지략에 따른 명성이나 용맹한 전투 일화로 꾸며진 전공戰功이 없다. 적군이 출동하기 이전에 이미 계략과 외교 등을 통해 적을 무릎 꿇게 만드는 까닭에 세인의 입에 오르내릴 만한 혁혁한 전공이 있을 턱이 없다. 그러나 그의 승리는 작고 보이지 않는 것까지 살펴 얻은 것이어서 틀림이 없다. 전략 자체가 싸우기도 전에 이미 필승을 예상한 것이고, 싸울 때 역시 이미 필패하는 자와 싸운 덕분이다. 적의 움직임을 소상히 살핀 뒤 승산을 점친 까닭에 조금도 어긋남이 없다는 뜻이다.

전쟁을 잘하는 자는 애초부터 패하지 않을 위치에 서 있고, 적을 패퇴

경청독단傾聽獨斷

시킬 기회를 놓치지 않는다. 그래서 승리하는 군대는 승산을 확인한 뒤 전쟁을 벌이고, 패하는 군대는 전쟁부터 벌인 뒤 승리의 요행을 찾는다. 승패가 갈리는 것은 미리 철저히 계책을 세운 군대와 계책도 없이 무턱대고 싸움에 임하는 군대의 차이에서 비롯된다.

이상은《손자병법》'군형軍形'에 나오는 원문과 조조의 주석을 합친 내용이다. '적군이 출동하기 이전에 이미 계략과 외교술 등을 동원해 적을 무릎 꿇게 만드는 까닭에 세인의 입에 오르내릴 만한 혁혁한 전공이 있을 턱이 없다'와 '적의 움직임을 소상히 살핀 뒤 승산을 점친 까닭에 조금도 어긋남이 없다는 뜻이다' 및 '승패가 갈리는 것은 미리 철저히 계책을 세운 군대와 계책도 없이 무턱대고 싸움에 임하는 군대의 차이에서 비롯된다'는 대목이 조조의 주석이다.

주석의 내용이 원문에 끼어들지라도 아무런 차이가 없을 정도로 뛰어나다. 조조의《손자병법》에 대한 주석이 그만큼 탁월했다는 사실을 방증한다. 주목할 것은 조조가 주석에서 '미리 철저히 계책을 세운 군대'와 '계책도 없이 무턱대고 싸움에 임하는 군대'를 대비시킨 대목이다. 반드시 필승의 형세를 만든 뒤 적과 싸울 것을 주문한 것이다.

이는 사안이 무르익어 구체적인 모습을 밖으로 드러내는 계기인 이른바 사기事機의 중요성을 언급한 것으로 필승의 형세는 반드시 '사기'가 전제돼야만 가능하다는 취지를 담고 있다. 실제로 '사기'는 지기地機와 불가분의 관계를 맺고 있다. '시기時機'가 시간의 지배를 받는 것과 달리 '사기'는 공간의 지배를 받기 때문이다. 예를 들어 어떤 지역에서는 전혀 문제가 되지 않는 사안이 다른 지역에서는 커다란 화를 불러오는 빌미로 작용하는 게 그렇다. 정반대의 경우도 가능하다. 요동백시遼東白豕 성어가 이를 뒷받침한다.

《후한서》 '주부전朱浮傳'에 따르면 옛날 요동遼東 땅에 살던 사람이 우연히 머리가 흰 돼지새끼를 얻게 되자 크게 기이하게 생각해 이를 군왕에게 바치고자 했다. 그는 돼지새끼를 들고 하동河東 땅까지 갔다가 그곳의 돼지가 모두 머리뿐만 아니라 몸 전체가 흰 것을 보고는 크게 부끄러워하며 돌아오고 말았다. 요시백辽豕白 내지 요시遼豕 등으로도 표현되는 '요동백시' 일화의 배경이다.

이 성어는 우물 안 개구리 식의 어리석은 자를 비유할 때 사용되나 실은 '사기'의 중요성을 언급한 것이기도 하다. 하동에서는 너무나 흔해 빠져 평범하기 짝이 없는 일이 요동에서는 경사스런 일로 여겨진 게 그렇다.

지난 1970년대까지만 해도 한국에서 바나나는 최고의 과일로 여겨졌다. 바나나 수입이 횡재의 수단으로 이용된 이유다. 모든 게 그렇듯이 희귀하면 값도 비싸기 마련이다. 모두 '사기'의 중요성을 일깨워주는 일화에 해당한다.

시기時機와 직결된 천기天機가 그렇듯이 '지기'와 '사기'는 동전의 양면과 같다. 특정 시기에 특정 지역에서 불거져 나온 사건을 두고 '시사時事'로 부르는 이유다. 역대 사서와 병서를 보면 '사기'에 대한 해석이 다양하다. 제자백가서 가운데 최초로 '사기'를 언급한 《오자병법》 '논장'은 이같이 풀이해 놓았다.

"첩자를 잘 활용하고 기동부대를 적절히 운용하면 적의 병력을 분산시킬 수도 있고, 군신 사이를 이간시킬 수도 있다. 이를 사기事機라고 한다. 전차의 바퀴 굴대통과 비녀장이 견고하고 배의 후미와 양옆에 부착한 노가 편리하도록 만들고, 병사들이 진법에 익숙토록 하고, 말이 잘 달릴 수 있도록 조련하는 것을 역기力機라고 한다."

사기를 적에게 손해를 끼치는 계책의 의미로 정의했음을 알 수 있다. 그러나 임기응변의 관점에서 보면《오자병법》이 언급한 사기는 사실 군중심리와 직결된 심기心機에 해당한다. 오히려 전차를 잘 정비하고, 병사들을 철저히 훈련시키는 등의 역기力機가 임기응변에서 말하는 '사기'에 가깝다.

《삼국지》'전주전'의 배송지주에 인용된《선현행장先賢行狀》의 '사기를 잃을까 우려된다.'는 표현의 구실사기懼失事機 구절이 이를 뒷받침한다. '일을 행하는 시기時機'의 의미로 사용된 것이다. 철저히 준비한 뒤 사안이 무르익었을 때 움직여야 성공할 수 있다는 취지를 담고 있다.《손자병법》도 같은 맥락이다. '시계'의 해당 대목이다.

> "군주는 도, 천, 지, 장, 법 등 5가지 사안에서 적과 아군을 비교 분석해 승부의 흐름을 잘 짚어낼 줄 알아야 한다. '법'은 군대의 편제와 운용, 장수와 군관의 관리, 군수물자의 조달과 공급 등을 말한다."

《손자병법》은 '사기'를 '법'으로 해석해 놓았음을 알 수 있다. 이를 두고 조조는《손자약해》에서 이같이 풀이해 놓았다.

> "군대의 편제와 운용은 부대 편성과 작전 명령을 전달하는 깃발 신호 및 북과 징 신호에 관한 규정을 말한다. 장수와 군관의 관리는 정부관원 및 군대 계급체계에 따른 역할 분담을 뜻한다. 군수물자의 조달과 공급은 국고 및 조세를 통해 군사비용을 감당하는 것을 말한다."

조조 역시 작전을 펼치기 위한 모든 사전준비 작업을 '사기'로 파악한 셈이다. 《손자병법》은 철저한 사전준비 작업을 역설하고 있다. 필승을 기하기 위한 것이다. '시계'의 해당 대목이다.

"군주는 적군과 아군이 처한 다음 일곱 가지 상황을 면밀히 검토해 승부의 흐름을 잘 짚어내야 한다. 첫째, 군주는 어느 쪽이 더 정사를 잘 펼치고 있는지 비교해 보아야 한다. 둘째, 장수는 어느 쪽이 더 유능한지 면밀히 분석해야 한다. 셋째, 천시와 지리는 어느 쪽이 더 유리하게 작용하는지 헤아려야 한다. 넷째, 법령은 어느 쪽이 더 충실히 집행하고 있는지 검토해야 한다. 다섯째, 무기는 어느 쪽이 더 강한지 살펴보아야 한다. 여섯째, 병사들은 어느 쪽이 더 훈련을 잘하고 있는지 짚어보아야 한다. 일곱째, 상벌은 어느 쪽이 더 공평히 시행하고 있는지 알아봐야 한다. 이들 일곱 가지 상황을 비교하면 승패를 미리 알 수 있다."

미리 철저하게 준비하지 않으면 결코 승리를 거둘 수 없다는 사실을 경고하고 있다. 장량 및 제갈량과 더불어 '역대 3대 지낭智囊'으로 손꼽히는 명태조 주원장의 책사인 유기劉基의 저서 《욱리자郁離子》에 이를 경고하는 일화가 나온다.

"민산岷山의 솔개가 변해 비둘기가 되자 깃털과 발톱과 부리 모두 비둘기의 것처럼 되었다. 그런데도 숲속 나무 사이로 날아가 뭇새가 퍼덕거리며 모여 있는 것을 보면 자신이 비둘기로 변한 것을 망각한 채 '휘익'하며 솔개 소리를 냈다. 그러면 뭇새들은 순식간에 엎드렸다. 얼마 후 까마귀가 가려진 틈으로 살펴보니 발톱과 부리와 깃털 모두 비둘기였을 뿐 솔개가 아니었다. 까마귀가 나서 떠들어대자 크게 당황해 어찌할 바를 몰라 했다. 싸우자니 발톱과 부리 모두 쓸모가 없었다. 이내 몸을 낮춰 관목 속으로 들어 갔으나 까마귀가 자기 무리를 불러 뒤를 쫓아오는 바람에 큰 곤욕을 치러야 했다. 욱리자가 이를 두고 말하기를, '솔개는 천하의 맹금猛禽이나 비둘기로 변하자 믿을 만한 것을 잃고 말았다. 게다가 솔개 소리를 내며 짖어대는 바람에 곤경을 자초했다. 명철한 선비가 때를 기다리며 크게 인내해야 하는 이유가 이와 같다.'고 했다.”

이는 때가 오지 않았는데 섣불리 자신의 모습을 드러낸 경우를 지적한 것이다. 모든 사업이 그렇듯이 철저한 준비도 없이 사업에 뛰어들 경우 십중팔구는 이와 유사한 상황을 맞닥뜨릴 소지가 크다. 때가 무르익지 않았는데 섣불리 발톱을 드러낸 탓이다. 고금을 막론하고 무슨 사업이든 성공을 거두기 위해서는 반드시 철저한 준비가 선행되어야 한다. 조조가 군웅과 접전할 때마다 미리 적정敵情을 세심히 살핀 것도 바로 이 때문이다. 비록 매번 반드시 승리를 거두지는 못했지만 승률이 매우 높았던 것도 이런 맥락에서 이해할 수 있다.

6장 경청한 뒤 고독하게 결단하라

7장

잠시도 손에서 책을 놓지 마라

수불석권

手不釋卷

부단히 배우고 익혀라

좋은 약은 입에 쓰다

자만은 패망의 지름길이다

천하는 천하인의 것이다

사서에서 세상 이치를 배워라

부단히 배우고 익혀라

광무제는 매일 군무를 처리하느라 바빴지만 책을 손에서 놓은 적이 없다. 조조 역시 스스로 '늙어갈수록 더욱 학문을 좋아하게 되었다'고 했다.

수불석권手不釋卷은 손에서 책을 놓지 않는 것을 말한다. 동양에서는 예로부터 이를 명군의 기본 요건으로 간주해 왔다. 그러나 이를 실행한 인물은 많지 않다. 중국의 역대 제왕 가운데 이를 실천한 대표적인 인물을 꼽으라면 많은 사람들이 대개 조조와 당태종, 강희제 등 3인을 들고 있다. 여기에 '신 중화제국'의 창업주인 모택동을 끼워 넣을 수 있을 것이다.

평생을 전쟁터에서 보낸 조조가 가장 관심을 기울인 것은 병서였다. 생전에 현존 《손자병법》인 주석서 《손자약해》를 비롯해 《병서접요》와 《속손자병법》 등 여러 권의 저서를 펴냈다. 《손자약해》는 '수불석권' 일화와 밀접한 관련이 있다.

《삼국지》'여몽전'의 배송지주에 인용된《강표전江表傳》에 따르면 오나라 장수 여몽呂蒙은 어려서 매우 가난했던 까닭에 제대로 먹고 입지도 못했고, 글을 읽는 것은 상상도 못했다. 가슴에 큰 뜻을 지닌 그는 이후 많은 전공을 쌓은 덕분에 장군의 자리까지 올랐으나 늘 학식이 부족한 게 흠이었다.

하루는 손권이 여몽과 장흠蔣欽을 불러 말했다.

"지금 경들은 이 나라의 대관이 되었으니 앞으로는 학문을 익혀 스스로 식견을 넓히는 게 좋겠소."

여몽이 대꾸했다.

"제가 지금 군무에 눈코 뜰 새 없이 바빠 글 읽을 겨를이 없습니다."

손권이 말했다.

"내가 어찌 경들에게 경서 등을 읽어 박사가 되라고 한 것이겠소? 그저 옛사람들이 남긴 책을 많이 읽어 두라고 한 것일 뿐이오. 경들이 군무에 바쁘다고 하나 어디 나만큼이야 바쁠 리 있겠소? 나도 젊었을 때《시경》,《서경》,《예기》,《좌전》,《국어》등을 두루 읽었소. 단지《역경》만 읽지 못했소. 내가 보위에 오른 후 여러 사서와 병서를 두루 읽은 게 커다란 도움이 되었소. 경들처럼 뛰어난 인물들이 글을 읽으면 당연히 도움이 되지 않겠소? 속히《손자병법》과《육도》등의 병서와《좌전》과《국어》를 비롯해《사기》와《한서》등의 사서를 읽도록 하시오. 공자가 말하기를, '종일토록 식음을 폐하며 생각해도 유익함이 없으니 배우는 것만 못하다'고 했소. 광무제도 매일 군무를 처리하느라 바빴지만 책을 손에서 놓은 적이 없었소. 맹덕孟德 역시 스스로 '늙어갈수록 더욱 학문을 좋아하게 되었다'고 했소. 경들은 어찌하여 스스로 노력할 생각을 하지 않는 것이오?"

여기서 '수불석권' 일화가 나왔다. 손권이 조조를 '맹덕'으로 높여 부른 것은 조조의 '수불석권'을 높이 평가한 결과다. 일각에서는 손권이 여몽에게 속히 사서와 병서를 두루 읽을 것을 권한 점에 주목해 손권도 조조의 《손자약해》를 읽었을 가능성이 높은 것으로 보고 있다. 여몽에게 잡다한 글이 뒤섞인 기존의 《손자병법》을 읽으라고 권했을 가능성은 그리 크지 않다는 게 논거다. 조조를 '맹덕'으로 높여 부르며 《손자병법》을 언급한 점에 비춰 전혀 터무니없는 추론은 아닌 듯싶다.

당시 여몽은 손권의 훈계를 듣고는 깨닫는 바가 있어 마음과 힘을 다해 열심을 글을 읽었다. 하루는 주유를 대신해 군사업무를 책임지게 된 노숙이 여몽을 찾아가 국사를 논의하게 되었다. 여몽의 이론이 고매하고 정연했다. 크게 놀란 노숙이 여몽의 어깨를 쓰다듬으며 찬탄했다.

"나는 대제大弟가 오직 무략武略밖에 없는 줄 알았소. 지금 보니 학문이 넓고 고매하니 이제는 과거 오군에 있을 때와는 완전 딴판이오!"

여몽이 말했다.

"선비는 사흘만 헤어져 있다 만나도 눈을 비비며 서로 대해야 하는 괄목상대刮目相待의 대상이오. 대형大兄이 지금 이같이 말하니 어떻게 하여 전국시대를 풍미한 양후穰侯 위염魏冉과 같다는 칭송을 듣는 것이오? 대형은 지금 주유의 업적을 제대로 잇지 못하고 있소. 더구나 지금 천하의 관우를 곁에 두고 있는 상황이오. 관우는 덕망이 높은데다 학문을 좋아해 《좌전》을 입에 달고 산다고 하오. 단지 웅기雄氣와 자부심이 지나친 나머지 사람을 얕잡아보는 게 흠이오. 지금 그와 대치하고 있는 중이니 응당 책략을 써 상대해야 할 것이오."

그리고는 곧 노숙을 위해 세 가지 계책을 일러주었다. 노숙이 이를 공손한 자세로 받아들인 후 일절 발설하지 않았다. 후에 이 사실을 안 손권이 찬탄했다.

"사람은 성장하면서 날마다 진보한다고 말하나 그 누구도 여몽과 장흠에 비할 바가 아니다. 이미 부귀 영달했는데도 호학하는 모습을 버리지 않고, 여러 고전을 두루 읽는 것을 좋아하고, 재물을 가벼이 여기며 의를 높이고, 행하는 일은 모두 좇을 만하니 두 사람 모두 가히 국사國士로 부를 만하다. 이 어찌 아름다운 일이 아니겠는가!"

여기서 짧은 시간에 학문이나 재주가 현저하게 진보했음을 뜻하는 '괄목상대' 성어가 나왔다. 조조의 '수불석권'에 자극을 받은 결과로 볼 수 있다.

남북조시대 당시 남조 송나라의 소상蕭常이 쓴《속후한서》의 '심우전'에도 조조의 뛰어난 면모를 엿보게 하는 일화가 나온다. 이는《손자약해》의 유포와 관련해 매우 주목할 만한 일화이다.

이에 따르면 심우沈友는 여몽과 같은 오군吳郡 출신으로 자는 자정子正이다. 나이 11세 때 화흠華歆이 고을을 순시하다가 보고는 기이하게 여겨 불러놓고 이같이 말했다.

"심랑沈郎, 수레에 올라 함께 이야기를 나누는 것이 어떻겠소?"

심우가 뒷걸음질로 물러나며 말했다.

"군자가 우의를 맺고 친목을 다지는 것은 예로써 하는 것입니다. 지금 인의가 쇠퇴하고 성현의 바른 도가 무너진 까닭에 선생은 군명을 받들어 장차 교화를 널리 펴고 풍속을 바로잡아야 할 터인데 지금 위의威儀를 가볍게 여기고 이에 벗어나는 모습을 보이니 이는 장작을 짊어지고 불을 끄러 가는 부신구화負薪救火나 다름없습니다. 이것이 불타는 것을 더욱 거세게 만드는 것이 아니고 무엇이겠습니까?"

화흠이 부끄러워하며 찬탄했다.

"환제桓帝와 영제靈帝 이후 빼어난 자가 많이 나왔다고는 하나 어린 시절에 이와 같은 자는 일찍이 존재한 적이 없다!"

심우는 젊을 때부터 매우 박식했고 글을 잘 지었다. 특히 군사에 밝아 《손자병법》에 주석을 가하기도 했다. 당시 사람들은 그의 뛰어난 변론에 모두 말문이 막혀 도무지 상대할 길이 없었다. 그의 글솜씨인 필筆, 말솜씨인 설舌, 병법이론인 도刀를 합쳐 이른바 삼묘三妙로 칭한 이유다. 이 소문을 들은 손권이 예를 갖춰 부른 뒤 천하대사를 논했다. 심우가 관우에 의해 불법 점거된 형주荊州의 겸병 방안을 제의하자 손권이 이를 흔쾌히 받아들였다.

그러나 심우에게도 약점이 있었다. 풍채가 빼어났던 그는 용렬한 신하들을 보면 바른말로 크게 꾸짖었다. 많은 적을 만들어낸 이유다. 마침내 그를 질시하는 자들이 그가 모반을 꾀한다는 내용의 상소를 올렸다. 당시 손권은 심우의 재주가 빼어난 것을 꺼린 나머지 그가 끝내 자신을 위해 일하지 않을까 우려했다. 화흠처럼 조조에게 갈 경우 동오에는 커다란 타격이 될 수밖에 없다. 상소문을 받은 손권이 이내 심우를 제거할 마음을 품게 된 이유다. 그는 곧 크게 연회를 열었다. 입바른 심우가 이내 옳고 그른 것을 논하자 손권이 이를 구실로 곧바로 좌우에 명해 그를 포박케 하면서 이같이 말했다.

"경이 모반했다는 고발이 있었소."

심우가 죽음을 면하지 못할 것을 알고는 손권을 빗대어 말했다.

"천자가 허도에 있는데도 남쪽에서 무군지심無君之心을 품은 것은 모반이 아니라고 말할 수 있겠습니까?"

'무군지심'은 반역을 꾀하는 역적을 뜻한다. 대로한 손권이 곧바로 좌우에 명해 그를 주살케 했다. 그의 나이 29세였다.

'심우전'에 나오는 이 일화를 액면 그대로 믿을 수는 없으나 그가 조조와 은밀히 접촉했을 가능성을 시사한다. 심우의 기재奇才를 처음으로 알아본 화음은 훨씬 이전에 손책 밑에 있다가 조조의 휘하로 들어갔다. 인재를 탐한 조조의 계책이 주효한 결과였다.

여러 정황을 종합해 볼 때 당시 《손자약해》를 펴낸 조조도 심우가 주석한 《손자병법》을 읽고 크게 공명했을 공산이 크다. 화흠 등을 내세워 심우와 연락했을 가능성을 배제할 수 없다는 얘기다. 당나라 때까지도 심우가 주석한 《손자병법》이 존재했다는 사실이 이를 뒷받침한다.

일각에서는 심우가 조조의 《손자약해》를 보고 이에 자극을 받아 《손자병법》에 주석을 가했을 것으로 보고 있다. 실제로 이게 역사적 사실에 가까울 듯싶다. 조조가 《손자약해》를 펴내기 전까지만 해도 모든 사람이 82편에 달하는 난삽한 《손자병법》을 읽고 있었다. 심우도 조조가 기존의 《손자병법》을 원문에 가깝게 새롭게 편제했다는 얘기를 들었을 것이다. 내심 자부심이 강한 심우가 《손자약해》를 능가하는 주석서를 펴낼 요량으로 주석 작업에 뛰어들었을 가능성을 암시한다. 세인들이 그를 두고 필筆, 설舌, 도刀를 겸비한 '삼묘'로 부른 사실이 이를 뒷받침한다.

이런 일화들은 당시 조조의 《손자약해》가 커다란 반향을 일으켰음을 암시한다. 비록 전란의 와중이기는 했으나 당시 베스트셀러였을지도 모른다. 현존 《손자병법》을 제대로 읽고자 할 경우 반드시 조조의 주석을 참조해야 한다는 주장도 이런 맥락에서 이해할 수 있다.

그럼에도 현재 시중에 나와 있는 주해서는 대부분 조조의 주석을 생략하고 있다. 이는 어제 오늘의 일이 아니다. 연원이 매우 깊다. 당나라 건립

이후 서서히 형성되기 시작한 이른바 '촉한정통론'이 근본 배경이다. 당시 대다수 학자들은 조조를 '역적'으로 치부했다. 조조의《손자약해》를 달갑게 여겼을 리 없다. 실제로 송대에 들어와서는 아예 조조의 주석을 무시했다.

그러나 조조가 새롭게 편제한《손자약해》의 가르침은 21세기의 군사학은 물론 역사, 철학, 정치학, 법학 등 모든 학문에 두루 적용될 수 있을 정도로 매우 뛰어나다. 이를 다시 조명해 국가총력전 양상을 띠고 있는 21세기의 글로벌 경제경영 전략에 적극 활용할 필요가 있다.

좋은 약은 입에 쓰다

좋은 약은 입에 쓰지만 병에 이롭고, 충성된 말은 귀에 거슬리지만 행하는데 이롭다.

애플제국을 세운 스티브 잡스가 그랬듯이 조조 역시 초기에 많은 고생을 했다. 능력은 뛰어났지만 아직 때가 도래하지 않았기 때문이다. 조조는 곤경에 처해 좌절을 맛볼 때마다 이를 성공의 밑거름으로 삼았다. 두 번 다시 유사한 실수를 저지르지 않기 위해 스스로를 부단히 연마한 게 그렇다. 전쟁터에서마저 손에서 책을 놓지 않은 사실이 이를 웅변한다. '좋은 약은 입에 쓰다'는 우리말 속담의 취지를 제대로 구현한 셈이다.

원래 이 말은 《공자가어孔子家語》 '육본六本'에 나오는 '양약고어구良藥苦於口, 이어병利於病. 충언역어이忠言逆於耳, 이어행利於行' 구절에서 따온 말이다. 좋은 약은 입에 쓰지만 병에 이롭고, 충성된 말은 귀에 거슬리지만 행하는데 이롭다는 뜻이다.

부귀한 집에서 자랄 경우 세상살이의 어려움을 전혀 모르는 까닭에 세상 물정에 어둡고 오만방자하기 십상이다. 곁에 있는 사람들이 늘 귀를 즐겁게 하는 좋은 얘기를 하기 때문이다. 들리는 말마다 귀에 즐겁고, 하는 일마다 마음에 흡족하면 이는 독약을 먹는 것이나 다름없다. 귀에 늘 거슬리는 말이 들리고, 마음에 늘 거리끼는 일만 일어날 경우 오히려 스스로 덕과 행실을 갈고 닦는 숫돌이 될 수 있다. 난세의 시기에 하나같이 험한 세상살이를 한 자들이 문득 몸을 일으켜 새로운 왕조를 세우는 이유가 여기에 있다. 난세의 군주는 귀에 거슬리는 말인 역이지언逆耳之言에 익숙해져야만 한다. 《채근담》은 이같이 충고하고 있다.

"늘 귀에 거슬리는 말만 들리고 마음에 거리끼는 일만 있다면 이는 오히려 덕을 연마하는 숫돌이 된다. 귀를 즐겁게 만드는 말만 들리고 하는 일마다 즐겁다면 이는 오히려 자신을 독주에 빠뜨리는 길이다."

조조가 늘 휘하 장상將相의 충언을 적극 권하면서 옳다고 판단될 경우 곧바로 실천한 이유가 여기에 있다.

이와 정반대의 길로 나아간 인물이 바로 원소였다. 주변에 온통 아첨하는 자들만 들끓었던 이유다. 이는 패망의 길이다. 실제로 원소는 어느 모로 보나 새로운 왕조 창업의 주역이 될 수 있는 가장 유리한 입장에 있었음에도 한 수 아래로 얕잡아본 조조에게 패망해 후대인의 웃음거리가 되고 말았다.

유방은 조조처럼 근면히 학문을 닦는 근학勤學의 행보를 전혀 보이지 않았음에도 귀를 크게 열고 참모들의 건의를 적극 권장한 덕분에 막강한 무력을 자랑한 항우를 물리치고 새 왕조를 열 수 있었다.

귀에 거슬리는 '역이지언'을 얼마나 잘 수용했는지 여부가 이들의 운명을 갈랐다고 해도 과언이 아니다.

고금을 막론하고 몸에 좋은 약은 입에 쓰고, 자신을 이롭게 하는 충성된 말은 귀에 거슬리게 마련이다. 이런 이치를 모르면 큰 꿈을 꾸지 않는 게 차라리 낫다. 반드시 패하게 되어 있기 때문이다.

자만은 패망의 지름길이다

조조가 적벽대전의 패배에서 교훈을 얻고, 한중대전 때 유엽 및 사마의의 건의를 받아들여 촉 땅을 쳤다면 능히 천하통일의 위업을 이뤘을 공산이 컸다.

　'신 중화제국'의 창업주인 모택동은 조조처럼 사서史書를 좋아했다. 죽을 때까지 머리맡에 두고 《자치통감》을 17번이나 읽은 사실이 이를 뒷받침한다. 그는 정사 《삼국지》의 애독자이기도 했다. 주목할 것은 그가 《삼국지》를 탐독하는 와중에 조조가 중차대한 시기에 크게 두 가지 실수를 범했다고 지적한 점이다. 하나는 장로를 토벌했을 때 우유부단한 행보를 보인 것이다. 다른 하나는 적벽대전 당시 자신에게 엄격하지 않은 점이다. 모택동은 《삼국지》 '무제기'를 읽던 중 조조가 장수들이 출정한 때 패전한 자는 죄를 묻고 실리한 자는 관작을 박탈했다는 대목을 접하고는 크게 탄식하며 이런 주석을 달아 놓았다.

"그렇다면 적벽의 패배는 누구의 죄인가?"

조조가 자신에 대해서는 너무 관대했다고 비판한 것이다. 통렬한 지적이다. 조조는 왜 이런 실수를 범해 모택동과 같은 후대인의 지적을 받은 것일까?

장로를 토벌했을 당시 조조가 군사를 한중에 주둔시킨 뒤 움직이지 않자 이로부터 7일 후 촉 땅에서 투항한 자가 조조에게 이같이 보고했다.

"촉 땅 사람들이 하루에도 수십 번씩 놀라자 장수들이 놀라서 날뛰는 자를 참수하는 등 강력히 대처하고 있으나 능히 안정시키지 못하고 있습니다."

이에 다시 마음이 움직인 조조가 곧 유엽에게 물었다.

"지금이라도 진격할 수 있겠소?"

'위서·유엽전'의 배송지주에 인용된 《부자》는 당시 유엽이 단호히 부인하게 된 이유를 다음과 같이 기록해 놓았다.

"안 됩니다. 지금은 이미 조금씩 안정되어 가고 있어 진격할 수 없습니다."

조조가 마땅히 촉 땅으로 들어가야만 했는지에 대해 예로부터 많은 논란이 있었다. 《삼국지》의 각주에서 남북조시대 남조 송나라의 배송지는 조조가 절호의 기회를 놓쳤다는 관점에 입각해 이같이 평해 놓았다.

"조조가 한중의 장로를 평정하자 촉 땅의 사람들이 하루에도 수십 번씩 놀라게 되었다. 유비가 비록 경동하는 자를 참수하는 등 강력히 대처했으나 이를 막을 길이 없었다. 조조는 유엽의 계책을 채택치 않음으로써 촉 땅을 석권할 수 있는 기회를 놓치고 말았다."

이에 대해 남송 말기 때 활약한 호삼성胡三省은 《자치통감》을 주석하면서 정반대의 해석을 내렸다. 그는 진격불가를 주장한 유엽의 발언을 지목해 이같이 평해 놓았다.

"불과 7일 사이에 어떻게 갑자기 조금씩 안정되어 가고 있다고 말할 수 있는가? 유엽은 대략 유비의 방어태세를 엿보고 범할 수 없다고 판단한 듯하다. 그래서 조조에게 그같이 말한 것일 뿐이다."

유엽이 조금씩 안정되어 가고 있다고 말한 것은 구실에 불과할 뿐이고 실제로는 유엽 역시 촉 땅으로 쳐들어갈 수 없다는 사실을 잘 알았기 때문에 그같이 대답했다는 것이다. 조조의 판단이 정확했다고 주장한 셈이다. 후대의 모든 논의는 대략 배송지와 호삼성의 대립된 평가에서 크게 벗어나지 않고 있다.

최근에는 많은 사람들이 호삼성의 견해에 동조하는 모습을 보이고 있다. 이들이 내세우는 논거는 크게 세 가지다.

첫째, 조조는 촉 땅으로 진격하는 것이 매우 어렵다는 사실을 익히 알고 있었다. 촉도蜀道는 예로부터 통과하기가 어려운 곳인데 이를 통과하려다가 병사들만 지치게 만들 뿐이고, 설령 이를 통과할지라도 어떻게 지친 병사들을 이끌고 촉 땅을 평정할 수 있겠는가라고 반문하고 있다.

둘째, 후방을 걱정하는 후고지우後顧之憂가 만만치 않았다. 강동의 손권과 형주의 관우가 조조의 배후를 엿보고 있는 상황에서 만일 촉 땅으로 진격하게 되면 틀림없이 이들의 협공을 받을 수밖에 없었다.

셋째, 지금의 감숙성 일대인 농우隴右를 평정한 지 얼마 안 되어 이 일대에 사는 강족羌族이 아직 귀복하지 않았고, 이제 막 지금의 섬서성 서남부 일대인 한중漢中을 점거하여 근거가 불안한 상황에서 갑자기 서진할 경우 뒷감당을 하기 어려웠다는 것이 이들의 지적이다.

그러나 설령 이런 이유들을 모두 감안할지라도 과연 촉 땅으로 진격하는 것이 불가능했던 것인가 하는 점은 여전히 의문으로 남는다. 오히려 정반대로 촉 땅으로의 진격이 훨씬 타당했다고 평가할 만한 근거가 많이 있다.

《자치통감》'건안 23년'조의 기록에 따르면 조조와 유비의 군사가 맞붙은 218년 당시 유비 쪽이 이내 궁지에 몰리자 급히 익주 군사의 징발을 명하는 서신을 제갈량에게 보냈다. 제갈량이 종사 양홍을 불러 이를 문의하자 양홍이 이같이 건의했다.

"한중은 익주의 인후이니 존망의 관건입니다. 만일 한중이 없으면 촉 땅은 없는 것이나 마찬가지입니다. 이는 대문 앞에 있는 화근이니 징병을 머뭇거릴 이유가 어디 있겠습니까?"

이보다 3년 앞선 건안 20년 7월에도 조조가 남정에 입성하자 유비는 손권과 형주를 반으로 나누기로 합의하고 급히 군사를 이끌고 지금의 사천 중경시인 강주江州로 돌아간 바 있다. 익주가 위기에 처했다고 판단한 결과였다. 객관적으로 볼 때 조조군이 여세를 몰아 계속 진격했다면 촉 땅은 결코 7일 만에 서서히 안정을 찾아가는 일이 불가능했다. 유엽이 불과 7일 만에 다른 견해를 피력한 것을 두고 이상하게 생각할 이유가 없다.

촉도가 험고하다고 하나 험로를 피해 얼마든지 가릉강 계곡을 따라 남하하여 촉 땅으로 진격할 수 있었다. 후고지우도 그리 두려워할 만한 것은 아니었다. 당시 손권은 합비성을 공격하다가 오히려 대패한 까닭에 곧 바로 중원으로 진군할 입장이 아니었다. 나아가 당시 유비와 손권 사이의 갈등이 컸기 때문에 손권이 관우 등과 손을 잡고 조조의 배후를 치는 최악의 상황이 빚어질 가능성은 거의 없었다. 조조 역시 이를 크게 염려하지도 않았다.

조조가 촉 땅으로 진격하지 않은 것은 식자우환 격의 자만으로 인해 적벽대전에서의 패배에 준하는 커다란 실착이었다는 평가를 받을 만하다. 실제 조조를 높이 평가한 모택동조차도《삼국지》의 이 대목에 주석을 달면서 조조가 사마의의 건의를 좇지 않아 천하통일에 실패했다고 지적했다. 1966년 3월 그는 항주에서 담화를 하던 중 이같이 말했다.

"당시 조조는 장로를 친 후 촉 땅의 유비도 쳤어야 했다. 그는 유엽과 사마의의 건의에도 불구하고 이를 받아들이지 않았다. 그리고 몇 주일 후 후회했다. 그러나 이미 때가 늦었다."

조조의 우유부단한 행보를 비판한 것이다. 모택동은 국공내전 당시 스탈린의 만류에도 불구하고 회하 일대를 석권한 여세를 몰아 장강의 도강작전을 과감히 전개함으로써 장개석을 대만으로 몰아내는데 성공했다. 그는 조조와 정반대되는 행보로 천하통일의 대업을 이룬 셈이다.

실제로 당시 유비는 조조를 매우 두려워했으나 조조의 제장들에 대해서는 오히려 얕보는 모습마저 보여주었다. 유비는 조조가 환군했다는 소식을 듣자마자 익주의 인후에 해당하는 한중을 탈취하기 위해 부심했다. 결국 유비는 한중을 손에 넣어 독자적인 힘을 키움으로써 조조 및 손권과 함께 천하를 다투는 정족지세鼎足之勢를 형성하게 되었다. 이는 유비가 한중을 장악하지 못했다면 결코 이룰 수 없는 것이기도 했다. 조조가 유비를 키워준 셈이다.

조조의 이런 실패는 모택동이 지적한 것처럼 적벽대전의 패배를 제대로 반성하지 못한 후과로 해석할 수 있다. 조조는 건안 13년(208)에 적벽대전에서 패한 뒤 "만일 곽가가 내 곁에 있었다면 나를 이 지경에 이르게 하지는 않았을 것이다!"라고 탄식한 바 있다. 이는 당시 그에게 적절한 충간을 해주는 사람이 없었다는 것을 반증하는 것이다.

조조는 적벽대전 당시 오환족을 정벌하고 형주를 손쉽게 손에 넣은 데 고무된 나머지 자만심에 가득 차 있었다. 이것이 적벽대전에서 패배하게 된 가장 큰 요인이었다. 그럼에도 그의 모신과 장수들 중 조조의 이런 헛된 자만심을 깨우쳐줄 사람이 하나도 없었다. 그들 역시 잇따른 승리에 도취된 나머지 손쉽게 강동의 손권을 제압할 것으로 생각했던 것이다. 조조가 자신의 장단점은 물론 그 속마음까지 속속들이 알고 있던 곽가의 요절을 애통하게 여긴 이유가 여기에 있다.

그렇다면 당시 조조는 응당 자신이 범한 잘못을 뼈저리게 반성했어야 했다. 곽가와 같은 참모가 곁에 없어 대패하게 되었다면 주변의 무수한 인재들을 격려해 수시로 충간을 하도록 부추겨야 했다. 그러나 그는 그리 하지 않았다. 그 역시 자신도 모르는 사이에 자만심에 함몰되어 갔던 것이다.

원래 적벽의 패배는 사실 《삼국연의》의 묘사와는 달리 그리 큰 게 아니었다. 오히려 한중대전 때의 우유부단이 더 치명적이다. 모택동이 지적한 것처럼 조조가 적벽대전의 패배에서 교훈을 얻고, 한중대전 때 유엽 및 사마의의 건의를 받아들여 촉 땅을 쳤다면 능히 천하통일의 위업을 이뤘을 공산이 컸다.

국가든 기업이든 최종 결정권자의 우유부단과 자만은 대사를 그르치는 최고의 위험요소다. 아무리 득인과 용인에 성공해 천하를 호령하는 상황에 이르렀을지라도 늘 스스로 겸허하며 참모들의 건의를 귀담아들어야 하는 이유가 여기에 있다.

사서를 보면 참모의 간언을 듣지 않다가 패망한 사례를 무수히 접할 수 있다. 대표적인 사례가 초한전 당시 항우가 최측근인 범증의 말을 듣지 않았다가 패망한 경우다.

진시황이 급서할 당시 반란군의 총수는 진승이었다. 얼마 후 진승이 패주하던 중 자신의 마부에 의해 비명횡사한 사실이 확인되자 휘하 장수로 있던 항량項梁이 장수들을 설薛 땅으로 불러 모아 대책을 논의했다. 유방도 이 자리에 참석했다. 참석자 중 나이가 가장 많은 사람은 범증范增이었다. 당시 그의 나이는 이미 70세에 달해 있었다. 범증이 항량에게 건의했다.

"전국시대 말기에 초회왕楚懷王이 진나라로 들어갔다가 이내 돌아오지 못하고 그곳에서 죽자 초나라 사람들이 이를 가엾게 여겼습니다. 이런 추모 열기는 지금까지 그대로 이어지고 있습니다. 진승은 기병을 했음에도 초나라 후예를 세우지 않고 자립한 까닭에 그 세력이 오래가지 못했습니다. 지금 초나라의 장병들이 벌떼처럼 일어나 모두 그대에게 다투어 귀부하고 있는 것은 그대가 초왕의 후예를 찾아내 다시 옹립할 것으로 생각하기 때문입니다."

항량이 곧 백성들 틈에 끼어 양치기 머슴노릇을 하고 있는 초회왕의 손자인 미심芈心을 찾아내 옹립했다. 당시 항량이 전국시대 말기 진나라에서 횡사한 '초회왕'의 시호를 그대로 사용한 것은 초나라 백성들을 격동하기 위한 것이었다. 사실 당시 초나라 유민들만큼 진제국에 이를 간

사람들도 없었다. 진승과 항우, 유방 모두 초나라 출신인 것도 결코 우연으로 볼 수 없다.

항량이 정도定陶에서 장함章邯이 이끄는 진나라 대군과 대치할 당시 항우와 유방이 이끄는 별동대가 옹구雍丘에서 대승을 거뒀다. 항량이 더욱 교만해져 진나라 군사를 가벼이 여기자 이를 우려한 휘하장수 송의宋義가 간했다.

"승리한 후 장수가 교만해지고 병졸이 게을러지면 반드시 패하게 됩니다. 지금 병졸들이 점차 나태해지고 진나라 군사는 날로 많아지니 자칫 그런 일이 빚어질까 두렵습니다."

항량은 이를 귓등으로 흘려들었다. 얼마 후 2세 황제가 대대적으로 군사를 일으켜 지원군을 보내자 항량은 정도의 결전에서 패사하고 말았다. 항우와 유방이 급히 장군 여신呂臣과 함께 초회왕을 지금의 강소성 서주시인 팽성彭城으로 옮긴 뒤 이곳을 새 도읍으로 정했다. 여신은 팽성의 동쪽, 항우는 팽성의 서쪽, 유방은 팽성의 외곽인 탕산碭山을 수비하게 되었다.

당시 범증의 건의로 인해 양치기 머슴으로 있다가 문득 보위에 오른 초회왕 '미심'은 항량이 전사하자마자 곧 여신과 항우의 군사를 통합한 뒤 자신이 직접 거느렸다. 유방은 그의 포섭대상이었다. 유방을 탕군碭郡의 군장郡長으로 삼고 무안후武安侯에 봉하면서 탕군의 군사지휘권을 부여한 사실이 이를 뒷받침한다. 당시 항우는 장안후長安侯에 봉해져 '노공魯公'으로 불렸으나 신분만 높을 뿐 아무런 실권이 없었다.

얼마 후 초회왕이 송의를 상장군上將軍으로 삼은 뒤 모든 장수들을 그 휘하에 배속시켰다. 이에 항우는 차장次將, 범증은 말장末將이 되었다. 초회왕이 제장들을 불러놓고 이같이 약속했다.

"먼저 함양이 있는 관중으로 진공한 자를 관중왕으로 삼을 것이다."

이는 항우를 따돌리기 위한 술책이었다. 《사기》 '고조본기'에 나오는 장수들의 발언이 그 증거이다.

> "항우는 위인이 성급하고 포학합니다. 진승과 항량 등이 패한 데서 알 수 있듯이 모두 여의치 않은 상황이니 덕이 있는 자를 보내 진나라 부형들을 설득하느니만 못합니다. 항우는 안 되지만 유방은 후덕한 사람이니 가히 보낼 만합니다."

기원전 207년 겨울 10월, 송의가 지금의 산동성 조현인 안양安陽에 이른 뒤 46일 동안 머물며 전혀 앞으로 나아갈 생각을 하지 않았다. 항우가 이내 송의의 목을 벤 뒤 병사 2만 명을 이끌고 황하를 건넜다. 그는 황하를 건넌 뒤 곧바로 배를 침몰시키고 솥과 시루 등을 모두 깨뜨렸다. 여기서 '침주파부沈舟破釜' 성어가 나왔다. 결연히 싸우며 뒤로 물러서지 않겠다는 불퇴전不退轉을 의미한다. 항우의 결단이 돋보이는 대목이다.

그러나 이후가 문제였다. 그가 제후들의 군사를 이끌고 함곡관에 이르렀을 때는 이미 유방이 함양을 점령한 뒤였다. 관문이 굳게 잠긴 것을 보고 범증이 간했다.

"유방은 입관 이후 재물도 취하지 않고 부녀도 총애하지 않고 있습니다. 이는 그의 뜻이 결코 작은 데 있는 게 아님을 뜻합니다. 급히 쳐야만 합니다."

당시 항우의 군사는 40만 명이었다. 항우는 곧 함양에서 가까운 지금의 섬서성 임동현 동북쪽의 홍문鴻門에 영채를 차렸다. 유방이 다급해졌다. 곧 사람을 보내 사과할 뜻을 전했다. 범증이 항우에게 유방 제거의 계책을 제시했다. 반원형 옥팔찌인 옥결玉玦을 들어 세 번 보여주면 즉시 행동에 옮기기로 약속했다. 다음날 아침 일찍 유방이 100여 기騎를 이끌고 홍문으로 와 사죄했다.

"본의 아니게 제가 먼저 입관해 여기서 장군을 알현하게 되었습니다. 지금 소인들이 쓸데없는 말로 장군과 저 사이를 벌려 놓고 있습니다."

항우가 곧 주연을 베풀었다. 범증이 수차례 항우에게 눈짓을 보내며 옥결을 보여주었으나 항우는 모른 척했다. 결국 유방은 측간을 간다는 핑계로 밖으로 나간 뒤 황급히 달아났다. 얼마간 시간이 지난 뒤 유방의 책사 장량張良이 항우에게 사과했다.

"패공이 술을 이기지 못해 직접 인사를 올리지 못하고 저에게 명해 백옥구슬 한 쌍은 장군에게 바치고, 국자 모양의 옥으로 된 옥두玉斗 한 쌍은 아부亞父에게 바치게 했습니다."

'아부'는 항우가 범증을 '부친에 버금하는 인물'로 높여 부른 호칭이다. 화가 머리끝까지 오른 범증이 옥두를 땅에 내던진 뒤 칼을 뽑아 내리쳤다.

"아, 어린아이와는 더불어 앞날을 꾀할 수가 없구나. 항우의 천하를 빼앗는 자는 반드시 유방일 것이다. 우리는 이후 그의 포로가 되고 말 것이다!"

이후 항우는 유방을 관중왕이 아닌 한중왕에 임명한 뒤 밖으로 나오는 것을 견제하기 위해 관중을 세 지역으로 나눠 장함 등 투항한 진나라의 장수를 왕에 봉했다. 항우가 가장 득의했을 때였다. 그러나 대결이 2년째로 접어들면서 형세가 바뀌기 시작했다. 여기에는 유방의 책사인 진평의 반간계反間計에 걸려 핵심 참모인 범증을 내친 게 결정적인 요인으로 작용했다.

기원전 204년 겨울, 진평이 건의했다.

"대왕은 수만 근의 황금을 내어 적의 분열을 노리는 이간책인 반간계를 구사하십시오. 항우는 시기가 많고 참소하는 말을 잘 믿으니 반드시 내부에서 서로 죽이는 일이 빚어질 것입니다. 이 틈을 노려서 치면 가히 적들을 무찌를 수 있을 것입니다."

"참으로 좋은 계책이오."

곧 황금 4만 근을 내어 진평에게 준 뒤 그가 마음대로 사용케 하면서 지출 내역을 묻지 않았다. 진평이 황금을 이용해 초나라 군영 내에서 반간계를 구사했다.

이듬해인 기원전 203년 여름 4월, 초나라 군사가 지금의 하남성 형양현 동북쪽인 형양滎陽에서 유방을 포위하자 상황이 급해졌다. 유방이 강화를 청하면서 형양의 서쪽 지역을 베어내 그곳만 갖겠다고 했다. 범증이 항우에게 형양을 급히 칠 것을 권하자 유방이 이를 크게 우려했다.

항우가 한나라에 사자를 보냈다. 사자가 도착할 즈음 진평이 큼지막한 음식상을 차리게 했다. 음식을 막 올리려던 차에 진평이 나타나 초나라 사자를 보고 짐짓 놀라는 체했다.

"아부의 사자인 줄 알았는데 항왕의 사자가 아닌가?"

그러고는 그 음식을 내간 뒤 조악한 음식을 올리게 했다. 초나라 사자가 귀환해 이를 상세히 보고했다. 항우가 과연 범증을 크게 의심했다. 범증은 형양성에 급공을 가해 함락시키고자 했으나 항우는 범증을 의심한 나머지 그의 말을 들으려고 하지 않았다. 범증은 항우가 자신을 의심한다는 얘기를 듣고 이내 화를 냈다.

"천하대사가 대체로 정해졌으니 이제 군왕이 스스로 처리하십시오. 저의 해골骸骨의 청을 받아주시기 바랍니다."

'해골'은 사직하여 물러난다는 뜻이다. 어리석은 항우는 이를 곧바로 수리했다. 범증은 팽성으로 돌아가던 중 그곳에 이르기도 전에 등에 악성 종양이 나 이내 죽고 말았다. 화를 참지 못해 악성종양이 나 죽고 만 것이다. 결국 항우도 이듬해인 기원전 202년 12월 오강烏江에서 패사하고 말았다.

당시 항우는 자신의 신분 및 재능에 대해 지나친 과신을 하고 있었다. 전쟁을 할 때마다 연전연승을 한 데다 힘과 재능, 출신 가문 등 모든 면에서 유방을 압도하고 있었기 때문이다. 그러나 이것이 그에게는 독으로 작용했다. 너무 유리한 상황에 놓여 있었기 때문에 핵심 참모인 범증을 업신여기고 변화무쌍하게 변하는 민심의 향배 등을 제대로 파악하지 못하는 우를 범한 것이다.

난세에는 가진 것이 너무 많은 사람이 오히려 불리할 수 있다는 역설이 가능하다. 원소가 핵심 참모인 전풍과 저수의 말을 듣지 않고 관도대전에 임했다가 조조에게 대패한 것에 비유할 만하다. 그 역시 항우처럼 피를 토하고 죽었다.

천하는 천하인의 것이다

후한의 조정은 외척과 환관들의 온갖 비행으로 인해 부도덕한 지배층의 소굴에 지나지 않았다. 조조는 부패하고 무능한 한나라를 대신해 위나라를 세우고, 경제를 부흥시켰고, 한나라를 재건하겠다는 백일몽에 빠진 유비 등의 야심가들과 싸웠다. 그는 탁월한 정치가였고, 우수한 전략가였고, 백성들의 아픔을 아는 진정한 황제였다!

삼국시대와 그 뒤를 잇는 서진西晉 및 남북조시대를 통틀어 통상 위진남북조魏晉南北朝시대라고 한다. 일부 사가는 위진남북조시대를 제2의 춘추전국시대로 분류키도 한다. 삼국시대가 제2의 춘추시대, 그 뒤의 서진남북조시대가 제2의 전국시대에 해당한다는 것이다.

여기서 하나 짚고 넘어가야 할 것은 위진남북조시대에 관한 정확한 시대 구분이다. 천하통일에 성공한 중국의 역대 왕조 가운데 삼국시대를 종식시킨 사마씨의 서진만큼 허무했던 나라도 없다. 단명으로 끝난 진시황의 진秦나라와 수양제의 수隋나라를 거론할 수도 있으나 이들 두 나라는 하드웨어인 정치군사 제도와 소프트웨어인 사회·경제·문화 등이 그대로

한漢나라 및 당唐나라로 이어졌다. 비록 나라는 허무하게 스러지기는 했으나 그 정신만은 면면히 살아남은 셈이다.

그러나 서진의 경우는 이런 게 없다. 서진의 패망 후 재차 한나라나 당나라 같은 통일제국이 들어서지 못하고 오히려 삼국시대보다 더한 혼란기가 300년이나 이어졌기 때문이다. 학자들이 굳이 서진을 조조가 세운 위나라와 함께 위진魏晉으로 표현하면서, 이후에 전개된 남북조시대와 합쳐 '위진남북조'로 표현하는 이유가 여기에 있다. 주나라가 낙양으로 동천한 이후의 시기를 일면 동주東周로 칭하면서도 오히려 '춘추전국시대'를 더 널리 사용하는 것과 같다. 400년에 달하는 '위진남북조'시대 자체가 '춘추전국시대'를 방불케 하는 혼란스런 시기에 해당한다는 취지를 담고 있다. 여기에는 서진의 등장 자체가 거대한 난세의 흐름인 '위진남북조'의 시기에 잠시 등장했다 사라진 휴지기에 불과하다는 판단이 저변에 깔려 있다.

객관적으로 볼지라도 서진처럼 황실을 비롯한 권력층이 하나같이 나약하고 부패했던 경우는 없다. 이는 서진의 태생적 한계이자 비극이기도 했다. 후한 말기 이후 백 년 간 지속된 삼국시대를 마무리 지은 점에서 서진은 외견상 매우 화려해 보였다. 그러나 그 속내를 들여다보면 전연 딴판이었다. 부패와 비리, 위선으로 가득 차 있었다. 온갖 기괴한 일이 빚어지고, 그 후과가 남북조시대로 들어오면서 오히려 더욱 큰 파문을 일으킨 배경이 여기에 있다. 중국의 역대 통일왕조 가운데 최악의 경우로 꼽는 것도 바로 이 때문이다.

서진을 파멸로 이끌고 간 것은 이른바 '8왕八王의 난'이다. 이는 사마씨 황족이 보위를 둘러싸고 스스로 왕조의 숨통을 조여 간 자멸의 난투극을 말한다. 난투극의 주역은 무제 사마염의 아들이 3명, 조카가 1명, 숙부가 2명, 증조부를 같이하는 6촌이 2명이었다. 16년에 걸친 내란 끝에 남은 것은 패망이었다. 이들 여러 왕이 무력을 강화하기 위해 끌어들인 흉노와 선비 등의 북방민족이 서진을 멸망시킨 뒤 화북 일대에 둥지를 틀고 새 왕조를 개창했다. 이른바 '5호16국五胡十六國'의 시작이다.

일찍이 진시황은 흉노의 시도 때도 없는 공격을 방어하기 위하여 1만 리나 되는 장성을 쌓았다. 한나라도 건국 초기 흉노로 인해 골머리를 썩었다. 한족과 북방민족의 주종관계가 뒤바뀌기 시작한 것이 바로 서진의 무제 사마염 때이다. 서진은 응급처방으로 이이제이以夷制夷의 계책을 구사해 만회를 꾀했으나 이는 오히려 사태를 더욱 악화시키는 배경으로 작용했다. 그 결과가 바로 5호16국 즉 남북조시대의 개막이다.

5호16국은 4세기 초에서 백여 년 동안 화북에서는 흉노匈奴, 흉노의 별종인 갈羯, 고구려와 마찬가지로 동호東胡 즉 퉁구스계에 속하는 선비鮮卑, 티베트계인 저氐와 강羌 등의 5호가 잇달아 정권을 수립해 명멸한 것을 말한다. 북방민족의 중원에 대한 최초의 지배형태이다. 서기 314년, 흉노의 추장 유연이 '8왕의 난'에 편승해 지금의 산서 지방에 흉노국가인 한漢을 세운 후 탁발부拓跋部 선비족이 세운 북위가 북중국을 통일하는 서기 439년까지의 기간을 말한다. 총 135년간이다.

당시의 흐름은 북중국에 있는 두 개의 축을 중심으로 형성되었다. 하나는 장안이 속해 있는 관중關中이다. 다른 하나는 원소와 조조의 근거지였던 지금의 하북성 임장현인 업성鄴城을 중심으로 한 관동關東이 그것이다. 서쪽의 관중과 동쪽의 관동을 지배한 나라는 16국 가운데 강국으로서의 면모를 유지했다. 전조前趙와 후조後趙, 전연前燕과 전진前秦, 후연後燕과 후진後秦 등이 그렇다.

홍미로운 것은 비슷한 시기 유럽에서 게르만 민족의 이동으로 로마제국이 쇠퇴하여 동서로 분열된 점이다. 게르만 민족은 곧 프랑크 왕국에 의해 통합되어 현재의 서유럽과 유사한 세계를 만들어 갔다. 게르만 민족의 이동이 긍정적인 평가를 받는 이유다. 그러나 5호16국의 경우는 이와 정반대이다. 한족 역사가들 내에서 '역사상 가장 굴욕적이다'라는 악평과 더불어 '5호가 중화를 어지럽혔다'는 식의 부정적인 평가가 나온 게 그 증거다. 게르만 민족과 5호의 이동이 반대의 평가를 받고 있는 가장 큰 이유는 말할 것도 없이 북위의 후신인 수당 제국을 선비족의 정복왕조가 아니라 한족의 왕조로 둔갑시킨 데 따른 것이다.

이들은 5호가 중원으로 이동한 후 한족과 융합했기 때문에 수당의 천하통일이 가능했고, 이후 동아시아 각국의 모범이 된 국가체제가 구축되고 불교가 새로운 통치이념으로 자리 잡을 수 있었다는 식으로 설명한다. 5호의 일원인 북위가 북중국을 통일한 시기를 기점으로 남쪽의 한족 정권과 더불어 남북조시대가 시작됐고, 이후 천하통일을 이룬 수당은 선비족과 한족의 혼혈정권인 까닭에 북위와 구별된다는 것이다. 6조六朝 내지 '양진남북조兩晉南北朝' 등의 해괴한 용어가 나온 배경이다.

과거 중국의 일부 사가들은 위진남북조시대를 지금의 남경인 건강建康을 수도로 삼은 삼국시대의 동오와 서진의 망명정권인 동진을 비롯해 그 뒤를 이은 송, 제, 양, 진에 초점을 맞춰 '6조'로 불렀다. 말할 것도 없이 한족 중심의 그릇된 화이華夷 사상에서 나온 것이다. '양진' 개념도 마찬가지다. 현재 중국학계의 일각에서는 편협한 '6조' 용어를 사용하지는 않고 있으나 '위진남북조' 대신 '양진남북조' 용어를 사용하고 있다. 동진이 패망하는 420년에서 얼마 떨어지지 않은 439년에 북위가 북중국을 통일한 것을 기점으로 명실상부한 남북조가 시작되었다는 게 논거다. 이는 기본적으로 다음과 같은 문제를 안고 있다.

첫째, 동진이 패망한 420년에서 북위가 북중국을 통일하는 439년 사이의 19년이 '양진'도 아니고 '남북조'의 시기도 아닌 애매한 시기로 남게 된다. 통일정권인 '서진'이 무너지고 남쪽에 '동진'이 성립하는 시점부터 분열시대인 남북조가 열리게 되었다고 보면 아무 문제가 없는 것을 공연히 한족 중심의 '양진' 개념을 고집하는 바람에 이런 일이 빚어진 것이다.

둘째, 북조의 역사를 16국이 난립한 전기와 북위가 북중국을 통일한 후기로 구분한 것은 역사적 사실을 무시한 것이다. 이는 북조의 후기를 남조의 역사와 억지로 대비시키려는 속셈에서 비롯된 것이다. 북조의 북위가 비슷한 시기의 남조 송나라와 남북으로 대립한 점은 나름 이해할 수 있으나 남조의 동진과 송을 군이 구분해야 하는 이유가 무엇인지 알 길이 없다. 이는 기본적으로 한족 역대 사가들의 그릇된 '중화' 개념을 고식적으로 답습한 결과로 볼 수밖에 없다.

중국의 역대 사서를 개관하면 쉽게 알 수 있듯이 중국사는 결코 한족의 역사로만 이뤄져 있는 게 아니다. 오히려 그 내막을 보면 북방의 호인胡人을 중심으로 한 비한족의 정복왕조 역사가 훨씬 길다. '서진남북조'의 시기가 대표적이다. 이 시기에 한족이 세운 서진이 존속한 시기는 불과 37년에 불과하다. 300년에 가까운 나머지 시기는 비록 여러 나라가 난립하기는 했으나 줄곧 호인이 세운 북조가 중심축을 이뤘다. 수당제국이 호인을 중심으로 한 이른바 '호한융합胡漢融合'의 정권으로 유지된 사실이 이를 뒷받침한다. 말할 것도 없이 수당제국이 선비족이 세운 북위의 후신으로 등장한 결과이다.

거시사의 관점에서 볼 때 중국의 역사는 통일과 분열의 반복으로 진행되었다. 서주의 통일과 춘추전국의 분열, 진한의 통일과 위진남북조 시기의 분열, 수당의 통일과 오대십국의 분열, 북송의 통일과 남송·요금의 분열, 원의 통일과 명·북원 내지 명·후금의 분열, 청의 통일과 민국·군벌 내지 민국·홍군의 분열이 그렇다.

'위진남북조'는 삼국과 서진남북조의 분열시기를 총칭하는 말이다. 이 시기는 무려 4백 년에 달한다. 5백여 년에 달하는 동주 즉 춘추전국의 분열시대에 버금하는 매우 긴 기간이다. 전국시대가 춘추시대의 연장선상에 있듯이 서진남북조시대 역시 삼국시대의 연장선상에 있다. 단지 삼국시대는 한족이 중심이 되어 각축을 벌인데 반해 서진남북조시대는 호인들이 중심이 되어 각축을 벌인 점이 다를 뿐이다.

주목할 점은 서진남북조시대 이후 호인들이 청대 말기까지 시종 중국사 전개의 중심축으로 작용한 점이다. 통일시대에 등장한 원제국과 청제국은 말할 것도 없고 분열시대에 등장한 요·금과 북원·후금 모두 무력 면에서는 한족 정권인 송과 명을 압도했다. 호인이 '호한융합'의 중심축에서 밀려난 것은 20세기 초 청조가 패망한 이후로 아직 1백 년도 안 되는 극히 최근의 일일 뿐이다. 그런 점에서 호인이 중국의 역사 전개과정에 본격적으로 개입해 주도권을 행사하기 시작한 위진남북조시대의 역사는 중국 역사의 실체를 파악하는 관건에 해당한다.

이를 통해 알 수 있듯이 삼국시대는 위진남북조시대의 서장에 해당한다. 4백 년에 걸친 위진남북조시대를 제2의 춘추전국시대로 명명할 경우 삼국시대는 제2의 춘추시대, 그 뒤를 잇는 서진과 남북조시대는 제2의 전국시대로 부를 만하다. 조조는 삼국시대의 주인공에 해당한다. 후손들이 사마씨에게 나라를 빼앗기는 바람에 '난세의 영웅'이 '난세의 간웅'으로 폄하되었을 뿐이다.

조조가 환관 집안 출신이라는 치명적인 약점을 극복하고 마침내 제2의 춘추시대에 해당하는 삼국시대의 주인공으로 우뚝 서게 만든 근본 배경은 말할 것도 없이 후한 말기의 난세 상황이었다. 사가들은 후한 말기에 보위에 오른 환제桓帝와 영제靈帝를 하나로 묶어 흔히 환령桓靈으로 표현했다. 암군의 상징어로 사용했다. 조조는 바로 이런 시기에 등장해 새로운 세상을 만들고자 한 것이다. 《삼국지》 '위서, 무제기'의 배송지주에 인용된 《위서》는 이같이 기록해 놓았다.

> "일찍이 태조가 조정에 상서키를, '두무와 진번 등은 정직한 인물이었는데 무함으로 해를 입게 되었고 조정에는 간사한 자들이 가득 차 선한 사람들이 몸을 둘 곳이 없게 되었다!'고 했다. 그 언사가 매우 간절했는데도 영제가 이를 수용하지 못했다."

후한이 영제 때에 들어와 환관들의 전횡과 황제를 비롯한 관원들의 부패로 패망으로 치닫고 있을 때 조조는 나름대로 충성을 다하며 나라를 바로 세우기 위해 백방으로 노력하고 있었던 것이다. 당시 조조는 비록 탁류 출신이기는 했으나 유가적 덕목과 교양을 갖춘 여느 청류 사대부와 하등 차이가 없었다. 영제 때에 들어와 매관매직까지 성행하자 후한은 사직을 근근이 지탱하고 있던 기둥이 안에서 크게 썩어 바람이 한 번 불기만 하면 기둥이 통째로 무너져 내리는 파국상황으로 치닫고 있었다. 환관들의 전횡이 극성을 부리고 관원들의 부패가 극에 달하자 마침내 살아갈 길이 막막해진 민초들이 대규모 봉기에 나서게 되었다.

당시 거록 출신 장각張角은 이미 태평교太平教를 이용해 급속도로 세를 확장했다. 이내 신도의 숫자만도 수십만 명에 달하는 거대한 세력으로 성장했다. 장각은 대현량사大賢良師를 자처하며 구절장九節杖을 들고 병자를 찾아가 자신의 죄를 참회케 한 뒤 부적을 태운 물로 이들을 치료했다. 후한의 천명이 다한 것을 알고 장차 새로운 왕조를 건설하려는 야망을 품게 된 배경이다.

중평 원년(184) 2월에 장각이 마침내 전국의 교도에게 사발통문을 돌려 후한 타도의 기치를 내걸었다. 이들은 머리에 황건黃巾을 두르고 봉기군의 표지로 삼았다. 당시 사람들이 그들을 황건적黃巾賊으로 부르게 된 것은 이들이 개미떼처럼 떼를 지어 다니며 가는 곳마다 불을 지르고 약탈을 자행한 탓이다. 봉기한 지 불과 10여 일만에 전국이 혼란의 도가니로 변했다. 이들이 '개미떼 도적'을 뜻하는 의적蟻賊으로 불린 이유다.

원래 농민봉기는 새로운 왕조가 출현하는 전주곡의 성격을 띠고 있다는 데 그 특징이 있다. 난세를 상징하는 대표적인 사례가 바로 농민봉기이다. 농민봉기는 기존의 왕조가 부패하여 더 이상 기대할 것이 없는 상황에서 일어나곤 했다. 농민봉기가 일어나는 가장 큰 원인은 기아饑餓에 있다. 홍수 및 한발 등의 자연재해와 탐관오리의 수탈로 인해 먹고살 길이 없게 된 농민들이 마지막 기대할 수 있는 유일한 활로는 봉기밖에 없었다. 자연재해보다는 관원들이 부패에 더 큰 원인이 있었다. 농민들은 인내심이 한계에 도달할 때 더 이상 참지 못하고 마침내 쌓였던 분노를 일거에 폭발시키곤 했다. 이들이 표출하는 분노는 오랫동안 누적되었던 울분이 일시에 터지는 것인 까닭에 엄청난 파괴와 약탈을 초래할 수밖에 없었다.

농민봉기군의 파괴성은 반란지도자에 의해 이끌리는 반군세력보다 훨

썬 심각하다. 현재 중국에서는 황건적의 난을 기의起義로 평가하여 황건 군黃巾軍으로 부르고 있으나 이들이 빚어낸 파괴적인 양상을 호도해서는 안 된다. 당시 조조는 물론이고 원소와 유비, 손견 등을 비롯해 심지어는 동탁에 이르기까지 대부분의 군웅들이 황건적에 대한 토벌을 계기로 몸을 세운 것도 이와 무관치 않다. 황건적의 난을 '기의'로 평가한 나머지 이들에 대한 토벌을 부정적으로 평가하는 것은 본말이 전도된 것이다.

농민봉기군은 지도자를 갖춘 정규 반란세력이 아니고 단순히 탐오貪汚한 관원을 몰아내기 위해 일어선 양민들이 주축을 이룬다. 지휘체계가 없는 까닭에 전국에 걸쳐 무법천지가 연출되는 이유다. 이는 지방 통치조직의 와해를 불러와 마침내는 군벌의 등장을 가능케 하는 근원으로 작용할 수밖에 없다. 토벌에 나선 관원 내지 토호들이 딴마음을 품고 문을 활짝 열어놓은 채 귀순하는 자들을 속속 사병으로 거두어들이게 되면 순식간에 군벌로 성장할 수 있다. 후한 말기에서 삼국시대 전반기에 이르는 시기의 진행과정도 이런 수순에서 벗어나지 않았다. 당시 가장 먼저 이런 과정을 통해 세력을 키운 뒤 후한제국의 실권을 장악한 인물이 바로 동탁이었다. 조조와 유비, 손견 등도 그 진행과정 및 규모 등에서 정도의 차이가 있기는 하나 이런 과정을 통해 하나의 군벌로 성장해 나간 점에서는 하등 다를 게 없다.

황건적의 난은 비록 농민들이 주축이 되었다는 점에서는 동일하나 종교적 결사체의 집단궐기 모습으로 일어났다는 점에서 이전의 산발적인 농민봉기와는 그 성격을 달리한다. 봉기군의 지휘체계가 훨씬 조직화되어 있고, 규모도 대규모였고, 봉기의 시점 및 양상도 전국에 걸쳐 일시에 일어난 점 등이 그렇다. 이는 이전의 농민봉기에서는 전혀 찾아볼 수 없는 모습이었다.

황건적의 난은 조조 등을 비롯한 관군들의 활약으로 진압되기는 했으나 그 역사적인 영향은 지대했다. 각 지역의 장수와 지방 장관, 호족들 중 야심가들은 이를 계기로 삽시간에 크고 작은 군벌로 성장한 게 그렇다. 군벌의 난립은 곧 후한제국의 붕괴를 의미한다. 훗날 조비는 우후죽순처럼 등장한 군벌들의 모습을 놓고 《전론典論》 '자서自序'에서 이같이 평한 바 있다.

"큰 군벌은 여러 군국郡國을 차지했고, 중간 크기의 군벌은 각 성읍城邑 등을 차지했고, 작은 군벌은 천맥阡陌을 모아 세력을 형성했다."

'천맥'은 원래 길거리를 뜻하는 말이나 여기서는 작은 마을을 지칭하는 용어로 사용되었다. 군벌들의 할거는 마치 각 지역마다 크고 작은 황제가 난립한 것이나 다름없다. 백성들의 입장에서 볼 때 이는 관원들의 부패보다 훨씬 나쁜 것이었다. 도탄에 빠진 백성들이 힘 있는 자가 나와 군벌들을 타도하고 새로운 질서를 구축해 안정된 삶을 마련해 주길 고대한 것은 당연한 일이다. 이런 여망에 부응한 인물이 바로 조조였다. 새 왕조의 출현을 준비한 게 그렇다.

천하는 천하 사람의 것이다. 반드시 유씨의 천하여야 할 이유가 없다. 조조가 보여준 일련의 행보는 보위에 오르고자 하는 사심을 숨긴 채 유씨 왕조의 존속을 주장한 유비의 행보와 대비된다. 그럼에도 그의 후손이 사마씨에게 보위를 찬탈당함으로써 '난세의 간웅'으로 폄하되고 말았다. 이런 일이 수천 년 동안 지속되었다. 본말이 전도된 셈이다. 문화대혁명 당시 곽말약은 이같이 질타한 바 있다.

"후한의 조정은 외척과 환관들의 온갖 비행으로 인해 부도덕한 지배층의 소굴에 지나지 않았다. 이런 자들을 몰아낸 게 어찌 찬역인가? 조조는 부패하고 무능한 한나라를 대신해 위나라를 세우고, 경제를 부흥시켰고, 한나라를 재건하겠다는 백일몽白日夢에 빠진 유비 등의 야심가들과 싸웠다. 그는 탁월한 정치가였고, 우수한 전략가였고, 백성들의 아픔을 아는 진정한 황제였다!"

조조는 비록 천하통일의 대업을 이루지는 못했으나 군벌들을 차례로 토벌함으로써 백성들을 도탄에서 구해내는 위업을 이뤘다. 이 과정에서 그는 뚜렷한 역사의식을 바탕으로 온갖 난관을 슬기롭게 헤쳐 나가는 뛰어난 리더십을 보여주었다. 그는 천하의 인재들을 모아 군웅들을 차례로 토벌함으로써 역사의 새로운 장을 연 '난세의 영웅'이었다.

사서에서 세상 이치를 배워라

군주는 위인의 행동과 업적을 항상 마음에 간직함으로써 최고의 영예와 찬사를 한 몸에
누렸던 위대한 역사적 인물들을 자기 처신의 귀감으로 삼아야만 한다.

　북송은 당나라를 뒤이은 오대십국의 난세를 평정하면서 유학을 전면
에 내세웠다. 그럼에도 도교 및 불교에 대해 매우 우호적이었다. 남북조
시대와 수당 때의 여파가 그만큼 컸다. 그러나 남송의 시기에 들어오면
서 상황이 일변했다. 불교 교리를 깊이 흡입한 성리학性理學이 공자가 언
급을 꺼렸던 죽음과 사후세계까지 적극 언급하고 나선 결과다. 이로써 남
북조시대 이래 수백 년 동안 사상계의 주도권 다툼을 벌였던 도교와 불교
모두 변방으로 밀려나게 되었다.

　유교의 입장에서 보면 남북조시대와 수당시대를 포함해 무려 6백 년
만에 일대 기적이 일어난 셈이다. 성리학을 집대성한 주희는 자신의 학문

을 '입세'의 실학實學이라고 주장했다. 그러나 객관적으로 볼 때 이는 선불교의 교리를 변용한 '출세'의 허학虛學에 가까웠다. 성리학의 키워드 이기론理氣論이 극히 사변적인 도덕철학의 성격을 띠고 있는 사실이 이를 웅변한다. 객관적으로 볼 때 이는 공자가 《대학》에서 그토록 역설한 치국평천하의 이념과는 완전히 동떨어진 관념론에 지나지 않는다. 성리학이 이기론을 기치로 내세운 가운데 '치국평천하'와 직접적인 관련이 없는 '수신제가'에 함몰된 사실이 이를 웅변한다.

성리학은 이후 청조가 패망하는 20세기 초까지 무려 1천 년 가까이 사상계를 지배했다. 그 결과는 공허한 이념논쟁을 내세운 유혈전의 당쟁밖에 없었다. 이를 뒤늦게 받아들인 조선조는 그 폐해가 더 컸다. 조선조 후기에 노론 내에서 전개된 이른바 '인성물성동이론人性物性同異論'이 그 실례이다. 이는 동물의 본성과 인간의 본성이 과연 같은 것인지 여부를 놓고 전개된 극히 비현실적인 논쟁을 말한다. 서구에서 산업혁명과 과학혁명 등이 숨가쁘게 전개되고 있던 시기에 조선조의 사대부들은 이런 한가하기 짝이 없는 사변논쟁이나 벌이고 있었던 셈이다.

그 결과는 참혹했다. 조선조의 패망이 그렇다. 성리학을 금과옥조로 떠받든 조선의 사대부들이 《주자대전朱子大典》을 신주단지처럼 모시면서 《도덕경》과 《장자》, 《한비자》 등을 싸잡아 일거에 불태워버려야 할 사악한 책으로 매도한 후과로 볼 수 있다. 객관적으로 볼 때 식민지 개척에 혈안이 된 서구 열강이 동양으로 물밀듯이 밀려오는 이른바 서세동점西勢東漸의 엄중한 시기에 그리하고도 패망하지 않는 게 오히려 이상한 일이었다. 서구 열강을 흉내 낸 일본에 속수무책으로 당한 근본 배경이 여기에 있다.

《논어》와 《주역》 등의 유가경전을 탐독한 장개석이 항일투쟁을 하는 와중에 《자치통감》과 《사기》 및 《삼국지》 등의 역사서를 열심히 읽은 모택동에게 천하를 '상납'한 것도 유사한 맥락에서 이해할 수 있다. 《정관정요》 '임현論任賢'에 따르면 당태종은 역사서의 중요성을 통찰한 대표적인 제왕에 해당한다. 그는 위징의 죽음을 크게 안타까워하며 이같이 탄식한 바 있다.

"구리로 거울을 만들면 가히 의관을 단정하게 할 수 있고, 역사를 거울로 삼으면 천하의 흥망성쇠와 왕조교체의 원인을 알 수 있고, 사람을 거울로 삼으면 자신의 득실을 분명히 알 수 있다. 짐은 일찍이 이들 세 가지 거울을 구비한 덕에 허물을 범하는 것을 막을 수 있었다. 지금 위징이 세상을 떠나는 바람에 마침내 거울 하나를 잃고 말았다!"

위징을 사람거울인 인감人鑑, 사서에 나오는 교훈과 가르침을 역사거울인 사감史鑑으로 간주한 것이다. 군주가 3감을 통해 스스로 경계하며 제왕의 덕을 쌓는 것이 바로 3감지계三鑑之戒이다. 줄여서 감계鑑戒라고 한다. '감계'를 최초로 언급한 고전은 《춘추좌전》을 쓴 좌구명左丘明의 《국어国语》이다. 좌구명은 공자와 비슷한 시기를 산 노나라 사관이다. 춘추시대를 다루고 있는 까닭에 《춘추좌전》과 《국어》는 상호 보완관계를 이룬다. 《춘추좌전》을 '춘추내전', 《국어》를 '춘추외전'으로 부르는 이유다.

《국어》 '초어楚语'에 따르면 춘추시대 말기 초나라 재상 자서子西가 오자서와 함께 오나라로 망명한 초평왕의 손자를 부르려고 하자 섭공葉公 자고子高가 자서를 만나 이같이 말했다.

"사람은 늘 역사상 존재했던 수많은 흥망성쇠에 관한 교훈을 가슴 깊이 새겨 자신을 성찰하고 경계하는 '감계'로 삼고자 하오. 그런데 지금 그대는 좋은 얘기를 듣고도 받아들일 생각을 하지 않으니 이는 귀를 막고 듣지 않는 것과 같소."

당태종이 언급한 '3감'은 '초어'에 나오는 전래의 '감계' 개념을 세 가지로 나눠 정리한 최초의 사례에 해당한다.《정관정요》의 키워드는 '3감지계'에 있다고 해도 과언이 아니다. 당나라 때의 사관인 오긍이《정관정요》를 쓰게 된 것도 이 때문이다. 당태종의 '3감지계'에 감동을 받은 결과다.

당태종이 '사감'과 '인감'을 역설한 것은 말할 것도 없이 새 왕조를 이끌 유능한 인재의 필요성 때문이었다. 그는 인재를 얻기 위해 노심초사했다. 정관 2년(628)에 그는 신하들에게 이같이 말했다.

"나라를 다스리면서 가장 중요한 것은 인재를 얻는 것이오. 만일 기용한 사람이 재능을 갖추지 못했다면 나라는 반드시 다스리는 일이 곤란해질 것이오."

그러고는 군신들에게 인재의 천거를 적극 권장했다. 실제로 그는 천거의 내용을 보고 해당 관원의 능력을 평가했다. 이를 게을리하는 신하는 엄하게 꾸짖었다. 주목할 것은 그가 당시로는 매우 특이하게도 23년의 재위기간 동안 단 하나의 연호만 사용한 점이다. 그게 바로 '정관'이다. '정관' 연호에 대한 자부심을 엿볼 수 있다. 측천무후가 당나라를 찬탈해 주나라를 세운 뒤 똑같이 23년에 걸쳐 재위하는 동안 무려 18개의 연호를 사용한 것과 극명하게 대비된다. '정관'은《주역》'계사전'에 나오는 '천하를 다스리는 도가 바로 정관이다'라는 구절에서 따온 것이다. 그의 치세는 '정관'의 연호가 결코 허언이 아니었음을 보여준다.

사가들이 사필史筆로 사람의 허물이나 죄를 성토하는 것을 흔히 필주筆誅라고 한다. 소인은 당대 세인들의 포폄褒貶에 신경을 곤두세우지만,

군자는 사가들의 필주를 두려워한다. 늘 근신하는 자세로 천하에 임하는 이유다. 당태종도 하등 다를 바가 없었다. 《정관정요》 '신언어愼言語'에 나오는 다음 일화가 이를 뒷받침한다.

정관 2년(628)에 당태종이 좌우 시신에게 말했다.

"짐은 매일 조정에 나와 국사에 임하면서 말 한마디를 하고자 할 때마다 이 말이 백성들에게 과연 이익이 있는지 여부를 고려하는 까닭에 감히 많은 말을 할 수 없소."

급사중으로 기거사起居事를 겸하고 있는 두정륜杜正倫이 말했다.

"예로부터 군주의 언행은 반드시 기록되고, 말한 내용은 좌사左史가 기록합니다. 신은 기거주起居注를 겸하고 있는 까닭에 감히 충정을 다하지 않을 수 없습니다. 폐하가 도리에 어긋나는 말을 한마디만 할지라도 1천 년 후까지도 폐하의 성덕에 누를 끼칠 것입니다. 지금의 백성들에게만 손실이 끼치는 게 아닙니다. 원컨대 폐하는 말을 할 때마다 거듭 신중을 기하도록 하십시오."

당태종이 크게 기뻐하며 비단 100단을 내렸다. '좌사'는 주나라 때의 사관史官을 말한다. 우사右史도 있었다. 좌사는 군주의 언행, 우사는 나라의 일을 기록했다. '기거주'는 황제 곁에서 언행을 기록하는 관직을 말한다. 위진남북조 때는 대부분 저작랑著作郎이 이 직책을 겸임했고, 북위 때 처음으로 기거사령起居令史를 설치했다. 휘하에 별도로 수기거주修起居注, 감기거주監起居注 등의 관직을 두었다. 수나라는 중서성에 기거사인 두 명을 두었고, 당나라와 송나라는 문하성과 중서성에 별도로 기거랑과 기거사인을 두어 군주의 일거수일투족을 기록케 했다.

당태종은 친형인 태자 이건성을 무력으로 제거하고 보위에 오른 인물이다. 이른바 '현무문玄武門의 정변'이 그것이다. 그는 늘 이 문제로 인해 후대인에게 커다란 비난을 받을까 두려워했다. '문사'의 다음 일화가 이를 증명한다.

정관 13년(639)에 저수량이 간의대부로 있으면서 기거주起居注를 겸하게 되었다. 당태종이 그에게 청했다.

"그대는 근래 기거주 일을 맡고 있으면서 어떤 것을 기록하고 있소? 대략 짐에게 보여줄 수 있는 것이오? 짐은 기록된 배경을 살펴보고 싶소. 단지 그 득실을 살펴 스스로 경계로 삼고자 하기 때문이오."

저수량이 반대했다.

"지금의 기거주는 주나라 때의 좌사와 우사에 해당합니다. 군주의 언행을 기록하면서 선행과 악행을 모두 적습니다. 폐하는 법도를 어기는 일이 없도록 하십시오. 신은 군주가 사관의 기록을 보려 했다는 얘기를 들어본 적이 없습니다."

당태종이 물었다.

"짐에게 좋지 않은 점이 있으면 그대는 이를 반드시 기록할 생각이오?"

저수량이 대답했다.

"신이 듣건대 군신의 도리를 지키는 것으로 자신의 직책을 지키는 것보다 나은 게 없다고 했습니다. 신의 직책은 사실을 있는 그대로 기록하는 것입니다. 어찌 기록하지 않을 리 있겠습니까?"

황문시랑 유계가 저수량을 응원하고 나섰다.

"군주에게 과실이 있는 것은 마치 일식이나 월식과 같은 까닭에 천하의 모든 사람들이 볼 수 있습니다. 저수량이 이를 기록하지 않는다면 천하 사람들이 이를 기록할 것입니다."

결국 당태종은 '현무문의 난'에 관한 기록을 보지 못했다. 그렇다고 포기한 것은 아니다. 이듬해인 정관 14년(640)에 당태종이 방현령에게 은근히 물었다.

"짐은 늘 역대 사서가 선한 자를 표창하고 악한 자를 처벌한 사실을 기록함으로써 후대의 감계로 삼은 것을 보았소. 그러나 무슨 이유로 해당 시기의 기록을 당사자인 군주 자신이 보지 못하도록 한 것인지 그 배경을 알 길이 없소."

방현령이 대답했다.

"사관이 선악을 불문하고 반드시 모두 기록하는 것은 군주가 법도에 어긋나지 않기를 바라기 때문입니다. 그 내용이 군주의 마음을 거스를까 두려워하는 까닭에 군주가 직접 보지 못하도록 한 것입니다."

당태종이 말했다.

"짐의 생각은 옛사람과 다르오. 지금 짐이 기록을 보고자 하는 것은 좋은 일이 있으면 따로 논할 게 없지만 나쁜 일이 있으면 감계로 삼아 스스로 바로잡으려는 것이오. 그대는 가히 초록抄錄을 짐에게 보여줄 수 있을 것이오."

이에 방현령 등이 국사를 간략한 편년체 형식으로 《고조실록》과 《태종실록》 각 20권을 편찬해 당태종에게 보여주었다. 당태종은 '현무문의 변'에 관한 기록을 보았다. 모호한 부분이 많았다. 이내 방현령에게 말했다.

"옛날 주공 단이 반란을 일으킨 동생 관숙과 채숙을 제거한 후 주왕실이 안락해졌고, 춘추시대 중엽 노나라 공실의 계우季友가 형 숙아叔牙를 독살한 후 노나라가 안정되었소. 짐이 거사한 것도 같은 취지요. 사직을 안정시키고 백성을 이롭게 하고자 했을 따름이오. 사관이 역사적 사실을 기록하면서 어찌 이를 숨길 수 있는 것이오? 즉시 허식虛飾의 글자를 삭제하고, 있는 그대로 직서直書해야 할 것이오."

당태종이 언급한 노나라 공실 얘기는 3대 권신세력인 이른바 3환三桓의 등장 배경 일화를 언급한 것이다. 친형인 태자 이건성이 나라를 어지럽게 만들 조짐을 보여 정변을 통해 이들을 제거했다는 주장을 합리화하기 위한 이들을 거론한 것이다. 결국 '현무문의 변' 대목은 다시 고쳐 쓰게 되었다. 사관의 '필주'를 두려워한 것이다. 기왕의 기록을 고치도록 한 것은 분명 지나친 처사이나 역사서를 중시한 점만큼은 주목할 필요가 있다.

역사를 중시한 것은 서양도 마찬가지이다. 난세의 이치를 역설한 마키아벨리가 대표적인 인물이다. 이를 뒷받침하는 《군주론》 제14장의 해당 대목이다.

> "군주는 지적인 훈련으로 역사서를 읽고 그것을 통해 배울 필요가 있다. 위인들이 전쟁을 수행하면서 어떻게 지휘했는지를 알아보고 승패의 원인이 어디에 있는지를 검토해야만 그들의 성공을 귀감으로 삼을 수 있고 그들의 패배를 피할 수 있기 때문이다. 군주는 위인의 행동과 업적을 항상 마음에 간직함으로써 최고의 영예와 찬사를 한 몸에 누렸던 위대한 역사적 인물들을 자기 처신의 귀감으로 삼아야만 한다."

조조가 바로 그러했다. 비록 천하를 통일하지는 못했으나 천하통일의 기반을 닦은 게 그렇다. '신 중화제국'의 창업주인 모택동과 마찬가지로 《사기》 등의 사서를 탐독한 사실이 이를 뒷받침한다. 《손자병법》 등의 병서와 《한비자》 등의 사상서도 빼놓지 않고 읽었다. 전쟁터에서도 손에서 책을 놓지 않은 이유다. 뛰어난 리더십은 탁월한 식견에서 비롯되고, 뛰어난 식견은 '수불석권'하는 자세를 견지해야 가능하다. 마키아벨리가 지적했듯이 철학서 대신 역사서를 손에 쥐는 게 정답이다. 난세의 시기에는 더욱 그렇다.

4차 산업혁명시대와
조조 리더십의 응용

독경과 독사

동양은 수천 년 동안 독서인讀書人이 정치와 행정을 전담했다. 그게 바로 사대부士大夫이고 신사紳士이다. 사대부와 신사는 죽을 때까지 책을 손에서 놓지 않는 수불석권手不釋卷을 당연시했다. '만세萬世의 사표師表'로 추앙받는 공자孔子가 그러했기 때문이다. 난세의 영웅으로 새삼 각광을 받고 있는 삼국시대의 조조와 '신 중화제국'의 창업주로 중국 인민들의 추앙을 받고 있는 모택동도 같은 경우다.

흔히 독서의 내용을 '수제치평'과 연결시켜 수신제가修身齊家는 경전을 읽는 독경讀經, 치국평천하治國平天下는 사서를 읽는 독사讀史에 비유하는

것도 이런 맥락에서 이해할 수 있다. 대표적인 예로 청나라 강희제 때 활약한 문인 장조張潮의 소품집《유몽영幽夢影》을 들 수 있다. 우리나라에서는 그다지 알려지지 않았으나 중국에서는《채근담》과 쌍벽을 이루는 잠언집으로 통한다. 그 이전에는 더 유명했다. 그럼에도 열강의 무자비한 침탈로 청조에 패망의 그림자가 짙게 드리웠던 19세기 말 천하가 크게 어수선해지면서 점차 사람들의 뇌리에서 잊힌 존재가 되고 말았다. 이를 새삼 발굴해 세상에 알린 사람은 남개대南開大 교수를 지내며 노신魯迅과 함께 활동한 문인 장의평章衣萍이다. 당시 북경대를 비롯해 여러 대학에서 교편을 잡고 있던 임어당林語堂은 이 책을 접하고는 크게 감격한 나머지 곧바로 영어로 번역해 서구의 문단에 널리 알렸다. 1936년 그가 자신의 대표작이 된《생활의 발견》을 펴낸 것은《유몽영》에서 영감을 받은 결과다. 그는 이 책에서《유몽영》을 이같이 극찬해 놓았다.

"이런 종류의 격언집은 중국에 매우 많다. 그러나 장조가 쓴《유몽영》과 견줄 만한 책은 결코 존재한 적이 없다!"

임어당은 역대 최고의 잠언집으로 알려진《채근담》보다 더 높이 평가한 것이다. 실제로 21세기 현재 중국에서는《유몽영》이《채근담》못지않은 인기를 누리고 있다.《유몽영》의 첫 장에 이런 구절이 나온다.

"경서經書를 읽기에는 겨울이 좋다. 정신을 집중할 수 있기 때문이다. 사서史書를 읽기에는 여름이 좋다. 날이 길기 때문이다. 제자서諸子書를 읽기에는 가을이 좋다. 운치가 남다르기 때문이다. 문집文集을 읽기에는 봄이 좋

다. 기운이 화창하기 때문이다."

'경사자집經史子集'은 요즘 크게 각광을 받고 있는 인문학의 상징인 문사철文史哲을 말한다. 사상사적으로 볼 때 춘추전국시대에 활짝 핀 제자백가의 학문은 크게 수신제가와 치국평천하로 나눌 수 있다. 수신제가는 '독경', 치국평천하는 '독사'와 밀접한 관련이 있다. 《유몽영》 첫 장에 나오는 '독경'과 '독사'는 '수불석권' 차원에서 수제修齊와 치평治平의 배경을 설명한 것이나 다름없다. '독경'과 '독사'를 통해 치국평천하에 임하는 것을 흔히 독서치학讀書治学이라고 한다.

'독서치학'을 실천한 대표적인 인물로 청대 말기 태평천국의 난을 진압함으로써 풍전등화의 위기에 처한 청조를 구한 증국번曾國藩을 들 수 있다. 그는 《유몽영》 제1칙이 역설한 '독사'와 '독경'의 의미를 정확히 꿰고 있었다. 그의 글을 모아 놓은 《증국번가서曾国藩家书》에 나오는 다음 구절이 이를 뒷받침한다.

"뒤숭숭한 날에는 경전을 읽고, 차분한 날에는 사서를 읽는다!"

원문은 '강일독경剛日讀经, 유일독사柔日讀史'이다. '강일'은 마음이 고양되어 있는 날을 뜻하고, '유일'은 마음이 차분하거나 울적한 때를 상징한다. '강일'에는 경전을 읽으며 고양된 마음을 다독이고, '유일'에는 사서를 읽으며 투지를 불태운다는 취지에서 나온 말이다.

'독사'와 '독경'의 구별은 치세에는 치세의 논리가 있고, 난세에는 난세의 논리가 있다는 사실을 통찰한 데서 시작한다. 너무나 당연한 얘기인데도 동아시아에서 이를 제대로 이해한 왕조가 그리 많지 않다. 내우외환의 위기가 점증하고 있는데도 치국평천하 방략과 동떨어진 성리학의 사변논쟁에 함몰되어 끝내 패망에 이른 남송과 조선조 등이 대표적이다. 이웃 일본이 당나라 때부터 《손자병법》과 《한비자》, 《전국책》 등을 탐독하며 난세의 리더십을 깊숙이 연구한 것과 대비된다.

난세에 난세의 논리를 모르면 개인이든 국가든 이내 패망의 길로 접어들 수밖에 없다. 삼국시대 당시 모든 면에서 압도적인 우위를 점한 원소가 끝내 사람 취급을 받지도 못한 환관 집안 출신인 조조에게 패해 피를 토하며 죽은 게 그렇다. 초한전 당시 명문가 출신 항우가 시골의 건달 출신 유방에게 패해 손에 넣은 천하강산을 고스란히 '상납'하면서 후대의 웃음거리가 된 전철을 밟은 꼴이다. 조조와 유방은 난세의 논리를 알았고, 원소와 항우는 몰랐기 때문에 흥망이 갈렸다. 이 철칙은 21세기 현재까지 변함없이 지속되고 있다. 치국평천하에 초점을 맞춘 '독사'에 공을 들인 자가 최후의 승리자가 되고, 정반대로 수신제가를 역설한 '독경'에 탐닉한 자는 손에 다 넣은 천하를 일거에 잃는 게 그렇다. 대표적인 예로 모택동과 장개석의 싸움을 들 수 있다.

모택동은 호남사범학교 시절부터 시작해 죽을 때까지 《자치통감》을 모두 17번이나 읽었다. 《사기》와 《삼국지》 등의 사서를 곁들인 것은 말할

것도 없다. 이와 달리 장개석은 죽을 때까지 《주역》을 옆에 끼고 살았다. 《주역》을 읽는 것에 그치지 않고 주석서까지 펴낸 게 그 증거다. 모택동이 《자치통감》을 통해 터득한 제왕술로 장개석을 몰아내고 천하를 거머쥔 것과 대비된다.

많은 사람들이 장개석의 이름과 호를 거꾸로 알고 있다. 그의 원래 이름은 '중정中正'이고, '개석介石'은 호이다. 모두 《주역》에서 따온 것이다. 《주역》이 풀이해 놓은 64괘의 핵심은 '중정'이다. 중용을 지켜 가장 타당한 방안을 찾아간다는 뜻이다. '개석'은 《주역》 '계사'에 나오는 '개여석언介如石焉' 구절에서 따온 것이다. 지조가 돌처럼 단단하다는 뜻이다. 실제로 그는 평생 이런 삶을 살고자 했다.

그러나 이것이 그에게는 오히려 독이 되었다. 임기응변이 절실히 필요한 난세의 상황에서 고집스럽게 '개석'처럼 살고자 한 결과다. 이는 '중정'에 대한 잘못된 풀이에서 비롯되었다. 단초는 성리학을 집대성한 남송대의 주희가 제공했다. 《주역》의 요체를 오직 '중정'에서 찾은 주희는 '비괘否卦'에 나오는 '불리군자정不利君子貞'의 괘사卦辭를 두고 이같이 해석해 놓았다.

"비否의 시기일지라도 군자는 정도를 지키는 것이 이롭다."

이는 '군자가 정도를 지키는 게 불리하다'는 뜻의 '불리군자정'을 정반대로 해석해 놓은 것이다. '비괘'의 '비否'는 꽉 막혔다는 뜻의 '비색否塞'

내지 꽉 닫혔다는 뜻의 '비폐否閉'를 의미한다. '비색'의 시기에는 소인의 도가 통하고 대인의 도가 통하지 않는다. 소인배가 날뛰는 이런 시기에는 설령 군자일지라도 정도를 지키기보다는 '명철보신明哲保身'을 추구해야 한다는 취지를 담고 있다. 고집스럽게 정도를 지키는 묵수墨守가 아닌 임기응변을 강조한 것이다. 이를 뒷받침하는 일화가 《논어》 '공야장'편에 나온다.

하루는 공자가 제자 공야장을 이같이 평했다.

"가히 사위로 삼을 만한 인물이다. 비록 수감을 당하는 처지에 있었으나 이는 그의 죄로 인한 것이 아니다."

그러고는 자신의 딸을 처로 삼게 했다. 그는 또 제자 남용을 평하여 이같이 말했다.

"나라에 도가 있으면 버려지지 않을 것이고, 나라에 도가 없을지라도 형륙刑戮을 면할 것이다."

대인의 도가 통하지 않고 소인의 도가 통하는 '비색'의 시기에는 어떻게 해서든 '형륙'을 면하는 지혜를 발휘해야 한다고 역설한 것이다. 그럼에도 주희는 이런 시기일지라도 정도를 지켜야 한다고 주장했다. 대소 군벌이 날뛰는 난세의 시기에 이런 식의 '중정'을 고집할 경우 그 결과는 어떻게 될까?

손문의 측근 경호원에서 출발한 장개석은 두 차례에 걸친 북벌을 통해 천하를 호령하는 위치까지 올라갔다. 이때만 해도 그는 '임기응변'에

능했다.

　문제는 그다음이었다. 그는 더욱더 교묘한 '임기응변'을 구사해야 하는 시점에 성리학을 집대성한 남송대의 주희가 주장한 것처럼 고집스럽게 정도를 지키는 '묵수'의 길을 걸었다. 결국 그는 손에 다 넣은 천하를 모택동에게 '상납'하고 말았다. 결과적으로 장개석은 원소의 전철을 밟아 패하고, 모택동은 조조의 노선을 좇아 승리를 거머쥔 셈이다.

　'독경'과 '독사'가 부딪칠 경우 그 결과는 자명하다. 고금의 흥망사가 보여주듯이 역사를 모르면 흥망의 이치를 깨우칠 길이 없다. '사서삼경' 등의 유가경전을 절대시한 성리학의 가장 큰 병폐는 도덕과 정치의 구분을 애매모호하게 만든 데 있다. 이는 역사적 퇴행이자 커다란 불행이었다. 서양이 종교와 윤리도덕에서 정치를 분리시켜 나간 것과 대비된다. 아편전쟁 이후 중국과 조선이 서구열강과 일제의 식민지 내지 반식민지로 전락한 것도 이와 무관할 수 없다. 난세의 영웅 조조가 평생토록 《춘추좌전》과 《사기》 등의 사서와 《손자병법》과 《오자병법》 등의 병서를 손에서 놓지 않은 것도 이런 맥락에서 이해할 수 있다.

난세와 변역

　《주역》은 우주만물을 관통하는 만고불변의 진리를 언급하고 있다. 바로 변역變易의 이치이다. 우주만물 가운데 변하지 않는 것은 그 아무것도 없다는 것이다. 그렇다면 고금동서를 관통하는 진리는 과연 무엇일까?

《주역》의 변역 이치를 적용하면 이런 진리를 도출해낼 수 있다. '이 세상에 영원한 1등은 없다!' 그렇다면 왜 1등은 계속 그 자리를 유지하지 못하는 것일까?

《주역》은 스스로를 부단히 채찍질하며 앞으로 나아가는 자강불식自強不息에서 해답을 찾았다. 현재의 1등이 '자강불식'을 게을리하면 이내 정상에서 내려와야 하고, 비록 현재 밑바닥에 있을지라도 끊임없이 '자강불식'을 행하면 언젠가는 정상에 우뚝 설 수 있다는 것이다.

이를 왕조교체의 배경에 도입해 설명하면 어제의 필부도 '자강불식'을 꾸준히 행하면 이내 천자가 될 수 있고, 오늘의 천자도 '자강불식'을 게을리하면 이내 필부로 전락하게 된다. 실제로 역대 왕조의 교체는 단 한 번의 예외도 없이 이 도식에서 벗어난 적이 없다. 앞으로도 그럴 것이다.

미국과 중국이 G1의 자리를 놓고 치열한 각축을 벌이고 있는 21세기 G2시대도 예외가 될 수 없다. 하늘에 2개의 태양이 존재할 수 없듯이 조만간 누가 진정한 G1인지 판명날 것이다. 현재의 G1 미국은 언젠가 정상에서 내려올 것이다. 단지 시간만이 문제일 뿐이다. 미국이 정상의 자리에서 내려오는 순간 세계의 모든 나라는 문득 '신 중화질서'라는 새로운 세계질서 속에서 국가전략을 짜는 시대를 맞게 될 것이다. 한국의 통일도 바로 이 어간에 실현될 것이다.

조조는 전쟁터에서조차 손에서 책을 놓지 않았다. 방략은 식견에서 나오고, 식견은 수불석권手不釋卷에서 나온다는 사실을 통찰한 결과로 해석

할 수 있다. 실제로 삼국시대 당시 이런 모습을 보인 사람은 오직 조조밖에 없었다.

역사를 통해 교훈을 얻지 못하는 민족에게는 미래가 없다고 했다. 당태종이 대표적이다. 그는 《정관정요》에서 언급하기를, "구리로 거울을 만들면 가히 의관을 단정하게 할 수 있고, 역사를 거울로 삼으면 천하의 흥망성쇠와 왕조교체의 원인을 알 수 있고, 사람을 거울로 삼으면 자신의 득실을 분명히 알 수 있다."고 했다. 뛰어난 신하의 충언과 사서에 나오는 교훈과 가르침을 중시한 것이다. 당태종이 사실상의 창업주가 된 것도 이와 무관치 않을 것이다. 모택동이 《주역》을 탐독한 장개석을 물리치고 '신중화제국'의 초대 황제 자리에 오른 것도, 역대 왕조의 흥망 배경을 논한 《자치통감》을 17번 읽은 것도 결코 우연으로 치부할 수 없다.

당태종이 '사감'과 '인감'을 역설한 것은 말할 것도 없이 새 왕조를 이끌 유능한 인재의 필요성 때문이었다. 그 역시 조조처럼 인재를 얻기 위해 노심초사했다. 조조도 좀 더 오래 살았으면 당태종과 마찬가지로 능히 천하를 하나로 통일해 새 왕조를 개창하고도 남았을 것이다. 조조가 전쟁터에서도 손에서 책을 놓지 않은 것은 이런 맥락에서 이해할 수 있다. 조조가 보여준 수불석권의 자세는 난세를 타개코자 하는 지도자에게 반드시 필요한 덕목이기도 하다.

조국 이탈리아의 통일을 염원했던 마키아벨리도 당태종처럼 '사감'의 필요성을 절감했다. 《군주론》 제14장에서 군주에게 평소 사서를 숙독하라고 충고한 게 그렇다. 해당 대목이다.

"군주는 정신단련을 위해 평소 사서를 숙독해야 한다. 위인의 사적을 거울로 삼고자 하는 것이다. 사서를 읽으면 위인들이 전쟁을 치른 과정과 승패가 갈리게 된 배경 등을 알 수 있다. 승리를 귀감으로 삼고 패배의 전철을 피하기 위해서는 무엇보다 먼저 위인들을 모방할 필요가 있다."

마키아벨리가 '사감'을 역설한 것은 바로 위인을 모방하라는 주장을 펼치기 위한 것이다. 분열된 조국 이탈리아를 조속히 통일해 옛 로마제국의 영광을 재현할 군주를 열망한 결과다. 여기에는 위인을 모방하면 최소한 로마제국의 영광을 재현하는 수준에 이르지는 못할지라도 최소한 분열된 조국만은 하나로 통합할 수 있다는 희망이 깔려 있다. 이는《군주론》제6장에 나오는 그의 다음 언급을 통해 쉽게 확인할 수 있다.

"인간은 길을 걸을 때 거의 늘 선인이 다닌 길을 따라 걸으면서, 모방을 통해 자신의 행동을 결정코자 한다. 그러나 선인이 걸은 길을 그대로 따라 걸을 수도 없을 뿐만 아니라, 모방코자 하는 선인의 뛰어난 자질에 이를 수도 없는 일이다. 그럼에도 현자는 늘 위인의 발자취를 좇고자 한다. 설령 자질이 그들에게 못 미칠지라도 어느 정도 냄새는 피울 수 있기 때문이다."

마키아벨리는 여기서 난세의 군주가 지켜야 할 기본적인 자세를 언급하고 있다. 그게 바로 위인을 흉내 내는 일이다. 설령 '롤모델'로 삼은 위인의 경지에 이르지는 못할지라도 최소한 그와 유사한 위치에는 이를 수

있다는 게 마키아벨리의 생각이었다. '어느 정도 냄새는 피울 수 있다.'고 언급한 이유가 여기에 있다. 그는 같은 제6장에서 노련한 궁사弓師의 예를 들어 그 이유를 설명했다.

"멀리 날아가는 활의 성능을 잘 아는 노련한 궁사는 먼 곳의 과녁을 적 중시키고자 할 때 예상보다 높은 곳을 겨냥한다. 높은 곳을 맞히기 위해 그런 게 아니라 그리해야만 화살이 멀리 날아가 적중할 수 있기 때문이다."

뜻을 높게 지녀야 위업을 이룰 수 있다는 취지이다. 통상 어렸을 때부터 어떤 인물을 '롤모델'로 상정해 놓고 끝없이 노력하다 보면 최소한 비슷한 위치에 오를 수 있다. 경우에 따라서는 닮고자 한 '롤모델'보다 더 큰 인물이 될 수도 있다. 처음부터 큰 뜻을 품으라는 주문이다.

마키아벨리가 열강의 먹잇감이 된 조국 이탈리아의 참상을 목도하면서 부국강병을 통해 이탈리아를 통일하고 로마제국의 영광을 재현할 수 있는 군주를 최고의 위인으로 간주한 이유다. 자신은 그런 인물이 될 수 없었던 까닭에 그런 인물의 출현을 학수고대했다. 그가 《군주론》을 집필한 이유다. 조국 이탈리아를 통일하고 장차 로마제국의 영광을 재현할 '잠재적인 위인'에게 부디 큰 뜻을 품고 열심히 정진해 줄 것을 당부한 것이다.

동서고금을 막론하고 위업을 이루고자 하면 마키아벨리가 역설했듯이 지향하는 방향의 '롤모델'이 있어야 한다. 일종의 '목표'에 해당한다. 불가

에서 득도를 위한 도구로 화두話頭를 내세우는 것과 같다. '목표'가 명확해야 모든 노력을 집중시킬 수 있다. 아무리 뛰어난 재주를 지니고 있을지라도 '목표'가 여럿이면 제대로 된 성과를 얻기 힘들다. 매사에 '선택과 집중'을 해야 하는 이유다. 선방에서 화두를 놓고 벽을 바라보며 묵언 수행하는 것과 닮았다.

그렇다면 위인을 모방하기 위해서는 어찌하는 것이 좋은 것일까? 불가의 묵언 수행은 그리 권장할 만한 게 아니다. 가장 좋은 것은 위인들의 업적을 기록해 놓은 사서를 가까이하는 것이다. 당태종이 역사를 거울로 삼는 '사감'을 역설한 이유다. 그래야 흥망의 이치를 터득할 수 있다.

4차 산업혁명시대의 생존방략

IMF환란 이후 젊은이들이 '88만원세대'를 자조하고 있기에 '세상은 넓고 할 일은 많다'는 구호가 더욱 절실히 가슴에 와 닿는다. 이는 젊은이들에게 커다란 용기와 영감을 줄 만한 뛰어난 메시지에 해당한다. 조조의 젊은 시절이 꼭 이와 같았다. 조조가 훗날 승상이 된 후 발포한 '양현자명본지령讓縣自明本志令'에 이를 뒷받침하는 내용이 나온다.

"나는 본래 아둔한 몸으로 당초 효렴으로 추천되었을 때 스스로 동굴 속의 은사隱士가 아니라고 생각했다. 세상 사람들이 범용한 자로 대할까 두려워한 나머지 한 군의 군수가 되어 정교를 잘 세움으로써 이름을 세우고 세

상의 선비들에게 이를 잘 드러내 보이고자 했다. 이에 제남상濟南相으로 있을 때 음사를 제거하고, 공평한 마음으로 인재를 천거했다. 그러나 이로 인해 상시常侍들을 거스르게 되었다. 이에 혹여 집안에 화란을 초래하게 될까 두려워 병을 칭하고 고향으로 돌아가게 되었다. 관직을 내놓은 뒤에도 내 나이는 아직 어렸다. 효렴에 천거된 동료들을 돌아보니 나이가 50세에 이르렀는데도 이름을 세우지도 못한 채 늙은 자도 있었다. 이에 내심 도모키를, 오히려 20년쯤 세상과 떨어져 천하가 맑아질 때를 기다렸다가 다시 나가 같은 나이에 효렴에 천거된 자들과 동등한 위치에 서고자 했다. 이에 늘 고향으로 돌아가 초현의 동쪽 50리에 정사를 짓고는 가을에 독서하고 겨울에 사냥하면서, 지하 토굴을 만든 뒤 흙벽을 쌓아 스스로를 가림으로써 빈객과의 내왕코자 하는 마음을 끊고자 했다. 그러나 부득이 그같이 하지 못했다. 조정의 부름을 받아 전군교위典軍校尉가 되었기 때문이다."

당시 조조가 일이 꼬였을 때 먼 앞날을 내다보고 장기에 걸친 은거를 준비했음을 알 수 있다. 낙향의 기회를 적극 활용해 달빛 속에서 조용히 칼을 가는 일종의 도광양회韜光養晦를 행한 셈이다. 상황이 여의치 못할 때는 은밀히 실력을 기르며 때가 오기를 기다리는 것이 정답이다. '88만 원세대' 운운하며 자조하는 것은 본인은 물론 나라에도 하등 도움이 되지 않는다. 지금처럼 '힐링' 서적이 낙양의 지가를 올리는 것은 분명 병리적인 현상이다. 젊은이의 기개가 전혀 보이지 않기 때문이다. 크게 볼 때 조조가 낙향한 후 은밀히 칼을 간 것은 김우중이 '세상은 넓고 할 일은 많

다!'고 선언한 것과 맥을 같이한다. 어려울수록 더욱 뜻을 굳히면서 스스로를 연마하는 게 정답이다. 조조가 바로 그런 모습을 보여주었다.

한국은 지정학 내지 지경학의 관점에서 볼 때 '신 중화질서'의 중심부인 베이징으로부터 가장 가까운 거리에 위치해 있다. 우리가 하기에 따라서는 '대박'을 터뜨릴 수도 있고, 자칫 방심했다가는 '쪽박'을 찰 수도 있다는 얘기다. 한국을 대표하는 글로벌기업 삼성그룹이 이건희 회장 와병 직후에 보여준 일련의 행보는 진보가 아닌 퇴영退嬰의 전형이었다.

당시 삼성은 스마트폰의 매출 감소로 '어닝 쇼크'까지 겹치자 2014년 7월 문득 비상경영을 선포했다. 그러나 그 방법이 졸렬하기 짝이 없었다. 창의적이고 도전적인 방안 대신 출장비를 아끼고 성과급을 반납하는 식의 퇴영적인 타개책을 내놨기 때문이다. 이 회장은 지난 1993년 '프랑크 푸르트 선언' 당시 계열사 사장단 앞에서 이같이 일갈한 바 있다.

"극단적으로 얘기해서 농담이 아냐, 마누라 자식 빼고 다 바꿔봐!"

'변해야 산다.'는 이 말이 오늘의 삼성을 있게 한 원동력이 된 것은 말할 것도 없다. 그러나 2014년의 비상경영 대책에는 변화와 혁신이 빠져 있었다. 기껏 휴가를 반납하고 성과급을 내놓거나 출장비를 아끼는 방안이었다. 천문학적인 사내 유보금을 쌓아두고 공격적이면서도 혁신적인 행보를 벌여도 시원찮은 마당에 거꾸로 간 셈이다.

당시 이와 대비되는 모습을 보여준 사람이 일본의 손정의 소프트뱅크 회장이었다. 재일 한국인 3세인 그는 현재 일본 최고의 부호이자 소프트

뱅크그룹 오너이다. 그가 만든 '초대박 스토리'는 지난 2000년 중국 전자 상거래기업 알리바바에 불과 200억 원을 투자한데서 시작되었다. 2014년 국제금융계의 가장 큰 뉴스 가운데 하나인 알리바바의 상장으로 그는 투자액의 3천 배에 달하는 60조 원을 일거에 거머쥐게 되었다. 알리바바는 미국 뉴욕증시 사상 최대 규모의 기업공개로 일약 구글 및 아마존과 더불어 세계 3대 인터넷회사로 떠올랐다. 덕분에 14년 전에 알리바바의 잠재 가능성을 내다보고 과감히 투자한 손정의는 마침내 '초대박 스토리'의 주인공이 되어 삼성전자보다 시가총액이 더 큰 기업의 오너로 우뚝 섰다.

한중일 역학관계가 요동치는 오늘날 손정의의 '초대박 스토리'는 남다른 의미가 있다. 동북아 질서를 비롯한 국제 정세가 급변하고 있기 때문이다. G2시대의 도래로 세계경제의 주도권 다툼이 본격화하면서 2014년 6월 출범 70주년을 맞은 '브레턴우즈 체제'의 국제금융 패러다임이 급속히 변화하고 있다. 대외환경이 도전적일수록 경제영토의 확장과 해외투자의 확대가 절실하다. 정부와 민간 모두 폭넓은 안목과 글로벌 마인드로 무장해야 나라의 생존과 도약이 가능하다는 사실을 명심할 필요가 있다.

손정의가 보여주듯이 진검승부가 펼쳐지는 G2시대의 글로벌 무대에서 과감한 투자로 정예 산업전사産業戰士와 비즈니스맨을 집중 육성해 기업역량을 최대한 끌어 올려야만 살아남을 수 있다. 정부의 규제혁파와 개혁기조 유지 및 '프랑크푸르트 선언'에 준하는 기업의 과감한 도전정신이 관건이다.

　고금을 막론하고 과감한 변신을 통해 급변하는 시류에 재빨리 올라타지 못하면 이내 몰락하고 만다. 과감한 도전이 관건이다. 그러나 이건희 회장의 와병 이후 삼성의 행보가 보여주듯이 이게 쉽지 않다. 마키아벨리는《군주론》제25장에서 이같이 탄식한 바 있다.

　"예로부터 시대 상황의 변화에 맞춰 스스로를 유연하게 바꿀 줄 아는 지혜로운 자는 거의 없다!"

　도도히 밀려오는 천하대세의 급변 상황을 목도하면서도 기존의 성공 방식을 바꾸는 게 그만큼 어렵다는 얘기다. '선택과 집중'이 필요한 이유다. 아무리 뛰어난 능력을 지닌 자일지라도 여러 개의 목표를 동시에 이룰 수는 없다. 목표를 단일화해 모든 힘을 일거에 쏟아 부어야 하는 이유다. 그게 바로 투기投機이다. 흔히 시세변동을 통한 차익을 얻기 위해 시도하는 매매행위를 뜻하는 용어로 사용되고 있으나 원래는 기회가 왔을 때 큰 성과를 거두기 위해 과감히 내던지는 것을 의미한다. 이른바 '대박'과 '쪽박'의 갈림길이다. 위기상황에서는 이런 '투기'가 필요하다. 먼 앞날을 내다본 소프트뱅크 손정의 회장의 알리바바에 대한 과감한 '투기'가 대표적인 사례에 속한다.

　우리가 맞닥뜨리고 있는 21세기 제4차 산업혁명시대는 국가가 앞장서 총력전 양상의 경제전을 펼치는 살벌한 시대이다. 총만 안 들었을 뿐 과거 제국주의시대와 별반 다를 게 없다. '팍스 시니카'를 꾀하는 중국과 '팍

스 아메리카나'를 지속시키고자 하는 미중이 달러 패권 유지와 위안화 국제화 문제를 놓고 치열한 힘겨루기를 벌이고 있는 현실이 이를 방증한다. 그 한복판에 한반도가 있다.

현재 한반도를 둘러싼 주변 4강국의 갈등은 북한 위기로 인해 최고조로 치닫고 있다. 난세의 전형에 해당한다. 그러나 우리의 의지와 역량에 따라서는 얼마든지 전화위복의 계기로 삼을 수 있다. 말 그대로 '전화위복'의 계기가 되는 것이다.

제4차 산업혁명시대를 슬기롭게 헤쳐 나가기 위해서는 조조의 난세 리더십을 몸으로 터득할 필요가 있다. 그게 미국과 중국의 세계전략에 휘둘리지 않고 독자적인 목소리를 낼 수 있는 유일한 길이기도 하다. 사실 그래야만 한반도 통일을 전제로 한 명실상부한 '동북아 허브시대'의 조기 실현도 가능하다. 조조가 보여준 난세 리더십의 구현이 관건이다. 눈앞으로 다가온 한반도 통일은 결국 이를 얼마나 잘 실현할 수 있는지 여부에 달려 있다고 해도 과언이 아니다.

고금동서를 막론하고 역사는 '승자의 기록'일 수밖에 없다. 승리하면 미화되고, 패하면 폄하되게 마련이다. 정치와 경제의 영역은 동기를 중시하는 도덕윤리 및 종교의 영역과 달리 결과를 중시한다. 국가총력전의 모습을 보이는 경제전에서 패하면 한반도 통일도 요원해진다. 경제전의 일선지휘관에 해당하는 기업 CEO의 분발이 더욱 요구되는 이유다.

《삼국지》 '위서' 무제기,

1. 청년시절(영수永壽 원년 - 중평中平 6년)

태조太祖 무황제武皇帝는 패국沛國 초현譙縣 안휘성 박현 출신이다. 성姓은 조曹, 휘諱는 조조操, 자字는 맹덕孟德이다. 전한 초기 상국相國을 지낸 조참曹參의 후예이다. 조부인 조등曹騰은 한환제漢桓帝 때 중상시中常侍와 대장추大長秋를 지냈고, 비정후費亭侯에 봉해졌다. 조등의 양자로 들어간 조숭曹嵩은 작위를 이어받아 태위太尉의 자리까지 승진했다. 조숭이 어떤 집안 출신인지 그 본말本末을 자세히 알 수 없다. 조숭이 조조를 낳았다.

조조는 어려서부터 눈치가 빠르고 민첩한 기경機警의 인물로, 권모술수인 권수權數가 있었다. 임협任俠의 기질이 있는데다 놀기를 좋아하는 방탕放蕩한 모습을 보였다. 덕행과 학업인 행업行業을 등한히 했다. 세인世人들이 기재奇才로 보지 않은 이유다. 단지 양국梁國 출신 교현橋玄과 남양南陽 출신 하옹何顒만 그를 특이하게 생각했다. 하루는 교현이 조조에게 말했다.

"천하가 장차 혼란에 빠질 터인데 천명을 받고 이 세상에 태어난 인재인 명세지재命世之才가 아니면 난세를 구할 수 없을 것이오. 능히 천하를 안정시킬 일은 군君에게 달려 있소!"

조조는 나이 20세 때 효렴孝廉으로 천거돼 낭郎이 된 후 후한의 도성 낙양洛陽의 북부위北部尉에 임명됐다. 이어 돈구현頓丘縣의 현령縣令으로 승진한 뒤 조정으로 불려가 의랑議郎에 제수됐다.

광화光和 말년에 황건적黃巾賊의 난이 일어나자 기도위騎都尉에 임명돼 영천潁川의 황건적을 토벌했다. 이때 공을 세워 제남상濟南相이 됐다. 당시 제남에는 10여 개의 현縣이 있었다. 장리長吏들 대부분이 귀척貴戚에게 아부阿附했다. 뇌물을 받고 직책을 파는 장오贓污 행위가 낭자狼藉했다.

조조가 상주하여 이들 가운데 8명의 면직을 주청하고, 관청의 허가를 받지 않는 제사행위인 음사淫祀를 금단했다. 그러자 간사하고 사악한 간궤奸宄의 무리가 황망히 달아나는 도찬逃竄을 했다. 덕분에 제남의 군계郡界가 숙연肅然해졌다.

한참 뒤 조정의 부름을 받아 동군태수東郡太守에 임명됐다. 그러나 취임하지 않은 채 병을 핑계로 고향으로 돌아가는 칭질귀향稱疾歸鄉을 했다. 얼마 후 기주자사冀州刺史 왕분王芬과 남양 출신 허유許攸, 패국 출신 주정周旌 등이 호걸들과 연결돼 한영제漢靈帝를 폐위하고 한영제의 동생인 합비후合肥侯를 세우는 방안을 모의한 뒤 이를 조조에게 알렸다. 조조가 제의를 거절했다. 결국 왕분 등의 모의는 실패하고 말았다.

이때 금성金城 출신 변장邊章과 한수韓遂가 자사刺史와 군수郡守를 살해하고 반기叛旗를 들었다. 무리가 1십여만 명이나 돼 천하에 소동騷動이 났다. 조정이 조조를 불러 전군교위典軍校尉로 삼았다. 마침 한영제가 붕어崩御[1]하고 태자인 유변劉辯이 즉위해 소제少帝가 됐다. 하태후何太后가 임조청정臨朝聽政을 한 이유다.

소제의 외숙인 대장군大將軍 하진何進이 원소袁紹와 더불어 전횡을 일삼는 조정의 환관宦官의 주륙誅戮을 꾀했으나 하태후가 동의하지 않았다. 하진이 곧 동탁董卓을 불러들여 하태후를 협박코자 했다. 동탁이 낙양에 도착하기 전에 하진이 오히려 환관들에게 살해됐다.

동탁이 낙양에 이른 뒤 소제 유변을 폐위해 홍농황弘農王으로 삼은 뒤

---

1 붕어崩御는 천자의 죽음을 가리키는 아어雅語이다. 황후와 태후의 죽음도 '붕어' 표현을 썼다. 공경公卿과 제후 등의 죽음은 훙薨 내지 훙거薨去 표현을 사용했다. 백세百歲, 천추千秋, 안가晏駕, 대행大行, 등하登遐, 산릉붕山陵崩 등은 천자와 제후가 공히 사용했다. 대부는 졸卒, 선비는 불록不祿, 서민은 사死로 표현했다. 당나라 이후 표현이 크게 복잡해졌다. 부모의 죽음을 견배見背, 고로孤露, 기양棄養 등으로 표현하고, 일반인의 경우도 망고亡故, 장면長眠, 장서長逝, 과세過世, 고故, 서逝, 종終 등으로 표현했다. 불가 및 도가에서는 열경涅槃, 원적圓寂, 좌화坐化, 우화羽化, 선유僊游, 선서僊逝 등의 표현을 썼다.

진류왕陳留王 유협劉協을 한헌제漢獻帝로 옹립했다. 경도京都인 낙양이 크게 어지러웠다. 동탁이 표문表文을 올려 조조를 효기교위驍騎校尉로 삼고 함께 조정의 일을 논의코자 했다. 조조가 이를 거부한 채 성명을 바꾼 뒤 샛길을 통해 동쪽으로 귀향코자 했다. 관소關所인 호뢰관虎牢關을 빠져나오기는 했으나 중모현中牟縣을 지나다가 정장亭長의 의심을 받아 이내 포획돼 현성縣城으로 끌려가게 됐다.

마을 사람 중에 어떤 사람이 은밀히 조조를 알아보고는 청을 넣어 풀어주게 했다. 이때 마침 동탁이 하태후와 홍농왕 유변을 살해했다. 조조가 진류현에 이른 뒤 가재家財를 처분해 의병義兵을 모으며 통탁 토벌을 준비했다.

겨울 12월, 기오己吾 땅에서 기병起兵했다. 그때가 한헌제 중평中平 6년(189)이었다.

2-1 장년시절(초평初平 원년-흥평興平 2년)

초평初平 원년(190) 봄 정월, 후장군後將軍 원술袁術과 기주목冀州牧 한복韓馥, 예주자사豫州刺史 공주孔伷, 연주자사兗州刺史 유대劉岱, 하내태수河內太守 왕광王匡, 발해태수勃海太守 원소袁紹, 진류태수陳留太守 장막張邈, 동군태수東郡太守 교모橋瑁, 산양태수山陽太守 원유袁遺, 제북국濟北國 재상 포신鮑信 등이 동시에 기병했다. 무리의 숫자가 각각 수만 명씩 됐다. 원소를 맹주盟主로 추대했다. 조조는 분무대장奮武將軍의 직무를 행했다.

2월, 동탁이 원소 등의 거병 소식을 듣고는 이내 한헌제 유협劉協을 협박해 장안으로 천도했다. 그는 낙양에 그대로 남아 있다가 마침내 한나라 궁실을 불태웠다. 원소는 하내河內, 장막과 유대와 교모 및 원유는 산조酸棗, 원술은 남양南陽, 공주는 영천潁川, 한복은 업성鄴城에 주둔했다.

동탁의 군사가 강한 까닭에 원소 등은 감히 먼저 진격하려고 하지 않았다. 조조가 말했다.

"의병을 일으킨 뒤 폭란暴亂을 일으킨 자를 주벌誅伐코자 대군이 이미 모였는데 제군諸君은 무엇을 의심하는 것이오? 만일 동탁은 산동山東에서 거병했다는 소식을 들으면 왕실의 권위에 의지하면서 2주二周의 낙양 일대 험조險阻를 근거지로 삼고 동쪽으로 출격해 천하에 임하려 들 경우, 설령 도의에 어긋날지라도 그리할 것이오. 장차 나라의 큰 우환이 될 것이오. 지금 그는 궁실을 불사르고 황제를 겁박劫迫해 도성을 장안으로 옮겼소. 해내海內가 진동震動해 백성들은 어디에 의지해야 할지 모르고 있소. 이는 하늘이 그를 패망케 하려는 것이오. 이번에 단 한 번의 싸움으로 천하를 평정할 수 있소. 이 좋은 기회를 놓칠 수는 없소."

그러고는 마침내 홀로 군사를 이끌고 서쪽으로 진격해 성고成皐를 점령코자 했다. 장막만이 장군 위자衛玆에게 병사를 나눠준 뒤 조조를 따르도록 했다. 이들은 형양滎陽의 변수汴水에 이르러 동탁의 휘하 장수 서영徐榮을 만나 교전했으나 이내 전세가 불리하게 됐다. 매우 많은 병사가 사상死傷했다. 조조 또한 유시流矢에 맞았고, 타던 말도 부상을 입었다. 종제從弟 조홍曹洪이 자신의 말을 조조에게 내준 덕분에 밤중에 몰래 사지에서 빠져나올 수 있었다. 서영은 조조가 이끄는 병사가 많지도 않은데 종일토록 역전力戰하는 것을 보고는 '산조를 쉽게 공략할 수 없다.'고 말하고는 이내 병사들을 이끌고 돌아갔다.

조조가 산조로 돌아왔을 때 여러 군웅이 이끌고 온 10여만 명의 군사들은 매일 술상을 마련해 성대한 연회를 베푸는 치주고회置酒高會를 개최한 뒤 전진하여 적진을 취하는 진취進取를 전혀 꾀하지 않았다. 조조가 그들을 책양責讓하면서 이런 계책을 제시했다.

"제군諸君은 나의 계책을 잘 들어보시오. 발해태후 원소는 하내의 군사를 이끌고 먼저 맹진孟津으로 가고, 산조의 제장諸將들은 성고成皐를 지키는 한편 군량창고인 오창敖倉을 점거한 뒤 환원轘轅과 태곡太谷의 두 길을 봉쇄해 요충지를 모두 제압토록 하시오. 원술 장군은 남양의 군사를 이끌고 단현丹縣과 석현析縣으로 진군하다가 무관武關으로 들어가 장안 주변의 삼보三輔를 위협하시오. 각 군 모두 성벽과 보루를 높고 깊게 쌓는 고루심벽高壘深壁을 하되 적과 싸우지는 마시오. 의병疑兵을 늘려가면서 천하의 형세를 보여주고, 천명을 좇아 역적을 토벌하는 이순주역以順誅逆을 하면 천하는 속히 평정될 것이오. 지금 각 군이 의義를 내세워 거병하는 의동義動을 했는데도 의심을 품고 진격하지 않으면 천하의 여망輿望을 저버리는 게 되오. 나는 내심 제군들을 위해 이를 부끄럽게 여기오!"

장막 등은 조조의 계책을 받아들일 수 없었다. 조조는 병력이 적은 까닭에 하후돈夏侯惇 등과 함께 양주揚州까지 가서 모병했다. 양주자사 진온陳溫, 단양태수丹楊太守 주흔周昕이 그에게 4천여 명의 군사를 내줬다. 돌아오는 길에 용항현龍亢縣에 이르렀을 때 많은 병사들이 반기를 들었다. 질銍과 건평建平에 이르렀을 때 다시 1천여 명의 병사를 수습해 하내에 주둔했다.

이때 연주자사 유대와 동군태수 교모가 서로를 증오했다. 마침내 유대가 교모를 죽인 뒤 부장副將 왕굉王肱으로 하여금 동군태수를 겸하게 했다. 원소와 한복은 유주목幽州牧 유우劉虞를 새 황제로 옹립코자 했다. 조조가 이를 거절했다. 원소가 일찍이 옥새를 얻은 적이 있었다. 조조가 앉아 있는 자리에서 그의 팔꿈치를 향해 옥새를 들어올렸다. 조조가 이를 보고 겉으로는 웃었으나 내심 그런 행각을 증오하게 됐다.

초평 2년(191) 봄, 원소와 한복이 유주목 유우를 황제로 옹립코자 했다. 유우가 끝내 감히 받아들이지 않았다.

여름 4월, 동탁이 장안으로 돌아왔다.

가을 7월, 원소가 한복을 위협해 기주冀州를 빼앗았다.

흑산적黑山賊의 우독于毒과 백요白繞, 휴고眭固等 등 1십여만 명이 위군魏郡과 동군東郡을 공략했다. 동군태수 왕굉이 이를 막지 못했다. 조조가 군사를 이끌고 동군으로 들어가 복양濮陽에서 백요를 격파했다. 원소가 표문을 올려 조조로 하여금 동군태수가 되어 동무양東武陽을 다스리게 했다.

초평 3년(192) 봄, 조조가 돈구頓丘에 주둔했다. 우독 등이 동무양을 쳤다. 조조가 병사를 이끌고 서쪽으로 진격해 흑산으로 들어가 우독 등의 본둔本屯을 치려고 했다. 우독이 그 소식을 듣고는 동무양을 버리고 돌아갔다. 조조가 휴고를 기다렸다가 쳤다. 또 흉노匈奴의 추장 어부라於夫羅를 내황內黃에서 공격해 대파했다.

여름 4월, 사도司徒 왕윤王允이 여포呂布와 공모해 동탁을 살해했다. 동탁의 휘하 장군 이각李催과 곽사 등이 왕윤을 죽이고 여포를 공격했다. 여포가 패해 동쪽으로 달아나 무관을 빠져 나왔다. 이각 등이 조정을 멋대로 휘둘렀다.

청주靑州의 황건적 1백만 명이 연주兗州로 침입해 임성상任城相 정수鄭遂를 죽이고, 방향을 바꿔 동평東平을 침입했다. 연주자사 유대가 이들을 치려고 하자 제북국 재상 포신鮑信이 간했다.

"지금 도적의 무리가 1백만 명이고, 백성들 모두 두려워 떨고 있고, 병사들은 투지鬪志가 없으니 저들을 대적할 수 없습니다. 도적의 무리를 보면 남녀노소가 마구 뒤섞여 있고, 치중輜重이 없는 까닭에 오로지 사방에서 약탈하는 초략鈔略에 의지해 군자軍資로 삼고 있습니다. 지금은 병사들의 힘을 비축해 먼저 성을 굳건히 지키는 고수固守를 하느니만 못합니다. 저들은 싸우고 싶어도 싸우지 못하고, 공격하고 싶어도 할 수 없으니 그 세勢가 반드시 이산離散하게 되어 있습니다. 연후에 정예군을 선발한 뒤 요해처要害處를 점거해 공격하면 가히 격파할 수 있습니다."

유대가 듣지 않고, 마침내 황건적과 싸우다 결국 살해당했다. 포신이 주리州吏 만잠萬潛 등과 함께 동군으로 가 조조를 영접한 뒤 연주자사의 자리를 떠맡을 것을 청했다. 조조가 마침내 수장壽張 동쪽으로 진격해 황건적을 쳤다. 포신이 전력을 다해 싸우다 죽으면서 간신히 무찌를 수 있었다. 포신의 시신에 상금을 내걸고 찾았지만 결국 찾지 못했다. 사람들이 나무로 포신의 형상을 만들어 제사를 지내고 곡을 했다. 황건적을 추격해 제북국濟北國까지 쫓아가자 황건적이 항복을 청하는 걸항乞降을 했다.

겨울, 조조가 투항한 황건적 30여만 명과 남녀 1백여만 명을 받아들였다. 이들 가운데 정예한 자들만 거둔 뒤 '청주병靑州兵'이라고 불렀다.

원술과 원소 사이에 틈이 생겼다. 원술이 공손찬公孫瓚에게 구원을 청했다. 공손찬이 유비劉備를 고당高唐, 단경單經을 평원平原, 도겸陶謙을 발간發干에 주둔하며 원소를 압박케 했다. 조조가 원소와 힘을 합쳐 이들을 격파했다.

초평 4년(193) 봄, 조조가 견성鄄城에 주둔했다. 형주목荊州牧 유표劉表가 원술의 식량보급로인 양도糧道를 끊자 원술이 군사를 이끌고 진류陳留로 들어가 봉구封丘에 주둔했다. 흑산에 남아 있던 황건적과 흉노 추장 어부라 등이 그를 도왔다. 원술이 장군 유상劉詳을 광정匡亭에 주둔시켰다.

조조가 유상을 치자 원술이 구원에 나서며 싸움이 벌어졌다. 조조가 원술을 대파했다. 원술이 퇴각해 봉구를 지키자 조조가 포위했다. 원술이 포위망이 모두 구축되기 전에 양읍襄邑으로 달아났다. 조조의 군사가 태수太壽까지 추격했다. 강둑을 무너뜨려 성 안으로 물을 흘려보냈다. 원술이 영릉寧陵으로 달아났다. 조조가 계속 추격하자 다시 구강九江으로 도주했다.

여름, 조조가 군사를 돌려 정도定陶에 진을 쳤다. 하비下邳 출신 궐선闕宣이 수천 명의 군사를 모은 뒤 스스로 천자天子를 칭했다. 서주목徐州牧 도겸이 궐선과 손을 잡고 함께 거병해 태산군泰山郡의 화현華縣과 비현費縣을 빼앗고 임성任城을 공략했다.

가을, 조조가 도겸을 정벌하고 10여 개의 성을 함락시켰다. 도겸이 성을 굳게 지키며 감히 싸우러 나오지 못했다. 이해에 손책孫策이 원술의 지시를 받고 장강長江을 건넜다. 이후 수년 내에 마침내 강동江東을 보유케 됐다.

흥평興平 원년(194) 봄, 조조가 서주徐州에서 돌아왔다. 당초 조조의 부친 조숭曹嵩이 관직을 버리고 초현譙縣으로 돌아왔을 때 동탁의 난이 일어나자 이내 낭야琅邪로 피난을 갔다가 도겸에게 살해당했다. 조조가 내심 동쪽을 정벌해 복수코자 했다.

여름, 조조가 순욱荀彧과 정욱程昱에게 견성鄄城을 지키게 한 뒤 다시 도겸 정벌에 나섰다. 5개 성을 함락시키고, 주변 땅을 공략해 동해군東海郡에 이르렀다. 돌아오는 도중 담현郯縣을 지날 때 도겸의 부장 조표曹豹가 유비와 함께 담현 동쪽에 주둔하며 조조를 요격邀擊[2]했다. 조조가 이들을 격파한 뒤 양분현襄賁縣을 공격해 빼앗았다. 그의 군사가 지나간 곳이 크게 파괴되고 사람들이 학살되는 잔륙殘戮 현상이 빚어졌다.

---

2 '조조를 요격邀擊했다.'의 원문은 요조조要太祖이다. 여기의 요要는 고대에 공격을 가해 적의 허리를 끊는다는 뜻의 요邀와 통했다.

마침 장막이 진궁陳宮과 함께 조조에게 반기를 든 뒤 여포呂布를 맞아들였다. 많은 군현郡縣이 호응했다. 순욱과 정욱이 견성을 보위하고, 범현范縣과 동아현東阿縣 2개 현을 고수固守했다. 그 사이 조조가 군사를 이끌고 돌아왔다. 여포가 도착해 견성을 쳤지만 함락시키지 못하고 서쪽 복양濮陽에 주둔했다. 조조가 말했다.

"여포는 하루아침에 한 주州를 얻었다. 동평東平을 근거로 항부亢父와 태산泰山의 길을 끊고, 험요지險要地를 이용해 우리를 공격치 못하고, 오히려 복양에 주둔하고 있다. 나는 그가 무능하다는 걸 알 수 있다."

마침내 진군해 공격했다. 여포가 군대를 보내 싸웠다. 먼저 기병들로 하여금 청주병을 치게 했다. 청주병이 달아나자 조조의 진영이 어지러워졌다. 조조가 급히 말을 달려 불길을 빠져나오다가 말에서 떨어져 왼쪽 손바닥에 화상을 입었다.

사마司馬 누이樓異가 조조를 부축해 말 위에 오르게 한 뒤 사지를 빠져나왔다. 군영에 돌아오기 전에 조조가 보이지 않자 제장들이 모두 두려워했다. 조조가 군영에 도착해 애써 장수들을 위로하고, 군중軍中에 명을 내려 공성용攻城用 무기를 속히 만들게 했다. 이어 다시 군사를 이끌고 가서 여포를 쳤다. 100여 일 동안 서로 대치했다. 메뚜기인 황충蝗蟲의 기습으로 백성들이 크게 굶주렸다. 여포도 양식이 떨어져 각자 군사를 이끌고 돌아갔다.

가을 9월, 조조가 견성으로 돌아왔다. 여포가 승씨현乘氏縣에 도착했으나 그곳 출신인 이진李進에게 공격을 받아 패한 뒤 동쪽 산양山陽에 주둔했다. 원소가 조조에게 사람을 보내 연합 필요성을 설득했다. 조조가 막 연주兗州를 잃고 군량도 다 떨어진 까닭에 이를 허락코자 했다. 정욱이 저지하기 위해 간하자 조조가 이를 좇았다.

겨울 10월, 조조가 동아현東阿縣으로 돌아왔다. 이해에 곡식 1곡斛이 50여만 전錢에 달했다. 사람이 사람을 잡아먹는 인상식人相食의 상황이 빚어졌다. 조조가 군리軍吏와 병사들 가운데 새로 소집한 자들을 해산시켰다. 도겸이 죽자 유비가 그를 대신했다.

흥평 2년(195) 봄, 조조가 정도定陶를 습격했다. 제음태수濟陰太守 오자吳資가 정도의 남성南城을 지킨 까닭에 함락시키지 못했다. 마침 여포가 도착하자 조조가 다시 그를 격파했다.

여름, 여포의 부장 설란薛蘭과 이봉李封이 거야鉅野에 주둔하자 조조가 이들을 공격했다. 여포가 설란을 구하려다가 설란이 패하자 이내 달아났다. 마침내 설란 등의 목을 베었다. 여포가 다시 동민東緡에서 진궁陳宮과 함께 1만여 명의 군사를 이끌고 싸우러 왔다. 당시 조조는 병력이 적었던 까닭에 매복을 시킨 뒤 기병奇兵을 뛰쳐나가게 하는 기습전술[3]로 적을 대파했다. 여포가 야음을 틈타 달아나자 조조가 다시 공격해 정도를 공략한 뒤 군사를 나눠 여러 현을 평정했다.

여포가 동쪽으로 유비에게 달아났다. 장막이 여포를 좇아가면서 동생 장초張超에게 명해 가속家屬을 이끌고 옹구雍丘를 지키게 했다.

가을 8월, 조조가 옹구를 포위했다.

겨울 10월, 한헌제 유협이 조조를 연주목兗州牧에 제수했다.

12월, 옹구가 무너지자 장초가 자살했다. 조조가 장초의 일족에게 3족을 남김없이 말살하는 이족夷族을 행했다. 장막이 원술이 있는 곳으로 가서 구원을 청하려 했으나 부하에게 살해됐다. 연주 평정 후 조조가 동쪽으로 진격해 진국陳國의 땅을 빼앗았다. 이해에 장안에서 난이 빚어지자

---

3 '기병奇兵을 뛰쳐나가게 하는 기습전술로'의 원문은 종기병縱奇兵이다. 여기의 종縱은 문득 위로 뛰어오르거나 앞으로 뛰쳐나가는 것을 말한다. 기병奇兵은 정병正兵과 정반대로 적이 예상치 못하는 때와 장소를 택해 매복 등의 방법으로 기습을 가하는 비대칭 전술을 의미한다.

한헌제 유협이 동쪽 낙양으로 천도코자 했다. 한헌제를 호송하던 부대가 이각과 곽사의 군사에게 조양曹陽에서 패했다. 급히 황하를 건너 안읍현 安邑縣에 도착했다.

2-2 장년시절(건안建安 원년 - 건안 5년)

건안建安 원년(196) 봄 정월, 조조의 군사가 무평현武平縣에 이르자 원술이 임명한 진국陳國의 재상 원사袁嗣가 항복했다. 조조가 천자를 영접하려고 하자 제장諸將들이 의심했다. 순욱과 정욱이 권하자 조조가 조홍 曹洪에게 명해 병사를 이끌고 서쪽으로 가 천자를 영접케 했다. 위장군衛 將軍 동승董承과 원술의 부장 장노萇奴가 험요지를 막고 있었던 까닭에 조홍이 앞으로 나아가지 못했다.

여남汝南과 영천潁川에 본거지를 둔 황건적 잔당인 하의何儀와 유벽劉 辟, 황소黃邵, 하만何曼 등이 각각 수만 명의 군사를 이끌고 있었다. 당초 이들은 원술을 따르면서 또 손견을 가까이 했다.

2월, 조조가 군사를 보내 이들을 토파討破하며 유벽과 황소 등을 참수하자 하의와 그의 무리가 모두 항복했다. 한헌제 유협이 조조를 건덕장군 建德將軍에 제수했다.

여름 6월, 조조가 진동장군鎭東將軍으로 승진하고 비정후費亭侯에 봉해졌다.

가을 7월, 양봉楊奉과 한섬韓暹이 한헌제를 모시고 낙양으로 돌아갔다. 양봉이 따로 군사를 이끌고 양국梁國에 주둔했다. 조조가 마침내 낙양으로 돌아와 경도를 호위하자 양섬이 슬그머니 달아나는 둔주遁走를 했다.

한헌제가 조조에게 황제의 군사지휘권을 상징하는 가절월假節鉞[4]을 내리고 행정을 책임지는 녹상서사錄尙書事에 임명했다. 낙양이 잔파殘破한 까닭에 동소 등은 조조에게 허현許縣으로 천도할 것을 권했다.

9월, 한헌제의 거가車駕가 험조한 환원산轘轅山의 관문을 빠져나와 동쪽 허현으로 갔다. 허현을 새로운 도성인 허도許都로 삼은 한헌제가 조조를 대장군大將軍으로 삼고 무평후武平侯에 봉했다. 당초 한헌제가 동탁의 핍박으로 인해 서쪽 장안으로 천도한 뒤 조정은 날로 어지러웠으나 이때에 이르러 종묘사직의 제도가 다시 서게 됐다. 한헌제가 동쪽으로 향할 때 양봉이 양국에서 출병해 거가를 저지코자 했으나 미치지 못했다.

10월, 조조가 양봉을 정벌하러 가자 양봉이 남쪽 원술에게 달아났다. 마침내 양국의 주둔지를 공격해 함락시켰다. 조정에서 원소를 태위太尉에 임명했으나 원소는 사실상 대장군 조조의 밑에 놓이는 것을 치욕스럽게 생각해 받아들이지 않았다. 조조가 한사코 사양해 대장군 자리를 원소에게 양보했다. 한헌제 유협이 조조를 사공司空으로 임명한 뒤 거기장군車騎將軍을 대행케 했다.

이해에 조지棗祗와 한호韓浩 등의 건의를 받아들여 처음으로 둔전제屯田制를 실시했다.

여포가 유비를 습격해 하비성을 손에 넣자 유비가 조조에게 도망쳐 왔다. 정욱이 조조에게 말했다.

"제가 보건대 유비는 웅재雄才를 지녔고 중심衆心을 크게 얻었습니다.

---

4 가절월假節鉞의 절節은 황제의 신분을 대표하는 신표信標로 주로 사자使者들이 들고 다녔다. 한나라 초기에는 8척尺의 죽간竹竿에 깃털이나 쇠꼬리를 달았고, 후기에는 죽간 대신 쇠로 만든 것을 사용했다. 월鉞은 황제의 통수권을 상징하는 황금으로 장식한 의장용 도끼이다. 한나라 때는 가절假節과 지절持節, 사지절使持節, 가절월假節鉞 모두 명칭의 차이만 있을 뿐 권한에 아무런 차이가 없었다. 서진西晉 이후 권한이 구별됐다. '가절'은 전시에 군령을 어긴 자만을 죽일 수 있다. '지절'은 평시에는 관직이 없는 자만을 죽일 수 있으나 전시에는 사지절과 권한이 같았다. '사지절'은 전시는 물론 평시에도 2천석 이하의 관원을 죽일 수 있었다. '가절월'은 평시와 전시를 막론하고 가절과 지절 및 사지절까지 죽일 수 있는 막강한 권한을 지녔다. 가황월假黃鉞로 불리기도 했다. 여기의 '가假'는 임시로 황제의 권한을 행사한다는 의미로 사용된 것이다.

끝까지 다른 사람 밑에 있을 인물이 아닙니다. 일찍 도모하느니만 못합니다."

조조가 말했다.

"바야흐로 지금인 방금方今은 영웅을 거둘 때이다. 한 사람을 죽여 천하지심天下之心을 잃는 것은 불가하다."

장제張濟는 장안이 있는 함곡관 서쪽의 관중關中에서 남양南陽으로 달아났다. 장제가 죽자 조카인 장수張繡가 그의 군사를 이끌었다.

건안 2년(197) 봄 정월, 조조가 남양의 완현宛縣으로 갔다. 장수가 항복한 뒤 이내 후회하고 다시 반기를 들었다. 조조가 전투를 벌이다가 패해 유시流矢에 맞았다. 장남 조앙曹昂과 조카 조안민曹安民이 해를 당했다. 조조가 병사들을 무음舞陰으로 퇴각시켰다. 장수가 기병騎兵을 이끌고 공격해 왔다. 조조가 이들을 맞이해 물리쳤다. 장수가 양현穰縣으로 달아나 유표劉表와 연합하자 조조가 제장들에게 말했다.

"우리가 장수 등을 항복시켰지만 인질을 잡아두지 않는 실수를 범한 탓에 이 지경에 이르게 됐소. 나는 패한 원인을 알고 있소. 제경諸卿들도 이를 보았으니 이후 다시는 패하지 않을 것이오."

그러고는 마침내 허도許都로 돌아갔다.

원술이 회남淮南에서 칭제稱帝할 생각으로 여포에게 사자를 보내 이를 알렸다. 여포가 그 사자를 붙잡아 놓은 뒤 원소가 보낸 서신을 조정에 보고했다. 원술이 대로해 여포를 쳤으나 여포에게 패했다.

가을 9월, 원술이 진국陳國을 침공했다. 조조가 그를 정벌키 위해 동쪽으로 갔다. 원술이 군사를 버리고 달아나면서 부장 교유橋蕤와 이풍李豐, 양강梁綱, 악취樂就 등에게 명해 진국에 남아 지키게 했다. 조조가 진국에 이르러 교유 등을 격파한 뒤 목을 베었다. 원술이 회수를 건너 달아나자 조조가 허도로 돌아왔다.

조조가 무음舞陰에서 돌아왔을 때 남양군南陽郡 산하에 있는 장릉현章陵縣 등의 제현諸縣이 다시 반기를 들어 장수張繡와 합류했다. 조조가 조홍을 보내 이들을 치게 했으나 전세가 불리했다. 조홍이 군사를 거둬 섭현葉縣에 주둔했다. 장수와 유표의 연합군에게 몇 차례 공격을 당했다.

겨울 11월, 조조가 직접 남쪽부터 차례로 정벌하며 남양군의 치소治所가 있는 완현에 이르렀다. 유표의 부장 등제鄧濟가 호양현湖陽縣을 근거지로 삼았다. 조조가 공격을 가해 함락시킨 뒤 등제를 생포했다. 호양현이 항복했다. 이어 무음현도 공략해 함락시켰다.

건안 3년(198) 봄 정월, 조조가 허도로 돌아와 처음으로 군사제주軍師祭酒 직제를 설치했다.

3월, 조조가 장수를 양현穰縣에서 포위했다.

여름 5월, 유표가 병사를 파견해 장수를 구원하고, 조조 군사의 퇴로를 막았다. 조조가 병사들을 이끌고 돌아가려 하자 장수의 군사가 추격해 왔다. 계속 나아갈 수 없어 진영을 연결시켜 조금씩 나아갔다. 조조가 순욱에게 서신을 보내 말했다.

"도적이 우리를 추격하고 있다. 하루에 몇 리밖에 행군할 수 없으나 내가 헤아리건대 안중安衆에 도착하면 반드시 장수를 격파할 수 있을 것이오."

안중에 도착하자 장수가 이미 유표의 군사와 합세해 험조한 요해처를 수비하고 있었다. 결국 앞뒤로 적을 맞이하게 됐다. 조조가 이내 야음을 이용해 요해처에 땅굴을 파 지하도를 만들고, 치중輜重을 모두 운반한 뒤 기병奇兵을 매복시켰다. 날이 밝자 도적들은 조조가 이미 달아난 것으로 생각해 군사를 모두 풀어 추격에 나섰다. 조조가 매복해 두었던 기병을 비롯해 보병步兵과 기병騎兵인 보기步騎를 모두 풀어 협공을 가했다. 장수의 군사를 대파했다.

가을 7월, 조조가 허도로 돌아왔다. 순욱이 조조에게 물었다.

"앞서 도적을 반드시 격파할 수 있다고 미리 헤아린 것은 무엇 때문입니까?"

조조가 대답했다.

"도적들은 우리의 귀사歸師를 막은 채 사지死地에 몰아넣고 싸웠소. 내가 이긴다는 걸 알게 된 이유요."

여포는 다시 원술을 도와 고순高順에게 명해 유비를 치게 했다. 조조가 하후돈夏侯惇을 보내 유비를 구하고자 했다. 형세가 불리해져 유비가 패하고 말았다.

9월, 조조가 여포를 토벌키 위해 동쪽으로 갔다.

겨울 10월, 팽성彭城을 도륙하고, 재상 후해侯諧를 포획했다. 하비下邳까지 진격하자 여포가 직접 기병을 이끌고 나와 역습했다. 조조가 여포의 군사를 대파하고 효장驍將 성렴成廉을 포획했다. 하비성 아래까지 추격하자 여포가 두려워하며 항복코자 했다. 진궁 등이 이를 저지하면서 원술에게 구원을 청하는 한편 성을 나가 싸우는 출전出戰을 권했다. 여포가 싸워다시 패하자 이내 성 안으로 들어가 굳게 지켰다. 조조가 공격을 가하고도 함락시키지 못한 이유다.

당시 조조는 병사들이 연전連戰으로 인해 크게 지쳐 있는 것을 보고 환군還軍코자 했다. 그러다가 순유荀攸와 곽가郭嘉의 계책을 받아들여 마침내 사수泗水와 기수沂水의 둑을 무너뜨려 성 안으로 물을 흘려보냈다. 한달 남짓 후 여포의 부장 송헌宋憲과 위속魏續 등이 진궁을 사로잡고 성을 바치며 투항했다. 조조가 여포와 진궁을 생포한 뒤 모두 죽였다.

태산을 근거지로 삼은 도적의 무리인 장패臧霸와 손관孫觀, 오돈吳敦, 윤례尹禮, 창희昌豨 등이 각각 무리를 모았다. 여포가 유비를 쳤을 때 장패 등은 모두 여포에게 귀속됐다. 여포가 싸움에서 패하자 조조가 장패 등을 포로로 잡았다. 이내 관대하게 대우하며 받아들인 뒤 청주靑州와 서주徐州의 해안 지대를 나눠 맡겼다. 이어 낭야군琅邪郡과 동해군東海郡 및 북해군北海郡의 일부를 떼어내 성양군城陽郡과 이성군利城郡 및 창려군昌慮郡을 만들었다.

당초 조조는 연주자사로 있을 때 동평東平 출신 필심畢諶을 별가別駕로 삼은 적이 있다. 장막이 반기를 든 뒤 필심의 어머니와 동생 및 처자를 겁박해 필심을 부르게 했다. 조조가 필심을 떠나보내며 말했다.

"경卿의 노모가 저쪽에 있으나 가도록 하시오."

필심이 머리를 조아리며 절하는 돈수頓首를 한 뒤 이심二心이 없음을 드러냈다. 조조가 이를 가상히 여기며 그를 위해 눈물을 흘렸다. 필심이 자리에서 물러나온 뒤 마침내 장막에게 망명해 갔다. 여포가 패했을 때 필심도 생포됐다. 사람들 모두 필심을 걱정했다. 조조가 말했다.

"무릇 부모에게 효도하는 자가 어찌 군주에게 불충하겠는가? 바로 내가 찾는 사람이다."

그러고는 노국魯國의 재상으로 삼았다.

건안 4년(199) 봄 2월, 조조가 창읍昌邑에 이르렀다. 장양張楊의 부장 양추楊醜가 장양을 죽이자, 휴고가 또 양추를 죽인 뒤 그 무리를 이끌고 원소 밑으로 들어가 사견射犬에 주둔했다.

여름 4월, 조조가 황하까지 진군했다. 사환史渙과 조인曹仁에게 명해 황하를 건너 휴고를 치게 했다. 휴고가 장양의 옛 장사長史였던 설홍薛洪과 하내태수河內太守 무상繆尙으로 하여금 남아서 지키게 한 뒤 군사를 이끌고 북쪽으로 가 원소를 맞이하며 구원을 청했다. 이때 사환 및 조인과 견성犬城에서 만나 교전케 됐다. 사환과 조인이 휴고를 대파한 뒤 목을 베었다.

조조가 황하를 건너 사견을 포위했다. 설홍과 무상이 군사를 이끌고 투항했다. 조조가 이들을 열후에 봉한 뒤 오창敖倉으로 환군했다. 이어 위충魏种을 하내태수로 임명해 황하 이북의 일을 맡겼다.

당초 조조는 위충을 효렴으로 천거한 적이 있다. 연주에서 반란이 일어났을 때 조조가 말했다.

"위충만은 나를 모반하지 않을 것이다."

이후 위충이 달아났다는 소식을 듣고는 노해 말했다.

"위충이 남쪽 월지越地나 북쪽 호지胡地로 달아나지 않는 한 너를 그대로 방치하지는 않을 것이다!"

사견을 공략한 뒤 위충을 생포한 조조가 말했다.

"오직 그의 재주를 살 뿐이다."

그러고는 포박을 풀어주고 기용했다.

당시 원소는 공손찬을 제압한 덕분에 황하 이북의 청주와 기주와 유주 및 병주 등의 4주四州에서 모병한 수십만 명의 군사를 이끌고 허도를 치려고 했다. 제장들이 이들을 대적할 수 없을 것으로 생각하자 조조가 말했다.

"나는 원소라는 위인을 잘 알고 있소. 그는 뜻만 크고 지혜는 부족한 지대지소志大智小와 겉으로 엄하나 속으로 담이 작은 색려담박色厲膽薄, 현능한 자를 시기하며 꺾으려 들고 위망威望이 적은 기극소위忌克少威의 인물이오. 비록 병사는 많지만 장수들의 역할분담이 명확치 않고, 장수들 또한 교만하여 정령政令이 일치하지 않고 있소. 비록 토지가 넓고 양식이 풍부하다고는 하나 내게는 마침 우리를 위해 차려놓은 제물쯤으로 여겨지오."

가을 8월, 조조가 여양黎陽으로 진군했다. 장패臧霸 등에게 명해 청주로 들어가 제국齊國과 북해北海 및 동안東安을 공격케 하고, 우금于禁으로 하여금 황하 가에 주둔케 했다.

9월, 조조가 허도로 돌아오면서 군사를 나눠 관도官渡를 지키게 했다.

11월, 장수가 무리를 이끌고 와서 투항했다. 그를 열후에 봉했다.

12월, 조조가 관도에 진을 쳤다.

원술은 진국陳國에서 패한 후 그 세력이 점차 곤궁해졌다. 원소의 아들 원담袁譚이 청주에서 사람을 보내 원술을 맞이하게 했다. 원술이 이를 받아들여 하비에서 북쪽으로 가려고 했으나 조조가 유비와 주령朱靈을 보내 요격케 했다. 마침 원술이 병사했다. 정욱과 곽가는 유비를 출전시켰다는 얘기를 듣고 조조에게 말했다.

"유비는 자유롭게 놓아둬서는 안 됩니다."

조조가 후회하며 뒤를 추적케 했으나 미치지 못했다. 유비가 동쪽으로 떠나기 전 동승 등과 함께 은밀히 반란을 꾀하는 모반謀反을 했다. 그는 하비에 이르러 서주자사徐州刺史 차주車胄를 살해한 뒤 거병해 패현沛縣에 진을 쳤다. 조조가 유대劉岱와 왕충王忠을 보내 유비를 치게 했으나 이기지 못했다. 이때 여강태수廬江太守 유훈劉勳이 무리를 이끌고 투항하자 조조가 그를 열후에 봉했다.

건안 5년(200) 봄 정월, 동승 등의 모반 사실이 누설돼 연루자 모두 죄를 자백하고 형벌을 순순히 받아 죽는 복주伏誅를 당했다. 조조가 친히 동정東征에 나서 유비를 치려고 하자 제장들이 말했다.

"공과 천하를 다투는 자는 원소입니다. 지금 그는 바야흐로 쳐들어오려고 하고 있습니다. 이를 버려둔 채 동쪽으로 갔다가 그가 뒤에서 퇴로를 차단하면 어찌하려는 것입니까?"

조조가 말했다.

"무릇 유비는 인걸人傑이오. 지금 공격하지 않으면 반드시 훗날 근심이 될 것이오. 원소는 비록 대지大志를 품고 있으나 형세 판단이 늦어 틀림없이 움직이지 않을 것이오."

곽가 역시 조조의 견해를 지지했다. 마침내 동쪽으로 진격해 유비를 무찌르고 부장 하후박夏侯博을 생포했다. 유비가 원소에게 달아나자 그의 처자를 포로로 잡았다. 유비의 부장 관우關羽가 하비에 주둔해 있었다. 조조가 다시 진공하자 관우가 투항했다. 창희昌豨가 일찍이 반기를 들어 유비를 도운 적이 있었다. 조조가 창희도 공파攻破했다. 조조의 군사가 관도로 돌아올 때까지 원소는 과연 출전하지 않았다.

2월, 원소가 부장 곽도郭圖와 순우경淳于瓊 및 안량顔良을 파견해 백마白馬에 있는 동군태수 유연劉延을 치게 했다. 자신은 군사를 이끌고 여양黎陽으로 가 황하를 건너고자 했다.

4월, 조조가 북쪽으로 가서 유연을 구했다. 순유가 조조에게 말했다.

"지금 우리는 병사가 적어 곧바로 원소를 대적할 수는 없지만 적의 병력을 분산시키면 이길 수 있습니다. 공이 연진延津에 이른 뒤 병사들이 물을 건너 그 뒤를 향하는 모습을 보이면 원소는 반드시 병사들을 서쪽으로 나눠 보내 응전코자 할 것입니다. 연후에 가볍게 무장한 경병輕兵을 보내 백마白馬로 쳐들어가 저들이 준비하지 않은 틈을 엄살하는 엄기불비掩其不備를 행하면 가히 적장 안량顔良을 사로잡을 수 있습니다."

조조가 이를 좇았다. 원소는 조조의 군사가 물을 건너려 한다는 얘기를 듣고는 즉시 병사를 서쪽으로 나눠보내 응전코자 했다. 조조가 군사를 이끌고 하루에 이틀거리를 달리는 식으로 겸행兼行해 백마白馬로 내달렸다. 백마로부터 10여 리도 채 떨어지지 않은 곳에 있던 안량이 대경大驚해 급히 맞서 싸웠다. 조조가 장료張遼와 관우를 선봉으로 삼아 원소의 군사를 격파하고 안량의 목을 베었다. 마침내 백마의 포위가 풀리자 많은 백성이 황하 서쪽을 따라 서쪽으로 옮겼다.

원소가 황하를 건너 조조의 군사를 뒤쫓아 연진 남쪽까지 왔다. 조조가 병사들로 하여금 연진의 남쪽 언덕 아래에 영채를 차린 뒤 영루 위로 올라가 원소의 군사를 살피게 했다. 병사가 말했다.

"대략 500~600명의 기병이 있습니다."

잠시 후 다시 보고했다.

"기병의 수가 더 늘었고, 보병은 수도 셀 수 없을 만큼 많습니다."

조조가 말했다.

"더 이상 보고하지 마라."

그러고는 이내 기병에게 명해 안장을 풀어 방마放馬토록 했다. 당시 백마로부터 치중輜重이 육로를 통해 운반되고 있었다. 제장들은 적의 기병이 많은 것을 보고는 돌아가 영루를 지키느니만 못하다고 여겼다. 순유가 말했다.

"이는 적에게 미끼를 던져 유인하는 이적餌敵을 위한 것이다. 어찌 철수한단 말인가!"

원소의 기병을 이끄는 부장 문추文醜와 유비가 5천~6천 명의 기병을 이끌고 앞뒤로 추격해 왔다. 조조의 제장들이 다시 말했다.

"가히 말에 오를 만합니다."

조조가 말했다.

"아직 때가 아니오."

잠시 후 추격해 오는 기병의 숫자가 점점 늘어났다. 어떤 자는 치중을 차지하기 위해 급히 내달려 다가왔다. 조조가 말했다.

"됐소."

이때 모두 말에 올랐다. 당시 기병의 수는 600명이 못됐으나 마침내 일시에 내달려 적을 치게 해 대승을 거두고 문추의 목을 베었다. 원소의 맹장인 안량과 문추가 2번의 싸움에서 모두 사로잡혀 참수를 당하자 원소의 군사가 크게 진동震動했다. 조조가 군사를 관도로 돌려보냈다. 원소가 진군해 양무陽武를 지켰다. 관우가 이 틈을 타 유비에게 달아났다.

8월, 원소가 영채를 연결해 조금씩 전진했다. 모래언덕인 사퇴沙堆에 의지해 진을 쳤다. 동서로 수십 리나 됐다. 조조도 진영을 나눠 대치했으나 합전合戰하면 불리했다.

당시 조조의 군사는 1만 명이 채 안 됐다. 게다가 부상자가 10의 2~3은 됐다. 원소의 군사가 다시 관도까지 진군해 토산土山과 땅 밑의 지도地道를 만들었다. 조조 역시 진영 내에 똑같은 것을 만들어 대응했다. 원소가 조조의 진영 안으로 화살을 쏘았다. 마치 비가 내리는 듯해 진영 안에서 걸을 때도 방패로 몸을 가려야 했다. 병사들이 크게 두려워했다. 당시 군량미가 얼마 남지 않았다. 순욱에게 서신을 보내 허도로 돌아갈 방안을 상의했다. 순욱이 답신을 보내 자신의 생각을 밝혔다.

"원소는 모든 병력을 관도에 집결시켜 승패를 결決하고자 합니다. 공은 지약至弱의 군사로 지강至强의 군사를 감당해야 합니다. 상대를 제압치 못하면 반드시 밟히게 되니 이번 싸움은 천하를 판가름하는 대기大機입니다. 원소는 평범한 자들의 우두머리인 포의지웅布衣之雄일 뿐입니다. 사람을 모으기는 해도 쓸 줄을 모릅니다. 공의 뛰어난 무용인 신무神武와 밝은 지혜인 명철明哲 위에 천자를 보필하며 천명이 순응하는 대순大順의 명분을 더하면 어찌 이기지 못할 리 있겠습니까?"

조조가 이를 좇았다.

당시 손책은 조조가 원소와 상지相持하고 있다는 소식을 듣고는 허도를 기습할 계획을 세웠으나 출발하기도 전에 자객에게 살해당했다.

여남汝南에서 투항한 도적 유벽劉辟 등은 반기를 들고 원소에 호응하며 허도 주변을 공략했다. 원소가 유비로 하여금 유벽을 돕게 했다. 조조가 조인을 파견해 유비를 격파했다. 유비가 달아나자 조조가 유벽의 진영을 쳐부쉈다.

원소의 진영에 곡물을 운반하는 수레인 운곡거運穀車 수천 대가 이르자 조조가 순유의 계책을 써 서황徐晃과 사환史渙으로 하여금 이를 요격케 했다. 이들이 원소의 군사를 대파하고 '운곡거'를 모두 불살랐다. 조조는 몇 달 간에 걸쳐 원소와 대치하면서 여러 차례 싸움에서 적장을 참수하는 공을 세웠다. 그러나 무리는 적고 군량은 떨어지는 중소양진衆少糧盡으로 인해 사졸들이 극도로 피로에 지친 피핍疲乏의 상황에 처하게 됐다. 조조가 군량을 운반하는 자에게 말했다.

"보름만 지나면 그대들을 위해 원소를 격파함으로써 다시는 그대들을 수고롭게 하지 않을 것이다."

겨울 10월, 원소가 치중을 내어 곡물을 운반하고 순우경 등 5인에게 1만여 명의 병사를 주어 호송하게 했다. 밤이 되자 영채에서 북쪽으로 40리 떨어진 곳에서 숙영宿營했다. 원소의 모신謀臣 가운데 재물을 탐하는 허유許攸가 있었다. 원소가 그의 욕심을 채워주지 못하자 이내 조조에게 달아나 순우경 등을 칠 것을 유세했다. 조조의 좌우 모두 그의 말을 의심했으나 순유와 가후賈詡는 그의 유세를 받아들일 것을 권했다.

조조가 이내 조홍에게 명해 남아서 지킬 것을 명한 뒤 직접 5천 명의 보기步騎를 이끌고 한밤에 출발해 날이 샐 무렵에 도착했다. 순우경 등은 조조의 병력이 적은 것을 보고 진문陳門 밖으로 나왔다. 조조가 급히 공격하자 순우경이 퇴각해 영루를 지켰다. 조조가 공격을 가하자 원소가 기병을 보내 순우경을 구하게 했다. 조조의 좌우에서 이같이 말하는 자가 있었다.

"도적의 기병들이 점점 가까이 오고 있습니다. 청컨대 분병分兵하여 막도록 하십시오."

조조가 화를 냈다.

"도적의 배후背後에 이르면 다시 보고토록 하라."

병사들 모두 죽기로 싸우는 사전死戰을 벌여 순우경 등을 대파한 뒤 모두 참수했다. 당초 원소는 조조가 순우경 등을 공격한다는 소식을 듣고는 장자인 원담에게 이같이 말했다.

"그가 순우경 등을 공격하는 틈을 타 내가 그의 영채를 공략하면 그는 실로 돌아올 곳이 없게 될 것이다!"

그러고는 부장 장합張郃과 고람高覽을 보내 조홍曹洪을 치게 했다. 장합 등은 순우경이 패했다는 소식을 듣고는 마침내 조조에게 투항했다. 원소의 무리가 크게 무너졌다. 원소와 원담이 군사를 버리고 달아나 황하를 건넜다. 조조가 뒤를 쫓았으나 미치지 못했다. 군수물자를 실은 치중輜重과 도서圖書 및 진보珍寶 등을 모두 몰수하고 부하들을 포로로 잡았다. 몰수한 원소의 서신 가운데는 허도의 관원과 자신의 군대에 속한 자가 원소에게 보낸 서신도 있었다. 조조가 이를 모두 태워버렸다. 덕분에 기주冀州의 여러 군郡에서 성읍城邑을 들어 투항하는 자가 매우 많았다.

당초 한환제漢桓帝 때 황성黃星이 초楚와 송宋 땅의 분야分野에 나타났다. 요동遼東 출신 은규殷馗가 천문에 밝았다. 전에 그가 예언키를, "50

년 뒤 천자가 될 진인眞人이 양粱과 패沛 땅 사이에서 출현하고, 그 누구도 그 예봉銳鋒을 당할 수 없을 것이다."라고 했다. 이때가 바로 그로부터 50년이 되는 해였다. 실제로 조조가 원소를 무찌르자 천하에 대적할 자가 없는 천하막적天下莫敵의 상황이 빚어졌다.

2-3 장년시절(건안 6년 – 건안 16년)

건안 6년(201) 여름 4월, 황하 강변으로 군사를 보내 창정倉亭에 주둔한 원소의 군사를 치게 해 이내 격파했다. 원소가 기주로 돌아간 뒤 산졸散卒들을 다시 모은 뒤 반기를 들었던 군현郡縣을 모두 평정했다.

9월, 조조가 허도로 돌아왔다. 원소는 조조에게 패하기 전 유비를 시켜 여남汝南을 공략케 했다. 여남의 도적 공도共都 등이 유비에게 호응했다. 조조가 채양蔡揚을 보내 공도 등을 치게 했으나 전세가 불리해 패했다. 조조가 유비를 정벌하기 위해 남쪽으로 갔다. 유비는 조조가 직접 온다는 얘기를 듣고는 유표에게 달아났다. 공도 등도 뿔뿔이 흩어졌다.

건안 7년(202) 봄 정월, 조조가 군사를 초현譙縣에 주둔시킨 뒤 이런 영을 내렸다.

"내가 의병을 일으킨 것은 천하를 위해 폭력과 혼란인 폭란暴亂을 제거코자 한 것이다. 초현의 인민人民은 대부분 사상死喪했고, 나라 안을 종일토록 다녀도 아는 사람을 만날 수 없으니 나의 심회心懷를 처창凄愴하게 만들고 있다. 의병을 일으킨 이래 죽어서 후사가 없게 된 병사를 위해서는 그 친척을 찾아내 뒤를 잇게 하고, 토전土田을 나눠 주고, 관가에서 경우耕牛를 내주고, 학교와 교사인 학사學師를 두어 그 자식들을 가르치게 하라. 살아남은 병사를 위해서는 사당을 세워 조상에게 제사를 올리게 하라. 사자에게 영혼이 있다면 내가 죽은 뒤일지라도 무슨 여한이 있겠는가!"

그러고는 준의현浚儀縣으로 가서 수양거睢陽渠를 수리하고, 사자를 보내 태뢰太牢의 희생으로 교현橋玄에게 제사를 올리게 했다. 이어 관도로 진군했다.

여름 5월, 원소는 관도 싸움에서 스스로 군사를 지휘해 대패한 후 발병해 피를 토하다가 이때에 이르러 숨을 거뒀다. 3남인 소자小子 원상袁尙이 직위를 이었다. 장남인 원담은 거기장군車騎將軍을 자칭하면서 여양黎陽에 주둔했다.

가을 9월, 조조가 원담과 원상을 정벌하기 위해 연전連戰했다. 원담과 원상이 수차례 패하자 뒤로 물러나 여양을 고수固守했다.

건안 8년(203) 봄 3월, 여양의 외성을 치자 원담과 원상이 성 밖으로 나와 싸우는 출전出戰을 했다. 조조가 공격을 가해 대파했다. 이들이 밤에 둔주遁走했다.

여름 4월, 업성鄴城을 향해 진군했다.

5월, 허도로 환군했다. 부장 가신賈信에게 여양에 머물며 지키게 했다. 5월 25일, 조조가 영을 내렸다.

"병서인《사마법司馬法》에 따르면 장군은 패퇴한 책임을 물어 사형에 처한다는 뜻의 '장군사수將軍死綏' 구절이 나온다. 전국시대 말기 조나라 장수 조괄趙括의 모친이 설령 자식이 싸움에 패할지라도 자신을 연좌시키지 말아 달라고 빌었던 이유다. 옛날 장수들은 외정에 나섰다가 패하면 일족 모두 벌을 받았다. 내가 장수를 출정시킨 이후 공로만 포상하고 죄를 벌하지 않은 것은 국전國典에 부합하지 않는다. 지금 제장들에게 출정을 명한다. 싸움에 패한 패군자敗軍者는 벌을 받고, 나라에 손실을 가져오는 실리자失利者는 관작官爵을 빼앗을 것이다."

가을 7월, 다시 영을 내렸다.

"상란喪亂이 빚어진 이래 15년이 지났다. 젊은 후생後生들이 인의예양仁義禮讓의 기풍을 접하지 못한 것을 나는 매우 가슴 아프게 생각한다. 지금 각 군국郡國에 명하니, 문학文學을 두고 가르치도록 하라. 500호 이상의 현縣은 교관校官을 두고, 현 소속의 각 향鄉에서 선발한 인재를 교학教學토록 하라. 그러면 대략 선왕의 치도治道가 폐해지는 일은 없을 것이고, 천하에도 이익이 될 것이다."

8월, 조조가 유표를 정벌하고 서평西平에 주둔했다. 업성鄴城을 떠나 남쪽으로 내려올 때 원담과 원상이 기주의 지배권을 놓고 서로 싸웠다. 원담이 원상에게 패해 평원현平原縣으로 달아나 지켰다. 원상이 급공急攻을 가하자 원담이 조조에게 신비辛毗를 보내 투항할 뜻을 밝히며 구원을 청했다. 제장들이 모두 의심했으나 순유가 허락할 것을 권했다. 조조가 이내 군사를 이끌고 돌아왔다.

겨울 10월, 여양에 도착했다. 아들 조정曹整을 원담의 딸과 결혼시켰다. 원상은 조조가 북쪽으로 향한다는 말을 듣고는 평원현의 포위를 풀고 업성鄴城으로 돌아왔다. 동평東平 출신 여광呂曠과 여상呂翔이 원상에게 반기를 든 뒤 양평陽平에 주둔하다가 무리를 이끌고 조조에게 투항했다. 이들을 열후에 봉했다.

건안 9년(204) 봄 정월, 황하를 건너 황하 북쪽의 지류인 기수淇水의 물을 막아 운하인 백구白溝를 흘러들게 해 수로로 된 양도糧道를 만들었다.

2월, 원상이 다시 원담을 공격하면서 부장 소유蘇由와 심배審配에게 업성에 남아 지키게 했다. 조조가 군사를 이끌고 원수洹水까지 진군하자 소유가 항복했다. 업성에 도착한 조조의 군사가 업성을 공격하면서 토산과 지도地道를 만들었다. 무안현武安縣 현장縣長 윤해尹楷가 모성毛城에 주둔하면서 상당上黨으로 통하는 양도를 지켰다.

여름 4월, 조조는 조홍을 남겨 업성을 치게 하면서 친히 군사를 이끌고 가 윤해를 쳐 격파하고 돌아왔다. 원상의 부장 저곡沮鵠이 한단邯鄲을 지켰으나 재차 공격해 함락시켰다. 역양현易陽縣의 현령縣令 한범韓範과 섭현涉縣의 현장 양기梁岐 모두 현을 바치고 투항했다. 이들에게 관내후關內侯의 작위를 내렸다.

5월, 토산과 지도를 무너뜨린 뒤 성 주위에 참호를 파고, 장수漳水의 둑을 터서 성안으로 물을 흘려보냈다. 성안에서 아사餓死한 자가 과반過半이나 됐다.

가을 7월, 원상이 업성을 구하러 돌아오자 제장들 모두 내심 '저들은 귀환하는 군사인 귀사歸師인 만큼 모두 자발적으로 싸울 것이다. 피하느니만 못하다.'고 생각했다. 조조가 말했다.

"원상이 큰길로 오면 응당 피해야 하오. 그러나 서산西山을 따라오면 나에게 사로잡힐 뿐이오."

원상이 과연 서산을 따라와 부수滏水 가까이 영채를 차렸다. 그는 한밤에 병사를 보내 조조의 포위망을 뚫고자 했다. 조조가 대기하고 있다가 영격迎擊해 패주시켰다. 여세를 몰아 원상의 영채를 포위했다. 포위하기도 전에 원상이 두려운 나머지 전의 예주자사豫州刺史 음기陰夔와 진림陳琳을 보내 항복을 구걸하는 걸항乞降을 했다. 조조가 불허한 뒤 더욱 급하게 포위망을 좁혔다. 원상이 야음을 이용해 달아난 뒤 기산祁山을 지켰으나 조조의 군사가 그 뒤를 추격했다. 원상의 부장 마연馬延과 장의張顗 등이 싸움을 하기 전에 항복했다. 군사가 크게 무너지자 원상이 중산국中山國

으로 달아났다. 조조의 군사가 치중을 모두 손에 넣었다. 원상의 인수印綬와 절월節鉞을 손에 넣은 뒤 투항한 원상의 장수들을 시켜 가족들에게 보여주자 성안의 사기가 일거에 무너지는 붕저崩沮의 모습을 보였다.

8월, 심배審配의 조카인 심영審榮이 한밤에 자신이 지키던 성의 동문을 열어 조조의 병사를 안으로 들였다. 심배가 영전迎戰에 나섰으나 패했다. 조조가 심배를 생포한 뒤 참수하자 업성이 평정됐다.

조조가 친히 원소의 묘를 찾아가 제사를 지냈다. 그를 위해 곡을 하며 눈물을 흘렸다. 이어 원소의 부인을 위로하고, 그 집에 가인家人과 보물을 돌려주고, 여러 종류의 비단인 증서繒絮를 하사하고, 관청에서 양식을 제공케 했다.

당초 원소는 조조와 함께 기병起兵할 때 조조에게 이같이 물었다.

"만일 일이 성공치 못하는 부집不輯의 경우 어느 곳을 가히 근거지로 삼을 수 있겠소?"

조조가 반문했다.

"족하足下의 의향은 어떻소?"

원소가 대답했다.

"남쪽으로는 황하에 의지하고 북쪽으로는 연燕과 대代 땅에 의지해 융적戎狄과 합세하고, 남쪽으로 진군해 천하의 패권을 다투면 거의 성공하지 않겠소?"

조조가 말했다.

"나는 천하의 지혜롭고 용감한 지력智力의 인재에게 맡긴 뒤 도道로 제어하면 불가한 곳이 없을 듯하오."

9월, 조조가 영을 내렸다.

"황하 이북은 원씨 일족의 난으로 피해를 입은 까닭에 올해는 조부租賦

를 내지 않도록 한다."

이어 호강豪强한 자들이 땅을 겸병하는 것을 다스리는 법령을 무겁게 하자 백성들이 기뻐했다. 한헌제가 조조에게 기주목冀州牧을 겸하게 하자 조조가 연주목兗州牧의 자리는 사양하며 반납했다.

조조가 업성을 포위할 때 원담은 감릉甘陵과 안평安平, 발해군勃海郡, 하간국河間國 등을 공략했다. 원상이 싸움에 패해 중산국으로 돌아갔다. 원담이 원상을 치자 원상이 고안故安으로 달아났다. 원담이 원상의 군사를 거뒀다.

조조가 원담에게 서신을 보내 약속을 어긴 것을 질책했다. 혼인 관계를 끊어 원담의 딸을 돌려보낸 뒤 진군했다. 원담이 평원平原에서 발해군의 남피南皮로 물러나 지켰다.

12월, 조조가 평원으로 들어갔다. 부근의 여러 현을 공략해 평정했다.

건안 10년(205) 봄 정월, 조조가 원담을 공격해 그 군사를 격파한 뒤 원담을 참수하고 처자를 주륙하자 기주가 평정됐다. 이같이 하령下令했다.

"원씨와 함께 동악同惡을 행한 자일지라도 스스로 잘못을 고치고 새로 시작하는 경시更始를 허락한다."

백성들에게 명해 사사로운 복수와 후장厚葬을 행하는 것을 금했다. 이를 어기는 자는 모두 법령에 따라 처리했다. 이해 정월에 원소의 차남인 원희袁熙의 대장大將 초촉焦觸과 장남張南 등이 반란을 일으켜 원희와 원상을 공격했다. 원희와 원상이 발해군 등 유주幽州의 삼군三郡에 있는 오환족烏丸族에게 달아났다. 초촉 등이 현을 바치고 투항하자 조조가 이들을 열후에 봉했다.

전에 원담을 토벌할 때 백성들 가운데 얼음을 깨뜨려 배가 지나가도록 하는 일을 꺼린 나머지 달아난 자가 있었다. 조조가 자수를 받아들이지 말 것을 명했다. 얼마 후 달아난 백성 가운데 군문 앞으로 와 자수하는 자가 있었다. 조조가 말했다.

"만일 너를 받아들이면 영을 어기는 게 되고, 너를 죽이면 자수해 죄를 시인한 자를 죽이는 게 된다. 돌아가 깊숙한 곳에 몸을 숨겨 관원에게 잡히지 않도록 하라."

이 백성은 눈물을 흘리며 떠났으나 후에 체포됐다.

여름 4월, 흑산적黑山賊의 장연張燕이 무리 10여만 명을 이끌고 투항하자 열후에 봉했다. 고안故安 출신 조독趙犢과 곽노霍奴 등이 유주자사幽州刺史와 탁군태수涿郡太守를 살해했다. 삼군三郡의 오환족이 유주 어양군漁陽郡에 있는 광평현獷平縣의 선우보鮮于輔를 공격했다.

가을 8월, 조조가 이들을 정벌해 조독 등을 참수하고, 노하潞河 등을 건너가 광평현을 구했다. 오환족이 황급히 달아나 변새邊塞를 빠져나갔다.

9월, 조조가 영을 내렸다.

"사사로이 당파를 이뤄 결탁하는 아당비주阿黨比周는 선성先聖인 공자가 매우 싫어했던 일이다. 듣자하니 기주의 풍속은 부자도 당파를 달리해 서로 비난하며 명예를 훼손한다고 한다. 한문제漢文帝 때의 어사대부 직불의直不疑는 형이 없는데도 세인들은 형수와 사통하는 도수盜嫂를 했다고 말하고, 자가 백어伯魚인 전한 때의 대신 제오륜第五倫은 3번 모두 고아를 부인으로 맞이했는데도 세인들은 장인인 부옹婦翁을 구타했다고 말하고, 전한 말기 권신 왕봉王鳳은 권력을 멋대로 휘두르는 천권擅權을 했는데도 곡영谷永은 그가 서주 말기의 대신 신백申伯보다 충성스럽다고 말하고, 한원제漢元帝 때 우장군右將軍을 지낸 왕상王商은 충의忠議를 폈는데도 장광張匡은 정도를 왜곡하는 좌도左道를 행했다고 말했다. 이는 모두 흰 것을 검다고 하고, 하늘을 속이며 군주를 기만하는 기천망군欺天罔

君의 짓이다. 나는 풍속을 가지런히 정돈코자 한다. 위의 4가지 폐단이 없어지지 않는 것을 수치스럽게 생각한다."

겨울 10월, 조조가 업성으로 돌아왔다.

당초 원소는 생질 고간高幹을 보내 병주목幷州牧을 겸하게 했다. 조조가 업성을 함락시킬 때 고간이 투항해 병주자사幷州刺史에 임명됐다. 고간은 조조가 오환족을 토벌한다는 얘기를 듣고는 이내 병주에서 반기를 들었다. 상당태수上黨太守를 위협하고 병사를 시켜 호관구壺關口를 지키게 했다. 조조가 악진樂進과 이전李典을 보내 공격케 하자 고간이 돌아와 호관성壺關城을 지켰다.

건안 11년(206) 봄 정월, 조조가 고간을 정벌하러 떠났다. 고간이 이 소식을 듣고는 곧 별장別將을 시켜 성에 남아 지키도록 한 뒤 흉노의 선우單于에게 달려가 구원을 청했다. 선우가 받아들이지 않았다. 조조가 호관을 포위한 지 3달 만에 함락시켰다. 고간이 형주로 달아났으나 상락上洛의 도위都尉 왕염王琰에게 체포돼 참수됐다.

가을 8월, 조조가 해적海賊 관승管承을 토벌하기 위해 동쪽으로 나아가 순우현淳于縣에 이르렀다. 악진과 이전을 보내 격파했다. 관승이 해도海島로 들어갔다. 동해군東海郡 가운데 양분현襄賁縣과 담현郯縣, 척현戚縣을 떼어 낭야군琅邪郡에 덧붙이면서 장려군昌慮郡을 없앴다.

삼군三郡의 오환족이 천하가 시끄러운 틈을 타 유주幽州를 공략해 총 십만이 넘는 한족漢族 민호民戶를 약탈했다. 전에 원소는 이들 부락의 추장을 모두 선우單于로 삼으면서 일족의 여인을 자신의 딸로 삼아 이들에게 시집을 보냈다. 요서遼西의 선우 답돈蹋頓은 세력이 특히 강해 원소로부터 후한 대우를 받았다. 원상 형제가 그에게 의탁해 여러 차례 변경을 침입하며 해를 끼친 배경이다.

조조가 장차 그들을 토벌할 생각으로 운하를 파서 호타呼沱에서 고수沘水까지 통하게 한 뒤 평로거平虜渠로 명명했다. 또한 구하泃河 입구에서 노하潞河까지 운하를 판 뒤 천주거泉州渠로 명명하며 바다로 통하게 했다.

건안 12년(207) 봄 2월, 조조가 순우현에서 업성으로 돌아왔다. 이달 5일, 조조가 영을 내렸다.

"내가 의병을 일으켜 폭란暴亂을 주토誅討한 이래 지금까지 19년이 지났다. 정벌할 때마다 반드시 승리한 것이 어찌 나 개인의 공이겠는가? 이는 곧 현명한 사대부의 노력 덕분이다. 천하가 비록 아직 완전히 평정되지 않았지만 나는 응당 현명한 사대부들과 함께 평정해 나갈 것이다. 그 공로의 대가를 나 한 사람만이 누린다면 어찌 마음이 편할 수 있겠는가? 시급히 공로를 평가해 열후에 봉하는 행봉行封을 해야 할 것이다."

이에 공신 20여 명을 모두 열후에 봉했다. 그 밖의 사람들도 공을 세운 정도에 따라 작위를 받았다. 전사자의 자식들에게는 요역과 조세를 면해주었다. 포상에는 각각 경중輕重의 차이가 있었다.

조조가 장차 북정北征에 올라 삼군三郡의 오환을 치려고 했다. 제장들이 말했다.

"원상은 도망친 노비인 망로亡虜에 지나지 않습니다. 이적夷狄은 탐욕스러운데다 친애의 정도 없습니다. 어찌 원상에게 이용당할 리 있겠습니까? 지금 오환족의 영토록 깊숙이 들어가 정벌하면 유비는 반드시 유표를 설득해 허도를 기습할 것입니다. 만일 변이라도 생기면 후회해도 소용없습니다."

오직 곽가만이 유표는 결코 유비를 신임하지 않을 것이라며 원정에 나설 것을 권했다.

여름 5월, 조조가 무종현無終縣에 이르렀다.

가을 7월, 큰비로 해안의 길이 막혔다. 전주田疇가 길을 안내하는 향도鄕導를 자처했다. 조조가 그를 좇아갔다. 군사를 이끌고 노룡盧龍의 요새를 나왔지만 요새의 외곽은 길이 끊어져 통하지 않았다. 500여 리에 걸쳐 산을 끊고 계곡을 메우는 참산인곡塹山堙谷를 하여 백단白檀을 경유해 평강平冈을 거치고 선비족의 영토를 건너 마침내 동쪽 유성柳城에 이르렀다. 오환족은 조조의 군사가 유성에서 200리가 채 떨어지지 않은 곳에 이르렀을 때 비로소 이를 알게 됐다. 원상과 원희는 답돈, 요서의 선우 누반樓班, 우북평右北平의 선우 능신저지能臣抵之 등과 함께 수만 병의 기병을 인솔해 조조의 군사와 맞서 싸웠다.

8월, 조조가 백랑산白狼山에 올랐다가 문득 적과 조우했다. 적의 병력이 매우 많았다. 조조의 치중은 뒤에 있었고, 갑옷을 입은 병사가 적었고, 좌우에서 따르던 자들 모두 두려워했다. 조조가 높이 올라가 적진이 정비되지 않은 것을 보고는 곧바로 병사를 지휘해 출격했다. 장료張遼를 선봉先鋒에 세웠다. 오환의 병력이 순식간에 크게 무너졌다. 답돈을 비롯해 오환족 부락의 우두머리인 명왕名王과 그 이하의 여러 수령들을 참수했다. 호족胡族과 한족漢族을 합쳐 투항한 자가 20여만 명에 달했다. 요동의 선우 속복환速僕丸을 비롯해 요서와 북평의 선우들이 동족을 버리고 원상 및 원희와 함께 요동으로 달아났다. 이들은 여전히 수천 기騎를 이끌고 있었다.

당초 요동태수 공손강公孫康은 자신의 근거지가 편벽되고 먼 것을 믿고 조조에게 복종하지 않았다. 조조가 오환을 무찌르자 조조의 휘하들 사이에서 요동을 정벌하면 원상 형제를 잡을 수 있다는 의견을 내는 자가 있었다. 조조가 말했다.

"나는 바야흐로 공손강을 시켜 원상과 원희의 머리를 베어 보내도록 할 것이오. 번거롭게 군사를 동원할 필요가 없소."

9월, 조조가 병사를 이끌고 유성柳城에서 돌아왔다. 공손강이 즉시 원상과 원희를 참수해 그 수급首級을 보내왔다. 제장들이 조조에게 물었다.

"공이 환군했는데도 공손강이 원상과 원희를 참수해 그 수급을 보내온 것은 무슨 까닭입니까?"

조조가 대답했다.

"공손강은 평소 원상 등을 두려워했소. 내가 급공急攻하면 저들은 서로 힘을 합쳤고, 완공緩攻하면 서로 싸웠소. 이런 일이 빚어진 것은 형세가 그러했기 때문이오."

11월, 역수易水에 이르렀다. 대군代郡의 오환족 선우인 보부로普富盧와 상군上郡의 오환족 선우 대행인 나루那樓가 종족의 명왕名王을 이끌고 축하하러 왔다.

건안 13년(208) 봄 정월, 조조가 업성으로 돌아온 뒤 현무지玄武池를 만들어 수군인 주사舟師를 훈련시켰다. 한나라 조정이 삼공三公의 자리를 폐하고, 승상丞相과 어사대부御史大夫의 자리를 만들었다.

여름 6월, 조조가 승상에 임명됐다.

가을 7월, 조조가 유표를 정벌하기 위해 남쪽으로 갔다.

8월, 유표가 죽었다. 아들 유종劉琮이 뒤를 이은 뒤 양양襄陽에 주둔했다. 유비는 번성樊城에 주둔했다.

9월, 조조가 신야新野에 도착하자 유종이 마침내 항복했다. 유비가 하구夏口로 달아났다. 조조가 강릉江陵으로 진군한 뒤 이민吏民에게 더불어 경시更始할 것을 허용했다. 이내 형주荊州를 복종시킨 공을 논해 15인을 열후에 봉했다. 유표 휘하의 대장으로 있던 문빙文聘을 강하태수江夏太守로 삼은 뒤 원래 데리고 있던 병사를 통솔토록 했다. 형주의 명사 한숭韓

嵩과 등의鄧義 등을 기용했다 익주목益州牧 유장劉璋이 징집과 부역을 받아들이기 시작하면서 파견 병사를 조조의 군대에 공급했다.

12월, 손권孫權이 유비를 위해 합비合肥를 쳤다. 조조가 강릉에서 유비 정벌 차 출병했다. 파구巴丘에 이르러 장희張憙를 보내 합비를 구하게 했다. 손권은 장희가 온다는 소식을 듣고 이내 달아났다. 조조가 적벽赤壁에 이르러 유비와 싸웠으나 불리했다. 이때 역병疫病이 크게 유행했다. 관원과 병사를 많이 잃은 까닭에 이내 군사를 이끌고 돌아왔다. 유비가 마침내 형주와 강남江南의 여러 군郡을 차지했다.

건안 14년(209) 봄 3월, 조조의 군사가 초현譙縣에 도착했다. 가볍고 빠른 경주輕舟를 만들어 수군을 훈련시켰다.

가을 7월, 와수渦水에서 회수淮水로 들어간 뒤 비수肥水로 나와 합비에 주둔했다. 이달 신미일辛未日에 조조가 영을 내렸다.

"근년 이래 군사가 자주 출정을 나갔다. 때로 역병을 만나 이사吏士들이 목숨을 잃고 돌아오지 못하면 가족들은 과부와 홀아비 신세를 슬퍼하는 원광怨曠[5]을 하게 되고, 백성들 모두 이곳저곳을 정처 없이 떠도는 유리流離를 하게 된다. 인자仁者가 어찌 이를 즐거워할 리 있겠는가? 부득이한 일이었다. 전사자가 있는 집 가운데 기본적인 일거리가 부족해 스스로 살아갈 수 없는 자가 있으면 현관縣官은 관고를 열어 물품을 지급하는 일을 끊지 마라. 장리長吏는 이들을 구휼하고 위로하는 존휼무순存恤撫循에 힘써 나의 뜻에 부합토록 하라."

양주揚州의 군현에 장리를 임명하고 작피芍陂에 둔전을 개설했다.

12월, 군사가 초현으로 돌아왔다.

---

5 원광怨曠은 《시경》 '패풍邶風, 웅치雄雉' 의 '모시서毛詩序' 에 나온다. 《문선文選》에 실려 있는 진림陳琳의 '위원소격예주爲袁紹檄豫州'에도 원광사귀怨曠思歸 표현이 나온다.

건안 15년(210) 봄, 조조가 천하의 인재를 두루 구하는 구현령求賢令을 발했다.

"자고로 천명을 받아 나라를 세우거나 중흥中興하는 군주치고 어찌 일찍이 현인과 군자를 얻어 그들과 함께 천하를 함께 다스리는 공치共治를 하지 않은 자가 있었는가? 군주가 현인을 얻으려고 하면서 여항閭巷을 벗어나지 않았으니 어찌 요행만으로 현인을 만날 수 있었겠는가? 위에 있는 사람이 현인을 구하려고 애쓰지 않았을 뿐이다. 지금 천하는 아직 평정되지 않았다. 특별히 현인을 급히 구해야만 하는 시기이다. '춘추시대 당시 노나라 대부 맹공작孟公綽은 조趙나라나 위魏나라 같은 대국의 원로재상이 되면 여유로울 수 있으나, 등滕나라나 설薛나라 같은 소국의 대부 직은 수행할 수 없다.'고 했다. 만일 청렴한 선비인 염사廉士만 기용할 수 있다면 제환공은 어떻게 천하를 제패할 수 있었겠는가! 지금 천하에 남루한 옷을 걸치고 웅지를 품은 피갈회옥被褐懷玉의 모습으로 위수 강변인 위빈渭濱에서 낚시질이나 하는 현자가 어찌 없겠는가? 또 초한전 때 진평陳平처럼 형수와 사통하고 뇌물을 받는 도수수금盜嫂受金의 비난을 받은 채 진평을 천거한 위무지魏無知와 같은 자를 만나지 못한 자가 어찌 없겠는가? 여러분은 나를 도와 기울고 누추한 곳인 측루仄陋에 있는 자일지라도 밝게 드러내도록 하라. 오직 능력만 있으면 천거하는 유재시거唯才是擧를 행하도록 하라. 내가 그들을 얻어 임용할 것이다."

겨울, 동작대銅雀臺를 세웠다.

건안 16년(211) 봄 정월, 한헌제 유협이 조조의 아들 조비曹丕를 오관중랑장五官中郎將에 임명하고, 관속을 두어 승상 조조를 보좌케 했다. 태원太原의 상요商曜 등이 대릉大陵에서 반기를 들었다. 조조가 하후연 및 서황을 파견해 적을 포위해 격파케 했다. 장로張魯가 한중漢中을 점거했다.

3월, 조조가 종요鍾繇를 보내 태원의 상요 등을 토벌케 했다. 하후연 등에게는 하동을 나와 종요와 합류케 했다. 당시 관중關中에 있는 제장들은 종요가 자신들을 습격하려 한다고 의심했다. 마초馬超가 마침내 한수韓遂와 양추楊秋, 이감李堪, 성의成宜 등과 함께 반기를 들었다. 조조가 조인曹仁을 보내 토벌케 했다. 마초 등이 동관潼關에 주둔했다.

조조가 제장들에게 경계하며 말했다.

"관서關西의 군사는 날쌔고 용감한 정한精悍한 병사들이오. 성을 굳게 지키는 견벽堅壁을 하며 도적들과 싸워서는 안 되오."

7월, 조조가 서쪽을 정벌키 위해 출정했다. 마초 등과 동관을 사이에 두고 진을 치게 됐다. 조조가 신속히 마초와 대치하면서 은밀히 서황과 주령 등을 보내 밤에 포판진蒲阪津을 건너가 황하 서안을 거점으로 영채를 차리게 했다. 조조가 동관으로부터 북쪽을 향해 도강코자 했다. 미처 건너기도 전에 마초가 배를 타고 와 격렬한 싸움을 벌였다. 교위校尉 정비丁斐가 소와 말을 풀어 유인하자, 적들이 이를 취하기 위해 혼란스러워졌다. 조조가 도강한 뒤 하안을 따라 양쪽으로 담을 쌓은 길인 용도甬道를 만들어 남쪽으로 향했다.

도적들이 뒤로 물러나 위구渭口에서 저항했다. 조조가 허수아비 의병疑兵을 대거 설치한 뒤 은밀히 배로 병사를 싣고 위수로 들어가 부교浮橋를 만들었다. 이어 밤중에 병사들을 나눠 위수 남쪽에 영채를 세웠다. 도적들이 밤중에 영채를 공격하자 매복하고 있던 병사들이 이들을 격파했다. 마초 등이 위수 남쪽에 주둔해 지키면서 서신을 보내 황하 이서以西의 분할을 요구하며 화해를 청했다. 조조가 허락지 않았다.

9월, 조조가 진군해 위수를 건넜다. 마초 등이 여러 차례 도전해 왔으나 용허容許치 않았다. 마초가 할지割地를 청하며 자식들을 인질로 보냈다. 조조가 가후賈詡의 계책을 받아들여 거짓으로 수락했다.

한수가 조조에게 면회를 청했다. 조조는 한수의 부친과 같은 해에 효렴으로 천거됐으나 나이는 한수와 비슷한 또래였다. 나란히 말을 타고 가며 얘기를 나누는 교마어이交馬語移를 했다. 그러나 군사에 관한 일은 언급치 않았다. 단지 경도京都인 낙양의 옛 친구들에 관한 얘기만 하면서 박수를 치고 즐거이 웃는 부수환소抔手歡笑를 했다. 만나고 돌아오자 마초 등이 한수에게 물었다.

"조조가 무슨 말을 했소?"

한수가 대답했다.

"특별히 말한 게 없소."

마초 등이 이 말을 의심했다. 며칠 후 조조가 한수에게 서신을 보냈다. 요긴한 대목마다 모두 먹으로 뭉갠 후 고쳐 쓴 점찬點竄의 흔적을 남겼다. 얼핏 보면 마치 한수가 고친 것으로 보이게 조작한 것이다. 마초 등은 더욱 의심했다. 조조가 싸울 날짜를 정한 뒤 먼저 가볍게 무장한 경병輕兵을 시켜 싸움을 걸었다. 싸움이 제법 오래 지속되자 비로소 범처럼 날쌘 기병인 호기虎騎를 풀어 협격을 가하게 했다. 도적들을 대파하고 성의成宜와 이감李堪 등을 참수했다.

한수와 마초 등은 양주涼州, 양추楊秋는 안정安定으로 달아났다. 관중關中이 평정된 이유다. 제장들 가운데 어떤 자가 물었다.

"당초 도적들이 동관을 지킨 까닭에 위수 북쪽 수비가 뚫려 있었습니다. 우리 군사가 하동을 통해 풍익馮翊을 치지 않고 도리어 동관을 지키며 많은 날을 허비하다가 북쪽으로 황하를 건넌 것은 무슨 까닭입니까?"

조조가 대답했다.

"도적들이 동관을 지킬 때 우리가 하동으로 들어가면 도적들은 반드시 병사를 이끌고 모든 나루터를 지켰을 것이오. 그리되면 우리는 서하西河를 건널 길이 없게 되오. 나는 고의로 정예군을 이끌고 동관으로 향했던 것이오. 도적이 모든 군사를 동원해 남쪽을 지켰으니 서하의 수비에 허점이 생겼고, 덕분에 서황과 주령 두 장수가 서하를 마음대로 취할 수 있었던 것이오. 연후에 내가 다시 군사를 이끌고 북쪽으로 건넜는데도 도적이 우리와 서하를 차지키 위해 다툴 수 없었던 것은 두 장수의 군사가 이미 그곳에 있었기 때문이오. 병거兵車를 연결해 울타리를 세우면서 용도甬道를 만들어 남쪽으로 향함으로써 도적이 싸움에서 이길 수 없는 상황을 조성하고, 동시에 짐짓 우리의 약한 모습을 내보인 것도 바로 이 때문이오. 또한 위수를 건너 견고한 보루를 쌓은 연후에 적이 와도 나가지 않은 것 또한 그들로 하여금 교만한 마음을 갖도록 하기 위한 것이었소. 이로 인해 그들은 영루營壘를 쌓지도 않은 채 할지割地를 요구했던 것이오. 나는 그들의 요구를 좇아 허락했소. 이는 그들을 안심시켜 대비하지 못하도록 하려는 것이었소. 그 사이 병사들의 힘을 축적하고 있다가 기습을 가하자 도적들은 마치 몹시 빠른 번개에 귀를 막을 사이도 없는 이른바 '질뢰불급엄이疾雷不及掩耳' 상황에 처하게 된 것이오. 전술의 변화는 무쌍한 까닭에 실로 한 가지 길만 있는 게 아니오."

당초 도적들이 1개 부대씩 도착하자 조조가 희색喜色을 보였다. 도적들을 격파한 뒤 제장들이 그 연고를 물었다. 조조가 대답했다.

"관중은 먼 앞날인 장원長遠의 관점에서 접근해야 하오. 만일 도적들이 각자 그 험조險阻에 기대 지키면 족히 1~2년은 보내야 가히 평정할 수 있소. 지금 저들이 모두 내집來集했으나 무리는 비록 많았을지라도 서로 귀복歸服하지 않고, 전군을 지휘할 대장도 없었소. 한 번의 출정으로 일거에 도적들을 격멸해 가히 쉽게 공을 세울 수 있었기에 내가 기뻐한 것이오."

겨울 10월, 조조의 군사가 장안에서 북쪽으로 진격해 양추楊秋를 정벌하기 위해 안정安定을 포위했다. 양추가 항복하자 그의 작위를 돌려주고 그곳에 그대로 남아 백성을 다독이도록 했다.

12월, 안정에서 환군하는 길에 하후연을 장안에 남겨 주둔케 했다.

3-1 노년시절(건안 17년-건안 20년)

건안 17년(212) 봄 정월, 조조가 업성으로 돌아왔다. 한헌제 유협이 전한 초기 소하蕭何의 고사를 좇아 조조에게 명해 배례할 때 이름을 부르지 않는 찬배불명贊拜不名과 입조할 때 잔걸음으로 빨리 가지 않는 입조불추入朝不趨, 전에 오를 때 검을 차고 신을 신은 채 오르는 검리상전劍履上殿 등을 행하도록 했다.

마초의 잔당 양흥梁興 등이 남전藍田에 주둔하고 있었다. 하후돈을 시켜 격파해 평정케 했다. 하내군河內郡의 탕음蕩陰과 조가朝歌 및 임려林慮, 동군東郡의 위국衛國과 돈구頓丘와 동무양東武陽 및 발간發干, 거록군鉅鹿郡의 영도廮陶와 곡주曲周 및 남화南和, 광평군廣平郡의 임성任城, 조국趙國의 양국襄國과 한단邯鄲 및 역양易陽의 여러 현을 떼어 위군魏郡에 붙였다.

겨울 10월, 조조가 손권을 정벌하러 갔다.

건안 18년(213) 봄 정월, 유수구濡須口로 진군해 손권이 있는 장강의 서쪽 영채를 공파攻破하고, 손권의 도독 공손양公孫陽을 생포해 환군했다. 한헌제 유협이 조서詔書를 내려 14주州를 병합해 다시 옛날의 9주九州로 회복할 것을 명했다.

여름 4월, 조조가 업성에 이르렀다.

5월 22일, 한헌제가 어사대부 희려郗慮에게 황제를 상징하는 부절符節을 소지하고 평시에 관직이 없는 자를 임의로 처분할 수 있는 지절持節의 자격으로 조조를 위공魏公에 책봉하고, 상서좌승尚書左丞 반욱潘勗이 쓴 '책위공구석문册魏公九錫文'을 발표케 했다.

"짐은 부덕不德한 탓에 어려서 부모를 여의는 민흉愍凶을 만나고, 우협을 피해 서쪽 장안으로 흘러와 살다가 당唐과 위衛 땅으로 옮겼다. 당시 짐은 마치 잡아맨 깃발의 술인 철류綴旒처럼 남의 손에 흔들렸고, 종묘에서 제사를 지내는 일이 없었고, 사직에 제사지낼 제단도 위치를 정하지 못했다. 흉악한 무리가 분별없이 보위를 노리는 군흉기유群凶覬覦의 모습으로 중원을 분열시켰다. 짐에게는 천하의 인민인 솔토지민率土之民 가운데 1명도 다스릴 권한이 없었고, 우리 고조高祖가 받은 천명이 곧 땅에 떨어지려 했다. 짐이 아침에 일찍 일어나고 늦게 잠자리에 드는 숙흥가매夙興假寐를 하며 경악하며 애통해하는 진도震悼의 마음으로 말하기를, '짐의 조상들이여! 선대의 현신賢臣과 고굉지신股肱之臣들이여! 누가 짐을 능히 동정해 줄 수 있겠소!'라고 했다. 이것이 하늘의 충정衷情을 유인해 마침내 승상이 태어나 한나라 황실을 보전하고, 간난艱難에서 백성을 홍제弘濟하니, 짐은 실로 그대에게 의지하게 됐소. 지금 그대에게 전례典禮를 내리니 짐의 명을 경청敬聽키 바란다. 옛날 동탁이 처음 국난國難을 일으키자 군후群后들이 사정私政을 버리고 왕실을 도우려고 했을 때 군君은 병사를 모으고 진격하는 섭진攝進을 행하며, 각지의 군사가 일어나는데 앞장을 섰다. 이는 군이 본조本朝에 충성을 보인 것이다. 이후 황건적이 하늘의 이치를 거스르고 청주와 기주 및 연주의 3주州를 침공해 백성에게 해를 미치게 하자 군은 또 이들을 소탕해 동쪽 지역을 안녕하게 했다. 이 또한 군의 공적이다. 한섬과 양봉이 멋대로 천자의 위엄과 명을 행사하는 전용위명專用威命을 행할 당시 군은 이들을 토벌해 위난을 해결하고, 마침내 거가를 허도許都로 옮겼다. 짐으로 하여금 경기京畿를 재건케 하고, 관직을 설치해 사직단에 제사를 올리도록 하고, 옛 문물을 회복해 천지의 귀신이 평안을 얻게 했다. 이 또한 군의 공이다. 원술은 참람하게 반역을 꾀하는 참역僭逆을 행하며 회남淮南에서 방자하게 종횡했으나 군의 신 같은 위용을 두려워하며 꺼렸다. 군은 크고 빛나는 비현조顯의 계책을 사용해 기양蘄陽의 싸움에서 교유橋蕤의 목을 베고, 당당한 위세인 능위棱威로 남쪽으로 내려가 원술을 죽이고 그 무리들을 운궤隕潰시켰다. 이 또한 군의 공이다. 군사를 돌려 동쪽을 정벌해 여포를 주살하고, 돌아오는 길에 장양張楊을 조폐俎斃케 만들고, 휴고睢固를 복죄伏罪케 하고, 장수張繡를 머리를 조아리며 복종하는 혜복稽服을 하도록 했다. 이 또한 군의 공이다. 원소는 천상天常을 역란逆亂해 사직을 위태롭게 했다. 무리가 많은 것만 믿고 병력에 의지해 조정을 모멸한 게 그렇다. 왕사王師는 숫자도 적고 힘도 약해 천하가 한심寒心했다. 아무도 굳은 투지인 고지固志를 갖지 못했다. 군君은 대절大節을 갖고 정성精誠이 백일白日을 뚫듯이 분노한 무용을 떨치며 신책神策을 운용했다. 직접 관도官渡로 가서 추악한 무리를 대거 섬멸하는 대섬大殲을 행해 나라를 위기에서 구했다. 이 또한 군의 공이다. 군사를 이끌고 홍하洪河를 건너 청주와 기주와 유주 및 병주 등 4주州를 평정하고, 원담과 고간의 머리를 베자 산의 도적이 귀순했다. 이 또한 군의 공이다. 삼군三郡에 거주하는 오환烏丸이 2대에 걸쳐 큰 혼란을 일으키고, 원상이 그들에 의지해 북변을 핍박하며 점거했을 때 군은 말을 단속하고 수레를 묶는 속마현거束馬縣車의 방법으로 험조한 곳을 지나 한 번의 출정으로 저들을 멸망시켰다. 이 또한 군의 공이다. 유표가 명을 어기고 난을 일으키는 배탄背誕을 하며 공물을 바치지 않을 당시 군은 왕사

王師를 인솔해 출정했다. 위풍이 먼저 그 땅에 도달해 형주의 8군과 100현이 팔짱을 끼고 무릎을 꿇는 교비굴슬交臂屈膝의 모습으로 공손히 복종했다. 이 또한 군의 공이다. 마초와 성의成宜가 작당해 나쁜 일을 꾀하는 동악상제同惡相濟를 행하고 황하와 동관 부근을 거점으로 자신들의 욕망을 실현코자 했다. 이때 이들을 위수 남쪽에서 진멸殄滅해 도적의 왼쪽 귀를 잘라내 종묘에 바치는 헌괵獻馘 등의 수많은 계책을 내고 마침내 변경을 평정해 융적을 어루만지고 화합하는 무화撫和를 이뤘다. 이 또한 군의 공이다. 선비鮮卑와 정녕丁零 등에게 이중 통역을 무릅쓰고 경도京都에 공물을 바치러 오도록 만들고, 비우單于와 백옥白屋 등에게 한나라의 관직을 청하도록 만들었다. 이 또한 군의 공이다. 군은 천하를 평정한 정천하定天下의 공이 있고, 게다가 명덕明德을 갖춰 해내海內에 널리 알리는 반서班敍를 행하고, 아름다운 풍속을 펴고, 은혜와 교화를 베풀고, 형옥을 신중히 행사하고, 관원들로 하여금 가혹한 정사인 가정苛政을 행하지 못하게 하고, 백성들로 하여금 간특奸慝한 생각을 품지 못하게 했다. 또 황실의 종족인 제족帝族을 존중해 봉록과 작위가 끊긴 집안의 후사後嗣를 잇도록 주청하고, 옛날의 덕과 이전의 공에 대해 알맞은 대우를 하지 않는 일이 없도록 했다. 비록 은나라 건국공신 이윤伊尹처럼 그 덕이 황천皇天을 감동시키고, 주나라 건국공신 주공周公처럼 그 덕이 사해四海에 빛날지라도 군과 비교하면 미미할 뿐이다. 짐이 듣건대 선왕이 공이 크고 덕이 있는 자에게 영토를 내리고, 백성을 나눠주고, 고관의 관복과 휘장인 총장寵章을 숭상하고, 예물을 갖추게 한 것은 왕실을 울타리처럼 보위하는 번위藩衛를 하고, 당대의 군주를 좌우에서 보필케 하려는 취지이다. 주성왕 때 관숙管叔과 채숙蔡叔이 난을 일으키자 주공 단旦으로 하여금 난을 평정한 뒤 공신을 기리는 징난염공懲難念功을 행하게 했다. 또 소공 석

燠을 시켜 제齊나라 태공太公인 여상呂尙에게 봉지를 하사하면서 동쪽으로 바다, 서쪽으로 황하, 남쪽으로 목릉穆陵, 북쪽으로 무체無棣에 이르기까지 5등급의 제후와 9주九州의 제후인 5후9백五侯九伯의 죄를 토벌케 했다. 이어 대대로 태사太師의 자리를 맡기면서 동해 일대에서 그 공적이 드러나게 했다. 주양왕周襄王 때 초나라 사람들이 왕실에 공물을 바치지 않자 진문공晉文公에게 명해 이들을 치게 한 뒤 제후들의 우두머리인 패자伯者의 자리에 오르게 했다. 이때 천자가 제사지낼 때 사용하는 수레인 대로大輅와 전장에 나갈 때 사용하는 융로戎輅 등의 이로二輅를 비롯해 근위병인 호본虎賁, 천자의 위엄을 상징하는 부월鈇鉞, 제사용 술인 거창秬鬯, 천자가 사용하는 활과 화살인 궁시弓矢 등을 내리면서 남양南陽을 개척해 대대로 제후들의 맹주가 되도록 했다. 주왕실이 동천한 후 무너지지 않은 것은 바로 제나라와 진晉나라에 의지했기 때문이다. 지금 군君은 크고 빛나는 덕으로 짐을 밝게 보호하고, 천명에 보답하고, 큰 공을 널리 떨치고, 구주를 안정시켰다. 덕분에 천하인 가운데 복종하지 않는 자가 없다. 그 공이 이윤과 주공보다 높은데 포상은 제나라와 진나라의 경우보다 못하다. 짐은 이를 매우 부끄럽게 생각하는 심뉵甚忸의 심정이다. 또한 보잘것없는 몸으로 천하의 모든 백성인 조민兆民 위에 있으면서 늘 그 책무가 깊은 연못의 얇은 얼음 위를 걷는 것처럼 어렵다고 생각된다. 군이 도와주지 않았다면 그 책임을 다할 수 없었을 것이다. 지금 기주의 하동河東과 하내河內, 위군魏郡, 조국趙國, 중산中山, 상산常山, 거록鉅鹿, 안평安平, 감릉甘陵, 평원平原 등 10개 군을 하사하고 군을 위공魏公에 봉한다. 군에게 하얀 띠 풀로 감싼 현토玄土를 내릴 터이니 거북의 등껍질을 태워 점을 치고, 위나라의 종묘사직을 세우도록 하라. 옛날 주나라 필공畢公과 모공毛公이 조정으로 들어와 대신의 자리에서 보필하고, 주공과 소공邵公은 각각 태사太師와 태보太保의 신분으로 이백二伯이 되어 나라 안팎의 일을 떠맡았다. 군이 담당하는 일도 실로 이같이 하는 게 마땅하다. 군은 이전처럼 승상의 자리에 있으면서 기주목冀州牧을 겸하도록 하라. 군에게 구석九錫을 내리니 공경하는 마음으로 짐의 명을 경청敬聽토록 하라. 군은 예악과 법제를 정비하는 경위예율經緯禮律을 하고, 백성을 위한 궤의軌儀 제작으로 백성들로 하여금 안심하고 직업職業에 종사하며 동요하는 마음을 품지 않도록 했다. 이에 군에게 대로大輅와 융로戎輅를 각 1대씩 내리고 수레마다 검은 말인 현빈玄牝 8필을 내린다. 군은 백성들로 하여금 본업인 농사에 힘써 열심히 경작토록 권했다. 덕분에 곡식과 비단인 속백粟帛이 창고에 가득 쌓이고, 대업大業이 흥하게 됐다. 이에 군에게 천자가 입는 의관인 곤면복衮冕服과 바닥이 두 겹인 신발인 적석赤舃을 내린다. 군이 겸양을 돈독히 존중한 결과 백성들의 품행이 높아지고, 장유 사이에 예의가 확립되고, 상하가 화목해졌다. 이에 군에게 3면에 걸어놓는 제후들의 악기인 헌현지악軒縣之樂과 제후의 가무인 육일지무六佾之舞를 내린다. 군이 풍속 교화를 드높여 널리 퍼뜨린 덕분에 먼 곳의 사람까지 잘못을 뉘우치는 혁면革面을 하고, 중원이 충실해졌다. 이에 군에게 붉은 칠을 한 집인 주호朱戶에 사는 것을 허락하겠다. 그대는 명철明哲을 더욱 연마하고, 요순조차 하기 어려워한 인재선발을 잘 실행해 인재에게 관직을 내리며 현명한 자를 임용하는 관재임현官才任賢을 행하고, 선행을 행한 자를 반드시 천거하는 군선필거群善必擧를 행했다. 이에 군에게 섬돌을 밟고 대전에 오르는 것을 허락하겠다. 군은 나라의 큰 권력을 쥐고 엄정하고 공평하게 일을 처리하며 극히 작은 악행인 섬호지악纖毫之惡이 있을지라도 이를 억퇴抑退하지 않은 적이 없다. 이에 군에게 시위군사인 호본지사虎賁之士 300명을 내린다. 군은 조정의 형벌을 삼가 신중히 규찰해 죄

있는 자를 분명히 밝히고, 나라의 기강을 범한 자를 주살했다. 이에 군에게 부월斧鉞과 월월斧鉞을 각각 1개씩 내리겠다. 군은 용마龍馬가 고개를 들고 호랑이가 앞을 주시하는 용양호시龍驤虎視의 모습으로 사방을 두루 살피며 역도를 토벌해 사방의 적에게 승리하는 절충사해折衝四海를 이뤘다. 이에 군에게 붉은 활 동궁彤弓 1개와 붉은 화살 동시彤矢 100개, 검은 활 노궁旅弓 10개, 검은 화살 여시旅矢 1천 개를 내린다. 군은 온공溫恭을 기반으로 해 효우孝友를 덕으로 삼고, 신의를 지키며 독실하고 충성스런 자세로 짐의 마음을 감동시켰다. 이에 군에게 거창秬鬯 1유卣와 옥으로 된 술잔인 규찬珪瓚을 내린다. 위국魏國은 승상 이하 문무백관 제도를 설치하면서 한나라 초기 제후왕 제도를 본뜨도록 하라. 군은 위국으로 돌아가 공경히 짐의 명을 받들도록 하라. 그대의 백성을 잘 살펴 직접 보살피는 간휼이중簡恤爾衆을 행하고, 여러 사공事功을 때맞춰 이루는 시량서공時亮庶功을 행하도록 하라. 끝까지 군의 빛나는 덕행으로 우리 한고조의 아름다운 천명을 떨치도록 하라!"

가을 7월, 처음으로 위나라의 종묘사직을 세웠다. 한헌제가 조조의 세 딸을 맞아들여 귀인으로 삼았다. 가장 나이 어린 딸은 위나라에서 성년이 되기를 기다렸다.

9월, 금호대金虎臺를 지었다. 운하를 파서 장수漳水를 끌어들이고, 백구白溝를 지나 황하로 통하게 했다.

겨울 10월, 위군魏郡을 동서로 나누고, 도위都尉를 두었다.

11월, 처음으로 상서尙書와 시중侍中, 6경六卿의 자리를 두었다.

마초가 한양漢陽에서 강족羌族 및 호족胡族을 등에 업고 반기를 들었다. 저족氐族의 왕 천만千萬도 반기를 들고 마초에 호응하며 흥국興國에 주둔했다. 조조가 하후연을 보내 토벌케 했다.

건안 19년(214) 봄 정월, 처음으로 군왕이 직접 밭을 가는 적전籍田 행사를 했다. 남안南安의 조구趙衢와 한양漢陽의 윤봉尹奉 등이 마초를 토벌해 그 처자식의 목을 베어 효수梟首했다. 마초가 한중漢中으로 달아났다. 한수韓遂가 금성金城으로 옮겨 저족의 왕 천만千萬의 부락으로 들어간 뒤 강족과 호족 1만여 기騎를 인솔해 하후연과 싸웠다. 하후연이 이들과 맞서 싸워 대파하자 한수가 서평西平으로 달아났다. 하후연은 제장들과 함께 흥국興國을 공략한 뒤 성안의 백성을 도륙했다. 안동安東과 영양永陽의 2개 군郡을 없앴다.

안정태수安定太守 관구흥毌丘興이 임지로 떠나려 하자 조조가 경계하며 타일렀다.

"강족과 호족은 중원과 교류할 것을 바라고 있소. 저들 스스로 사람을 보내야 하오. 우리는 신중을 기해 사람을 파견해서는 안 되오. 선량한 사람은 찾기 어렵고, 선량치 않은 사람은 틀림없이 강족과 호족을 교사教唆해 중원에 지나친 요구를 하도록 할 것이오. 이는 자신의 이익을 채우려는 속셈이오. 우리가 받아들이지 않으면 저들을 실망케 할 것이고, 받아들이면 나라에 무익한 일이 되오."

관구흥은 안정에 이르러 교위校尉 범릉范陵을 강족에게 보냈다. 범릉은 과연 강족의 우두머리를 시켜 자신을 속국도위屬國都尉에 임명해줄 것을 청했다. 조조가 말했다.

"나는 이리될 것을 미리 알고 있었소. 비록 사물의 이치를 두루 꿰는 성인聖人은 아니지만 다만 세상일을 두루 겪는 이른바 경사更事가 많았을 뿐이오."

3월, 한헌제 유협이 위공 조조의 지위를 제후왕보다 위에 놓고, 한나라의 왕제王制를 좇아 금으로 된 옥새인 금새金璽와 붉은색 인끈인 적불赤紱

및 원유관遠游冠으로 바꿔 주었다.

가을 7월, 조조가 손권을 정벌하러 갔다.

당초 농서隴西의 송건宋建이 하수국河首國 평한왕平漢王을 자칭하며 포한枹罕에서 병사를 모은 뒤 개원改元하며 관직을 설치한 지 30여 년이 지났다. 조조가 흥국에 있던 하후연을 보내 이들을 토벌케 했다.

겨울 10월, 포한 성내의 백성을 도륙하고 송건을 참수하자 양주涼州가 평정됐다. 조조가 합비에서 돌아왔다.

11월, 한헌제의 황후 복씨伏氏가 전에 작고한 부친 둔기교위屯騎校尉 복완伏完에게 보낸 서신에서 '황제가 동승의 주살로 인해 조조에게 원한을 갖고 있다.'고 썼다. 그 언사가 매우 추악醜惡했다. 이 사실이 알려지자 황후가 폐출돼 죽었고, 형제들 모두 법에 의해 사형에 처해지는 복법伏法을 당했다.

12월, 조조가 맹진孟津에 이르렀다. 한헌제가 조조에게 천자의 깃발에 다는 소의 꼬리털인 정두旄頭를 달아주고, 궁전에 종을 매다는 틀인 종거鍾虡를 설치토록 했다. 이달 19일, 조조가 재차 구현령求賢令을 내렸다.

"무릇 품행이 바른 유행지사라고 해서 반드시 적극적으로 일을 이루는 진취지사進取之士도 아니고, '진취지사'라고 해서 반드시 '유행지사'인 것도 아니다. 전한 초기 진평陳平이 어찌 독실한 품행인 독행篤行이 있었고, 전국시대 말기 종횡가인 소진蘇秦이 어찌 신의를 지키는 수신守信이 있었는가? 그러나 진평은 여씨呂氏의 반란을 진압해 한고조가 세운 제업帝業을 안정시켰고, 소진은 약소국이었던 연燕나라를 구했다. 이로써 말하면 선비에게 치우치고 짧은 편단偏短의 측면이 있다고 하여 어찌 폐할 수 있겠는가! 유사有司는 이런 이치를 냉철히 생각해 재능 있는 선비가 초야에 버려지고 적체되는 유체遺滯와 관청에서 할 일이 없어지는 폐업廢業이 일어나지 않게 하라."

또 명했다.

"무릇 형벌은 백성의 생명과 관련된 것이다. 군중軍中에서 형벌을 관장
하는 전옥典獄 가운데 적임이 아닌 자가 삼군三軍에서 병사의 사생死生과
관련한 일을 맡고 있으니 나는 이를 매우 우려스럽게 생각한다. 법리法理
에 명달明達한 자를 뽑아 형벌을 담당하도록 조치하라."

이에 이를 전담하는 이조연속理曹掾屬이 설치됐다.

건안 20년(215) 봄 정월, 한헌제가 조조의 둘째 딸인 중녀中女를 황후
로 세웠다. 운중雲中과 정양定襄, 오원五原, 삭방朔方의 4개 군을 없애면서
각각 현으로 바꿔 백성을 관할하게 했다. 4개 현을 합쳐 신흥군新興郡을
만들었다.

3월, 조조가 장로張魯를 정벌하러 떠났다. 서쪽 진창陳倉을 지나 무도武
都에서 저족氐族의 영역으로 들어가려고 하자 저족이 길을 막았다. 먼저
장합과 주령 등을 보내 이들을 공파攻破케 했다.

여름 4월, 조조가 진창에서 산관散關으로 나와 하지河池에 이르렀다.
저족의 왕 두무竇茂가 1만여 명의 무리와 험한 지세를 믿고 불복했다.

5월, 조조가 하지를 공격해 백성을 도륙했다. 서평西平과 금성金城의 장
수인 곡연曲演과 장석蔣石 등이 함께 한수韓遂를 참수해 수급을 보내왔다.

가을 7월, 조조가 양평陽平에 이르렀다. 장로가 동생 장위張衛와 부장
양앙楊昂 등을 시켜 양평관陽平關을 점거케 했다. 이들이 산을 가로질러
10여 리에 걸쳐 성을 쌓았다. 조조가 공격을 가했으나 함락시키지 못하고
뒤로 물러났다. 도적들은 대군이 물러가는 것을 보고는 수비를 느슨하게
풀었다. 조조가 은밀히 해표와 고조高祚 등을 시켜 험한 산에 올라 한밤에
급습케 해 대파했다. 도적들의 장수 양임楊任의 목을 베고 진공해 장위를

공격하자 장위 등이 한밤에 달아났다.

장로는 양평관을 지키던 군사가 무너지자 파중巴中으로 달아났다. 조조의 군사가 남정南鄭으로 들어가 장로가 창고에 숨겨둔 진보珍寶를 모두 손에 넣었다. 파군巴郡과 한중漢中 일대가 모두 투항했다. 조조가 한녕漢寧을 한중漢中으로 회복시켰다. 한중의 안양安陽과 서성西城 두 현을 묶어 서성군西城郡을 만든 뒤 태수를 두고, 또 석현錫縣과 상용上庸을 한중에서 분리해 군郡으로 만들고 도위都尉를 두었다.

8월, 손권이 합비를 포위하자 장료와 이전이 이들을 격파했다.

9월, 파군巴郡에 거주하는 7성姓의 이왕夷王 가운데 박호朴胡와 종읍賨邑의 추장 두호杜濩가 파군의 백성과 종읍의 주민을 이끌고 귀순했다. 파군을 나눠 박호를 파동태수巴東太守, 두호를 파서태수巴西太守로 삼고 모두 열후에 봉했다. 한헌제가 조조에게 천자의 뜻을 받들어 제후와 태수를 봉배封拜하는 권한을 주었다.

겨울 10월, 명호후名號侯에서 오대부五大夫에 이르기까지 작위를 설치하기 시작했다. 옛날의 열후列侯와 관내후關內侯를 합쳐 모두 6개 등급으로 하고, 군공軍功을 세운 자에게 이 작위를 상으로 내렸다.

11월, 장로가 파중에서 잔여 무리를 이끌고 와 항복했다. 장로와 그의 아들 5명을 모두 열후에 봉했다. 유비가 유장을 습격해 익주益州를 취하고 마침내 파중巴中을 점거했다. 조조가 장합을 보내 격파케 했다.

12월, 남정에서 환군하면서 하후연을 한중에 남겨 주둔케 했다.

3-2 노년시절(건안 21년-건안 24년)

건안 21년(216) 봄 2월, 조조가 업성으로 돌아왔다.

3월 3일, 조조가 적전籍田 의식을 행했다.

여름 5월, 한헌제 유협이 조조의 작위를 높여 위왕魏王으로 삼았다. 대군代郡의 오환족 선우單于 대행인 보부로普富盧가 휘하의 후왕侯王과 함께 내조來朝했다. 한헌제가 위왕 조조의 딸인 왕녀王女를 공주公主로 삼은 뒤 사적인 용도로 직접 세수를 받을 수 있는 탕목읍湯沐邑을 내렸다.

가을 7월, 흉노의 남선우南單于 호주천呼廚泉이 휘하의 명왕名王을 이끌고 내조來朝하자 빈객의 예로 대우했다. 호주천이 우현왕右賢王 거비去卑로 하여금 자신을 대신해 나라를 다스리는 감국監國의 역할을 수행케 했다.

8월, 법을 관장하는 대리大理 종요鍾繇를 상국相國으로 삼았다.

겨울 10월, 위왕 조조가 군사를 정비하는 치병治兵을 행한 뒤 마침내 손권 정벌에 나섰다.

11월, 초현에 이르렀다.

건안 22년(217) 봄 정월, 조조가 거소居巢에 주둔했다.

2월, 진군하여 장강 서쪽 학계郝溪에 주둔했다. 손권이 유수구濡須口 성을 쌓고 항거했으나 조조가 다가가 공격하는 핍공逼攻을 가하자 이내 퇴각했다.

3월, 조조가 군사를 이끌고 돌아올 때 하후돈과 조인 및 장료 등을 거소에 남겨 주둔케 했다.

여름 4월, 한헌제가 조조에게 천자의 정기旌旗를 수레에 꽂고, 출입할 때 먼저 소리를 쳐 길을 밝히는 경필警蹕을 행할 수 있도록 허락했다.

5월, 제후들이 만드는 관학官學 교습소인 반궁泮宮을 지었다.

6월, 군사軍師 화흠華歆을 어사대부御史大夫로 삼았다.

10월, 한헌제가 조조에게 관의 앞뒤로 늘어뜨리는 술인 12류旒를 장식한 관면冠冕을 쓰고, 금으로 장식한 수레인 금근거金根車에 올라 6필의 말이 이끌게 하고, 계절을 나타내는 5시五時의 부거副車를 설치하는 것을 허락했다. 오관중랑장五官中郞將 조비를 위국魏國 태자로 삼았다. 유비가 장비張飛와 마초, 오란吳蘭 등을 보내 하변下辯에 주둔하게 했다. 조조가 조홍을 보내 이들을 막게 했다.

건안 23년(218) 봄 정월, 한나라 태의령太醫令 길본吉本이 소부少府 경기耿紀, 사직司直 위황韋晃 등과 함께 반기를 들어 허도를 공격하고, 승상장사丞相長史 왕필王必의 군영에 불을 질렀다. 왕필이 영천潁川 출신 전농중랑장典農中郞將 엄광嚴匡과 함께 그들을 토벌해 참수했다. 조홍이 오란을 격파하고 그의 부장 임기任夔 등을 참수했다.

3월, 장비와 마초가 한중으로 달아났다. 음평陰平의 저족 강단強端이 오란을 참수한 뒤 그 수급을 보내왔다.

여름 4월, 대군代郡과 상곡上谷의 오환족 무신저無臣氐 등이 반기를 들었다. 조조가 언릉후鄢陵侯 조창曹彰을 보내 이들을 토파討破케 했다.

6월, 조조가 영을 내렸다.

"옛날에는 매장할 때 반드시 척박한 땅에 했다. 전국시대 초기 위魏나라의 서문표西門豹는 서쪽 고원 위에 미리 만드는 능묘인 수릉壽陵을 만들 때 높은 곳에 무덤의 터를 닦고, 봉토를 덮지도 않고, 나무도 심지 않았다. 《주례周禮》는 묘지기가 군왕의 묘를 관리하고, 제후의 묘는 왕릉의 양쪽에 두고, 경대부卿大夫의 묘는 뒤쪽에 쓰도록 했다. 한나라 제도에서는 이를 배릉陪陵이라고 불렀다. 공경과 대신, 장군 가운데 공적이 있는 자는 수릉 부근에 묘를 써야 하는 만큼 묘역을 족히 넓게 해야 할 것이다.”

가을 7월, 치병治兵한 뒤 서쪽으로 유비를 정벌하러 갔다.

9월, 장안에 이르렀다.

겨울 10월, 완성宛城의 수장守將 후음侯音 등이 반기를 들어 남양태수를 인질로 붙잡은 뒤 이민吏民을 겁략劫略해 완성을 지켰다. 당초 조인은 관우를 정벌키 위해 번성樊城에 주군하고 있었다. 이달에 조조가 조인에게 명해 완성을 포위케 했다.

건안 24년(219) 봄 정월, 조인이 완성을 함락시킨 뒤 후음을 참수했다. 하후연이 유비와 양평陽平에서 싸우다 피살당했다.

3월, 조조가 장안에서 사곡斜谷으로 나왔다. 조조의 군사는 요해처를 차단하고 있다가 한중에 다가간 뒤 마침내 양평에 이르렀다. 유비가 험준한 지세를 믿고 저항하며 지켰다.

여름 5월, 조조가 군사를 이끌고 장안으로 돌아왔다.

가을 7월, 부인 변씨卞氏를 왕후로 삼았다. 우금을 시켜 조인을 도와 관우를 치도록 했다.

8월, 한수漢水의 범람으로 우금의 영채로 물이 들어가 병사들이 수몰됐다. 관우가 우금을 사로잡고 조인을 포위했다. 조조가 서황을 보내 이들을 구하게 했다.

9월, 위나라 상국 종요가 서조연西曹掾 위풍魏諷의 모반에 연좌돼 면직됐다.

겨울 10월, 조조의 군사가 낙양으로 돌아왔다. 손권이 사자를 시켜 상서上書하며 적극적인 관우 토벌로 충성할 뜻을 밝혔다. 조조가 관우를 정벌하기 위해 낙양에서 남쪽으로 갔다. 도착 전에 서황이 관우를 격파했다.

관우가 달아나자 조인의 포위망이 풀렸다. 조조의 군사가 마피摩陂에 주둔했다.

건안 25년(220) 봄 정월, 조조가 낙양에 도착했다. 손권이 관우를 공격해 참수한 뒤 그 수급을 보내왔다. 이달 23일, 조조가 낙양에서 붕어했다. 향년 66세였다. 유령遺令에서 말했다.

"천하가 아직 안정되지 않았으니 옛 제도를 좇아 장례를 치를 수는 없다. 장례가 끝나면 모두 상복을 벗도록 하라. 병사를 이끌며 수자리를 지키는 장병둔수將兵屯戌하는 자는 모두 부서를 이탈하는 것을 허락지 않는다. 유사는 각자 자신의 직무를 다하라. 염할 때는 평상복인 시복時服을 쓰고, 금옥진보金玉珍寶는 묘에 넣지 마라."

시호를 무왕武王이라고 했다.

2월 21일, 고릉高陵에 안장했다.

진수가 평한다.

"한나라 말기는 천하대란天下大亂의 시기여서 웅호雄豪가 동시에 일어났다. 원소가 4개 주州를 배경으로 호시탐탐 노리자 그 강성强盛은 대적할 자가 없었다. 태조는 책략을 세우고 계모를 사용하는 운주연모運籌演謀로 천하를 채찍질하는 편달우내鞭撻宇內를 행하고, 신불해申不害와 상앙商鞅의 법술法術을 가려서 취하고, 한신韓信과 백기白起의 기책奇策을 사용했다. 관직인 관방官方은 인재에게 내리되 각자의 재능과 그릇에 따르고, 감정을 자제하며 오직 명철한 계산에 따라 움직였다. 과거의 악행은 전혀 염두에 두지 않은 덕에 마침내 황기皇機를 총어總御해 홍업洪業을 이룰 수 있었다. 이는 오직 그의 명석한 책략인 명략明略이 가장 우수한 덕분이었다. 실로 비범하기 짝이 없는 비상지인非常之人, 시대를 초월한 영웅인 초세지걸超世之傑로 불릴 만하다."

조조 연표

1. 청년시절

1세 영수永壽 원년(155) 조조가 패국 초현譙縣에서 조숭曹嵩의 아들로
태어나다.

5세 연희延熹 2년(159) 유비가 태어나다.

12세   9년(166) 당고지화黨錮之禍가 일어나다.

13세 영강永康 원년(167) 12월에 환제가 죽자 해독정후解瀆亭侯 유굉劉
宏이 뒤를 잇다.

14세 건녕建寧 원년(168) 중상시 조절 등이 대장군 두무를 죽이고 두황
후를 유폐하다.

15세   2년(169) 당고지화에 연루된 이응과 두밀 등이 옥사하다.

18세 희평熹平 원년(172) 두태후가 사망하다. 회계군의 허소 등이 기의
해 월왕을 칭하다.

20세   3년(174) 조조가 효렴에 천거되어 낙양의 북부도위北部
都尉가 되다.

23세   6년(177) 조조가 돈구령頓丘令이 됐다가 의랑에 제수되다.

24세 광화光和 원년(178) 영제가 환관의 말을 듣고 송황후를 폐하자 송
황후가 근심으로 죽다.

25세	2년(179)	조조가 면직됐다가 초현에서 변씨卞氏를 첩으로 맞아들이다.
26세	3년(180)	조조가 다시 의랑에 징소되다. 영제가 귀인 하씨를 황후로 맞아들이다.
27세	4년(181)	조조가 상서해 환관을 탄핵하다. 이해에 손권과 제갈량이 태어나다.
30세	중평中平 원년(184)	황건적의 난이 일어나다. 영제가 당고를 해제하다. 유비가 관우 등과 결의하다.
31세	2년(185)	흑산적이 일어나 하북을 치다.
33세	4년(187)	조숭이 태위가 되다. 조조가 고향으로 돌아가 독서하다. 조비가 태어나다.
34세	5년(188)	조숭이 파면되다. 기주자사 왕분 등이 황제 폐립을 꾀하자 조조가 거부하다.
35세	6년(189)	동탁이 진류왕 유협을 새 황제로 옹립하다. 조조가 고향으로 도주해 기의하다.

2. 장년시절

36세	초평初平 원년(190)	원소가 토벌군의 맹주가 되다. 동탁이 장안으로 천도하다. 조조가 동탁에게 패하다.

| 37세 | 2년(191) | 원소가 기주를 차지하다. 조조가 흑산적을 치다. 순욱이 조조에게 귀의하다. |

37세　2년(191)　원소가 기주를 차지하다. 조조가 흑산적을 치다. 순욱이 조조에게 귀의하다.

38세　3년(192)　여포가 동탁을 척살하다. 조조가 청주군을 편성하다. 조식이 태어나다.

39세　4년(193)　조숭이 낭야에서 죽자 조조가 도겸을 치다.

40세　흥평興平 원년(194)　진궁의 반기로 여포가 연주를 차지하다. 유비가 도겸의 뒤를 이어 서주목이 되다.

41세　2년(195)　헌제가 조조를 연주목으로 삼다. 조조가 장막 일족을 주살하다.

42세　건안建安 원년(196)　조조가 헌제를 모시고 허현에 도읍한 뒤 둔전을 시작하다.

43세　2년(197)　조조가 장수와 원술을 차례로 깨뜨리다.

44세　3년(198)　조조가 유표와 장수를 치다. 조조가 여포를 죽이다. 손책이 강동을 점거하다.

45세　4년(199)　유비가 서주를 차지하다. 원술이 병사하다. 장수가 귀부하다.

46세　5년(200)　동승 등이 주살되다. 조조가 관우를 생포하다. 조조가 관도에서 원소를 깨다.

47세　6년(201)　원소군을 창정에서 격파하다. 유비가 조조에게 패해 형주로 달아나다.

48세　7년(202)　원소가 병사하자 원담과 원상이 대치하다.

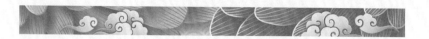

49세	8년(203)	원상의 부장들이 투항하다.
50세	9년(204)	업성에 입성하다.
51세	10년(205)	원담을 격멸하다. 흑산적이 투항하다.
52세	11년(206)	'구언령求言令'을 내리다.
53세	12년(207)	조조가 오환을 정벌하다. 요동태수 공손강이 원희와 원상의 수급을 바치다.
54세	13년(208)	형주를 취하다. 주유군의 화공으로 적벽대전에서 패하다.
55세	14년(209)	손권을 치러 갔다가 돌아오다. 유비가 공안公安에 머물다.
56세	15년(210)	'구현령求賢令'을 내리다.
57세	16년(211)	조비가 오관중랑장이 되다. 조조가 마초 등을 깨고 관중을 손에 넣다.

3. 노년시절

58세	17년(212)	손권이 건업으로 천도하다. 조조가 손권 정벌에 나서다.
59세	18년(213)	헌제가 조조를 위공으로 삼고 구석을 내리다.
60세	19년(214)	유비가 익주를 취하다. 조조가 돌아와 장합을

		시켜 농우를 손에 넣다.
61세	20년(215)	조조가 한중을 손에 넣다.
62세	21년(216)	조조가 위왕이 되다. 손권 정벌에 나서 초현에 머물다.
63세	22년(217)	하후돈 등에게 거소居巢를 지키게 하다. '거현 물구품행령'을 내리다.
64세	23년(218)	태의령 길본 등을 주살하다. 조조가 장안에 이르다.
65세	24년(219)	조조가 한중에서 장안으로 퇴각하다. 관우가 번성을 치다가 여몽에게 패사하다.
66세	25년(220)	조조가 병사하다. 조비가 황제로 즉위한 뒤 조조를 위무제로 추숭하다.